Ingo Stöckmann

Naturalismus

Lehrbuch Germanistik

Verlag J.B. Metzler Stuttgart · Weimar

Der Autor
Ingo Stöckmann ist Professor für Neuere deutsche Literaturwissenschaft an der Universität Bonn.

Bibliografische Information der Deutschen Nationalbibliothek
Die Deutsche Nationalbibliothek verzeichnet diese Publikation in der
Deutschen Nationalbibliografie; detaillierte bibliografische Daten sind im
Internet über http://dnb.d-nb.de abrufbar.

ISBN 978-3-476-02257-8
ISBN 978-3-476-00338-6 (eBook)
DOI 10.1007/978-3-476-00338-6

Dieses Werk einschließlich aller seiner Teile ist urheberrechtlich geschützt. Jede Verwertung außerhalb der engen Grenzen des Urheberrechtsgesetzes ist ohne Zustimmung des Verlages unzulässig und strafbar. Das gilt insbesondere für Vervielfältigungen, Übersetzungen, Mikroverfilmungen und die Einspeicherung und Verarbeitung in elektronischen Systemen.

© 2011 Springer-Verlag GmbH Deutschland
Ursprünglich erschienen bei J. B. Metzler'sche Verlagsbuchhandlung
und Carl Ernst Poeschel Verlag GmbH in Stuttgart 2011
www.metzlerverlag.de
info@metzlerverlag.de

Inhaltsverzeichnis

Vorbemerkung VII

I. Naturalismus, Literaturgeschichte, Literaturgeschichtsschreibung 1
1. Probleme der Forschung 1
2. Literaturgeschichte, Literaturgeschichtsschreibung 3
3. Der Naturalismus und ›die Moderne‹ 4
4. Institutionalisierungsprozesse und Gruppenbildung 7

II. Sozial- und wirkungsgeschichtliche Grundlagen 12
1. Kontexte: Reichsgründung und ›ästhetische Kultur‹ 12
2. Ästhetische Orientierungen: Ibsen, Zola, Tolstoi 17

III. Aspekte der Epoche 23
1. Thematische Innovationen: Großstadt, Arbeiterschaft, Masse, Milieu 23
   1.1 Großstadt 24
   1.2 Arbeiterschaft, Masse 27
   1.3 Milieu 32
2. Der Naturalismus und die Wissenschaften 36
   2.1 Darwinismus 37
   2.2 Positivismus 39
   2.3 Thermodynamik 42
3. Deutungsmuster der Kultur: Nervosität, Dekadenz, Entartung 44

IV. Theorie und Programmatik 47
1. Realistische Traditionen: Naturalismus und Idealrealismus 47
2. Verwissenschaftlichung der Literatur? Der Experimentalroman 53
3. »Die Kunst hat die Tendenz, wieder die Natur zu sein«:
   Das naturalistische Kunstgesetz 57

V. Lyrik 62
1. »Episch, lyrisch, dramatisch«: Die Ordnung der Gattungen 62
2. Probleme der Forschung 64
3. Funktionen und Themen der naturalistischen Lyrik 66
   3.1 Kanonisierung 67
   3.2 Subjektfunktionen: Erlebnis-Ich, »Führer«, »Priester« 70
   3.3 Die große Stadt 72
   3.4 »Soziale Lyrik« 78
   3.5 Metamorphosen des Lyrischen: Arno Holz 84

VI. Drama und Theater ... 88
1. Institutionen und Theaterpraxis des Naturalismus ... 88
   1.1 Freie Bühne, Deutsche Bühne ... 89
   1.2 Freie Volksbühne, Neue Freie Volksbühne ... 92
2. Themen und Formen des naturalistischen Dramas ... 95
   2.1 Das soziale Drama ... 96
      2.1.1 Soziale Fragen ... 98
      2.1.2 Familienkatastrophen ... 108
      2.1.3 Erbschaften ... 114
   2.2 Die Gegenwart in der Geschichte: Das Geschichtsdrama ... 120
   2.3 Nach dem Naturalismus? Das intime Drama und der naturalistische Einakter ... 128
      2.3.1 Intimes Drama: Johannes Schlaf ... 129
      2.3.2 Die »Formel des kommenden Dramas«: Der Einakter ... 133

VII. Roman und Kurzprosa ... 138
1. Roman oder Kurzprosa? Probleme der Wertung ... 138
2. Der soziale Roman ... 139
   2.1 Verelendung als Archetyp: Max Kretzer ... 141
   2.2 Mythen der Großstadt: Conrad Alberti ... 142
   2.3 Trauerarbeit der Moderne: Max Kretzer, Wilhelm von Polenz ... 144
3. Der Zeitroman ... 147
   3.1 Das Schicksal der Kultur: Felix Hollaender, Karl Bleibtreu ... 147
   3.2 Die Zeit im Disput: Max Nordau, John Henry Mackay ... 150
4. Grenzen des Erzählens ... 152
   4.1 Psychophysisches Erzählen: Hermann Conradi ... 153
   4.2 Zerschreiben der Textur: Michael Georg Conrad ... 154
5. Naturalistische Kurzprosa ... 156
   5.1 Ästhetische Gegenbegrifflichkeit: Skizze und Studie ... 156
   5.2 Naturalistische Novellistik: Gerhart Hauptmann, Philipp Langmann, Paul Ernst, Johannes Schlaf ... 159
   5.3 Mimesis oder Symbolizität? Der ›konsequente Naturalismus‹: Arno Holz und Johannes Schlaf ... 163

VIII. Nachwirkungen: Überwindung des Naturalismus? ... 169

IX. Anhang ... 175
1. Bibliographie ... 175
   1.1 Quellen (Textsammlungen, Anthologien, Einzel- und Werkausgaben) ... 175
      Siglen ... 175
      Werke ... 176
   1.2 Forschungsliteratur ... 180
      Literaturgeschichten und Bibliographien ... 180
      Sekundärliteratur ... 180
2. Personenregister ... 195

Vorbemerkung

Als Jost Hermand 1972 das Schlagwort vom »verdrängten Naturalismus« prägte, war dies in der Absicht geschehen, die Forschung zur literarischen Moderne an eine Genese zu erinnern, die sie weitgehend vergessen hatte. Die 1970er Jahre bescherten dem Naturalismus, nicht zuletzt vor dem Hintergrund einschneidend veränderter theoretischer Rahmenbedingungen, dann auch eine Forschungskonjunktur, die die Literaturwissenschaft zuvor nicht kannte.

Für ein Lehrbuch, das aus heutiger Perspektive den rund zwei Jahrzehnten der naturalistischen ›Literaturrevolution‹ zwischen 1880 und 1900 gewidmet ist, haben sich die Motive, mit denen es geschrieben wurde, bezeichnenderweise nicht verändert. Auch wenn der Naturalismus angesichts seiner ungebrochenen Präsenz in den Lehrplänen des schulischen Deutschunterrichts und dem Deutungskanon der universitären Lehre keineswegs mehr ein ›verdrängter‹ Naturalismus ist, ist er für die germanistische Forschung alles andere als ein heißes Eisen. Zwischen dem bürgerlichen Realismus und der eigentlichen, ›reifen‹ oder ›klassischen‹ Moderne, die beide eine ungebrochene Forschungsintensität auf sich versammeln (wobei Einzelkorpora wie das Werk Kafkas exegetisch geradezu erschöpft zu sein scheinen), liegt eine naturalistische Talsohle, von der man zwar weiß, dass mit ihr die Moderne begann, von der man aber auch glaubt, dass eine neuerliche Inspektion *dieser* Moderne nicht erforderlich sei. Nach wie vor steht der Naturalismus nicht im Ruf, der literarischen Moderne belastungsfähige Impulse gegeben zu haben; zu schwer wiegt das mehrheitlich geringe literarische Vermögen seiner Autoren, zu gering ist das subversive Potential seiner sozialanalytischen Ambitionen und zu überraschungsarm scheint sein literaturgeschichtliches Profil zwischen Elendsschilderung und mimetischer Detailtreue. Das alles hat den Naturalismus in seiner deutschen Spielart – anders als in Frankreich und den skandinavischen Ländern – zu einem Schauplatz weniger herausgehobener Entwicklungen (›konsequenter Naturalismus‹) und vereinzelter literarischer Spitzenleistungen (Gerhart Hauptmann) werden lassen.

Die Gründe für diese eigentümliche Sterilität liegen auf der Hand. Die 1970er Jahre haben die Naturalismus-Forschung zwar massiv belebt, sie haben ihren Gegenstand aber auch in das Ghetto ideologie- und gesellschaftskritischer Perspektiven gezwängt, aus der der Naturalismus bis heute nicht recht herausgefunden hat (möglicherweise ist es gerade das, was ihn für Schule und Universität noch immer so attraktiv macht). In einer Zeit jedenfalls, die die Reputation einer gesellschaftskritischen bzw. ›engagierten‹ Literatur nicht unangetastet gelassen hat, erweisen sich die Fragestellungen der 1970er Jahre – so berechtigt und anregend sie gewesen sind – als Hindernis für eine Naturalismus-Forschung, die allererst zu neuen Fragestellungen finden müsste. Zudem bewegt sich die Forschung in einem Zirkel von nachgerade struktureller Blindheit: Weil sie im Blick auf den Naturalismus keine anregenden Fragestellungen entwickelt, ignoriert sie das historische Material, und weil sie das Material so beharrlich ignoriert, kann sie aus ihm keine instruktiven Fragestellungen ableiten.

Vorbemerkung

Die folgende Einführung in den Naturalismus und seine historischen Kontexte folgt der Überzeugung, dass der Naturalismus – seiner ästhetischen Schwächen zum Trotz – für den literarischen Modernisierungsprozess um 1900 insofern zentral gewesen ist, als er für ihn horizontbildende Funktionen besessen hat. In der Konsequenz bedeutet das auch, das eingespielte literaturgeschichtliche Schema, nach der die Moderne mit der »Überwindung des Naturalismus« (Hermann Bahr) in eine ›reife‹ oder ›beschleunigte‹ Phase eingetreten sei, zugunsten eines Modernebegriffs einzuklammern, der stärker von inneren Transformationen und problemgeschichtlichen Kontinuitäten her gedacht wird. Als Kernmoment dieses Transformationsprozesses wird hier der Naturalismus angesetzt, freilich so, dass er in seiner engen synchronen Verschlingung mit den anderen ›Ismen‹ und Teilbewegungen im Feld der frühen Moderne – Ästhetizismus bzw. Symbolismus, Dekadenz, Impressionismus, Jugendstil, Fin de Siècle – sichtbar wird. Tatsächlich sind im Blick auf die Formierung der ästhetischen Moderne naturalistische und antinaturalistische Positionen, die sich ja zu einem Zeitpunkt artikulieren, als wesentliche Texte des Naturalismus noch gar nicht erschienen waren, keineswegs so gegensätzlich, wie es eine mit festen Epochenkategorien und eindeutigen Zäsuren operierende Literaturgeschichtsschreibung suggeriert.

Die Darstellung folgt vier Grundprinzipien, die kurz skizziert werden sollen:

1. Angesichts des überaus selektiven Blicks auf das Textmaterial, das in den Einführungen älteren und neueren Datums durchgängig zu einer Beschränkung auf eine Handvoll exemplarischer Texte geführt hat, steht hier die faktische Breite des Materials im Mittelpunkt. Entsprechend werden in den gattungsgeschichtlichen Kapiteln des Bandes (s. Kap. V–VII) möglichst umfängliche Textbestände präsentiert, wobei sie – von besonders kanonischen Ausnahmen wie etwa den Dramen Hauptmanns abgesehen – zu größeren problemgeschichtlichen Reihen zusammengefasst werden, um die entsprechenden Gattungsprofile in ihrer inneren Evolution zu erfassen.

2. Der Schwerpunkt der Darstellung liegt auf den Texten selbst, wobei im Sinne eines ausgewogenen, der historischen Identität des Naturalismus möglichst nahekommenden Bildes gleichermaßen kanonische und randständige Autoren und Werke Berücksichtigung finden. Die Orientierung an den Texten bringt es mit sich, dass den üblicherweise breit entfalteten, aber mitunter eigentümlich isoliert bleibenden Kontexten nur insofern Rechnung getragen wird, als sie erkennbar zur literatur- und diskursgeschichtlichen Kommentierung der Texte beitragen. Im Übrigen sind gewisse Kontextbedingungen und Austauschprozesse – etwa die Beziehungen des Naturalismus zur Arbeiterschaft und zur Sozialdemokratie – andernorts verlässlich dokumentiert, so dass sie hier nicht nochmals im Detail entfaltet werden müssen.

3. Die Erschließung und Kommentierung möglichst vollständiger Textkorpora führt gegenüber den bisherigen Überblicksdarstellungen zu gewissen Umakzentuierungen. So tritt der ›konsequente Naturalismus‹ (Arno Holz, Johannes Schlaf), auf den sich die Wahrnehmung in der Vergangenheit häufig konzentriert hat, in die Vielfalt der naturalistischen Produktion zurück, während andere Korpora – insbesondere der naturalistische Roman und das naturalistische Drama – in den Vordergrund rücken, zumal es sich im Falle des Romans um einstmals viel gelesenes und für das Verständnis der Moderne wichtiges Material handelt. Zurückhaltung ist demgegenüber angesichts von Deutungskontexten geboten, die – wie der Positivismus – traditionell umfänglich kommentiert werden, von denen aber, sieht man vom ›konsequenten Naturalismus‹ ab, faktisch ungeklärt ist, was sie zur Sinn- und Formbildung der Texte beigetragen

haben. Dies erklärt auch, warum die Darstellung den Eigensinn der Texte gegenüber der naturalistischen Theorie betont. Grundsätzlich, insbesondere aber für den Naturalismus gilt: Literarische Texte sind nicht umstandslos aus einer ihnen vermeintlich vorgängigen Theorie abzuleiten, und selbst dort, wo – wie im Falle des ›konsequenten Naturalismus‹ – die Kontakte zwischen Theorie und Text besonders eng sind, verfügen Texte über eine eigene Symbolizität, die in der vorausgesetzten Programmatik nicht aufgeht. Offenkundig wird das Naturalismus-Bild umso komplexer, je mehr es gelingt, die Ebenen von Text und Programmatik gegeneinander abzuheben.

4. Die Brauchbarkeit eines Lehrbuchs erweist sich an seiner Verlässlichkeit für die Fragestellungen, die in Forschung und Lehre traditionell den Umgang mit seinem Gegenstand bestimmen. In dieser Hinsicht ist das Lehrbuch darum bemüht, Verständnis- und Interpretationshilfen für diejenigen Werke und Zusammenhänge zu leisten, die – wie etwa das gewichtige dramatische Werk Gerhart Hauptmanns – die Identität des Naturalismus bis heute prägen. Der Sinn einer Überblicksdarstellung erweist sich aber auch daran, wie es ihr gelingt, ihren Gegenstand im Licht neuerer Forschungsperspektiven zu präsentieren. Das hier vorgelegte Lehrbuch hat dies – nicht zuletzt, um die gegenwärtig noch unausgeschöpfte kulturwissenschaftliche Relevanz des Naturalismus anzudeuten – u. a. mit Blick auf die breite Verankerung des Naturalismus im natur- und sozialwissenschaftlichen Wissen seiner Zeit zu berücksichtigen versucht.

Die Ausführungen verzichten, wie in den germanistischen Lehrbüchern üblich, auf einen gesonderten Anmerkungsapparat. Nachweise werden im Text mit Hilfe von Siglen geführt, die im Literaturverzeichnis in vollständige bibliographische Angaben aufgelöst werden. Grundsätzlich werden die Texte im Sinne ihrer Erreichbarkeit nach Ausgaben zitiert, die leicht zugänglich sind; soweit dies auch für Sammelwerke gilt, wird dies gesondert (»zit.«) kenntlich gemacht. Fett markierte Hervorhebungen sollen – mitunter schlagwortartig – Sachverhalte markieren, die für die Argumentation bzw. für das Verständnis besonders wichtig sind.

Der Autor hat zu danken: Herrn Fabian Beer, M.A. für die redaktionelle, Frau Ute Hechtfischer für die lektorielle Betreuung des Bandes.

Ingo Stöckmann

I. Naturalismus, Literaturgeschichte, Literaturgeschichtsschreibung

1. Probleme der Forschung

In der Wissenschaftsgeschichte der Germanistik ist der Naturalismus ein singuläres Phänomen – singulär, weil seine Reputation maßgeblich von den überaus kritischen Einschätzungen seiner Zeitgenossen geprägt worden ist. Bis heute gilt der Naturalismus als Exempel einer Moderne, die an ihren eigenen Ansprüchen gescheitert ist.

Tatsächlich ist dieses Muster einer ›ersten‹ **Moderne** ein Deutungsschema, mit dem die Naturalisten selbst Ende der 1890er Jahre einen Bruch mit ihren Anfängen vollzogen haben. Auf vermittelte Weise ist dies durch die zahlreichen autobiographischen Texte und Erinnerungen erfolgt, die nach 1900 – etwa von Gerhart Hauptmann oder Michael Georg Conrad – in rascher Folge erscheinen (s. Kap. VIII). Deutlicher ist diese Selbsthistorisierung aber dort greifbar, wo die Autoren Distanz zu den ästhetischen Modernisierungsansprüchen suchten, die sie seit Beginn der 1880er Jahre in einer Art Alleinvertretungsanspruch der Moderne gegenüber erhoben hatten. Aufschlussreich hierfür ist etwa Arno Holz, der die Innovationskraft der naturalistischen Lyrik im Rückblick überaus zurückhaltend einschätzte und damit die naturalistische ›Literaturrevolution‹ für die Folgezeit relativierte (s. Kap. V.2).

Zu einer Neubewertung des Naturalismus kam es – nach einer langen Phase der Nichtbeachtung – erst in den 1960er und 70er Jahren. Sie ist in der Hauptsache aus Veränderungen der literaturtheoretischen Rahmenbedingungen zu erklären, in die unterschiedliche Motivlagen – darunter die seinerzeit vielberufene ›Krise der Germanistik‹, aber auch die Kritik an der literarischen Hermeneutik und ihres klassischen Deutungskanons – eingingen. Faktisch führte dies zu einer starken Betonung der **sozialen Komponente von Literatur** – sei es im Sinne der seinerzeit neuen ›Sozialgeschichte der Literatur‹, sei es im Sinne der phasenweise bestimmenden materialistisch-ideologiekritischen Positionen, die auf der Basis eines erweiterten (›operativen‹ bzw. ›engagierten‹) Literaturbegriffs nach den gesellschaftlichen und ideologischen Funktionen von Literatur fragten. Hierfür schien der Naturalismus besonders geeignet, weil er vorwegnahm, was die ›kritische‹ Germanistik der 1970er Jahre erst methodologisch, d. h. als Bündel entsprechender Fragestellungen für sich erarbeiten musste (vgl. Scheuer 1974a): die Politisierung der literarischen Produktion, die Situation der Intellektuellen, das Verhältnis von ästhetischer Autonomie und sozialem Engagement, nicht zuletzt der Blick für den historischen ›Funktionswandel‹ der Literatur, der in den 1970er Jahren einen Abschied von der bürgerlichen ›Institution‹ Kunst im Ganzen nahelegte. In der Konsequenz erschienen die bis heute greifbaren Überblicksdarstellungen (vgl. Cowen 1981; Hamann/Hermand 1972; Mahal 1996; Möbius 1982) und monographischen Arbeiten zu diversen Themen im Umfeld von Intellektuellensoziologie (vgl. Linduschka 1978; Mattenklott/Scherpe 1973; Scherpe 1973; Scheuer 1971; Schulz 1974a), Arbeiterdarstellung (vgl. Bogdal 1978), Gruppenbildung (vgl. Günther 1972; Scherer 1974) und Strategien ästhetischer Selbstlegitimation (vgl. Kolkenbrock-Netz 1981), vor allem aber die wichtigen, zum Teil umfänglichen Materialsammlungen, die bis heute den Zugriff auf das in Teilen entlegene Quellenmaterial ermöglichen (vgl. DlM; LMJh; LMN; NAT; TdN).

Im Rückblick fällt allerdings auf, dass die Fragestellungen der ›kritischen‹ Germanistik, so berechtigt sie gegenüber dem eingeschränkten Deutungskanon der Vergangenheit waren, in Widersprüche mit ihrer eigenen historisch-hermeneutischen Fundierung gerieten. Tatsächlich bereitete der Naturalismus seinen ›kritischen‹ Interpreten fast durchgängig die enttäuschende Einsicht, dass die ›kritischen‹ Impulse in den Texten selbst nicht eigentlich – und wenn ja, dann nur halbherzig – vorlagen. Ausgerechnet das historische Explikationsfeld, das der methodischen Fundierung der ideologiekritischen Germanistik dienen sollte, erwies sich als ideologisch und ästhetisch überaus befangen. Faktisch führte dies aber nicht zu einer Revision des entsprechenden Erwartungsmusters, sondern dazu, dass sich die ideologiekritischen Impulse auf den Naturalismus selbst richteten. Was als »an der Gegenwart orientiertes Erkenntnisinteresse« (Schutte 1976, 5) begonnen hatte, re-installierte mit ideologiekritischen Mitteln Abwertungsstereotype und Kanonisierungsschemata, die ihrer Herkunft nach aus den Interpretationsmustern der konservativ-bürgerlichen Ästhetik stammten (und die insofern die Verdrängungsgeschichte des Naturalismus eingeleitet hatten).

Mit den 1980er Jahren rückte der Naturalismus allmählich wieder aus dem Gesichtsfeld der Germanistik. Zu einem erheblichen Teil hing dies mit der Erschöpfung der ideologiekritischen Ansätze zusammen, zu einem anderen Teil aber auch damit, dass die naturalistische Moderne allmählich von der Erforschung der ›anderen‹ Modernen – v. a. der Wiener und der ›klassischen‹ Moderne – überlagert wurde (gerade diese Tendenz hätte freilich den Blick für ein übergreifendes, in sich vielfach gestuftes Modernisierungsgeschehen schärfen können). In der Hauptsache aber wirkten hier neuerliche Theorieentwicklungen, die Fragen der literaturgeschichtlichen Modellbildung, zumindest soweit es sich um eine Geschichte der Werke und ihres inneren historischen Zusammenhangs handelte, nach und nach aus den Augen verloren. Auch dies hat den Naturalismus weiter marginalisiert. Während für die historische Diskursanalyse im Gefolge Michel Foucaults vor allem die Geschichte der großen diskursiven Regelsysteme in den Mittelpunkt rückte, zehrten Poststrukturalismus und Dekonstruktion zwar von der Aura des Einzeltextes, privilegierten aber einen Kanon ästhetischer komplexer Texte, in den der Naturalismus keinen Eingang fand; immerhin das hat die Dekonstruktion mit der von ihr vielfach geschmähten Hermeneutik älteren Datums gemein.

Die gegenwärtige Forschungslage ist ein präziser Reflex ihrer Vorgeschichte. Sieht man von einer sehr verlässlichen neuen Überblicksdarstellung (vgl. Bunzel 2008) und einigen Einzelmonographien ab, die in jüngerer Zeit zum Naturalismus erschienen sind (vgl. Schneider 2005; Siegel 2004; Stöckmann 2009), so hat sich die Forschungssituation nicht sichtbar belebt. Nach wie vor steht der Naturalismus nicht im Ruf, der literarischen Moderne belastungsfähige Impulse gegeben zu haben; allenfalls als Schauplatz vereinzelter literarischer Spitzenleistungen (Gerhart Hauptmann; ›konsequenter Naturalismus‹) ist er literaturgeschichtlich von Belang. Deutlichster Beleg hierfür ist er der Umstand, dass die Überblicksdarstellungen zum Thema trotz einer dreißigjährigen Forschungsgeschichte immer wieder unverändert neu aufgelegt worden sind. Auch im Falle von Forschungsberichten stehen nur ältere Überblicke zur Verfügung, die zuverlässig die Fragestellungen und Ergebnisse der 1970er und frühen 1980er Jahre abbilden (vgl. Bohnen 1977; Hoefert 1976; Werner 1985). Ein 1988 von

Dieter Kafitz angekündigter Forschungsbericht ist bezeichnenderweise nicht erschienen (vgl. Kafitz 1988, 14). – Ob der Naturalismus von den gegenwärtig sehr vitalen Forschungen im Bereich von Literatur und Wissens- bzw. Wissenschaftsgeschichte (vgl. Pethes 2003; Pethes 2004) profitieren wird, bleibt abzuwarten.

2. Literaturgeschichte, Literaturgeschichtsschreibung

Es wäre indes unangemessen, die seit den 1970er Jahren stagnierte Forschungslage einseitig den Geschmacksvorlieben der germanistischen Forschung anzulasten (auch wenn hier ein methodologisch nicht explizierter geschmacksästhetischer Vorbehalt nicht von der Hand zu weisen ist; vgl. nur Riedel 1996, 104). Eine Hauptursache für die Zurückhaltung gegenüber dem Naturalismus liegt darin, dass er für die Literaturgeschichtsschreibung überaus schwer zu handhaben und mit konventionellen Epochenkategorien nicht in Einklang zu bringen ist. In gewisser Weise setzt der Naturalismus eine **veränderte literaturgeschichtliche Modellbildung** voraus – und dies aus drei Gründen:

1. In genetischer und wirkungsgeschichtlicher Hinsicht unterhält der Naturalismus rück- und vorläufige Verbindungen. Einerseits – den Kontexten seiner Entstehung nach – ist er noch fest in der Programmatik und den Schreibweisen des ›bürgerlichen‹ bzw. ›poetischen‹ Realismus verankert, aus dem er sich nur langsam und mit dem erkennbaren Bemühen löst, selbst (zumindest für eine gewisse Zeit) eine dominante Position im realistischen Paradigma zu besetzen (s. Kap. IV.1). Andererseits bildet er eine ›erste‹ Moderne innerhalb eines mehrfach gestaffelten Modernisierungsprozesses, der die Moderne übergreift und in die er – ebenso wie in die historischen Avantgardebewegungen (s. Kap. VIII) – fortwirkt. Zwischen einem Terminus *ante quem* (Realismus 1850–1880) und einem Terminus *post quem* (›reife‹ bzw. ›klassische‹ Moderne ab 1900) besitzt der Naturalismus eine eigentümliche Zwischenidentität, die ihm alle Kennzeichen einer klar begrenzten Epoche nimmt und ihn vielmehr als einen **mehrschichtigen Transformationsprozess** kennzeichnet – mehrschichtig, weil er an eine eingespielte Diskurskonstellation (›Realismus‹) anschließt und zugleich **horizontbildend** für ein Modernisierungsgeschehen wirkt, das er selbst nicht mehr vollständig konditioniert (s. Kap. VIII).

2. Der Naturalismus ist in der Vergangenheit immer wieder als Übergangsphase und »Durchgangsstation« (Hermand 1972, 72; vgl. Schneider 2005, 289) verstanden worden. So zutreffend dieses Schema ist, so ist es zugleich doch Ausdruck einer gewissen Ratlosigkeit gegenüber Phasen der Literaturgeschichte, die nicht die Kohärenz einer Epoche aufweisen, sondern durch den Umbau von leitenden Strukturen vielmehr den Wandel von der einen zur anderen Epoche vollziehen. Je nach Tiefe und Reichweite der Transformationen gewinnen Epochenschwellen ja selbst einen epochalen Charakter, der freilich nicht die Dauer von Strukturen, sondern (wie etwa die ›Sattelzeit‹ des 18. Jahrhunderts) deren zunächst andauernden Transformationsprozess meint. Von einem solchen Transformationsbegriff lässt sich der Naturalismus angemessener verstehen, als von den strukturell unangemessenen Versuchen, ihn als Epoche zu identifizieren.

3. Die literaturhistorische Stellung des Naturalismus gewinnt dadurch an Komplexität, dass er – anders als es die ältere Literaturgeschichtsschreibung und ihre diachronen Beschreibungsmodelle suggerieren – in ein **Feld synchroner Teilentwicklungen**

eingelassen ist. Naturalismus und Ästhetizismus, Dekadenz und Fin de Siècle folgen nicht diachron aufeinander, sondern bilden Teilentwicklungen innerhalb eines hinsichtlich der beteiligten Diskursformationen heterogenen Modernisierungsprozesses, der homogen aber hinsichtlich der gemeinsamen Thematisierung von Modernität ist (sieht man von zeitgleichen Positionen ab, die – wie den in seine Spätphase eintretenden ›bürgerlichen‹ Realismus oder die Heimatkunstbewegung – üblicherweise nicht zur forcierten Moderne um 1900 gerechnet werden). Für diesen Problemzusammenhang, der die Heterogenität der Programme, Bewegungen und Ismen und die Homogenität ihrer programmatischen und ästhetischen Verständigung über ›die Moderne‹ zusammenfasst, hat sich der Begriff der **frühen Moderne** als hilfreich erwiesen, weil er den genetischen Aspekt der Zeitphase zwischen 1875 und 1900 in ihrer heterogenen Identität erfasst (zum Gesamtkomplex vgl. Fähnders 2010, 9 ff.; Werner 1985, 216 ff.; Wünsch 1991; Žmegač 1981b).

3. Der Naturalismus und ›die Moderne‹

Die enge Verbindung von Naturalismus und Moderne resultiert aus dem Umstand, dass es der Naturalismus war, der den **Neologismus ›die Moderne‹ erstmals als Selbstbeschreibung** verwendete. Zwar kannte die ästhetische Tradition – wie insbesondere Schillers und Friedrich Schlegels geschichtsphilosophische Programme zwischen 1795 und 1797 belegen (vgl. Plumpe 1993) – seit längerem die attributive Form ›modern‹, aber als Substantivum war der Begriff gerade nicht aus der Tradition herleitbar (vgl. Gumbrecht 1978a). Dies und seine Mitte der 1880er Jahre vermehrt einsetzende Verwendung belegen das sprunghaft gewachsene Interesse an einer Selbstbeschreibung, die den epochalen Eigenwert der Gegenwart in ihren neuartigen Erfahrungsdimensionen zum Ausdruck brachte.

Erstmals verwendet wurde der Begriff ›die Moderne‹ von **Eugen Wolff** (1863–1929). Wolff, seiner Ausbildung nach Neuphilologe und ab 1904 Extraordinarius an der Universität Kiel, hatte am 9. September 1886 vor der literarischen Vereinigung »Durch!« (s. Kap. I.4) einen Vortrag unter dem Titel »Die ›Moderne‹. Zur Revolution und Reform der Litteratur« gehalten, der in Grundzügen in seine 1888 erschienene Schrift *Die jüngste deutsche Litteraturströmung und das Princip der Moderne* einging. Für die Wirkungsgeschichte des Moderne-Begriffs ist freilich weder Wolffs Vortrag, noch der erst 1888, also mit einer zweijährigen Verzögerung erschienene Essay bedeutsam. Nachhaltig gewirkt haben vielmehr die prominenteren zehn »Thesen der freien literarischen Vereinigung ›Durch!‹«, die anonym und mit Datum vom 18. September 1886 im *Magazin für die Litteratur des In- und Auslandes* – Herausgeber des Magazins war zu diesem Zeitpunkt Karl Bleibtreu – erschienen waren (dass sich in der älteren Forschung immer wieder das Erscheinungsjahr 1887 findet, hängt mit Fehldatierungen in älteren Nachdrucken zusammen). Am 1. Januar 1887 erschienen die zehn »Thesen« nochmals in der von Konrad Küster herausgegebenen *Deutschen Universitätszeitung*, diesmal allerdings unter dem Namen Wolffs. Wie berechtigt Wolffs Urheberschaft ist, ist schwer einzuschätzen; einerseits belegen die Sitzungsprotokolle der »Durch!«-Vereinigung (vgl. NAT, 116), dass die Diskussionen kaum von den beteiligten Autoren – darunter Holz, Hauptmann, Schlaf oder Otto Erich Hartleben –, sondern in erster Linie von den Publizisten und germanistischen Fachvertretern – neben Wolff der Berliner Privatdozent Adalbert von Hanstein (1861–1904) – getragen wurde; andererseits sind die zehn »Thesen« doch erkennbar Ergebnis kollektiver Diskussionen. Eine kollektive Dimension besaß der Diskussionszusammenhang auch darin, dass der Begriff der Moderne wie ein Passepartout wirkte, weil er nicht nur langfristig die im Einzelnen durchaus divergenten naturalistischen Positionen integrierte, sondern zudem als epochendiagnostischer Begriff auf breite Zustimmung stieß, und dies unabhängig davon, ob man mit dem Naturalismus sympathisierte oder nicht. Um 1890 hatte sich jedenfalls ein **synonymes Verhältnis von Naturalismus und Moderne** herausgebildet; auch die um 1900 zahlreich erscheinenden Bilanzen und Rückblicke auf diese ›erste‹ Phase der Moderne verstanden unter ›der‹ Moderne primär den (wie es immer wieder hieß: »jung«- bzw. »jüngstdeutschen«) Naturalismus.

Was die zehn »Thesen« inhaltlich zu Protokoll geben, profiliert in weiten Teilen tatsächlich ein neuartiges Moderneverständnis, auch wenn sich der Zusammenhang eher durch das Netzwerk der aufgebotenen Schlagworte, als durch die Kohärenz der Argumentation herstellt (überhaupt besitzt der naturalistische Modernediskurs in der Tendenz zur Verschlagwortung und zur verbalen Offensive eine überaus charakteristische performative Dimension). Im Kern sind es drei begriffliche Innovationen, die den naturalistischen Modernebegriff kennzeichnen:

1. Der Begriff ist einer neuartigen Weise **relationslos**, weil er – »Unser höchstes Kunstideal ist nicht mehr die Antike, sondern die Moderne« (zit. NAT, 59), heißt es in These sechs – auf Relationen und Vergleichbarkeiten mit einem in aller Regel geschichtsphilosophisch eingesetzten ›Vorher‹ verzichtet. Dies gilt für den Bezug auf eine in aller Regel idealisierte Antike, vor allem aber auch insofern, als die Identität der Moderne aus den älteren, am Muster der *Querelle des Anciens et des Modernes* gewonnenen Gegenbegrifflichkeiten gelöst wird. Als eine »eigenartige bedeutsame Epoche« (ebd., 58) begründet sich diese Moderne nur mehr an sich selbst und soll in diesem Sinne begründungslogisch wie historisch voraussetzungslos sein.

2. Der Name der Vereinigung – »Durch!« – resultiert aus dem Versuch, die eigene modernistische Zeitsituation zu erfassen. Er signalisiert eine programmatische Beweglichkeit, die die Moderne als ein **transitorisches Geschehen**, d.h. als Dynamik fortwährenden Wandels imaginiert. Allerdings steht diese transitorische Semantik der Moderne nicht einfach beschreibend gegenüber; vielmehr nimmt sie sie als ihr ›inneres‹ Verlaufsgesetz in sich auf. Ähnliche Vorstellungen einer fortlaufenden Selbstbewegung ohne eigentliches Telos finden sich ab Mitte der 1880er Jahre auch bei Otto Brahm, dem Begründer der »Freien Bühne« (s. Kap. VI.1), und Hermann Conradi (s. Kap. VII.4.1), am prominentesten freilich bei Hermann Bahr (s. Kap. VIII). Allerdings knüpft dieser transitorische Sinngehalt erkennbar an die Bestimmungen des modernen ästhetischen Zeitbewusstseins an, wie sie Charles Baudelaire schon 1863 in der Trias des »Vergänglichen«, »Flüchtigen« und »Zufälligen« – »le transitoire, le fugitif, le contingent« – (Baudelaire 1989, 226) gefasst hatte (ein Beleg dafür, dass die Selbstbeschreibungen der Moderne, trotz ihrer traditionsfeindlichen Intentionen, unweigerlich selbst Traditionen bilden).

3. In soziologischer Hinsicht ist die naturalistische Moderne das Ergebnis einer **sezessionistischen Bewegung**, d.h. des Versuchs, im literarischen Feld eine Absetzbewegung von etablierten Positionen zu etablieren, um so gruppensoziologisch eine eigene, scharf profilierte Identität zu gewinnen. Dazu zählt auch eine informelle

Sammlungspraxis, die »keinerlei bindende Satzung« (zit. NAT, 58) anerkannt und sich als ›Strom‹ bzw. ›Strömung‹ derjenigen konstituiert, die sich aufgrund gemeinsamer Überzeugungen zur »Phalanx« (ebd., 59) der Moderne vergemeinschaften. Die auffällige Tendenz des Naturalismus zur Organisation in Vereinen und Gruppierungen (s. Kap. I.4), die der Moderne eine nachgerade institutionelle Realität verschafft, hat hier ihre Ursachen.

So schnell die begriffliche Allianz aus Naturalismus und Moderne von den Autoren aufgenommen wurde, so zögerlich fand der Naturalismus-Begriff als Selbstbezeichnung Verwendung. Wie die komplexe und keineswegs einheitliche Geschichte der Selbstbeschreibungen zeigt, mit denen die Naturalisten ihre Identität zu fassen suchten, ist die entsprechende Selbstreflexion bis 1889/90 gerade nicht im Zeichen des Naturalismus erfolgt. Erst nach 1890 ist der Naturalismus eine gängige Selbstbeschreibung geworden.

Für diese auffällige Zurückhaltung wird man drei Gründe benennen müssen. Zum einen ist die programmatische Selbstverständigung der Naturalisten zunächst fast ausschließlich im Zeichen des Realismus-Begriffs und seiner weitgehend an der Ästhetik Hegels orientierten Programmkonzepte erfolgt. Noch bis etwa 1890 fechten Realisten und Naturalisten einen Hegemoniekampf um den ›wahren‹ Realismus aus, ungeachtet der Tatsache, dass der Naturalismus gegenüber den real-idealistischen Traditionen des ›bürgerlichen‹ oder ›poetischen‹ Realismus eines Fontane, Julian Schmidt oder Otto Ludwig zunächst keine eigene theoretische Position erkennen lässt (s. Kap. IV.1). Zum zweiten besitzt der Naturalismus auf der Rückseite seiner Traditionsfeindlichkeit – 1886 ist vom »Kampf [...] gegen die überlebte Epigonenklassizität« (zit. NAT, 59) die Rede – eine Tendenz zur Reaktualisierung von literaturgeschichtlichen Positionen, auf die er sich aus Gründen der Selbstlegitimation rückbezieht. In der Hauptsache handelt es sich hierbei um den Sturm und Drang und das Junge Deutschland – letzteres vor allem wegen seines gesellschaftsbezogenen Literaturbegriffs, ersterer wegen seiner oppositionellen Haltung; gängig sind zwischen 1885 und 1889 daher Selbstbezeichnungen wie ›(neue) Stürmer und Dränger‹, ›Jungdeutsche‹, bzw. ›junges‹ und ›jüngstes Deutschland‹ (s. Kap. V.3). Noch der erste Chronist der naturalistischen Bewegung, Adalbert von Hanstein, spricht im Jahr 1900 vom »jüngsten Deutschland« (vgl. Hanstein 1900, V).

Zum dritten haftet dem Naturalismus-Begriff seit dem Beginn des 19. Jahrhunderts ein pejorativer Beiklang an. Wortgeschichtlich ist er zunächst weder eine Prägung der Naturalisten selbst, noch geht er, wie mitunter behauptet, auf Hippolyte Taine zurück, der 1858 im Zusammenhang mit seiner Kritik an der ›sezierenden‹ Schreibweise Balzacs den Begriff »naturaliste« verwendete, um die Autoren des wissenschaftlichen Zeitalters, zu denen Taine Balzac an erster Stelle zählte, zu charakterisieren (vgl. NAT, 85). Die eigentlichen Ursprünge des Naturalismus-Begriffs liegen vielmehr in den Auseinandersetzungen um den idealistischen Kunstbegriff, wie er um 1800 ausgebildet wurde. An zentraler Stelle findet sich die Rede vom Naturalismus erstmals in **Friedrich Schillers** Überlegungen zur Dramaturgie des Chores, mit dessen Reaktualisierung, wie Schiller 1803 in der Vorrede zur *Braut von Messina* schrieb, »dem Naturalismus offen und ehrlich« der »Krieg erklärt« werden sollte. Naturalismus meint bei Schiller bezeichnenderweise den »gemeinen Begriff des Natürlichen [...], welche alle Poesie und Kunst gerade zu aufhebt und vernichtet« (Schiller 2007, 10). Diese pejorative Frontstellung des Naturalismus gegen die ›wahre‹ »Idealität«

(ebd., 9) der Kunst hat weite Teile der Realismus-Diskussionen des 19. Jahrhunderts bestimmt und den polemischen Sinn des Naturalismus-Begriffs nachhaltig befestigt.

Wie sehr die Begriffsentwicklungen aufgrund der unterschiedlichen ästhetiktheoretischen Voraussetzungen im 19. Jahrhundert freilich divergieren, belegen die französischen Verhältnisse. Hier treten seit Ende der 1850er Jahre *naturalisme* und *réalisme* in einen Gegensatz, der – anders als in Deutschland – den Realismus der reinen, d. h. mechanischen Kopie bezichtigt, während der Naturalismus – vor allem im Gefolge Zolas – einen wissenschaftlich begründeten Wahrheitsanspruch reklamiert (vgl. NAT, 96).

4. Institutionalisierungsprozesse und Gruppenbildung

Wie kaum eine andere literarische Bewegung vor ihm hat der Naturalismus einen hohen Institutionalisierungsgrad besessen. Von Beginn an tritt er als Kollektivbewegung auf, die sich in zahlreichen, wenn auch zum Teil nur kurzlebigen Gruppen und Vereinen organisiert und auf diesem Weg ein hohes Maß an gruppensoziologischer Geschlossenheit erkennen lässt.

Diese Geschlossenheit ist nicht zuletzt an der hohen personellen Kontinuität ablesbar, die die diversen Gruppen und Vereinsgründungen prägt; fast jeder Naturalist gehört in den 1880er Jahren zeitgleich mehreren Gruppierungen an. Auch die Auflösung einer Gruppierung oder die Gründung einer Nachfolgeorganisationen widerspricht dem nicht, ganz im Gegenteil befinden sich einzelne Institutionen und Vereine in einem fortwährenden Transformationsprozess, der die programmatischen Zielsetzungen ebenso wie die Sozialformen, die in einzelnen Verbänden kultiviert werden, entsprechend mit verändert, ohne dass das Engagement der Akteure darunter sichtbar gelitten hätte.

Noch bevor es allerdings zu einer ersten Vereinsgründung kommt, signalisiert die im Mai 1885 erschienene Lyrikanthologie *Moderne Dichtercharaktere* den programmatischen Zusammenhalt der jungen Generation. Vor einer naturalistischen Publikation im strengen Sinne kann angesichts der disparaten ästhetischen Herkunftsmilieus der beteiligten Autoren – neben den heute noch bekannten Namen Arno Holz und Hermann Conradi sind es insgesamt 22 – ebenso wie mit Blick auf das Fehlen einer entsprechenden Selbstbeschreibung als ›naturalistisch‹ zwar nicht gesprochen werden, gleichwohl ist der kollektive Charakter der Publikation unübersehbar, zumal zwei Vorreden – eine von Hermann Conradi, eine von Karl Henckell – den Anspruch auf Geschlossenheit nachgerade aggressiv zu Bewusstsein bringen (s. Kap. V.3.2).

Das Jahr 1885 ist auch deswegen eine Art ›Schicksalsjahr‹ des Naturalismus, weil sich mit ihm eine **kulturgeographische Differenzierung** abzeichnet, die ›den‹ Naturalismus – auch in dieser Hinsicht ist gegenüber einer homogenisierenden Beschreibungssprache Vorsicht geboten – in zwei regionale Teilidentitäten zerlegt; eine Divergenz, die den Naturalismus bis weit nach 1890 begleitet. Auf der einen Seite bildete sich ein Berliner Naturalismus heraus, der maßgeblich durch die publizistische Tätigkeit von Heinrich und Julius Hart an Profil gewann – nach den *Kritischen Waffengängen* (1882–1884) erschienen im April 1885 erstmals die *Berliner Monatshefte für Literatur, Kunst und Theater* –; auf der anderen Seite formierte sich um Michael

Georg Conrad und die von ihm 1885 gegründete Monatsschrift *Die Gesellschaft* ein Münchener Kreis, der mit dem Berliner Zentrum immer wieder, etwa in der Einschätzung Zolas (s. Kap. II.2), die Konfrontation suchte (vgl. Schneider 2005, 193 ff., 249 ff.). Eine Dominanz des einen über das andere Zentrum – Berlin oder München – festzustellen, ist allerdings schwierig, weil die Gesichtspunkte, die eine derartige Dominanz verlässlich einzuschätzen gestatteten, zu divergent sind; beide Zentren haben auf unterschiedlichen Schauplätzen längerfristig dominiert – der Naturalismus der Reichshauptstadt im Medium des Theaters und der entsprechenden Vereinsgründungen (*Freie Bühne, Freie Volksbühne*; s. Kap. VI.1), die Münchener Fraktion im Medium der meinungsbildenden Zeitschriften, bedenkt man, dass die Berliner Publikationen überaus kurzlebig waren – die *Berliner Monatshefte* stellten ihr Erscheinen im September 1885 schon wieder ein –, während Conrads *Gesellschaft* immerhin 18 Jahre existierte und phasenweise etwa über 90 Autorinnen und Autoren an sich band (vgl. Butzer/Günter 2000, 118 ff.; Striedter 1985), darunter so profilbildende wie Conrad Alberti und Karl Bleibtreu.

Die langlebigste und wichtigste Institution des Naturalismus ist – neben dem im April 1889 gegründeten Berliner Theaterverein »Freie Bühne« – die bereits erwähnte »**Freie litterarische Vereinigung ›Durch!‹**« gewesen (vgl. HblkV, 83 ff.; Schneider 2005, 215 ff.). Am 6. Mai 1886 gegründet, bestand sie bis etwa 1888/89, ohne dass sich der Zeitpunkt ihrer Auflösung genau datieren ließe. Wichtig ist die Vereinigung aus zwei Gründen: Zunächst ist sie das recht ungewöhnliche Produkt der Interaktion von literarischem und wissenschaftlichem Leben; bezeichnenderweise sind die Initiatoren der Vereinigung nicht Autoren oder Publizisten wie die Brüder Hart gewesen, deren Einfluss Mitte der 1880er Jahre im Schwinden begriffen war, sondern junge Philologen wie Eugen Wolff und Leo Berg. Sie etablierten unter der Leitung des Mediziners Konrad Küsters eine Diskussionskultur, die durchaus einen akademischen Zuschnitt besaß und auf diesem Weg eine systematische Verständigung über die ästhetischen Grundsätze von Einzelakteuren einleiteten, deren einzige Gemeinsamkeit zunächst nur darin bestand, der Generation der in den 1860er Jahren Geborenen anzugehören.

Bedeutsam ist die Vereinigung zum anderen, weil sie wenigstens sporadisch fast allen naturalistischen Autoren (insgesamt etwa 50) ein Forum bot – darunter Conrad Alberti, Wilhelm Bölsche, Paul Ernst, Adalbert von Hanstein, Heinrich Hart, Otto Erich Hartleben, Gerhart Hauptmann, Arno Holz, John Henry Mackay und Johannes Schlaf – und um eine theoretische Selbstverständigung über die Ziele der naturalistischen Moderne versammelte. Da dies vor allem in Form von Vorträgen mit anschließender Diskussion erfolgte, standen im Herbst 1886 zwei in dieser Hinsicht programmatische Vorträge am Beginn der Vereinstätigkeit. Am 3. September 1886 referierte Adalbert von Hanstein über »Das Drama der Zukunft«, am 9. September folgte Eugen Wolffs Beitrag »Die ›Moderne‹. Zur ›Revolution‹ und ›Reform‹ der Litteratur«. In einem anderen, in erster Linie rezeptionsgeschichtlichen Sinne war es von Bedeutung, dass Gerhart Hauptmann am 17. Juni 1887 aus den Werken Georg Büchners las, eines Autors, der im 19. Jahrhundert – man denke nur an die erbitterte Polemik des Realismustheoretikers Julian Schmidt – keineswegs kanonisiert war und dessen Werk für den Naturalismus zunächst wegen seiner Distanz zum klassischen Kanon, dann aber vor allem wegen seiner sozialen Komponente wichtig war.

Über die Gründe für den Zerfall der »Durch!«-Vereinigung besteht bis heute keine letzte Sicherheit; neben einer allgemeinen Erschöpfung der Diskussionsbereitschaft und der damit verbundenen Orientierung an anderen, offenkundig attraktiveren Organisationen wird man interne Spannungen für das Ende der Gruppe verantwortlich machen müssen. Sie resultierten aus dem gewachsenen Einfluss Hauptmanns und der konsequenten Naturalisten Arno Holz und Johannes Schlaf, deren Standpunkt offenkundig keinen Konsens mehr unter den Mitgliedern fand.

Von größter Bedeutsamkeit für die Mentalitäts- und Bewusstseinsgeschichte des Naturalismus war eine zweite Gruppierung der Naturalisten, der **Friedrichshagener Kreis**, der – bei geringerem Institutionalisierungsgrad als die »Durch!«-Vereinigung – von 1890 bis 1894 bestand (vgl. HblkV, 112 ff.; Kauffeldt/Cepl-Kaufmann 1994; Scherer 1974). Der Friedrichshagener Kreis ist für das weitere Schicksal des Naturalismus deswegen so überaus aufschlussreich, weil der programmatische Rückzug nach Friedrichshagen, einem kleinen Örtchen am Müggelsee im ländlichen Südosten Berlins, eine kollektive Tendenz sichtbar machte: Fast alle Naturalisten begannen in einer programmatischen Verknüpfung von Urbanität, Revolte und literarischem Neuanfang und fast alle kehrten Ende im Verlauf der 1890er Jahre ihren Anfängen zugunsten alternativer Lebensformen und Gemeinschaftsentwürfe den Rücken (vgl. Bölsche 1901).

Gruppensoziologisch ist der Friedrichshagener Kreis denkbar heterogen; neben die Naturalisten im strikten Sinne treten gestrandete Sozialdemokraten wie Paul Ernst, richtungssuchende Anarchisten wie Paul Kampffmeyer, Gustav Landauer und Erich Mühsam, vor allem aber Akteure wie Wilhelm Bölsche oder Bruno Wille, die ihre ästhetische Interessen mit einem ausgeprägt lebensreformerischen Elan verbinden. So wird Friedrichshagen schnell zum Experimentierfeld alternativer Lebensformen und Sozialpraktiken.

Insgesamt zeichnet sich der Friedrichshagener Kreis durch ein Zurücktreten des im engeren Sinne literarischen und literaturprogrammatischen Standpunkts zugunsten von politisch-weltanschaulichen Orientierungen aus. Darin, in dieser generellen **Wende zur Weltanschauung** und ihren synkretistischen Diskursmustern (vgl. Thomé 2002b), ist er – anders als die »Durch!«-Vereinigung und die »Freie Bühne« – ein Sammelbecken für oppositionelle Lebensanschauungen, die bereits im Siedlungs- und Koloniegedanken des Kreises zum Ausdruck kommen. Zahlreiche Mitglieder – darunter Heinrich und Julius Hart, Wilhelm Bölsche und Bruno Wille – unterhalten zudem enge Kontakte zu Gruppierungen wie dem »Ethischen Klub« und der »Gesellschaft für ethische Kultur«, die nach englischen Vorbild und in scharfer Opposition zu christlichen Moraltraditionen auf eine Neubestimmung des Lebens zielen. »Eigentümlich«, so fasste Bruno Wille diesen Synkretismus der Programme zusammen,

> »war dem Friedrichshagener Kreis die Verbindung folgender Motive: Natureinsamkeit bei brausender Weltstadt, literarisches Zigeunertum und sozialistische wie anarchistische Ideen, keckes Streben nach vorurteilsloser, eigenfreier Lebensweise, Kameradschaft zwischen Kopfarbeitern und begabten Handarbeitern, aber auch geistvollen Vertretern des Reichtums.« (Wille 1920, 33)

Charakteristisch war zudem, dass der Friedrichshagener Kreis zunehmend eine kulturtopographische Doppelidentität ausbildete. Neben diejenigen, die wie Hauptmann, die Brüder Hart und Bölsche festen Wohnsitz in Friedrichshagen nahmen und so eine regionale Verwurzelung signalisierten, traten ab Ende 1891 eine Reihe prominenter europäischer Gäste, darunter der schwedische Romancier Ola Hansson, seine Frau

Laura Marholm, der Pole Stanisław Przybyszewski, ein früher Propagandist der Dekadenz, und der Schotte John Henry Mackay. Im September 1892 hielt sich nicht zuletzt auch August Strindberg in Friedrichshagen auf.

Es lag in der weltanschaulichen Dynamik der Friedrichshagener, dass ihre programmatischen Positionen überaus schnell wechselten, zumal sie immer wieder auf soziale und politische Entwicklungen der Zeit reagierten. Neben die im allgemeinsten Sinne lebensreformerischen Orientierungen trat mit dem Ende des Sozialistengesetzes (1890) ein Engagement auf Seiten ›der Jungen‹, d. h. der linken Opposition innerhalb der Sozialdemokratie, wie sie durch Paul Ernst und Bruno Wille vertreten wurde. Kern ihrer Bemühungen, die ihren sichtbarsten Ausdruck in der Gründung der »Freien Volksbühne« (29.7.1890) fand, war die Schaffung einer autarken Arbeiterkultur (s. Kap. VI.1.2). Einen nochmaligen Positionswechsel vollzogen weite Teile der Mitglieder unter dem Eindruck des Erfurter Parteitags (14.–20. Oktober 1891), auf dem sich die Sozialdemokratie nicht nur neu konstituierte, sondern der auch zum Ausschluss des linksoppositionellen Flügels führte. Als unmittelbare Reaktion kam es Ende 1891 zur Gründung des »Vereins unabhängiger Sozialisten«, der sich 1894 aber bereits wieder auflöste. Inhaltlich bezog man eine ›sozialaristokratische‹ Position, die in einer eigentümlichen Zwitterstellung aus konservativer Kulturkritik und oppositionellem Sozialismus das Individuum aufwertete und gegen die Vermassungstendenzen der modernen Gesellschaft polemisierte. »Der sozialistische Geist«, so erinnerte sich Heinrich Hart, »machte einem ausgeprägt individualistischen Platz, [...] anarchistische Bestrebungen überwucherten die nationalen und sozialen« (Hart III, 85).

In seiner Spätphase um 1894 wurde der Friedrichshagener Kreis erkennbar von **monistischen und okkulten Positionen** dominiert; eine Tendenz, die der um 1900 aufkommenden Konjunktur der ›Geheimlehren‹ Rechnung trug. Inhaltlich trat die Vorstellung eines einheitlichen Naturkosmos in den Mittelpunkt, d. h. die Annahme, dass alle organischen Formen durch ein gemeinsames Prinzip ihrer Entstehung miteinander verbunden sind. Im Kern ging es um die imaginäre Aufhebung der modernen Differenzierung durch einen einheitlichen, diskursübergreifenden weltanschaulichen Grundentwurf. Es ist keine Beliebigkeit, dass es im Jahr 1900 unter prominenter Beteiligung ehemaliger Friedrichshagener wie Wilhelm Bölsche und Bruno Wille zur Gründung des »Giordano Bruno Bundes für einheitliche Weltanschauung kam« (vgl. Daum 2002, 214 ff.).

Der Friedrichshagener Kreis hat allerdings zu keinem Zeitpunkt den Institutionalisierungsgrad eines Vereins mit verpflichtender Satzung und formellen Organisationsstrukturen besessen. Sein Charakter entsprach vielmehr dem einer Boheme mit losem Zusammenschluss. Allerdings kultivierten die Friedrichshagener eine vielfältige **Gesellschaftspraxis**, die in ihrer vordergründigen Diversität aus Gasthausbesuchen, philosophischen Spaziergängen zur ›Bärenhöhle‹ (einem umgebauten Eisenbahnwaggon), Stammtischen mit Vorliebe für Wacholderschnaps (dem »Wacholdrio«) und 1. Mai-Feiern mit politischen Reden, Wasserfesten, Fackelumzügen, bengalischen Feuern und Kinderprogrammen letztlich das Leben selbst reformieren und durch die ›Heilkraft‹ gemeinschaftsförmiger Bindungen regenerieren wollte. Damit war eine (von Ferne an Ferdinand Tönnies' Begriff der Gemeinschaft gemahnende) **organische Soziabilität** imaginiert, die – wie Heinrich Hart mit Blick auf die Nachfolgeorganisation, die im Frühjahr 1900 gegründete »Neue Gemeinschaft« (vgl. HblkV, 358 ff.; Linse 1983), 1901 formulierte – eine »neue, eine wahre Menschheitskultur« (zit. HblkV, 358) begründen sollte. In seinen historischen Ausläufern ist der Naturalismus schließlich der Kunst und Lebenspraxis integrierende Versuch, die Trennungen und Produktionslogiken der modernen Kultur hinter sich zu lassen – Utopie der Gemeinschaft und lebensreformerische Avantgarde zugleich (vgl. Siegel 2004, 177 ff.).

II. Sozial- und wirkungsgeschichtliche Grundlagen

1. Kontexte: Reichsgründung und ›ästhetische Kultur‹

Für die Konstitution des Naturalismus bildet die Reichsgründung von 1871 die entscheidende nationale und politische Zäsur. Alle Autoren, die Mitte der 1880er Jahre in der Reichshauptstadt Berlin zusammentreffen und sich in diversen Vereinen und Assoziationen als ›Naturalisten‹ konstituieren, sind »Kinder des Reiches« (Kirchbach 1883): Kurz nach 1860 geboren, erleben sie in Kindheit und Jugend zunächst die ›Einigungskriege‹ der 1860er und 1870er Jahre, im Januar 1871 schließlich die Reichsgründung und die Kaiserproklamation des preußischen Königs Wilhelms I. Wenn diese Zäsur zu Beginn der 1870er Jahre auch noch kaum unmittelbar in das Bewusstsein der späteren Naturalisten gedrungen sein wird – Gerhart Hauptmann, Conrad Alberti und Hermann Conradi sind zu diesem Zeitpunkt 9-jährige Schüler, die Brüder Heinrich und Julius Hart immerhin 16- bzw. 12-jährige –, bleibt das symbolische Datum 1871 dennoch der dauerhafte Bezugspunkt der Naturalisten.

Das Jahr 1871 ist als Zäsur auch deswegen so eindrücklich gewesen, weil auf die Einigungseuphorie und die ›Gründerzeit‹ ab 1873, dem Jahr des ›Gründerkrachs‹, eine lange, bis etwa 1895/96 andauernde Phase wirtschaftlicher Depressionen folgte. Sie bremste die hochfliegende Aufschwungsmentalität der Zeit – tatsächlich erlebte Deutschland, nicht zuletzt im Gefolge der französischen Reparationszahlungen, zunächst einen ungeahnten Wirtschaftsaufschwung mit zahlreichen Firmengründungen (Krupp, Borsig, Blohm & Voß) und neuartigen Kapitalverflechtungen – durch ein latentes Krisenbewusstsein, das schnell in das Schlagwort der ›Großen Depression‹ mündete (vgl. Frie 2004, 34; Ullmann 1995, 61 f.). Auch wenn die Forschung gezeigt hat, dass die entsprechenden Krisensymptome faktisch von langfristigen ökonomischen Kontinuitäten überlagert wurden (vgl. Hentschel 1978, 206 ff.; Nipperdey 1991, 217 ff.), so hatte sich nach 1873 doch ein resignatives Klima ausgebreitet, das zumindest sporadisch die Wahrnehmung der großbürgerlichen Schichten, vor allem aber die der Wirtschafts- und Bildungseliten prägte.

Was im Bereich der kurz- wie langfristigen ökonomischen Entwicklungen spürbar war, markiert nur *ein* Feld innerhalb der vielfältigen **Strukturprobleme**, mit denen das Reich von Beginn an zu kämpfen hatte (vgl. Dörner 1996, 143 ff.; Wehler 1979):

1. Der abrupte ökonomische Aufschwung führte zwangsläufig dazu, dass sich der Gegensatz zwischen der Unternehmerschaft und den lohnabhängigen Arbeitern massiv verschärfte. Zwar hatte die ›erste‹ Industrialisierungsphase Mitte der 1830er Jahre den Konflikt vorbereitet und im Schlagwort der ›**sozialen Frage**‹ nachhaltig befestigt, doch als Problem von massenhaftem Ausmaß war der Verelendungsprozess der Arbeiterschaft im Gefolge von Monopolwirtschaft, stagnierenden Reallöhnen und neuartigen risikobehafteten Arbeitsbedingungen unbekannt und für den sozialen Frieden fortan ein Belastungsfaktor von allergrößtem Gewicht. Auch wenn die Streikwellen in den Industriezentren des Ruhrgebiet und des Saarlands bereits Ende der 1870er Jahre zu staatlichen Reformprogrammen führten, die die Interessen der Arbeiter auf

Kontexte: Reichsgründung und ›ästhetische Kultur‹

die Tagesordnung setzten, sperrte sich Bismarck bis 1890 gleichwohl erfolgreich gegen einen staatlichen Arbeiterschutz, der neben regulierten Arbeitszeiten auch stabile Mindestlöhne garantiert hätte. Was an staatlicher Sozialgesetzgebung erfolgte – darunter das Krankenversicherungsgesetz von 1883 –, stellte keine Sozialreform im Sinne des Arbeiterschutzes dar, sondern muss primär als Strategie innenpolitischer Stabilisierung begriffen werden, die die Arbeiterschaft in ihrer erzwungenen Rolle als Staatsrentnertum strukturell an den preußischen Staat binden sollte – nicht zuletzt, um den Einfluss der Gewerkschaften und der Sozialdemokratie zu schwächen, die freilich mit dem Ende der Sozialistengesetzgebung 1890 als gewichtige politische und parlamentarische Kraft nicht mehr länger ignoriert werden konnte (vgl. Wehler 1994, 136 ff.).

2. Grundlegender noch war, dass das vertragsrechtlich am 1.1.1871 gegründete Reich **keine eigentliche demokratische Legitimation** besaß; ein Gesichtspunkt, der immer wieder zu Thesen über einen ›deutschen Sonderweg‹ herausgefordert hat und der – besonders prominent von Hans-Ulrich Wehler vertreten – dazu diente, die fatalen politischen Entwicklungen des 20. Jahrhunderts aus diesem Mangel an demokratischen Traditionen zu erklären (vgl. Frie 2004, 8 ff., 108 ff.; Wehler 1994, 11 f.). In der Tat verdankte sich das erste Deutsche Reich einer ›Einigung von oben‹, in der Preußen gewissermaßen im Alleingang zum Deutschen Reich expandiert war. Vorausgegangen war dem eine geschickte außenpolitische Taktik, in der Preußen durch die rasch aufeinanderfolgenden Siege über Dänemark (1864) und Österreich (1866) die schwelende Vormachtfrage innerhalb des Deutschen Bundes – völkerrechtlich gesehen ja ein Relikt des Wiener Kongresses von 1815 – zu seinen Gunsten entschied und einer ›kleindeutschen‹ Lösung unter Ausschluss Österreichs zuführte. Das auf diesem Weg entstandene politische Gebilde war in mehrfacher Hinsicht ein Kompromiss, weil es – gemäß der Reichsverfassung vom 4. Mai 1871, die formal eng an die Verfassung des Norddeutschen Bundes angelehnt war – 22 souveräne deutsche Fürstenstaaten und drei freie Handelsstädte sowie das Reichsland Elsaß-Lothringen in einem »Ewigen Bund« zusammenschloss, der, repräsentiert und formal regiert von einem Reichskaiser, in seiner politischen Willensbildung faktisch aber von Bismarck als Reichskanzler dominiert wurde. Bismarck konnte sich seinerseits auf den als Reichslegislative fungierenden, aber nur vordergründig souveränen Bundesrat stützen, der die preußischen Hegemonieansprüche – mit zwei Dritteln an Fläche und Bevölkerung war Preußen die stärkste ökonomische und politische Kraft im Reich – teilte. In dieser Konstellation fungierte der Kaiser als eine Art säkularer Reichsmonarch, der das Reich völkerrechtlich repräsentierte, aber keine souveräne Gewalt besaß, weil alle politischen Entscheidungen vom Reichskanzler gegengezeichnet werden mussten. Nach außen entstand so die Suggestion einer konstitutionellen Monarchie mit föderativer bzw. paritätischer Struktur – als viertes Reichsorgan neben Kaiser, Kanzler und Bundesrat sah die Verfassung auch einen gewählten Reichstag vor –, ohne dass Bismarcks herausgehobene Position aber übersehen werden konnte.

3. Angesichts der großen Bedeutung, die das konfessionelle und kulturgeographische ›Herkommen‹ im 19. Jahrhundert besaß, verwundert es nicht, dass auch die **konfessionellen und religiösen Spannungen** des Reichs nicht ohne Konsequenzen für die innere Stabilität der Reichsnation blieben (vgl. Dörner 1996, 146 f.). Tatsächlich ist die Reichsgründung nicht nur ein preußisches, sondern auch in großen Teilen ein protestantisches Projekt gewesen, das sich unter Integration der angestammten sozialen Eliten, zumal des großgrundbesitzenden Adels und des Junkertums in den Ostgebieten

des Reiches, auch gerade dadurch einen mächtigen Rückhalt verschaffte, dass es die entsprechenden Gruppen in ihrer konfessionellen Identität ansprach. Konfessionelle Bindungen versprachen hier Bindungen an soziale Traditionen, die den politischen Modernisierungsschock von 1870/71 milderten und den Eintritt in ein Reich erleichterten, das angesichts des zutiefst taktischen Charakters der Bismarckschen Politik kaum mehr von überlieferten sozialen Loyalitäten her verstanden werden konnte.

Aus der preußischen Hegemonie resultierte folgerichtig ein politisches Beteiligungsgefälle entlang der Nord-Süd-Linie des Reichs; in der Tendenz besaß der katholische Süden daher einen vergleichsweise geringen Einfluss auf die Reichspolitik. Durchgreifende Schwächungen hatten die deutschen Katholiken, die an der Seite der Sozialisten schnell als ›Reichsfeinde‹ stigmatisiert waren, freilich schon im berüchtigten ›Kulturkampf‹ hinnehmen müssen. Der Konflikt, der 1871 entbrannt war und seinen Höhepunkt 1876 mit der Ausweisung und Inhaftierung katholischer Bischöfe erreichte, forcierte den Gegensatz zwischen dem säkularen preußischen Herrschaftsstaat und der katholischen Kirche in einer Weise, die deutlich machte, dass der religiöse Konflikt nur eine innenpolitische Fortsetzung des außenpolitischen Kampfes Preußens gegen das katholische Frankreich und den Kirchenstaat bildete. Im Kern war dieser von Bismarck angezettelte Konflikt ein aggressives Modernisierungsprojekt im Sinne der Alleinstellung politischer Macht (vgl. Frie 2004, 32).

Aus der Perspektive der naturalistischen Generation liegt die Reichsgründung bereits ein Jahrzehnt zurück, als sie ihre ersten Versuche einer programmatischen Formierung als Gruppe unternimmt. Üblicherweise sieht die Forschung den Impuls der Naturalisten darin, eine gegenwartskritische Literatur schaffen zu wollen, die mit dem äußeren Gewicht des Reiches Schritt halten sollte. Weil dieses Ziel aber durch die Indifferenz der politischen Führung verfehlt worden sei (vgl. Bunzel 2008, 18; Fähnders 1987, 9), habe sich der Naturalismus enttäuscht von der Reichswirklichkeit abgewendet. Tatsächlich gibt es für dieses Deutungsschema, in dem sich Ernüchterung und Opposition miteinander verbinden, reichhaltige Belege. So schrieben Heinrich und Julius Hart 1882: »Elf Jahre sind nunmehr vergangenen, seit aus dem Chaos des großen Krieges das neue Reich emporstieg. [...] Auch die Literatur sollte einer neuen Blütezeit entgegengehen, nationale Epen, nationale Dramen, nationale Theater erwartete man von einem Tag zum andern. Die Ernüchterung folgte bald [...]« (zit. LMN, 24).

Für das Verständnis des Naturalismus ist es allerdings entscheidend, sein Engagement nicht auf einen rein literarischen Aspekt zu beschränken. Viele Autoren des Naturalismus entstammen bezeichnenderweise den nationalen Burschenschaften (vgl. Sprengel 1993), in denen literarisches und nationalpolitisches Engagement eng miteinander verquickt war; dies gilt etwa für Arno Holz (vgl. Scheuer 1971, 27), aber auch für weniger bekannte Akteure wie Konrad Küster, Leo Berg und Eugen Wolff, die den personellen Kern der »Durch!«-Vereinigung bildeten (s. Kap. I.4). Noch 1888 proklamierte Conrad Alberti: »Wir vertreten [...] eine völlig selbständige und eigenartige Bewegung [...], deren erstes und höchstes Prinzip die Nationalität ist« (Alberti 1888a, 1041). Schon 1885 hatte Hermann Conradi konstatiert: »Der Geist, der uns treibt zu singen und zu sagen, [...] ist der Geist wiedererwachter Nationalität« (MD, III).

Tatsächlich ist der Naturalismus von Beginn an ein **Literatur übergreifendes Programm kultureller Erneuerung** gewesen. In seinem Mittelpunkt stand das Leitkonzept der Kulturnation, wie es sich im 18. Jahrhundert als universalistisches Konzept gegen die Verabsolutierung des reinen Staatsdenkens ausgebildet hatte (vgl. Dann 1995). Diese kulturnationalen Impulse sind für den frühen Naturalismus deswegen so attraktiv gewesen, weil sie in die Lücke eingefügt werden konnten, die der rein **formale Charakter der nationalen Einigung** dem Reich hinterlassen hatte. Genau dies jedenfalls war die politische Bilanz der Naturalisten: Weil das Reich allein mit verfassungsrechtlichen Mitteln zustande gekommen war, stellte es in ihren Augen eine rein ›äußerliche‹, gewissermaßen ›mechanische‹ Realität dar, die ohne innere, ›gefühlte‹ Bindungen blieb. Nicht nur war dieses »neue Reich« (zit. LMN, 24) ohne demokratische Legitimationen entstanden, es fehlte ihm auch schmerzlich an sozialen und kulturellen Bindungskräften. »Dem Sedan der stählernen Waffen«, so schrieben die Harts im vierten Heft der *Kritischen Waffengänge*, »sollte das Sedan des Geistes auf den Fuß folgen […]. […] Eine politische Verfassung kann man über Nacht gewinnen, eine nationale Wiedergeburt an Geist und Seele hingegen, darüber gehen Jahre hin« (KW, IV, 1882, 3f.).

Die entschiedenste Position innerhalb dieses kulturnationalen Programms stellte das erste große Zeitschriftenprojekt des Naturalismus – die *Kritischen Waffengänge* der Brüder Hart – dar. Unter diesem Titel, der auf ältere Zeitschriftenprojekte anspielte (Ludolf Wienbarg: *Aesthetische Feldzüge*; Friedrich Theodor Vischer: *Kritische Gänge*; vgl. Schneider 2005, 194 f.), erschienen zwischen 1882 und 1884 in loser Folge literaturkritische und -ästhetische Aufsätze, die ausschließlich von Heinrich und Julius Hart verfasst worden waren. Inhaltlich zielten die *Kritischen Waffengänge* auf eine unnachgiebige Kritik der Gründerzeit-Epigonen (Heinrich Kruse, Paul Lindau, Albert Träger) und – zugleich – auf ein forciertes Bekenntnis zu allem, was im Literaturbetrieb als gegenwartsbezogen und oppositionell auftrat (vgl. Berman 1985, 219 ff.). Auffällig war der überaus aggressive Ton, der analog zum Titel der Zeitschrift als interventionistische Textpraxis verstanden werden muss, d. h. als eine ›kriegerische‹ Schreibbewegung, die unmittelbar in das literarische Feld eingreift und alle Autoren, die in ihm tätig sind, entlang der elementaren Unterscheidung von Freunden und Feinden orientiert.

Vor diesem Hintergrund verstanden sich die *Kritischen Waffengänge* als eine **nationale Avantgarde**. Sie sollte als fortgeschrittenste Position innerhalb der erst noch herzustellenden Kulturnation des Reiches eine »ästhetische Kultur« (zit. LMN, 23) realisieren, in der die Nation nicht mehr bloße, verfassungsförmige Äußerlichkeit, sondern kollektiver geistiger Besitz geworden ist. Entsprechend reflektieren sich die *Kritischen Waffengänge* in einer auffälligen Vorwegnahme von Programmsemantiken, die erst für die historischen Avantgardebewegungen leitend werden, als »Vorhut« gegenüber dem »Hauptheer« der Nation, die sich – noch – nicht erfüllt hat. Nation, so muss man die *Kritischen Waffengänge* verstehen, ist die Nation erst, wenn sie sich als »ästhetische Kultur«, d. h. als sozial bindende Lebenswirklichkeit realisiert hat, die, wie die Brüder Hart formulierten, »alle Erscheinungen verknüpft« (KW, I, 1882, 5).

In diesem Entwurf reichen die *Kritischen Waffengänge* bereits in einen konzeptuellen Avantgardismus hinein, der weit über die in der Forschung gewöhnlich attestierte »revolutionäre Gebärde« (Sprengel 1998, 108) hinausführt. Immerhin stützte sich der frühe Naturalismus bis etwa 1885 – legt man die in diesem Jahr erschienene Lyrikanthologie *Moderne Dichter-Charaktere* zugrunde – auf Rollenmodelle und Autorpositionen – vom »Führer« und »Pfadfinder« (MD, III) ist da ebenso die Rede wie vom »Guerillaführer in der Dichtung« (zit. NAT, 361) –, die bereits auf avantgardistische Aktionsmuster vorausweisen.

Gleichwohl gibt es in diesem kulturnationalen Avantgardismus einen ästhetischen Kern. Er besteht in dem, was die Brüder Hart in der erbitterten Auseinandersetzung mit der Gründerzeitkultur »wahre Kritik« (KW, IV, 1882, 14) nennen. Zeichnete sich die Ästhetik der Gründerzeit durch einen eklektischen Stilpluralismus aus, der aus dem Fundus der historischen Tradition eine ebenso monumentale wie repräsentative Formensprache ableitete und somit breiten Eingang in die Alltagskultur fand (vgl. Hamann/Hermand 1965), sollte die »wahre Kritik« ein entschiedenes Urteil mit einer methodisch überprüfbaren Begründung verbinden. »Das erste Axiom eines Gesetzbuches für die Kritik«, so heißt es in einer Polemik gegen den populären Feuilletonisten Paul Lindau, »sollte lauten: Das bloße Urtheil ist nichts, die Begründung alles« (KW, II, 1882, 16). Im Kern ruht diese Entgegensetzung von gründerzeitlicher Repräsentation und naturalistischer Kritik auf einer kultursemiotischen Differenz: Während die Ästhetik der Gründerzeit und – an ihrer Seite – der als »Proletarierjournalistik« (KW, IV, 1882, 63) gebrandmarkte moderne Feuilletonismus eine Kultur fortwährender Zirkulationen und heterogenster Verbindungen stiftete, sollte die als »echte Wissenschaft« (KW, II, 1882, 19) verstandene Kritik ein Moment der »Sammlung« (KW, IV, 1882, 61) herstellen, die zugleich eine Sammlung der Nation selbst war. In der Tendenz wirkte in dieser Vorstellung ein Motiv nach, das – aus Nietzsches *Zweiter Unzeitgemäßer Betrachtung* (vgl. Nietzsche, KSA 1, 248 ff.) stammend – eigentlich auf den **Historismus** der Jahrhundertwende und dessen eklektizistischen Zeichenfundus gemünzt war (vgl. Jäger/Rüsen 1992; Wittkau 1994).

In all dem ist der Hartsche Entwurf einigermaßen abstrakt geblieben, zudem war er nicht frei von Widersprüchen (vgl. Schneider 2005, 213; Stöckmann 2009, 149). Ungleich konkreter waren demgegenüber die Forderungen, die die naturalistischen Autoren zur gleichen Zeit nach einer **staatlichen Unterstützung** erhoben. Ausgangspunkt für die entsprechenden Forderungen war auch hier die Differenz zwischen der äußeren Machtstellung des Reiches und seiner kulturellen Realität. Einmal mehr gingen die wichtigsten Impulse in diesem Zusammenhang von Heinrich und Julius Hart aus. 1882 publizierten sie im zweiten Heft der *Kritischen Waffengänge* einen »Offenen Brief an den Fürsten Bismarck«, der mit Blick auf eine Reihe bestehender Verordnungen und Gesetzgebungen im Bereich des »Urheberrechts«, der »Theatercensur« und der »Gewerbe-Gesetzgebung« zu der Überzeugung gelangte, dass der Staat noch immer »wenig Achtung [...] vor der Literatur und den Kunstzweigen [hegt], die mit ihr zusammenhängen [...]« (zit. LMN, 25). Demgegenüber forderte der »Offene Brief« eine »Staatshülfe«, die jedem Autor »freie« und »ungestörte Muße« (ebd., 26) sichern sollte. Konkret projektierten die Harts die Gründung eines »**Reichsamtes für Literatur, Theater, Wissenschaft und Künste**« (ebd.), das seine Aktivitäten über die Grenzen der Einzel-»Gebiete« hinweg, aber auch jenseits regionaler Beschränkungen, entfalten sollte. In gewisser Weise war hier die Utopie eines Reichsorgans formuliert, das die Angelegenheiten der Literatur als staatsoffizielle Aufgabe behandelte.

Eine weniger konkrete, aber umfassender begründete Position bezog Conrad Alberti, als er 1888, im Jahr des Regierungsantritts Wilhelms II., die »ernsteste, weiteste und aufrichtigste Fürsorge des Staates« (zit. TdN, 81) einklagte. Umfassend begründet war Albertis Position, die er anonym unter dem Titel *Was erwartet die deutsche Kunst von Kaiser Wilhelm II.?* publizierte, weil er die Kunst zu einer »naturgesetzlich notwendigen, in der Organisation des Menschen begründete Ausströmung des menschlichen Geistes« (ebd., 80) erklärte – ein Argument, das das wissenschaftliche

Prestige des modernen naturgesetzlichen Denkens belieh, um Kunst und Literatur eine »ihrer kulturellen Bedeutung angemessene Stellung« (ebd., 79) zu sichern. Dass Karl Bleibtreu, der den Forderungen Albertis ansonsten durchaus nahestand, nach 1885 mehrfach jede »Staatssubvention« (zit. LMN, 27) mit dem Argument ablehnte, die »Protektion ›höheren Ortes‹« wirke »verderblich auf die Literatur« (ebd., 28), belegt, dass über die Nähe von Staat und Kunst keineswegs Einigkeit bestand. Letztlich ist diese Frage Teil einer Naturalismus-immanenten Verständigung über die Funktion der Literatur gewesen, die unter den Bedingungen der modernen Staatlichkeit unweigerlich zwischen Autonomie und Heteronomie pendelte. Noch die nach 1878 verstärkt einsetzenden Bemühungen um eine **berufsständische Organisation** der Schriftsteller – 1885 forderte Conrad die Gründung einer »schriftstellerischen Berufsgenossenschaft« (zit. LuG, 63) – setzten das Problem in der Frage fort, wessen Interessen eine entsprechende Vereinigung eigentlich zu vertreten habe: die einer reichsnahen Dichterelite, als die sich viele Naturalisten verstanden, oder die aller schriftstellerisch und publizistisch Tätigen. Auch darin, d. h. in der Frage, wer überhaupt sozial und ökonomisch relevante Interessen artikulieren konnte, waren die Naturalisten »Kinder« (zit. LMN, 24) der modernen Staatlichkeit.

2. Ästhetische Orientierungen: Ibsen, Zola, Tolstoi

Der Naturalismus ist das erste gesamteuropäische Phänomen der literarischen Moderne. Zwar sind schon Romantik und Realismus keine ausschließlich nationalen Phänomene mehr gewesen, aber ihre nationalliterarischen Ausprägungen waren doch so verschieden – bedenkt man etwa die enge und sehr spezifische Verzahnung der deutschen Romantik mit der idealistischen Philosophie –, dass von einer einheitlichen Literaturtendenz noch nicht die Rede sein konnte.

Für den deutschen Naturalismus sind diese übernationalen Orientierungen – Julius Hillebrand betrachtete den Naturalismus 1886 wie selbstverständlich als eine »internationale« (zit. NAT, 39) Bewegung – von besonderer Bedeutung. Genetisch nämlich ist der deutsche Naturalismus ohne die vielfältigen und in der Summe sehr kompakten Einflüsse aus Frankreich, Skandinavien und – mit Einschränkungen – auch aus Russland nicht denkbar. Zu einem erheblichen Teil ist der deutsche Naturalismus daher ein **Effekt von kulturellen Transferprozessen**.

Die Rekonstruktion der entsprechenden Einflusskonstellationen hat die Naturalismus-Forschung von Anfang an begleitet und zu aufschlussreichen Ergebnissen geführt (vgl. Baumgartner 1979; Gentikow 1975; IdB; Moe 1983; Pasche 1979; Root 1966). Gleichwohl machen einflussgeschichtliche Zugriffe nicht immer hinreichend deutlich, dass Rezeptionsprozesse selektive Prozesse sind, die in der Aneignung fremder Literaturtendenzen spezifische Rezeptionsinteressen und -schwerpunkte ausbilden; Rezeption ist in diesem Sinne selbst bereits ein aktives Geschehen, das niemals nach dem Muster einer bloßen Aufnahme gedacht werden kann, in der das Aufgenommene unverändert bleibt. So ist mit Blick auf das große Vorbild Zola beispielsweise entscheidend, ob die thematischen Implikationen seines Romanwerks oder die Strukturen seiner narrativen Konstitution im Rezeptionsvordergrund stehen. Nicht zuletzt sind primär strukturelle, d. h. etwa an bestimmten Gattungsvorgaben orientierte Rezeptionsvorgänge von solchen Prozessen zu unterscheiden, in denen ein einzelner Referenztext im Mittelpunkt steht, wie dies etwa für Jens Peter Jacobsens Roman *Niels Lyhne* gilt, der 1889 in einer deutschen Erstausgabe erschien und zu einem nachgerade epochalen Rezeptionserlebnis fast aller Autoren der Zeit wurde (vgl. Sørensen 1978; Stöckmann 2009, 381 ff.). Gegenüber einem in diesem Sinne potentiell unspezifischen Rezeptionsbegriff besitzt der Transferbegriff den Vorzug, Strukturen und Funktionen des Rezeptionsprozesses in Abhängigkeit vom jeweiligen Rezeptionsgegenstand zu erfassen.

Unter den Autoren, an die der deutsche Naturalismus in der Hauptsache angeknüpft hat, ist zunächst **Henrik Ibsen** (1828–1906) zu nennen (vgl. George 1968). Ibsens Dramen lagen bereits seit 1868 in Übersetzungen vor – zum Vergleich: Zolas früher Roman *Thérèse Raquin* erschien im französischen Original erst 1867, der erste Band des *Rougon-Macquart*-Zyklus erst 1871 (*La fortune des Rougon*) – und wurden seit Mitte der 1870er Jahre durch die preisgünstigen Ausgaben der Reclamschen Universalbibliothek nachgerade populär. Parallel hierzu setzte auch die für den Naturalismus wichtige Bühnenrezeption der Ibsen-Stücke ein (vgl. IdB): 1876 führte das Meininger Hoftheater *Die Kronprätendenten* (*Kongs-Emnerne*, 1864) auf, 1878 wurden *Die Stützen der Gesellschaft* (*Samfundets Støtter*, 1877) zu Ibsens erstem großen Erfolg auf deutschen Bühnen. Im selben Jahr wurde das Stück an mehreren Berliner Theatern und bis Jahresende an weiteren 19 Theatern in ganz Deutschland gegeben. 1880 erlebte Ibsens *Nora* (*Et dukkehjem*, 1879) eine vielbeachtete Aufführung, wenn sie aufgrund der provokanten Behandlung der Frauenproblematik auch eine kontroverse Aufnahme bei Kritik und Publikum fand. Die Berliner Theater spielten das Stück daher in zwei Fassungen, so dass neben dem Original auch eine Fassung mit versöhnlichem Schluss präsentiert wurde, in der Noras Bruch mit der Familie, anders als im Original, ausblieb. Nach 1880 trat eine sechsjährige Aufführungspause für Ibsens Dramen in Deutschland ein, was unter anderem mit der nach 1880 verstärkt einsetzenden Zola-Rezeption zusammenhing, die die Rezeption Ibsens tendenziell überlagerte. Gleichwohl blieb Ibsen auch in dieser Phase ein vielgelesener Autor, zumal sich nach 1886, dem Jahr der deutschen Erstaufführung der *Gespenster* in Augsburg, die Rezeptionsgewichte ohnehin wieder tendenziell zu Ibsens Gunsten verschoben; ab 1887 erlebten in dichter Folge auch die späteren Ibsen-Dramen (*Rosmersholm*, *Die Wildente*, *Die Frau vom Meer*) vielbeachtete Aufführungen. Welche Bedeutung Ibsen für den deutschen Naturalismus besaß, ist noch daran ablesbar, dass dessen wichtigste Theaterinstitution – die »Freie Bühne« – ihren Spielbetrieb am 29.9.1889 nicht etwa mit dem Stück eines deutschen Autors, sondern mit Ibsens *Gespenstern* (*Gengangere*, 1881) aufnahm (s. Kap. VI.1.1).

Ibsen ist für den deutschen Naturalismus in zweierlei Hinsichten folgenreich gewesen. Zum einen hat er ihm **thematische Ressourcen** erschlossen, die aus den Traditionen des ›bürgerlichen‹ bzw. ›poetischen‹ Realismus und seiner tendenziell restriktiven Sujetpolitik nicht herleitbar waren. Dazu zählen Phänomene wie Alkoholismus, Inzest, Selbstmord oder erblich bedingte Erkrankungen, die im Falle von Ibsens *Gespenstern* auch das paralytische Verdämmern einer Hauptfigur – der dritte Akt des Dramas schließt in großer Drastik mit Osvalt Alvings fortschreitendem Wahn – einschloss. Nicht weniger bedeutsam war auch Ibsens Parteinahme für die sozialen und ökonomischen Belange der Frau, die der noch jungen Frauenbewegung – 1865 wurde der »Allgemeine Deutsche Frauenverein« gegründet – wichtige Anregungen gab und die, vor allem durch **Laura Marholms** (1854–1928) 1890 erschienenen Essay »Die Frauen in der skandinavischen Dichtung« angestoßen (vgl. NAT, 624), auch in Teilen die literaturprogrammatische Ibsen-Rezeption nach 1886 bestimmte (vgl. NAT, 624 ff.).

Zum zweiten – und wichtiger – hat Ibsen maßgeblich die naturalistische Dramaturgie geprägt. Auf ihn geht das Standardschema der naturalistischen Dramatik – das **analytische Drama** – zurück. Fast alle der reifen Dramen Ibsens folgen einer statischen Dramaturgie, in der das Bühnengeschehen die Folge von Ereignissen ist, die der Bühnenhandlung zeitlich vorausliegen; analytisch ist diese Dramaturgie, weil die Handlung zugleich die Rekonstruktion ihrer eigenen Bedingungen vollzieht. Dabei wird der analytische Prozess fast immer durch eine Figur ausgelöst, die ›von außen‹ auf die Bühnensituation trifft und durch die Verwicklungen und Konflikte, in die sie verstrickt ist, den analytischen Prozess in Gang setzt. Wenn die dramatische Tradition Figuren dieser Art – Heimkehrer, Besucher, zeitweilige Gäste und Boten, ›Dritte‹ aller Art – auch immer schon kannte, so hat Ibsen diese Rollenfunktion typisiert und im Verbund mit dem analytischen Handlungsschema zu einer festen, schnell als ›naturalistisch‹ qualifizierten Dramaturgie zusammengefügt. Die eigentliche dramaturgische Innovation dieses Schemas besteht darin, dass sie eine Vermittlungssituation schafft, die eigentlich für narrative Texte kennzeichnend ist: Ohne die Botenfiguren und die Reaktionen, die sie im epischen »Herantreten« (Peter Szondi) an die Verhältnisse auslösen, bliebe die dramatische Situation wie ihre Vorgeschichte für den Zuschauer undurchsichtig; insofern fungiert der Bote als dramatisiertes Äquivalent der Erzählerfunktion.

Entsprechend sind zwei der drei frühen naturalistischen Dramen Hauptmanns – *Vor Sonnenaufgang* und *Das Friedensfest* – fest im analytischen Schema Ibsens verankert; in *Vor Sonnenaufgang* werden die Ereignisse durch den Sozialreformer Loth, im *Friedensfest* durch die verfeindeten Brüder Wilhelm und Robert ausgelöst (s. Kap. VI.2.1.2; Kap. VI.2.1.3). Ähnliches gilt für den zwischenzeitlich in Amerika zum Strombaumeister ausgebildeten Heinrich, der in Max Halbes Drama *Der Strom* nach vielen Jahren in das elterliche Haus zurückkehrt und dort den schwelenden Erbkonflikt in Gang setzt. Eine eher komödiantische Variante findet sich in Hermann Sudermanns Schauspiel *Die Ehre*. Hier ist es Robert Heinecke, der nach einer beinahe zehnjährigen Tätigkeit im Ausland in sein ›proletarisches‹ Elternhaus zurückkehrt und, mit der »Schande« seiner jüngsten Schwester Alma konfrontiert, einen erbitterten Konflikt um die Ehre der Familie auslöst. Interessanterweise ist auch das für den Naturalismus so zentrale Einakter-Genre in diesem dramaturgischen Schema verankert, wie die frühen Einakter-Experimente Rainer Maria Rilkes, aber auch einzelne Texte wie Georg Hirschfelds »Schauspiel in einem Akt« *Zu Hause* zeigen.

Vor allem die gewichtigen Dramen Hauptmanns, nicht zuletzt die erwähnten Einakter verdeutlichen, dass Ibsen noch in einer weiteren Hinsicht für den deutschen Naturalismus zentral war. Wenn die Geschichte und, mit ihr, Macht und Bann der Überlieferung zu den großen Obsessionen des 19. Jahrhunderts zählt, dann lassen sich diese ›historischen‹ Lähmungen in fast allen späteren Stücken Ibsens finden, gleich ob es sich um das Ausgeliefertsein an eine degenereszente Genealogie (*Gespenster*), um die mythische Macht von ›Geschichts‹-Orten (*Rosmersholm*) oder um die Befangenheiten eines Lebens handelt, das in einem *Théâtre d'Absence* von der Übermacht der allgegenwärtigen Toten dominiert wird (*Hedda Gabler*). Dass der deutsche Naturalismus immer wieder dieses Trauma der Erbschaft gegen den Vitalismus des ›Lebens‹ ausgespielt hat, verdankt er zu einem großen Teil Ibsen (zu einem gewissen Teil allerdings auch Nietzsche und der Historismus-Kritik seiner 1872 erschienenen *Zweiten unzeitgemäßen Betrachtung*, wobei die möglichen Beziehungen zwischen Ibsen und Nietzsche einflussgeschichtlich noch immer tendenziell im Dunkeln liegen; vgl. Sträßner 2003).

Anders als im Falle Ibsens lässt sich der Beginn der **Zola-Rezeption** (vgl. Root 1966) nicht am Erscheinen der ersten Übersetzungen bemessen. Als Zola 1873 erstmals in einer kleinen Notiz der *Blätter für literarische Unterhaltung* erwähnt wurde, war er aufgrund des 1867 erschienenen Romans *Thérèse Raquin* bereits einem breiteren Lesepublikum bekannt, das Zolas Texte bereits früh im Original las. Die publizistische Auseinandersetzung mit Zola begann demgegenüber vergleichsweise schleppend; ab 1877 erscheinen sporadisch Besprechungen seiner Romane, erst ab 1880 beginnt eine intensive, zum Teil erbitterte Auseinandersetzung um Zola, die freilich auch davon zehrt, dass die Zahl der Übersetzungen um 1880 sprunghaft steigt und Zolas Romane zunehmend Publikumserfolge werden. Neben Zolas Romanwerk konzentriert sich die publizistische und literaturprogrammatische Rezeption auf die **Theorie des Experimentalromans**, die allerdings mehrheitlich auf Widerstand stieß (s. Kap. IV.2). Überhaupt sind Zolas theoretische und literaturprogrammatische Überlegungen in Deutschland weitgehend glücklos gewesen; auch die älteren, zwischen 1864 und 1878 entstandenen literaturtheoretischen Überlegungen sind kaum auf größeres Interesse gestoßen.

Insofern ist die gängige Wahrnehmung Zolas als »eigentlichem Wegbereiter« (Bunzel 2008, 30) des Naturalismus in Deutschland nur mit Einschränkungen aufrechtzuerhalten. Zunächst verläuft die Rezeption Zolas nicht nur heterogener, sondern in der Kontroverse auch schärfer als die Ibsens. Schon in der Frühphase des Naturalismus zerteilt sich die literaturkritische und -programmatische Zola-Rezeption entsprechend in zwei stark profilierte, im Übrigen auch kulturgeographisch bedeutsame Stränge: Während der Münchner Naturalismus unter Führung seines Hauptes Michael Georg Conrad entschieden für Zola Partei ergreift – Conrad hatte, in den 1870er Jahren in Paris lebend, 1878 Zugang zum Zola-Kreis gefunden und Zola schon 1880 als »Großmeister des Naturalismus« (Conrad 1880, 194) bezeichnet – stößt Zola bei den ›Berliner‹ Naturalisten, zumindest soweit sie die Position der Brüder Hart teilen, auf Zurückhaltung. Dabei ist die Reserve gegenüber Zola schon an Äußerlichkeiten ablesbar. Zwar waren Heinrich und Julius bereits seit 1877 mit diversen Zeitschriftenprojekten und literaturkritischen Stellungnahmen hervorgetreten, eine explizite Auseinandersetzung mit Zola findet sich allerdings erst 1882, als sie im zweiten Heft der *Kritischen Waffengänge* einen Essay unter dem Titel »Für und gegen Zola« publizierten (vgl. KW, II, 1882, 44 ff.), der sich mit einem Umfang von rund 10 Druckseiten deutlich von den ansonsten umfänglichen Texten unterschied, die die Brüder Hart Autoren wie Spielhagen, Lindau und anderen widmeten. Inhaltlich bewegten sich die Vorbehalte innerhalb der real-idealistischen Theorievorgaben, die der Frühnaturalismus aus seiner punktuellen Affinität zum ›bürgerlichen‹ bzw. ›poetischen‹ Realismus bezogen hatte und mit deren Hilfe er insbesondere Zolas szientifisches Literaturverständnis ablehnte (s. Kap. IV.1).

Zolas Wegbereiter-Funktion für den deutschen Naturalismus ist aber vor allem angesichts der tendenziell **inkongruenten Narrationsmodelle** und ihrer epistemologischen Prämissen zu relativieren. Zielte Zolas *Rougon-Macquart*-Zyklus auf ein Natur- und Sozialgeschichte verbindendes Schreibmodell, in dem positivistische, biologische und tiefenmetaphysische Wissenskonfigurationen zu einer Geschichte des zweiten Kaiserreichs zusammentreten (vgl. Gumbrecht 1978; Kaiser 1990; Müller 1977; Müller 1981), so besitzt der naturalistische Roman in Deutschland gänzlich anders gelagerte Erzählvoraussetzungen: Wo es im deutschen Naturalismus, wie etwa in Conrad Albertis sechsteiligem Zyklus *Der Kampf ums Dasein*, ein vergleichbares panoramatisches Erzählen gibt, bleibt es – anders als im polyphonen Roman Zolas – an eine ausgeprägte auktoriale und moralische Koordination der erzählten Welt gebunden oder besitzt – wie etwa in den zahlreichen ›Berliner Romanen‹ Max Kretzers – von Beginn an weder vergleichbare zyklische noch epistemologische Ansprüche. Auch die für Zola zentrale Fundierung im **Konzept der Vererbung**, die Zolas Geschichte des Kaiserreichs im Gefolge der Degenereszenz-Theorie Bénédict Augustin Morels (*Traité des dégénérescences physiques, intéllectuelles et morales de l'espèce humaine*, 1857) als Prozess einer fortschreitenden Degeneration lesbar macht (vgl. Föcking 2002), ist der deutschen Erzählprosa weitgehend verschlossen geblieben. Dass Zola – nachhaltiger noch als Ibsen – dem deutschen Naturalismus wesentliche thematische Ressourcen erschlossen hat, steht demgegenüber außer Frage. Insbesondere Zolas Romane *L'Assomoire* (1877), *Nana* (1880) und *Germinal* (1885) haben die deutschen Autoren in ihrer ungeschminkten Darstellung von Elend, Prostitution, Alkoholismus und Verbrechen, nicht zuletzt in der Authentizität ihrer Milieudarstellungen nachhaltig beeindruckt. Auch die im Sommer 1887 erfolgte deutsche Erstaufführung der Theaterfassung von Zolas Roman *Thérèse Raquin* war für die deutschen Naturalisten ein einschneidendes Theatererlebnis. Johannes Schlaf hat die Aufführung im Rückblick nachgerade zum »Keim« (Schlaf 1901/02, 1390) der eigenen Dramatik erklärt.

Zolas Bedeutung für den deutschen Naturalismus aber liegt in der Hauptsache im Feld der programmatischen und theoretischen Selbstverständigung. Wenn man Zola die Funktion eines Wegbereiters zugestehen möchte, dann besteht sie darin, dass Zola **Klärungsprozesse im Programmdiskurs** des deutschen Naturalismus angestoßen hat. Insbesondere das für Zola zentrale Verhältnis von Literatur und Wissenschaft ist in den deutschen Programmdebatten überaus kritisch zur Kenntnis genommen worden, hat aber in der Programmevolution selbst katalysatorisch gewirkt (ausführlich s. Kap. IV.1–2). Im Kern erzeugte Zolas szientifisches Literaturverständnis die Abwehr eines Diskursmusters, das drohte, den Standpunkt autonomieästhetischer Postulate aufzugeben. Demgegenüber ist die deutsche Naturalismus-Programmatik gerade als **Bewahrung der entsprechenden Systemgrenzen** zu verstehen, und sie hat dieses Diskursmuster erkennbar aus der ästhetischen Kontroverse um das ›Modell Zola‹ heraus entwickelt. »Die Grenzen zwischen Kunst und Wissenschaft«, so polemisierte Eugen Wolff 1896 gegen Zola, »sind so klar gezeichnet, daß es kaum einer eingehenden Erörterung bedarf, wie weit Zola von vorn herein auf eine schiefe Ebene geraten ist« (zit. NAT, 729). In welchem Maße die Auseinandersetzung mit Zola nicht zuletzt zur Profilierung eines ›nationalen‹ Naturalismus gedient hat, der gewissermaßen in Gegenrichtung zur Internationalität des naturalistischen Paradigmas verlaufen ist, ist eine noch weitgehend offene Frage. So wesentlich der Aspekt des Kulturtansfers für die Genese des deutschen Naturalismus auch gewesen ist, so wenig erforscht sind die ästhetisch-programmatischen Strategien, mit denen die europäischen, insbesondere französischen und deutschen Naturalismen auch um hegemoniale Besetzungen ›des‹ Naturalismus konkurriert haben.

Eine ungewöhnliche Rezeptionskonstellation verbindet den deutschen Naturalismus schließlich mit dem russischer Erzähler und Dramatiker **Leo Tolstoi** (1828–1910).

Tolstoi ist für die deutschen Naturalisten fast ausschließlich als Dramatiker und hier wiederum als Autor nur *eines* Textes – des 1886 uraufgeführten Dramas *Die Macht der Finsternis* – von Bedeutung (vgl. Kersten 1966; RLiD, XVIIIf., 58ff.) Als *Die Macht der Finsternis* am 26. Januar 1890 in der »Freien Bühne« aufgeführt wurde, lag der Text bereits seit 1887 in einer deutschen Übersetzung vor, allerdings ist die in Teilen geradezu emphatische Zustimmung primär der Aufführung geschuldet und nicht dem deutschen Lesetext. Heinrich Hart hielt *Die Macht der Finsternis*, wohl unter dem noch frischen Eindruck der Theateraufführung, 1890 für »das bedeutendste und gewaltigste Drama der Neuzeit« (zit. Bunzel 2008, 37).

Seine offensichtlichsten Spuren hat Tolstois Milieudrama in Gerhart Hauptmann Dramenerstling *Vor Sonnenaufgang* (1889) hinterlassen. Hier wie dort wird der moralische Verfall der Bauern durch den unheilvollen Einfluss des Geldes ausgelöst, hier wie dort bewegen sich die Figuren durch ein von Alkoholismus und inzestuösen Verstrickungen geprägtes Milieu und hier wie dort bewirkt ein dem Geschehen zunächst fernstehender Einzelner (Akim bzw. Loth), dass die zu Beginn im Verborgenen liegenden Verhältnisse enthüllt werden. – Ungewöhnlich, wenn auch in seiner Bindung an das bäuerliche Milieu naheliegend, ist die Orientierung an Tolstoi nicht zuletzt deswegen, weil Tolstoi – ähnlich wie im Übrigen auch Fjodor Dostojevski, dem Michael Georg Conrad und Hermann Conradi 1887 bzw. 1889 bewundernde Zeilen widmeten (vgl. Hoefert 1974, 241ff.; RLiD, 15ff.; 17ff.) – in den russischen Programmdiskussionen dem Realismus und nicht dem Naturalismus zugerechnet wurde. Auch Tolstois Programm des *meločnost'* – eine Methode der detailorientierten Realitätsdarstellung – steht der realistischen Ästhetik näher als dem Naturalismus.

III. Aspekte der Epoche

1. Thematische Innovationen: Großstadt, Arbeiterschaft, Masse, Milieu

Dass der Naturalismus um 1880 als literarischer Neubeginn wahrgenommen wurde – Karl Bleibtreu sprach 1886 gar von der »Revolution der Literatur« (Bleibtreu 1973) – hing vor allem mit einer Reihe thematischer Innovationen zusammen. Schon die frühe Rezeptionsgeschichte des Naturalismus hat diese innovativen Momente hervorgehoben. So erblickte Samuel Lublinski die Leistung der »modernen Richtung« darin, »neues Material für die künstlerische Darstellung« entdeckt und damit vor allem »möglichst aktuelle, recht handgreiflich realistische Stoffe« (Lublinski 1974, 4f.) literaturfähig gemacht zu haben.

Ästhetisch resultierten diese thematischen Neuorientierungen aus der generellen Überzeugung des Naturalismus, dass nicht nur die empirischen Phänomene, sondern auch die literarischen Sujets prinzipiellen gleichwertig sind; ein Gedanke, den der Naturalismus aus der empirischen Wissenschaftslehre des Positivismus (s. Kap. III.2.2) abgeleitet hatte. Die ebenso provokante wie prägnante Formel, mit der **Hippolyte Taine** in diesem Sinne seine wirkungsmächtige *Histoire de la littérature anglaise* (1863) eingeleitet hatte, lautete: »Le vice et la vertu sont des produits comme le vitriol et le sucre« (»Das Verbrechen und die Tugend sind Produkte wie Vitriol und Zucker«; zit. Mahal 1996, 27). Entsprechend formulierten die Brüder Hart 1882: »*Was* der Dichter darstellt ist ganz gleichgültig, es kommt allein darauf an, dass er es *als* Dichter darstellt« (zit. NAT, 656). »[R]ein stofflich betrachtet«, so betonte Conrad Alberti in seiner 1890 erschienenen Aufsatzsammlung *Natur und Kunst*, »steht jedes natürliche Objekt, jeder Vorgang gleich hoch [...]« (Alberti 1890, 319).

In der Wahrnehmung der Zeitgenossen stellte diese programmatische Gleichwertigkeit der Phänomene allerdings mehr als ein Abbau stofflicher Hierarchien dar. Spätestens mit dem Zolaschen Romanwerk wirkte die naturalistische Erzählwelt wie ein Einbruch des Realen in die literarische Fiktion. Tatsächlich betrieb der Naturalismus mit seiner drastischen Darstellung bislang weitgehend tabuisierter Sujets wie Gewalt, Sexualität, Elend und Alkoholismus eine Skandalisierung der Literatur, wenn auch weite Teile der entsprechenden Stoffe den deutschen Lesern durch Zola – denkt man die eindringlichen Elendsdarstellungen in *L'assomoir* (1877) oder an die eruptive Triebwelt in *Thérèse Raquin* (1867) – bereits vertraut waren. Selbst Gerhart Hauptmann oder der ›konsequente Naturalismus‹ (Arno Holz/Johannes Schlaf) haben die thematischen Exzesse Zolas – ungeachtet der erhitzten Kontroversen und juristischen Sanktionen, die Hauptmanns frühe Dramen nach sich zogen (s. Kap. VI.2) – nicht mehr überboten.

1.1 Großstadt

Rund ein halbes Jahrhundert nach der Entstehung der naturalistischen Bewegung erinnerte sich Gerhart Hauptmann an deren Anfänge im Berlin der 1880er Jahre:

> »Jahre hindurch wußte ich nichts anderes, als daß mein vereinzeltes, absonderliches Streben mich hoffnungslos vereinsame. Der Gedanke, es könne andere geben, die ein ähnliches Schicksal zu tragen hätten, kam mir nicht. Mit einem Male aber tauchten solche Naturen an allen Ecken und Enden in Deutschland auf. Sie begrüßten einander durch Zurufe, Leuten ähnlich, die auf Verabredung einen Marsch zu einem bestimmten Treffpunkt unternommen haben und nun angekommen sind. […] Fast alle waren in meinem Alter und ihre Gemütslage der meinen nahe verwandt.« (CA VII, 1047 bzw. 1049)

Hauptmanns Schilderung erfasst zunächst den Sachverhalt, dass beinahe alle Autoren, die sich nach 1885 zum Naturalismus bekannten, aus den Provinzen des deutschen Reiches stammten und ihre Identität als Naturalisten erst in der noch jungen Reichshauptstadt Berlin fanden – dies gilt für die gebürtigen Westfalen Heinrich und Julius Hart wie für die ›konsequenten‹ Naturalisten Arno Holz oder Johannes Schlaf, die aus Rastenburg bzw. Querfurt stammten. Hauptmanns Erinnerung ist aber vor allem deswegen aufschlussreich, weil sie die Konstitution des Naturalismus ganz aus der Erfahrung der Großstadt herleitet. Genau besehen sind es zwei Identitäten, die die Naturalisten aus dem Großstadterlebnis empfangen: Zum einen sind sie – wie in einer biographischen Zäsur, die sie von ihrer nicht-urbanen Herkunft abtrennt – Kinder der Großstadt. Anders formuliert: Ihre ›zweite‹, d. h. symbolische und kulturelle Geburt ist eine urbane Geburt. Zum anderen vermittelt ihnen die Stadt ganz offenkundig das Bewusstsein einer generationellen Identität, die ohne die Stadt nicht denkbar gewesen wäre. Wie Hauptmanns Schilderung bezeugt, hat das moderne Berlin wie ein magnetischer Ort, ein Sammlungszentrum, gewirkt, das die Einzelnen anzieht und aus ihrer Vereinzelung löst; erst diese Ausrichtung auf ein ideelles Zentrum konstituiert den Naturalismus als oppositionelle Bewegung der ›jungen‹ Generation.

Im europäischen Vergleich gehören die Großstädte und industriellen Ballungsgebiete des soeben geeinten Reichs – Berlin, München, das Saarland und das Ruhrgebiet – zu den Nachzüglern. Die »Zeit der Metropolen« (Zimmermann 2000) hatte in vielen europäischen Ländern – denkt man an Paris oder Manchester – längst begonnen, als in Deutschland erst entsprechende Urbanisierungserfahrungen gemacht werden konnten. Allerdings vollzog sich der Verstädterungsprozess in Deutschland nach 1870 umso abrupter und in der kollektiven Wahrnehmung umso durchgreifender. Bis zur Reichsgründung 1870/71 ist Deutschland noch ein weitgehend von vorindustriellen Produktionsweisen und Raummustern geprägtes Gebiet – 49% der Bevölkerung sind bis zu diesem Zeitpunkt in der Landwirtschaft tätig –, das innerhalb kürzester Zeit die Umwandlung in einen modernen Industriestaat erlebt (vgl. Ullmann 1995, 41 ff.; Wehler 1994, 19 ff.). Vor allem in Berlin waren die Auswirkungen dieses abrupten, vielfach traumatisch erlebten Modernisierungsschubs unmittelbar sichtbar. Die Gesamtbevölkerung der Stadt hatte sich zwischen 1871 und 1890 nahezu verdoppelt – sie war von 826.000 auf 1,57 Millionen gestiegen –, ebenso verdoppelte sich zwischen 1890 und 1905 die Zahl der industriellen Großbetriebe, was einen erheblichen Zuwachs an Arbeitern und Arbeiterinnen im städtischen Ballungsgebiet nach sich zog (vgl. Schutte/Sprengel 1987, 24 ff.). Überdeutlich waren die lebensweltlichen Veränderungen an der Zerstörung der traditionellen städtischen Physiognomie spürbar; das betraf insbesondere die Bildung neuer Vorstädte mit ihren neuartigen Mietskasernen, die damit korrespondierende soziale Differenzierung des Stadtraums – hier das prosperierende und in der Nacht elektrisch illuminierte Zentrum rund um den Kurfürstendamm und die Friedrichstraße, dort der von Elend und Wohnungsnot geprägte »Fabriknorden« (vgl. Bölsche 1977) –, nicht zuletzt die Mobilisierung von Menschen und Gütern durch die elektrische Schnellbahn, die nach mehrjährigen Planungen ab 1896 gebaut wurde (in Max Kretzers Roman *Meister Timpe* spielt der Bau der Berliner Stadtbahn eine gewichtige, geradezu leitmotivische Rolle).

Wenn es auch zutrifft, dass erst der Naturalismus die ästhetische Aneignung des Großstadtthemas betrieben hat, so ist das Sujet nicht an sich bereits modern (insgesamt ist die Haltung der Naturalisten zur Großstadt und ihren neuartigen Erfahrungsdimensionen auch zu uneinheitlich und widersprüchlich, als dass sich auf eine homogene naturalistische Stadtästhetik schließen ließe). In einem ästhetischen Sinne modern sind vielmehr die mentalen Reaktionsmuster, die die Stadterfahrung hervorbringt, und die ästhetischen Verfahren, die diese Reaktionsmuster in sich aufnehmen und zur Darstellung bringen. In dieser Hinsicht erweist sich die ästhetische Modernität des Naturalismus gerade an der tiefen **Ambivalenz seiner Affektmuster**, d. h. in der Oszillation zwischen gegenläufigen Affektimpulsen, zwischen denen die literarische Darstellung fortwährend schwankt. Tatsächlich schließen sich in der naturalistischen Stadtästhetik utopisches Glück und depressive Flucht, Faszination und Traumatisierung so eng zusammen, dass beide Wahrnehmungsmuster unablässig ineinanderspielen. »Ein Paradies, ein süßes Kanaan, – / Ein Höllenreich und Schatten bleich vermodernd« (LdN, 43), dichtete Julius Hart bereits 1882 über das moderne Berlin und gab damit der naturalistischen Großstadtlyrik ihr zentrales Schreibprogramm (s. Kap. V.3.3).

Im Feld des naturalistischen Großstadtromans lassen sich demgegenüber Versuche erkennen, der beunruhigenden Dynamik der Großstadterfahrung gerade Herr zu werden. Im Allgemeinen geschieht dies durch eine ›**expressive Stadtdarstellung**‹, die den städtischen Raum, insbesondere seine architektonischen Ensembles, als Ausdrucksträger, als »champ des significations« (Ledrut 1973; vgl. Scherpe 1988; Scherpe 1989), behandelt. »In schmutzigem Blaugrau«, heißt es in Conrad Albertis Roman *Wer ist der Stärkere?*,

> »schimmerte der Himmel hernieder, stechend brannte die Sonne, die mit falschen Blicken auf das ungeheure Häusermeer Berlins hinunterschaute, die Granitplatten der Straßendämme, die Schieferdächer der himmelhohen Kaufhäuser warfen die Gluthstrahlen unwillig zurück, der Kalkputz sprang von den Wänden, der Asphalt der Fahrdämme blätterte sich in kleinen Plättchen ab. […] Die Jannowitzbrücke, die Alexanderstraße, durch die sich die Wogen des Weltstadtverkehrs sonst besonders wälzten, lagen da wie die Gassen Pompejis, lautlos, menschenleer […] und selbst die Züge der Stadtbahn schienen heut schwerfälliger auf ihrem hohen Damme entlangzurollen.« (Alberti 1888b, I, 116 f.)

In solchen ›gestimmten‹ Stadtbildern verschafft sich die Narration architektonisch-stoffliche Ausdrucksqualitäten, die sich zu wechselnden Sinnbildern des Erzählgehalts verdichten. Analog zur Gestimmtheit der Protagonisten erscheint die Stadt einmal als Ort unbegrenzter Reichtümer und Energie, ein anderes Mal – wie im zitierten Beispiel – als depressive und lastende Ödnis; insofern können die Texte unmittelbar »von der Ebene des Stadtbezugs auf die Ebene des Protagonistenbezugs« (Forderer 1992, 124) wechseln.

Schließt die naturalistische Stadtdarstellung auf diesem Weg auch traumatische Erfahrungen nicht aus, so ist die Stadt, zumal dann, wenn die Texte – wie vielfach praktiziert (s. Kap. VII.2.1; Kap. VII.2.2) – auf die Enthüllung eines fundierenden ›Gesetzes‹ zielen, dennoch in einer Welt elementarer Bedeutungen – Sieg und Niederlage, Triumph und Scheitern – zentriert, die als gemeinsame Sinnwelt der handelnden Figuren erscheint. So differenziert und auf den ersten Blick disparat das soziale Gefüge bspw. in Conrad Albertis sechsbändigem Romanzyklus *Der Kampf ums Dasein* erscheint, so unentrinnbar unterliegen alle Figuren demselben Gesetz des ›Daseinskampfes‹. Darin bleibt die Stadt, ungeachtet der bedrängenden Erfahrungen, die sie dem Einzelnen zumutet, eine lesbare Stadt.

Nicht als eine Frage der Lesbarkeit, aber doch der Darstellbarkeit erscheint die Großstadt 1890 schließlich in dem **ersten Programm einer urbanen Dichtung**, die ein naturalistischer Autor in Deutschland – Wilhelm Bölsche – verfasst hat. Der kleine Text unter dem Titel »Die Poesie der Großstadt« muss durchaus als Provokation gelten, weil er – im Gegensatz zu Grundpositionen der Ästhetik Georg Wilhelm Friedrich Hegels und der auf ihr beruhenden Theorie des ›bürgerlichen‹ bzw. ›poetischen‹ Realismus (s. Kap. IV.1) – einen Gegenstand als poetisch erachtete, der nach Hegelscher Auffassung nur prosaisch, d. h. poesiefern und abstrakt sein konnte. Bölsches erklärter Anti-Hegelianismus besteht darin, dem »großstädtischen Treiben« einen »poetischen Stimmungsgehalt« bzw. ein »echtes Stimmungselement« (zit. NAT, 253 bzw. 255) abzuringen und damit das Poetische geradezu im Prosaischen zu verankern:

> »Die Großstadt ist […] die Großtat der menschlichen Kultur auf ihrer gegenwärtigen Entwickelungsstufe. […] Wer festklebt an der Schablone bestimmter klassischer Formen, […] wer mit einem Worte ganz und immerzu nur das Alte vertritt, der Aesthetik kein Recht zur Fortentwicklung zugesteht, der ist allerdings ewig verloren für den Zauber moderner Großstadt-Poesie. […] Die gigantische Panzerschale der Bahnhofshalle am Alexanderplatz wäre hier […] zu nennen. Herausgerissen aus dem Ganzen wäre sie häßlich, häßlich wären die himmelhohen Neubauten, die endlosen Straßen, ganz hervorragend häßlich wären die Stangen der elektrischen Lampen an der Leipziger Straße, das krause Notennetz der unzähligen, […] fast schon den blauen Himmel in ein liniiertes Blatt verwandelnden Telegraphendrähte. Als Glied des Ganzen […] finde ich das alles groß, erhaben, schön.« (zit. NAT, 256)

Das Zitat belegt, dass Bölsches Großstadtästhetik zwei komplementäre Darstellungsverfahren zusammenführt: **Funktionalität und Symbolizität**. Zunächst werden die architektonischen Ensembles – Bölsches wählt bewusst die moderne Funktionsarchitektur – aus ihrem materialen Zusammenhang in ihre »häßlichen« Funktionseinheiten auseinandergenommen, um dann, in dieser dekomponierten Form reiner Funktionalität, entlang unsichtbarer, aber himmelwärts gerichteter Fluchtlinien in eine ›telegraphische‹ Vernetzung zu streben. Diese Vernetzung soll ihrerseits wieder als ›symbolisches‹ »Glied eines Ganzen«, als »Ausdruck« eines Allgemeinen sinnfällig werden, in dem, wie Bölsche glaubt, der »Kulturheraufgang« der Moderne anschaulich aufgehoben ist. Diese Sinnfälligkeit ist dem recht konventionellen Symbol-Begriff geschuldet, den Bölsche verwendet. Es beruhigt die Vielzahl der zur reinen Funktion gewordenen Teile, also das, was in einem forcierten Sinne ›modern‹ ist, in einer auf Totalität zielenden Zusammenschau, die, wie das Zitat belegt, »alles« als »groß, erhaben, schön« qualifiziert. »Im Symbolischen«, so Bölsche, »fällt das Vereinzelte, das direkt und an sich formal Wirksame ganz von selbst fort vor der Forderung nach Allgemeinheit« (zit. NAT, 257).

Bölsches eigener Beitrag zur naturalistischen Stadterzählung – der 1891 in zwei Bänden erschienene Roman *Die Mittagsgöttin* – steht dem Genre interessanterweise bereits fern, weil er mit dessen Erzählschema, wie es bei Conrad Alberti, aber auch im ›Berliner Roman‹ Max Kretzers (s. Kap. VII.2.1) greifbar ist, nur noch Grundzüge gemein hat. Auch Bölsche erzählt die Geschichte eines Protagonisten, der den elementaren Kämpfen der Großstadt – dem »Babelturm aus Millionen Ziegelsteinen« (Bölsche 1902, I, 31) – ausgeliefert ist, und auch Bölsche lässt seinen Protagonisten nach der wiederholten Flucht in die sinnlichen Naturlandschaften des Spreewalds eine Aussöhnung mit der Stadt vollziehen. Darin folgt der Text erkennbar einem Grundnarrativ der Zivilisationsgeschichte: einer Geschichte von der Abwehr einer gefahrvollen Natur zugunsten einer (wenn auch entsagungsvollen) Selbstübergabe an die Rationalität der Moderne (vgl. Forderer 1992, 84; Schneider 1996, 152).

Dennoch geht Bölsches *Mittagsgöttin* in diesem Schema nicht auf. Überaus kennzeichnend für die rund 800 Druckseiten des Romans sind die **hypertrophen Beschreibungen**, die den Text erkennbar aufschwemmen und seinen zentralen Erzählgegenstand – die Stadt – geradezu überwuchern. Gerade weil der Text auf weiten Strecken nur mehr beschreibt und diese Beschreibungsarbeit gleichermaßen auf die eigentlich getrennten Erfahrungsräume von Stadt und Land ausdehnt, verähnlicht der Text fortwährend das, was er seinem Erzählschema gemäß eigentlich oppositionell gegeneinanderstellen müsste. Insofern re-inszeniert Bölsches Text sein Erzählschema, in dem er es in dieser nur mehr rudimentären, weil zeichenhaft überwucherten Form gewissermaßen ›ein letztes Mal‹ erzählt, und er tut dies, um die Stadt als eine literarische Hinterlassenschaft kenntlich zu machen, für die künftig neue und andere Darstellungsverfahren als bisher gefunden werden müssen. In diesem Sinne überreicht Bölsches Text das Großstadt-Sujet einer Zukunft des Erzählens, die der Naturalismus selbst nicht mehr gestaltet (vgl. Stöckmann 2011). Durchgreifende Neuansätze wird erst der Großstadtroman der ›reifen‹ Moderne, allem voran Alfred Döblins *Berlin Alexanderplatz* (1929), bringen. Aus ihm ist die Stadt als Raum des Ausdrucks und der zeichenhaften Bedeutungen zugunsten neuartiger Montageverfahren getilgt.

1.2 Arbeiterschaft, Masse

Die historische Forschungskonjunktur, die der Naturalismus in der Literaturwissenschaft der 1960er und 70er Jahre erlebte, war zu einem großen Teil einem zweiten thematischen Komplex des Naturalismus von hohem Innovationsgrad geschuldet: dem Thema der Arbeiterschaft. Von ihm gingen in den 1970er Jahren deswegen erhebliche Impulse aus, weil es die wissenschaftsimmanenten Neuorientierungen der Zeit – Kritik des klassisch-romantischen Deutungskanons, Aufwertung eines engagierten bzw. kritischen Literaturbegriffs – (vermeintlich) mit historischer ›Objektivität‹ ausstattete. In gewisser Weise besaß das Historische so einen Vorsprung, den die materialistisch-ideologiekritische Germanistik im Bewusstsein einer uneingelösten historischen Aktualität allererst aufzuholen hatte. »All das«, so schrieb Helmut Scheuer mit Blick auf die oppositionellen und sozialkritischen Tendenzen des Naturalismus, »hat sich bis heute nicht erledigt« (Scheuer 1974b, 10).

Im Rückblick gehört es zur unfreiwilligen Ironie einer derart gesellschaftsbezogenen Literaturwissenschaft, dass sich die größten ideologischen Befangenheiten der naturalistischen Generation gerade auf diesem methodisch bevorzugten Explikationsfeld zutrugen. Zu kaum einer sozialen Formation hat der Naturalismus ein zwiespältigeres Verhältnis unterhalten als zur Arbeiterschaft. Fraglos hat er deren Nähe gesucht und es – vor allem in der Phase der Sozialistengesetzgebung (1878–1890) – an Solidaritätsbekundungen nicht fehlen lassen, dennoch blieb das Engagement halbherzig und hinsichtlich seiner Motive unspezifisch. Strukturell leitete sich der ›Kampf‹ der Naturalisten an der Seite von Arbeiterschaft und Sozialdemokratie – nach 1890 immerhin ja eine Massenpartei mit erheblichem politischem (alsbald auch parlamentarischen) Einfluss und hochdifferenziertem Parteiapparat – lediglich aus einer **Schnittmenge punktuell gemeinsamer Ziele und vager ideologischer Positionierungen** her. Was den Naturalismus mit Arbeiterschaft und Sozialismus verband, war weder ein elaboriertes oder ›parteiliches‹ Bewusstsein vom Klassencharakter der Arbeiterschaft noch das Ergebnis einer belastungsfähigen, gar theoretischen Sozialanalyse auf materialistisch-marxistischer Grundlage. Verbindungen resultierten vielmehr aus punktuellen ideologischen und gruppensoziologischen Gemeinsamkeiten; dies betraf die weitreichende Kontrolle durch Polizei und Zensur (s. Kap. VI.1), so dass sich die Naturalisten recht schnell an der Seite der sozialdemokratischen Forderungen nach Meinungs- und Versammlungsfreiheit (1875) positionierten; dies betraf aber auch die vorangeschrittene soziale und ökonomische Deklassierung einzelner Naturalisten – bekannt ist die von echter materieller Not, aber auch inszenatorischen Momenten geprägte Situation des ›verelendeten‹ Autors Arno Holz (vgl. Scheuer 1971, 198 ff., Schulz 1974a) – sowie eine grundsätzlich anti-bürgerliche bzw. autoritätskritische Haltung. Sie speiste sich auf der Seite des Naturalismus allerdings primär aus intellektuellen Rollenmustern und besaß, zumal unter dem Einfluss Nietzsches und Max Stirners, ausgeprägt individualistische bzw. ›individualanarchische‹, ›sozialaristokratische‹ und bohemehafte Züge (s. Kap. VII.3.2.; vgl. Fähnders 2010, 80 ff.). Wie zwiespältig die ideologische Positionierung gerade der prominenten Naturalisten gewesen ist, zeigt das Beispiel Conrad Alberti: Mobilisiert der 1889 erschienene Roman *Die Alten und die Jungen* ein forciertes Ressentiment gegen die »Natter des Kapitalismus« (Alberti 1889b, II, 284) – auch Conrads *Gesellschaft* proklamierte 1890 die »Vernichtung des kultur- und sittlichkeitszerstörenden Kapitalismus« (zit. Bunzel 2007, 73) –, so formuliert Alberti im selben Jahr die Vision eines »sozialen Königtums« (Alberti 1889a, 766), in dem sich – in großer Distanz zu den politischen Zielen der Sozialdemokratie – monarchische, demokratische und feudale Momente zum Idealbild einer ›cäsarischen‹ Nation zusammenfügen.

Freilich ist die gescheiterte Allianz zwischen Naturalismus und Sozialdemokratie nicht einseitig aus den Vorbehalten der naturalistischen Autoren zu erklären. Mit offenen Armen sind sie von der Sozialdemokratie – zumal nach dem Ende des Sozialistengesetzes (1890) und dem wachsenden Ausbau der Parteihierarchie – nicht empfangen worden. Faktisch nämlich leitete die Parteiführung aus der zurückgewonnenen politischen Autonomie Repräsentationsansprüche ab, die alle Bereiche der Arbeiterinteressen umfasste und daher auch hegemoniale Konzepte einer ›**parteilichen**‹ **Literatur** ausbildete, zu der die Naturalisten paradoxerweise immer wieder in Widerspruch gerieten. In der Folge entspann sich zwischen 1890 und 1896, dem Jahr des Gothaer Parteitages (vgl. zum Material ND; NAT, 510 ff.), der einen vorläufigen Höhe- und Endpunkt der Auseinandersetzungen markierte (vgl. Pforte 1974, 184 ff.), eine Debatte, die – darin erkennbar von autonomieästhetischen Mustern vorgeprägt –

um die kontroverse Frage kreiste, ob der Naturalismus gegenüber den Parteiinteressen einen eigenen Standpunkt gewinnen sollte, oder ob er sich diesen Interessen im Sinne einer neuartigen »Formationsregel parteilicher Loyalität« (Siegel 2004, 136) unterzuordnen habe. Im Kern ging es um die Vorbehalte, die weite Teile der konservativen Parteileitung angesichts der naturalistischen Elendsschilderungen empfanden, die ihnen als verkappter Fatalismus erschien. Ausgerechnet das, was die Naturalisten für eine sozialanalytische Qualität hielten – die Berufung auf deterministische Konzepte und die Orientierung am Kausalitätsdenken des positivistischen Milieubegriffs – war in den Augen der Parteileitung lediglich dazu geeignet, den Arbeiter zu desillusionieren und sein Klassenbewusstsein zu beschädigen (vgl. Pforte 1974, 197 ff.). Interessanterweise berührte sich die Parteilinie in diesem Vorbehalt – Theodor Fontane hatte 1890 von der »traurigen Tendenz nach dem Traurigen« gesprochen und die naturalistische Dramatik als Summe »realistischer Jammerstücke« (Fontane IV, 230 f.) bezeichnet – mit der Kritik, die der Naturalismus aus den bürgerlichen Kreisen hinnehmen musste. Darin war die Sozialdemokratie ein gewichtiger Faktor in der **Abwehr der literarischen Moderne** und ästhetisch konservativer, als ihr im Sinne einer antibürgerlichen sozialistischen Kunstauffassung lieb sein konnte.

Vor allem aber das Verhalten der Naturalisten hat der älteren Forschung die Einsicht vermittelt, dem Naturalismus sei der »Schritt an die Seite des Proletariats« aufgrund seiner »unentschiedenen Haltung« (Scheuer 1974a, 9) nicht gelungen. Aus der Distanz stellt sich das Problem freilich anders dar. Offenkundig ist das sozialdemokratische Engagement des Naturalismus primär das **Produkt seiner Interpreten**, die sich von ihrem Gegenstand in aller Regel enttäuscht abgewendet haben, wenn die in Frage stehenden Autoren ein entsprechend ›kritisches‹ Bewusstsein nicht erkennen ließen. Der Trendwechsel, den die Forschung der 1980er Jahre zu Ungunsten des Naturalismus eingeleitet hatte, ist jedenfalls auch aus diesem Enttäuschungsmoment heraus zu verstehen.

Es wäre freilich unangemessen, Fragestellungen und Positionen der älteren Forschung generell für irrelevant zu erklären; die ambivalente politische Haltung des Naturalismus ist – mentalitätsgeschichtlich betrachtet – ein unstrittiger Befund. Allerdings gewinnt die Fragestellung an Präzision, wenn man sie aus der (letztlich kontingenten) Disposition individueller Anschauungen löst; welcher Autor zu welchem Zeitpunkt ein belastungsfähiges Verhältnis zur Sozialdemokratie unterhalten hat (hier sind ohnehin nur Julius Hart, Paul Ernst, Bruno Wille, Julius Türk und – mit Einschränkungen – Max Kretzer zu nennen), liefert noch keine strukturelle Erklärung des Problems, erst recht keine, die seiner literarisch-ästhetischen Eigenart entspricht. Tatsächlich erklären sich die Ambivalenzen des Naturalismus in erster Linie aus den **spezifischen Darstellungsstrukturen**, die der Naturalismus für die Arbeiterschaft gefunden hat.

Dabei ist die Darstellung des *einzelnen* Arbeiters vergleichsweise wenig aufschlussreich. Die entsprechenden Roman- und Dramenfiguren – man denke an Kretzers *Meister Timpe* oder an die Figur des »Ollen Kopelke«, die Holz und Schlaf in der *Familie Selicke* und der Prosaskizze *Papierne Passion* gleich zweimal verwendet haben – sind nur in den seltensten Fällen als Repräsentanten ›der‹ Arbeiterschaft konstruiert; vielmehr treten an ihnen ausgeprägt individuelle bzw. heroische (Kretzer) oder gar humoristische (Holz/Schlaf) Züge hervor, die keinerlei sozialanalytische Qualität erkennen lassen. Im Übrigen ist der Beobachtung Walter Fähnders zuzustimmen, dass der Naturalismus in erster Linie »den Deklassierten, den ›Lumpenproletarier‹ – das gefallene Mädchen, die Prostituierte, den Alkoholiker, den Frauen- oder Kindesmörder« (Fähnders 2010, 72), nicht aber ein klassenbewusstes Arbeitersubjekt in den Blick genommen hat – eine Beschränkung, die insbesondere das primär moralisch determinierte Romanwerk Max Kretzers prägt (s. Kap. VII.2.1; Kap. VII.2.3).

Aufschlussreich für die strukturellen Limitationen in der Darstellung der Arbeiterschaft ist eine andere Konfiguration, zumal sie zu den großen sozialtheoretischen und bewusstseinsgeschichtlichen Innovationen des ausgehenden 19. Jahrhundert gehört. In aller Regel begegnet der Arbeiter in naturalistischen Texten nämlich in seiner Kollektividentität als Masse. Darin ist die Darstellung des Arbeiters von Diskurs- und Affektmustern bestimmt, die aus der **Übertragung von massenpsychologischen Konzepten** resultieren, wie sie nach 1890 in den entsprechenden Entwürfen von Gustave Le Bon (1841–1931; *Psychologie des foules*, 1895) und Scipio Sighele (1868–1913; *La folla delinquente*, 1891) ausgearbeitet wurden. Émile Zola, der die kriminalanthropologischen und massenpsychologischen Arbeiten Sigheles kannte, vermerkte Mitte der 1880er Jahre über seinen im Bergarbeitermilieu angesiedelten Roman *Germinal* (1885): »Mon sujet était l'action et la réaction réciproque de l'individu et de la foule, l'un sur l'autre« (Zola: Correspondance, 249; »Mein Thema war die Aktion und die wechselseitige Reaktion des Individuums und der Masse, einer auf den anderen«).

Die historische Bedeutung des Massendiskurses besteht darin, dass er einen seiner inneren Struktur nach regellosen Sozialkörper sichtbar macht. Masse meint im ausgehenden 19. Jahrhundert ein ordnungsloses, von irrationalen Kräften angetriebenes Kollektivwesen, in dem weder das Individuum noch die soziale Ordnung zur Darstellung gelangen. Was in der Masse vom Individuum bleibt, ist seine primitive, gewissermaßen vor-zivilisatorische Existenz. Darin ist der Massenbegriff ein **sozialer Grenzbegriff** (vgl. König 1992, Pross/Buß 1984): Grenze und Unmöglichkeit der Gesellschaft, die die Masse negiert, weil sie die bewusste Willenspersönlichkeit tilgt und auf hypnotischem Wege mit den anderen, zu reinen Triebwesen regredierten ›Persönlichkeiten‹ vergemeinschaftet. »Allein durch die Tatsache«, so vermutete Le Bon 1895,

> »Glied einer Masse zu sein, steigt der Mensch also mehrere Stufen von der Leiter der Kultur hinab. Als einzelner war er vielleicht ein gebildetes Individuum, in der Masse ist er ein Triebwesen, also ein Barbar. Er hat die Unberechenbarkeit, die Heftigkeit, die Wildheit, aber auch die Begeisterung und den Heldenmut ursprünglicher Wesen, denen er auch durch die Leichtigkeit ähnelt, mit der er sich von Worten und Vorstellungen beeinflussen und zu Handlungen verführen läßt, die seine augenscheinlichen Interessen verletzen.« (Le Bon 1973, 17)

Die vielfach bemerkten Ambivalenzen in der Wahrnehmung des Arbeiters resultieren aus dem Umstand, dass der Naturalismus die **angstbesetzten Affektmuster** des Massendiskurses auf den Arbeiter überträgt. Paradigmatisch dokumentiert dies etwa Conrad Albertis 1888 erschienener Roman *Wer ist der Stärkere?* Hier erscheint die Masse in ihrer ganzen unmittelbaren Bedrohung, d. h. als formlose, destruktive Bewegung, die den Beobachter – den jungen Architekten Hilgers – mit angsterfülltem Blick an Ort und Stelle bannt (bezeichnenderweise wechselt die Erzählperspektive vom epischen Präteritum in ein elliptisch aufgerissenes Präsens, um dem Gesehenen größere Eindringlichkeit und Unmittelbarkeit zu geben):

> »Noch mehr, kein Ende des Zuges! ... das ganze Brachfeld scheint von ihnen erfüllt zu sein ... [...] Aber wer führt sie? ... Niemand ist zu sehen, der ihr ein Zeichen giebt [...]

> ... in breitem, ebenmäßigem Strome fluthet sie einer ... Welle nach Welle, Schritt für Schritt, jedes Hälmchen unter ihren Füßen zerstampfend, einmal, hundertmal; wie einem geheimem Losungsworte, einem angeborenen Naturtriebe folgend, [...] immer drohender die Waffen schwingend [...]. Und die Erde zittert und bebt, Bäume schwanken, die Mauern neigen sich [...]. Ein Zittern überläuft ihn [Hilgers, I. S.], die Knie drohen ihm zu brechen, die Augen treten weit und stier aus den Höhlen hervor ... er ringt keuchend nach Athem, nach Befreiung von dem schrecklichen Gesicht! ... Wenn er nur fortkönnte, wenn es ihn nur nicht so eisern an Schultern und Brust festhielte! ...« (Alberti 1888b, I, 298 f.)

Noch deutlicher treten die erwähnten Wahrnehmungsambivalenzen in Max Kretzers Roman *Im Sturmwind des Sozialismus* (1884) hervor, der mehrfach die Streikversammlungen der Arbeiterschaft in den Blick nimmt. Anders als bei Alberti steht bei Kretzer die Immaterialität einer hypnotischen Vergemeinschaftung im Mittelpunkt, die sich den Einzelnen als Befehl einer »magnetischen Kraft« bzw. als bloßes »Rauschen« mitteilt:

> »Er [Wegener, I. S.] richtete sich zu seiner ganzen Größe auf; und wie er jetzt so dastand, die Arme über die breite Brust gekreuzt, die Stirn halb beschattet von dem krausen Haar, das sich wie Teufelskrallen herunterlockte, den Kopf etwas in die Höhe gehoben, [...] [fühlte] Reinhard [...] etwas von der magnetischen Kraft, mit welcher dieser junge Hühne die Massen an sich fesselte. [...] Eine Bewegung entstand – [...] jenes eigenthümliche Rauschen, das bei den Einzelnen anfängt und einem Windstoß gleich der ganzen Versammlung sich mittheilt. [...] Abermals entstand eine Bewegung, nur äußerte sie sich diesmal heftiger. Die Gesichter schienen wie elektrisiert. [...] Jeder, der diese Rede in sich selbst zergliedert und sie mit Vernunft aufnimmt, wird sich sagen müssen, daß sie nur aus Phrasen bestand [...]. Die große ungebildete Menge wird stets alles glauben was man ihr mundgerecht macht! (Kretzer 1884, 136 ff.)

Massendarstellungen dieser Art beruhen auf Vorstellungen eines hypnotischen Kollektivwillens, der die Einzelwillen im Medium einer ›geistigen Übertragung‹, einer »contagion mentale« (Le Bon), erfasst. Darin besitzt die Massenpsychologie eine enge Nähe zu den nach 1880 überaus populären Phänomenen der **Suggestion** und der **Hypnose**. Noch 1906, im Rückblick auf die Hochzeit des Phänomens und ein tendenziell uferloses Schrifttum zum Thema, rechnet der Psychologe Willy Hellpach Hypnose und Suggestion zu den großen »geistigen Epidemien« und »seelischen Übertragungsmöglichkeiten« der Zeit (Hellpach 1906, 93).

Auffällig an Kretzers Darstellung aber ist die Spaltung der auktorialen Perspektive und ihrer werthaften Setzungen. Einerseits nämlich wendet sich der Erzähler mit erkennbarer Sympathie den Interessen der streikenden Arbeiter zu, andererseits schwindet diese Solidarität, wenn der entsetzte Blick auf die Masse fällt, die hier als bloße Verfügungsmasse auftritt. In diese auktoriale Zerspaltung tragen sich all jene zivilisationstheoretischen und vor allem klassenpsychologischen (vgl. Bogdal 1978, 85 ff.) Vorbehalte ein, die auch die Massenpsychologie in ihrer Ambivalenz von theoretischem Interesse und idiosynkratischer Abwehr prägt.

Der enge Konnex von Massenphänomenen und Suggestibilität ist für den Naturalismus freilich noch in einer weiteren Hinsicht von Bedeutung gewesen; immerhin gehört er in die Epoche der durchgebildeten Warenökonomie und des entstehenden Warenhauses. Beides zählt zu Beginn der 1880er Jahre bereits zu den großen Themen des Zolaschen Naturalismus, zumal Zola der Autor des ersten modernen Warenhausromans (*Au bonheur des dames*; dt. *Das Paradies der Damen*) ist. Der Text – 1883 erschienen und schnell auch in Deutschland rezipiert – stellt sich auf weiten Strecken wie eine unablässige katachretische Verschränkung von Geld, Ware, Eros und Suggestion dar. So wirkt in den strömenden Massen der weiblichen Käuferschaft, denen Zola große Aufmerksamkeit schenkt und deren Auftritte der Text umfänglich beschreibt, nicht nur ein »Fieber«, das sich ›kontagiös‹ fortpflanzt, sondern ein historisch neuartiger Blick: der erregte Blick auf ein begehrtes Warenobjekt. »[N]och immer betrachtete Mouret«, heißt es über den Leiter des Warenhauses,

> »sein von all diesem Flammen umgebendes Frauenvolk. Die schwarzen Schatten hoben sich kräftig von den bleichen Hintergründen ab. Lange Gegenströmungen durchbrachen die lärmende Menge, das Fieber dieses großen Verkaufstages *pflanzte* sich sinnverwirrend fort, ließ die wilde Dünung der Köpfe heftig wogen. Man begann aufzubrechen […], das Gold klimperte in den Kassen, während die ausgeplünderte […] Kundschaft halb vernichtet fortging […]. Mouret war es, der sie […] durch seine ununterbrochene Anhäufung von Waren […] und seine Reklame in der Gewalt hatte. Er […] herrschte über alle mit der Brutalität eines Despoten […].« (Zola 2004, 549 f.)

Ähnliches lässt sich, wenn auch mit einer Dekade Verspätung, im Romanwerk Conrad Albertis beobachten. In Albertis 1893 erschienenem Roman *Mode* ist es der mit den Gesetzen des öffentlichen Lebens bestens vertraute Musikkritiker Hoppé, der angesichts schwindender Nachfragen auf dem Textilienmarkt empfiehlt, unbedingt »die Suggestion aufrecht[zu]erhalten« (Alberti 1893a, 220). Mode ist bei Alberti vollständig als Suggestibilität gedacht, d. h. als fortwährender Versuch, Begehrensstrukturen in der »Oeffentlichkeit« (ebd., 158) zu verankern.

Albertis überaus moderner Blick für den Zusammenhang von Warenökonomie, Suggestion und Öffentlichkeit macht deutlich, dass das gesamte Diskursfeld der 1890er Jahre von **komplexen interdiskursiven Beziehungen** geprägt ist, in denen sich massensoziologische, parapsychologische, sozialtheoretische und verbandsrechtliche Spekulationen miteinander verbinden. Wie sich die naturalistische Massenästhetik zu den zeitgleich entstehenden Ansätzen insbesondere im **Bereich der modernen Sozial- und Körperschaftstheorie** verhält – zu denken wäre an die Soziologie Gabriel de Tardes (*Les lois de l'imitation*, 1890; dt. *Die Gesetze der Nachahmung*; vgl. Borch/Stäheli 2009) und die Theorie der Verbandsperson im Werk Otto von Gierkes (*Die Genossenschaftstheorie und die deutsche Rechtssprechung*, 1887) –, ist, von den Ergebnissen der phasenweise sehr konjunkturellen Forschung im Bereich der Körperschaftsthematik abgesehen (vgl. Andriopoulos 2000, 51 ff.; Matala de Mazza 2003; von rechtgeschichtlicher Seite grundlegend Schikorski 1978), gegenwärtig noch weitgehend unerschlossen.

1.3 Milieu

Die Liste der thematischen Innovationen bliebe ohne die naturalistische Theorie des Milieus unvollständig, bedenkt man, dass fast jedes Drama des Naturalismus ein Milieudrama ist. Auch die auffälligen und für die dramatische Tradition so überaus provokanten naturalistischen Sprachexperimente im Feld von Dia- und Soziolekt stellen den Versuch dar, die sozio-ökonomischen Determinierungen des Menschen bis in die Realität seiner Sprache hinein zu verfolgen.

Wie viele andere Theorieimpulse ist freilich auch die Milieutheorie keine Erfindung des Naturalismus. Der Begriff geht vielmehr auf den französischen Philosophen

Hippolyte Taine (1828–1893) und damit auf einen Vertreter des **wissenschaftlichen Positivismus** zurück (s. Kap. III.2.2). Anders als Auguste Comte (1798–1858), dem eigentlichen Begründer des Positivismus, anders aber auch als die an Comte anschließenden Positivisten der zweiten Generation wie John Stuart Mill (1806–1873; Philosoph und Ökonom), Claude Bernard (1813–1878; Physiologe und Mediziner; s. Kap. IV.2) und Henry Thomas Buckle (1821–1862; Historiker), die allesamt keine positivistische Ästhetik hinterlassen haben, wirkte Taine vor allem in das Feld der Kunst- und Literaturtheorie. So wenig erfolgreich er als akademischer Philosoph war – seine physiologische Dissertation wurde 1851 zunächst nicht angenommen –, so maßstäblich war seine 1863 erschienene *Histoire de la littérature anglaise* für die Grundlegung einer Literaturgeschichtsschreibung, die dezidert empirischen Vorgaben verpflichtet war. Beruhte die traditionelle Literaturgeschichte bis etwa zur Jahrhundertmitte üblicherweise auf einer Diachronie aufeinanderfolgender Autoren und Werke oder folgte sie – zumal in der Tradition Hegels – den Zäsuren einer zu sich selbst findenden Geschichte des Geistes, so entwirft Taine eine Relation dreier determinierender Größen – *race, milieu* und *moment* (Taine 1863, Bd. 1., S. XXII f.) –, die die Literaturgeschichte mit einem Mal für ethnologische, soziologische und historische Determinanten öffneten. Im Kern handelt es sich um genetische Kategorien, die ein Arsenal an kulturell, sozial und physikalisch ›Mitgegebenem‹ umfassen und insofern alles empirisch Gegebene als Gewordenes beschreibbar machen. In der erwähnten *Histoire de la littérature anglaise* bestimmte Taine:

> »›Race‹ meint die angeborenen und vererbten Eigenschaften, wie sie sich in Temperamt und Körperstruktur zeigen. [...] ›Milieu‹ bezeichnet klimatische und geographische Bedingungen ebenso wie politische und soziale Verhältnisse [...]. ›Moment‹ schließlich zielt auf speziellere geschichtliche Kausalität [...].« (zit. Mennemaier 1985, 29)

Unter dem Milieu sind determinierende Bedingungen zu verstehen, die einen Autor in einer bestimmten historischen Situation prägen, wobei diese Determinanten darauf angelegt sind, im Spektrum sozialer, politischer, geographischer und klimatischer Bedingungen keinen Erklärungsrest mehr zu lassen. In Deutschland ist es der Germanist **Wilhelm Scherer** (1841–1886) gewesen, der von 1877 und 1886 an der Universität Berlin gelehrt und eine *Poetik* auf positivistischer Grundlage hinterlassen hat, die – in Anlehnung an Taines Trias aus Rasse, Milieu und Moment – ein Determinationsgefüge aus »**Ererbtem**«, »**Erlebtem**« und »**Erlerntem**« prägte. Hier wie dort, bei Taine wie bei Scherer, ist das Milieu in gewisser Weise der Name für eine total gewordene Kausalität: Dass der Naturalismus buchstäblich alles hat wissen, sehen und beschreiben wollen, findet hier seine Bestätigung (vgl. Vinken 1995).

Entsprechend dominiert in den programmatischen Erwägungen deutscher Naturalisten das kausale Moment, wenn es auch in einer verkappten Weise immer wieder in den Bereich der ästhetischen Illusionsbildung ausgreift. »Indem wir lesen«, so Conrad Alberti 1890,

> »wie sehr und in welcher Weise Abstammung, Natur [...] die Charakterentwicklung eines Menschen beeinflussen, wird uns klar, warum dieser sich in jedem Augenblick so verhalten muß, wie er sich verhält, und die Gestalten, die Vorgänge werden eindrucksvoller, plastischer, glaubhafter, sie treten uns immer näher und näher.« (Alberti 1890, 57)

Albertis Argumentation lebt erkennbar vom naturalistischen Fetisch des Details. Je minutiöser die Versenkung in das soziale, ökonomische, geographische und biogenetische Detail, desto größer die Plastizität der Erscheinungen, Charaktere und Vorgänge in ihrer raum-zeitlichen Bedingtheit und desto größer die Transparenz des Dargestellten für die Gesetzmäßigkeiten, die es determinieren. In letzter Konsequenz soll das Milieu Einsichten von geradezu sozialanalytischer Qualität liefern; darin, so sah es Julius Röhr 1891, befindet sich der Naturalismus an der Seite der »socialökonomischen Forschung« (zit. NAT, 73). Wenn es tatsächlich einen analytischen Gehalt im naturalistischen Milieubegriff gibt, dann besteht er darin, Modalitäten der sozialen und ökonomischen Hervorbringung des Menschen erfasst zu haben. Der »wichtigste Fortschritt« des Naturalismus, so betonte Röhr, sei es, »daß er das Milieu [...] in einer viel ernsthafteren Funktion zeigt: nämlich als den Menschen gewissermaßen hervorbringend« (zit. NAT, 74). Lange vor den entsprechenden Theorieentwicklungen im Feld regulierender und ›produzierender‹ Sozialtechnologien ist die naturalistische Milieutheorie damit eine **Theorie von der Produktion sozialer Existenzweisen.**

In der literarischen Realisierung haben sich freilich andere Effekte eingestellt. Insgesamt gesehen, tendieren naturalistische Milieudarstellungen nämlich dazu, die traditionellen Diskurs- und Genreordnungen einschneidend zu transformieren. Vor allem im Feld des Dramas hat dies zu einer **Episierung** geführt, die – wie der Beginn von Holz' und Schlafs ›konsequent‹-naturalistischem »Drama in drei Aufzügen« *Die Familie Selicke* (1892) belegt – das angestammte Verhältnis von Dialog- und Regietext verändert:

> Das Wohnzimmer der Familie Selicke
>
> Es ist mäßig groß und sehr bescheiden eingerichtet. Im Vordergrunde rechts führt eine Tür in den Korridor, im Vordergrunde links eine in das Zimmer Wendts. Etwas weiter hinter dieser eine Küchentür mit Glasfenstern und Zwirngardinen. Die Rückwand nimmt ein altes, schwerfälliges großgeblümtes Sofa ein, über welchem zwischen zwei kleinen, vergilbten Gipsstatuetten »Schiller und Goethe« der bekannte Kaulbachsche Stahlstich »Lotte, Brot schneidend« hängt. Darunter, im Halbkranze, symmetrisch angeordnet, eine Anzahl photographischer Familienporträts. Vor dem Sofa ein ovaler Tisch, auf welchem zwischen allerhand Kaffeegeschirr eine brennende weiße Glaslampe mit grünem Schirm steht. Rechts von ihm ein Fenster, links von ihm eine kleine Tapetentür, die in eine Kammer führt. Außerdem noch, zwischen den beiden Türen an der linken Seitenwand, ein Tischchen mit einem Kanarienvogel, über welchem ein Regulator tickt, und, hinten an der rechten Seitenwand, ein Bett, dessen Kopfende, dem Zuschauerraum zunächst, durch einen Wandschirm verdeckt wird. Über ihm zwei große alte Lithographien in fingerdünnem Goldrahmen, der alte Kaiser und Bismarck. Am Fußende des Bettes, neben dem Fenster, schließlich noch ein kleines Nachttischchen mit Medizinflaschen. Zwischen Kammer- und Küchentür ein Ofen; Stühle. (FS, 5)

Im Kern hat die naturalistische Milieuästhetik die traditionelle Dramaturgie in dreifacher Weise verändert:

1. Im Unterschied zur angestammten Hierarchie zwischen Dialog- und Regietext ist der Regietext im naturalistischen Milieudrama ein gleichberechtigter und zugleich eigensinniger Sinnhorizont innerhalb der ästhetischen Gesamtkomposition. Er enthält in aller Regel Informationen, die das Geschehen auf eine Reihe von sozioökonomischen, aber im Text selbst nur narrativ zu vermittelnden Determinanten hin transparent machen. Hierzu zählen, wie das Beispiel belegt, insbesondere Details des Interieurs und der Ausstattung, unter ihnen die »vergilbten Gipsstatuetten ›Schiller und Goethe‹« sowie der »bekannte Kaulbachsche Stahlstich ›Lotte, Brot schneidend‹«

(ebd., 5) – Symbole für die fortgeschrittene soziale Deklassierung der Handelnden. Darüber hinaus arrangiert der Text zwei politische Bildsymbole, die das Geschehen zeithistorisch situieren; zum einen das lithographische Bild des »alten Kaisers« (ebd., 5), der das traditionelle, aber überlebte Prinzip dynastisch-monarchischer Herrschaft symbolisiert; zum anderen das Konterfei »Bismarcks« (ebd.), das die aggressive Machtpolitik Preußens und die nationale Einigung ins Bild setzt.

2. In der Konsequenz solcher episch-narrativen Strukturen liegt es, dass die skripturalen und performativen Elemente des Dramentextes tendenziell auseinandertreten. Die semiotischen Bezüglichkeiten des Regietextes, genauer: die in ihm aufbewahrten Milieubedingungen sind von der Performanz des inszenierten Textes nicht eigentlich erreichbar und erschließen sich nur im dramatischen Lesetext; faktisch realisieren die Regietexte mehr und andere semantische Bezüglichkeiten, als sie die Sprechtexte der handelnden Figuren realisieren können.

3. Die imaginäre Annäherung der Bühnen- an die Milieurealität – Holz' Intention bestand ja darin, »aus dem Theater allmählich das ›Theater‹ zu drängen« (Holz X, 214) – tendiert dazu, Fiktionalitäts- bzw. Poetizitätsmerkmale zu tilgen, mindestens aber abzusenken. Nicht nur sind die Textanfänge und Textenden naturalistischer Dramen bewusst niederschwellig angesetzt – zumindest imaginär tauchen sie aus der realen Laut- und Geräuschumwelt nicht eigentlich auf –, auch die handelnden Akteure sind vielfach nicht mehr als dramatische Rollenfunktionen zu verstehen. So hat Gerhart Hauptmann das Personal seines Bühnenerstlings *Vor Sonnenaufgang* explizit als »Handelnde Menschen« bezeichnet; in der Tendenz ähnlich verfahren einige naturalistische Dramen Max Halbes. Im Bühnenmanuskript zu Hermann Sudermann naturalistischem »Schauspiel« *Die Ehre* finden sich 1889 gar mehrseitige ausführliche Charakteristiken, die die dramatischen Figuren – über die Details der Regieanweisungen hinaus – minutiös in Kleidung, Physiognomie, Habitus und sozialer Stellung beschreiben (vgl. E, 113 ff.).

Allerdings lassen sich in den Kausalitätszwängen der naturalistischen Milieudarstellung nach und nach auch Momente ihrer Hypertrophierung erkennen. Es liegt in der Aufzeichnungspräzision des Naturalismus, dass sich die Realitätseffekte des Milieus an einem bestimmten Punkt in **Effekte ihrer wahnhaften Irrealisierung** verkehren. In Georg Michael Conrads Roman *Die Beichte des Narren* vernimmt die Hauptfigur, der geistesgestörte Alexander von Zwerg, nur mehr lauthafte Konkretionen einer Außenwelt, in denen die Dinge eine verschwörerische Sprache unterhalten und die dem naturalistischen Interieur, in dem sie aufgehoben sind, eine neuartige Funktion zuweisen: Wenn das Interieur bislang als Zeichenraum fungierte, an dem die determinierende Kraft des Milieus abgelesen werden konnte, dann verwandelt es sich in der *Beichte des Narren* in einen wahnhaften Raum, der durch Lautäußerungen, Luftbewegungen und Farbspiele verstörende Momente in die Wahrnehmung einbrechen lässt. »Da kommt's wieder«, heißt es mehrfach, »[d]er schreckliche Misston aus der Wand. Ganz plötzlich. Hier an dieser Stelle. Ich bohre hinein. Ich drücke den Finger darauf.« – »Nein, es war nichts«, halluziniert Zwerg im Gespräch mit seinem Arzt, »[s]eine Worte haben nicht als Zauberformel gewirkt, den schrecklichen Misston in der Wand zu erwecken. Es war ganz still. Nur ein leises Sausen in der Luft wie von ferne fallendem Wasser oder vom Getöse einer Maschine« (Conrad 1894, 2 f. bzw. 71).

Ähnliche Wahnmomente bestimmen auch die Novelle »Fallende Tropfen« aus Heinz Tovotes (1862–1946) mehrfach aufgelegtem Novellenzyklus *Ich*. Hinter dem denkbar unnovellistischen Protokoll einer durchwachten Regennacht wird ein zwanghafter Prozess der Aufzeichnung und Aufzählung der einzelnen Tropfen sichtbar, deren akustische Zudringlichkeit geradezu Momente der Ohnmacht evoziert: »Gleichmäßig tropfte es. Ich drückte den Kopf tiefer in die Kissen und wollte wieder einschlafen. Allein gegen meinen Willen war ich gezwungen, auf die fallenden Tropfen zu hören, wie sehr ich mich sträubte. [...] Tipp ..1..2..3..4..5..tipp 1..2..3..4..5..6..7.. tipp 1..2..3..4..5.. tipp 1..2..3..4..5..6..7..8..9.. tipp.. Ich wollte es nicht mehr hören – allein das war leichter gesagt als gethan. Endlich stopfte ich mir die Decke über beide Ohren. – Ich hörte: Tipp .... tipp ..... tipp ....« (Tovote 1896, 148 f.). Am Ende der naturalistischen Milieudarstellung steht der bloße **Wahn der Zeichen und Laute**.

2. Der Naturalismus und die Wissenschaften

»Seit Darwin«, schrieb Julius Hillebrand 1891, »ist nun eine neue Gedankenwende eingetreten: der Evolutionismus« (zit. NAT, 39). Darwins Bedeutung für den Naturalismus kann in der Tat nicht überschätzt werden, wenn auch die Bedingungen und Strukturen seiner Rezeption an komplexe Prozesse der Vermittlung und ›Übersetzung‹ gebunden waren, die ihrerseits eng mit den tiefgreifenden Veränderungen im Feld der Wissenschaften korrespondierten. Aus diesem Grund muss das Interesse an Darwins Entwicklungslehre zunächst im Rahmen jener generellen **epistemologischen Umorientierungen** gesehen werden, die das 19. Jahrhundert langfristig zum Jahrhundert der positiven Wissenschaften gemacht haben – langfristig aus zwei Gründen: Zum einen, weil die ›exakten‹ Natur- und Sozialwissenschaften tief in die angestammten Deutungskompetenzen der humanistisch-literarischen Bildungstraditionen eingriffen und insofern zu der Frage führten, welche der beiden Bildungskulturen den unaufhaltsamen Modernisierungen der Lebenswelt gegenüber letztlich die größere Deutungskraft besitzen würde. Für diese Schicht kultureller Orientierungsprobleme besaß die Darwinsche Entwicklungslehre eine geradezu katalysatorische Funktion. Dies zeigte sich vor allem in der Frage, ob die Theorie Darwins in den gymnasialen Schulunterricht Einzug halten sollte – eine Frage, die nach 1860 unter allergrößter öffentlicher Resonanz verhandelt wurde. Als das Preußische Abgeordnetenhaus 1879 mit einem Verbot des Biologieunterrichts reagierte, waren diesem Beschluss (der übrigens bis 1902 in Kraft blieb) bereits mehrjährige Auseinandersetzungen vorausgegangen, die – wie die 1877 aus Anlass der 50. Jahresversammlung der deutschen Naturforscher und Ärzte ausgetragene Kontroverse zwischen Ernst Haeckel und Rudolf Virchow zeigte – über ihren bildungspolitischen Anlass hinaus schnell in die Geleise ebenso zäher wie zählebiger weltanschaulicher Auseinandersetzungen gerieten (vgl. Daum 2002, 66 ff.; Kolkenbrock-Netz 1991).

Langfristig verlaufen sind diese Orientierungsprozesse zum zweiten, weil das naturwissenschaftliche Wissen in seinem hohen Formalisierungs- und Abstraktionsgrad kaum mehr verständlich war und die entsprechenden Konzepte so erst allmählich in den Wissenshaushalt der Zeit Eingang fanden. Paradoxerweise sind die exakten Wissenschaften (einschließlich der sich selbst als empirisch verstehenden Sozialwissenschaften) im Verlauf des 19. Jahrhunderts auch deswegen zu gesellschaftlichen Leitdisziplinen aufgerückt, weil ihre Deutungsmodelle in vereinfachter, d. h. popularisierter

Form in das kulturelle Wissen Eingang gefunden haben; exakte Wissenschaftlichkeit und **Wissenschaftspopularisierung** sind im ausgehenden 19. Jahrhundert zwei Seiten derselben epistemischen Struktur.

Die Leistung der Wissenschaftspopularisierung bestand darin, die neuen Wissenschaftstheoreme mit den Mitteln der Metaphorisierung und der Verschlagwortung verständlich gemacht und in dieser Form an die literarisch-geisteswissenschaftliche Kultur vermittelt zu haben (zum Gesamtkomplex vgl. Daum 2002). Wichtige Autoren in diesem Zusammenhang sind **Wilhelm Bölsche** (1861–1939) und **Ernst Haeckel** (1834–1919) gewesen; während Haeckel eine zentrale Rolle für die Popularisierung Darwins spielte und als habilitierter Zoologe (1861) und ordentlicher Professor in Jena (1865) ganze vier Jahrzehnte am professionellen Wissenschaftsbetrieb partizipierte, blieb Bölsche dagegen zeitlebens ein wissenschaftlicher Autodidakt, der niemals ein Studium beendete und sich – neben einer quantitativ überwältigenden publizistischen Tätigkeit (vgl. die Bibliographie in Bölsche 1976, 105–159) – vor allem in der Erwachsenen- und Arbeiterbildung engagierte (interessanterweise hat die auf amerikanischen und skandinavischen Vorbildern beruhende Volkshochschulbewegung hier einen ihrer Ursprünge, zumal sich Bölsches populärwissenschaftliche Vortragstätigkeit bereits auf die neuen beweglichen Licht- und Bühnenbilder stützte; vgl. Berentsen 1986, 172 ff.).

2.1 Darwinismus

An keinem Wissenschaftsparadigma der Zeit lassen sich die Verfahren und Effekte der Wissenschaftspopularisierung so deutlich wahrnehmen, wie am Darwinismus. Er ist im Verlauf des 19. Jahrhunderts geradezu zum Inbegriff einer sozialen Verschlagwortung von umfassender Deutungskompetenz geworden. Allerdings ist es im spezifischen epistemologischen Status der Darwinschen Entwicklungsbiologie begründet, dass das entsprechende Diskursfeld nicht sinnvoll von einer Dichotomie zwischen exakter Wissenschaftlichkeit und ›bloßer‹ Populärwissenschaft her verstanden werden kann. Bekanntlich steht Darwins 1859 erstmals erschienene Schrift *The Origin of Species by Means of Natural Selection* in einer Wissenschaftstradition, die an sich bereits auf einen konstitutiven Anteil an ›bildlichem Denken‹ verwiesen ist; insbesondere ihr evolutionstheoretisches Zentralkonzept, der **Kampf ums Dasein** (in späteren Auflagen hatte Darwin den Begriff *natural selection* durch Herbert Spencers Formel *struggle for existence* ersetzt; vgl. Howard 1996, 45), ist ein, wie Darwin selbst zugestand, »bildlicher« Ausdruck (Darwin 1899, 102). Allerdings implizierte er weder eine ›Intentionalität‹ der Natur noch schöpfungstheologische oder teleologische Erklärungsmuster (vgl. Fellmann 1977). Gegen seine Kritiker – kein Geringerer als Friedrich Engels hatte sich 1875 über die »Kindlichkeit« (MEW 20, 565) der Darwinschen Theoriesprache mokiert – betonte Darwin:

> »Einige Schriftsteller haben den Ausdruck natürliche Zuchtwahl miszverstanden oder unpassend gefunden. [...] Andere haben eingewendet, dasz der Ausdruck Wahl ein bewusztes Wählen in den Thieren voraussetze, welche verändert werden; ja man hat selbst eingeworfen, da doch die Pflanzen keinen Willen hätten, sei auch der Ausdruck auf sie nicht anwendbar! Es unterliegt allerdings keinem Zweifel, dasz buchstäblich genommen, natürliche Zuchtwahl ein falscher Ausdruck ist; wer hätte aber je den Chemiker getadelt, wenn er von den Wahlverwandtschaften der verschiedenen Elemente spricht? Und doch

kann man nicht sagen, dasz eine Säure sich die Basis auswähle, mit der sie sich vorzugsweise verbinden wolle. Man hat gesagt, ich spreche von der natürlichen Zuchtwahl wie von einer thätigen Macht oder Gottheit; wer wirft aber einem Schriftsteller vor, wenn er von der Anziehung redet, welche die Bewegung der Planeten regelt? Jedermann weisz, was damit gemeint und was unter solchen bildlichen Ausdrücken verstanden wird; sie sind ihrer Kürze wegen fast nothwendig.« (Darwin 1899, 101 f.)

Die intensive Beschäftigung des Naturalismus mit der Darwinschen Entwicklungslehre hängt freilich zunächst mit einer Reihe grundsätzlicher wissenschaftlicher und weltanschaulicher Affinitäten zusammen:

1. Die ausgeprägte Metaphysikfeindlichkeit der Naturalisten fand im Darwinismus in mehrfacher Hinsicht einen prominenten Verbündeten. Gegen die angestammte schöpfungstheologische Lehre von der Konstanz der Arten setzte der Darwinismus eine kausalmechanische Erklärung der Artenevolution, die **Kontingenz** (also Zufälligkeit der Artentstehung aufgrund von Mutation und Selektion) und **Zeitlichkeit** (also Artenwandel) als ihre theoretischen Fundamente integrierte. Nicht zuletzt griff Darwin in seiner Orientierung an der Geologie Charles Lyells (1797–1875; *Principles of Geology*, 1830–33) auf Zeiträume aus, die rechnerisch hinter den biblischen Schöpfungsmythos zurückreichten, so dass auch in dieser Hinsicht theologisch-metaphysische Weltmodelle unterlaufen werden konnten.

2. Die deterministische Weltanschauung des Naturalismus besaß eine ausgeprägt **genetische Komponente**, weil sie klären musste, wie sich die sozialen Zustände ihrer Gegenwart überhaupt entwickelt und zu determinierenden Faktoren verdichtet haben. Für diese genetische Dimension lieferte Darwins Entwicklungslehre einen geeigneten konzeptuellen Rahmen, weil sie alle organischen Formen aus Prozessen kontingenter, aber fortschreitender organischer Differenzierung herleitete und diesen Entwicklungsgedanken in der Nachfolge Spencers (*The Development Hypothesis*, 1852) als **methodologisches Rahmenkonzept** aller Natur,- Sozial- und Geisteswissenschaften verwendete. »Der Naturalismus«, so betonte Julius Hillebrand, »will darstellen, was ist und *wie es geworden ist*« (zit. NAT, 40, Hervorhg. I. S.).

3. Der metaphorische Status darwinistischer Theoriekonzepte erklärt die Affinität des Naturalismus zur Darwinschen Entwicklungsbiologie freilich nur zur Hälfte. Während sich auf der Seite des Naturalismus deterministische, entwicklungsbiologische und soziologistische Theorieelemente unterschiedlichster Herkunft zu einem **theoretisch-weltanschaulichem Synkretismus** verbanden, ist das Diskursfeld ›Darwinismus‹ seinerseits ein synkretistisches Aggregat unterschiedlicher evolutionsbiologischer Konzepte (vgl. Engels 1995). Wie die wissenschaftsgeschichtliche Forschung gezeigt hat (Bowler 1983; Bowler 1988; Løvtrup 1987), besteht Darwins eigentliche historische Leistung darin, evolutionistische Vorstellungen älterer und anderer Herkunft (Thomas Henry Huxley, Herbert Spencer, Ernst Haeckel) aufgenommen und zu einem kulturellen Gesamtkonzept ›des‹ Darwinismus zusammengeführt zu haben, das durch einen Bestand an gemeinsamen biologischen Grundannahmen identifizierbar ist (tatsächlich galt Darwin in der zeitgenössischen Wahrnehmung ja keineswegs als Begründer der Abstammungstheorie, und auch die Selektionstheorie mitsamt des in ihr implizierten Adaptionsgedankens – also das, was als Darwins eigentliche theoretische Innovation zu gelten hat – war wissenschaftlich keineswegs anerkannt; vgl. Engels 1995, 35 ff.; Schnackertz 1992, 11). Entscheidend aber ist, dass dem Naturalismus in Form der Darwinschen Theorie selbst bereits ein Mischaggregat aus Theorie und

populären Verschlagwortungen gegenüberstand, das ihm strukturell verwandt war (vgl. Brundiek 2005, 38).

Faktisch hat sich der Naturalismus in der Anverwandlung des Darwinismus auf dessen Zentralkonzept – den Daseinskampf – konzentriert und ihn in ein ebenso erfolgreiches wie vielfach variiertes **literarisches Deutungsmuster** verwandelt. Wer nach 1880 vom ›Kampf ums Dasein‹ sprach, musste lediglich den adaptionstheoretischen Kern der Darwinschen Theorie – also den auf Thomas Malthus (*Essay on the Principle of Population*, 1798) zurückgehenden Gedanken, dass die Vermehrungsrate von Organismen ihre Subsistenzmittel übersteigt und die Organismen daher in eine Arterhaltungskonkurrenz eintreten – soziomorph interpretieren. Tatsächlich ist der kausalmechanische Sinn des Begriffs, mit dem Darwin die Kontingenz der organischen Entwicklung und die Adaptivität ›besser angepaßter‹ Lebewesen zusammendachte, im sozialen Schlagwort vom Daseinskampf, an das sich recht schnell sozialdarwinistische und eugenische Deutungstraditionen anlagerten (vgl. Marten 1983; Vogt 1997), in Vergessenheit geraten. Das ausgehende 19. Jahrhundert und mit ihm die naturalistische Ästhetik hat den Kampf ums Dasein kurzerhand zum ›**Bewegungsgesetz**‹ der sozialen Moderne erklärt. Entsprechend erzählen – wie paradigmatisch an Conrad Albertis sechsbändigem Romanzyklus *Der Kampf ums Dasein* (1888–1895) ablesbar – fast alle Romane diesen Typs Geschichten vom Aufstieg der modernen Lebens- und Produktionsverhältnisse und vom unerbittlichen Kampf derer, die sich in die Bannkreise von halsbrecherischen Geschäftspraktiken oder persönlichen Abhängigkeiten begeben haben und insofern um ihre Existenz kämpfen. Darin markiert der Daseinskampf anthropologische Rückhaltepunkte für eine Moderne, die ihren bedrängenden Erfahrungs- und Innovationsdruck offenbar auch erzählerisch bewältigen musste.

2.2 Positivismus

Bei aller Bedeutung des Darwinismus für die naturalistischen Autoren ist das zentrale **wissenschaftliche Voraussetzungssystem** des Naturalismus der französische Positivismus gewesen. Begründet durch den Philosophen Auguste Comte – ab 1830 erschien sein enzyklopädischer *Cours de philosophie positive* –, entwickelte sich der Positivismus seit der Mitte des 19. Jahrhunderts zu einer der einflussreichsten wissenschaftstheoretischen Positionen der Zeit, zumal ihn Autoren wie Hippolyte Taine (*Histoire de la littérature anglaise*, 1863; dt. 1878), John Stuart Mill (*System of Logic*, 1843; dt. 1849), Claude Bernard (*Introduction à l'étude de la médecine expérimentale*, 1865) und Henry Thomas Buckle (*History of Civilisation in England*, 1857–1861; dt. 1860/61) in der Folge zu einem integralen, Natur- und Gesellschaftswissenschaft übergreifenden Paradigma ausbauten. Nicht zuletzt ist die in Frankreich zu diesem Zeitpunkt entstehende Soziologie – auch hier spielte Comte eine zentrale Rolle – weitgehend identisch mit der Etablierung des Positivismus (in Deutschland sind die disziplinären Grundlagen der frühen Soziologie dagegen anders beschaffen gewesen).

In wissenschaftstheoretischer Hinsicht zielt der Positivismus auf eine **Überwindung aller metaphysischen Weltmodelle und spekulativen Begriffssysteme**, wie sie in erster Linie durch den deutschen Idealismus geprägt worden waren. Entsprechend geht der Positivismus – im Unterschied zu allen Annahmen einer göttlichen oder sonst wie essentialistischen Letztbegründung der Welt – immer nur vom ›positiv‹, also vom empirisch Gegebenen aus. Darin ist er gleichermaßen Methodologie, d. h. wissenschaftliches Beobachtungsverfahren, wie Epistemologie, d. h. erkenntnistheoretisches Grundprinzip. Oberstes methodologisches Prinzip ist vor diesem Hintergrund das Verfahren der **Induktion**: Während traditionelle Erkenntnissysteme deduktiv vorgehen, indem sie Aussagen über Einzelphänomene aus einem axiomatisch gesetzten (ontologischen) Grundprinzip herleiten, sind Aussagen mit Allgemeingültigkeitsanspruch nach positivistischem Verständnis nur möglich, wenn hinreichend viele Einzelphänomene auf die in ihnen wohnenden Gesetze hin rekonstruiert worden sind und diese Gesetzmäßigkeiten durch präzise Beobachtung oder experimentell kontrolliert werden können. Erkenntnistheoretisch liegt dem die Unterstellung zugrunde, dass alle Phänomene festen und unveränderlichen Gesetzen unterliegen – ein Gedanke, dessen wissenschaftstheoretische Tragweite insbesondere von John Stuart Mill (*System der deductiven und inductiven* Logik, dt. 1877) ausgearbeitet wurde. In der Konsequenz zielt der Positivismus darauf, Natur und Gesellschaft als prinzipiell gleichwertige Räume von Gesetzlichkeiten zu analysieren (konsequenterweise kennt der Positivismus keinen Bruch zwischen den Tatsachen des Natürlichen und den *fait social*, den Tatsachen des Sozialen).

Bei aller Entkleidung der Philosophie von metaphysischen Grundannahmen ist der Positivismus freilich in einer Hinsicht recht traditionell. Denn mit den idealistischen Erkenntnissystemen teilt der Positivismus die Neigung zu hierarchischen Beschreibungsmodellen. Auch der Positivismus spannt sich in eine Evolution von historischen Erkenntnisformen ein und setzt sich zugleich an deren Spitze; darin bewegt er sich zumindest in der Nähe zu spekulativen Geschichtsphilosophien vom Typ Hegels, die der Positivismus gerade überwinden wollte (auch Hegel begriff das eigene Denken ja als reflexiven Abschluss der bisherigen philosophischen Systeme). Entsprechend hat Comte ein sogenanntes **Dreistadiengesetz** entworfen, das das eigene positivistische Paradigma aus einer Stufenfolge historisch aufsteigender Wissensformen bzw. Zeitalter herleitet. Danach habe am Anfang ein theologisches Zeitalter geherrscht, in dem die Sachverhalte der Welt unter Bezug auf eine göttliche Instanz erklärt wurden, danach habe sich ein metaphysisches Zeitalter etabliert, das die Erklärung der Welt mithilfe abstrakter Ideen und Prinzipien leistete – zu denken wäre an die idealistische Philosophie des Geistes (Schelling, Hegel) –, um schließlich in das *telos* der Gesamtentwicklung, d. h. in das wissenschaftlicher Zeitalter des Positivismus zu münden.

In all dem besitzt der Positivismus eine ›sozialplanerische‹ bzw. ›sozialtechnologische‹ Tendenz. Überzeugte Positivisten wie Zola und Holz haben sie ausdrücklich auch zum Gegenstand ihrer naturalistischen Programmentwürfe gemacht und der Kunst darin eine bevorzugte Position zugewiesen (s. Kap. IV.2; Kap. IV.3). Letztlich nämlich zielte der Positivismus – zumindest in der Spielart Comtes, dessen soziologisches und philosophisches Denken keinen deterministischen Zug besaß – auf eine **soziale Physik**, die die sozialen ›Tatsachen‹ und ›Zustände‹ als grundsätzlich veränderbar betrachtete. Wer die fundierenden Gesetze des Sozialen erkannt hat, so glaubte der Positivismus, muss das Soziale nicht mehr als ein metaphysisch und unabänderlich Gegebenes hinnehmen, sondern kann es als ein geschichtlich Gewordenes verändern. »Voir pour savoir, savoir pour prévoir, prévoir pour prévenir« (»Sehen um zu wissen, wissen um vorherzusehen, vorhersehen um zuvorzukommen«), lautete der sozialtechnologische Grundsatz von Comtes soziologischer Grundlagenschrift *Système de* *politique positive, ou traité de sociologie* (1851–1854). Darin hat der Positivismus Anteil an einer die Moderne insgesamt bewegenden Fantasie: dass das Soziale in einem ebenso elementaren wie grenzenlosen Sinn gestaltbar sein könnte.

Es gehört zu den zählebigen Traditionen der Forschung, die Bedeutung des Positivismus für den Naturalismus überaus hoch zu veranschlagen. Die Germanistik der 1980er Jahre hat den engen Konnex von Positivismus und Naturalismus gar zum Anlass genommen, um den Naturalismus vollständig in seiner positivistischen Axiomatik aufgehen zu lassen – was folgerichtig, aber literaturhistorisch unzulässig dazu geführt hat, das Diskursphänomen Naturalismus auf den ›konsequenten Naturalismus‹ einzuengen (vgl. Möbius 1978; Möbius 1980).

Aus der Distanz sind freilich einige grundsätzliche Zweifel geboten, die nicht ohne Konsequenzen für das angestammte Naturalismus-Bild sind. Zunächst muss berücksichtigt werden, dass eine ausgeprägte bzw. theoretisch konsistente Positivismus-Rezeption keineswegs für alle Naturalisten angenommen werden kann; was an positivistischen Konzepten bekannt und im Umlauf war, ist nicht selten Effekt einer vermittelten oder ›sekundären‹ Rezeption, jedenfalls kaum etwas, was auf unmittelbarer Kenntnis oder eigener Lektüre beruhte. So verlässlich etwa für Arno Holz und Conrad Alberti Kenntnisse dieser Art nachgewiesen werden können, so ausgeprägt war Hauptmanns Affekt gegen die positivistische Ästhetik, insbesondere gegen Holz' positivistische *Kunst*-Schrift, über die er 1890 bemerkte, mit dem Holzschen Kunstgesetz (s. Kap. IV.3) könne man allenfalls »Schuhmacher« (Hauptmann 1982, 445) ausbilden. Nicht zuletzt sind für viele Autoren andere philosophische Konzeptionen und Referenzautoren viel wesentlicher gewesen als der Positivismus; für den jung verstorbenen Hermann Conradi war dies neben Nietzsche vor allem der Begründer der Experimental- und Völkerpsychologie Wilhelm Wundt (1832–1920), dessen Bedeutung für den Naturalismus insgesamt noch ungeklärt ist (s. Kap. VII.4.1; vgl. Stöckmann 2010).

In methodischer Hinsicht muss zudem festgehalten werden, dass die Theorierezeption der Naturalisten nicht zwangsläufig die Verfahrensweise literarischer Texte bestimmt; tatsächlich neigt die Naturalismus-Forschung seit ihren Anfängen dazu, ihre Textbefunde aus einer den Texten vermeintlich vorgängigen Theorieprogrammatik herzuleiten (was seinerseits erkennbar mit der erwähnten Verengung auf den ›konsequenten Naturalismus‹ zusammenhängt). In der tendenziell unüberschaubaren naturalistischen Romanliteratur beispielsweise haben positivistische Konzepte so gut wie keine Spuren hinterlassen (Ähnliches ließe sich für weite Teile der Dramenproduktion konstatieren; s. Kap. VI.2.2–2.3), was über Jahrzehnte unbemerkt bleiben musste, weil die Auseinandersetzung mit den entsprechenden Korpora ausblieb. Nicht zuletzt ist selbst dort, wo der Positivismus – wie im Falle des ›konsequenten Naturalismus‹ – tatsächlich textprogrammierend gewirkt hat, noch immer weitgehend ungeklärt, wie sich positivistische Konzepte und konkrete Schreibverfahren zueinander verhalten; die wenigen verfahrensanalytischen Untersuchungen (vgl. etwa Schneider 1999) weisen viel eher auf eine **Symbolizität** hin, die aus dem ›Positivismus‹ der Texte tendenziell nicht herleitbar ist bzw. dazu neigt, das positivistische Objektivitätsgebot zu unterlaufen (s. Kap. VII.5.3). In der Konsequenz hat man es mit einem doppelten Naturalismus zu tun: So prägend der Positivismus für die naturalistische Programmatik und ihre ästhetiktheoretischen Konzepte war, so gering wird man seine Bedeutung für die naturalistische Textästhetik veranschlagen müssen.

2.3 Thermodynamik

Vielfach prägender als der Positivismus ist für den Naturalismus ein anderes wissenschaftliches Referenzsystem gewesen. Im Rückblick stellt sich das 19. Jahrhundert ja nicht nur als Zeitalter der großen darwinistischen und positivistischen Weltanschauungen, sondern auch als Jahrhundert einschneidender **wärmephysikalischer Entdeckungen** dar. Energie, Kraft, Stärke, Aktivität, aber auch ihre Kehrseiten Ermüdung, Dissipation und Schwächung gehören seit der Mitte des 19. Jahrhunderts zu den Leitworten einer Moderne, die sich im Gefolge von Industrialisierung und Technisierung zunehmend von ihrer technologisch-energetischen Produktivitätsbasis her verstand. Es ist keine Übertreibung zu behaupten, dass Energie und Arbeit die eigentlichen kulturellen Kernvisionen des ausgehenden 19. Jahrhunderts gewesen sind (vgl. Rabinbach 2001; Neswald 2006).

Entsprechend ist die Affinität des Naturalismus zum Diskursfeld der **Thermodynamik** schon an Äußerlichkeiten ablesbar. Vielfach nämlich lassen die Titel naturalistischer Romane, Novellen oder Dramen bereits ahnen, wovon sie handeln: Von *Treibenden Kräften* (Max Kretzer) und *Kraftkuren* (Karl Bleibtreu) ist da die Rede, ebenso von *Müden Seelen* (Arne Garborg) und *Siegernaturen* (Kurt Grottewitz) oder einem *Faust der That* (Bleibtreu). Dass thermodynamische Vorstellungen so nachhaltig in die literarische Imagination Eingang fanden, hängt vor allem damit zusammen, dass der Begriff ›Thermodynamik‹, der erstmals 1854 von William Thomson verwendet wurde, ein breiteres Phänomenfeld umfasste, als das ältere Konzept der ›mechanischen Wärmelehre‹. Grundlage hierfür war ein neuartiger Energiebegriff, der Natur und Gesellschaft gleichermaßen übergriff und insofern auch *kulturelle* Erfahrungsbereiche integrierte, die – wie die entstehende Arbeitswissenschaft – in einem allgemeinen Sinn von energetischen Zuständen und Prozessen her zu verstehen waren (das immer wieder vermerkte Interesse des Naturalismus an der modernen Arbeitswelt und ihrer neuartigen Arbeitsdisziplin hat hier eine seiner Ursachen). Im Kern aber ist es diese – maßgeblich auf **Hermann von Helmholtz** (vgl. Helmholtz 1996) zurückgehende – Universalisierung des Kraftbegriffs, die erklärt, warum thermodynamische Konzepte so offen für ihre kulturelle Deutbarkeit gewesen sind. Nicht zuletzt sind Energie und Ermüdung physiologische Grunderfahrungen; Erfahrungen, die das energetische Denken des 19. Jahrhunderts gewissermaßen empirisch plausibilisierten und kollektiv verständlich machten.

Diese erst in jüngerer Zeit systematisch untersuchte Diskurskonstellation (vgl. Stöckmann 2009) lässt sich freilich nur zu einem geringen Teil aus der Wissenschaftsgläubigkeit des Naturalismus erklären; jedenfalls bliebe diese Erklärung unspezifisch. Entscheidend ist, dass die entsprechenden physikalischen Konzepte Symbolbildungsprozesse ermöglicht haben, die sich nach 1870 zu nachgerade **populären kulturellen Deutungsmustern** verdichten. Einerseits nämlich versteht sich die moderne Kultur als Schauplatz einer unaufhaltsamen Progression, deren Aktivität – wie die zeittypische Rede vom »energetischen Zeitalter« (Diesel 1949) belegt – von unerschöpflichen Energiereserven angetrieben wird. Andererseits unterliegt dieselbe Moderne einem progressiven Energieverfall; eine Angstvision, in die sich all die Prognosen von Dekadenz und Entartung (s. Kap. III.3) eintragen, die die Moderne mit den negativen affektiven Folgen ihres Innovationsdrucks konfrontieren und das Schreckbild einer geschwächten und regenerationsunfähigen Kultur erzeugen.

Wissenschaftsgeschichtlich gesehen, sind beide Deutungsstränge Nachbildungen der beiden **Hauptsätze der Thermodynamik**. Der erste, 1842 von **Robert Julius Mayer** begründete Satz von der ›Erhaltung der Energie‹ (vgl. Mayer 1911) besagt, dass verschiedene Kräfte (Reibung, Wärme, Bewegung) ineinander umgewandelt werden können, ohne dass in der Umwandlungsbilanz signifikante Veränderungen auftreten. In vereinfachter Form konnte der erste Hauptsatz als optimistische ›Lehre‹ einer grundsätzlichen Unverminderbarkeit interpretiert werden, in der ein festes Energiequantum zur Verfügung steht und verfahrenstechnisch, d.h. etwa bei der Umwandlung von Wärme in Bewegung, nicht eigentlich verbraucht, sondern lediglich transformiert wird. »Das Naturganze«, schrieb der Physiker Hermann von Helmholtz, »besitzt einen Vorrat wirkungsfähiger Kraft, welche in keiner Weise vermehrt noch vermindert werden kann [...]« (zit. Koenigsberger 1911, 42). Entsprechend heißt es noch 1902 heißt es bei Julius Hart:

> »Nie verschwindet eine Kraft, aber unaufhörlich verwandelt sie sich, Spannkraft, ruhende Kraft, in lebendige, in Bewegungskraft, mechanische Kräfte werden umgesetzt in chemische und elektrische, und umgekehrt. All die großen und gewaltigen Wunderwerke unserer Technik entstehen nur durch eine ewige Verwandlung der verschiedenen Naturkräfte ineinander.« (Hart 1902, 8)

Der kulturelle Optimismus dieser Formulierungen besitzt im zweiten Hauptsatz der Thermodynamik, der 1865 von **Rudolf Clausius** (vgl. Clausius 1865, 390) formuliert und als **Entropiesatz** bekannt wurde, einen entsprechenden Widerpart. Er besagt in Ergänzung zum Satz von der Erhaltung der Energie, dass die zur Verfügung stehende Gesamtenergie zwar konstant bleibt, ihre Nutzbarkeit aber progressiv abnimmt. Jede Energietransformation spaltet im Übergang von wärmeren zu kälteren Körpern eine nicht weiter zu verwendende Abfallenergie ab, deren Anwachsen mit einer progressiven Verringerung der zur Verfügung stehenden Gesamtenergie korreliert. Insbesondere diese Schlussfolgerung hat das Denken der Entropie schnell in einen bedrängenden Mythos vom ›Wärmetod‹ (Ludwig Boltzmann), vom »Zustand ewiger Ruhe« (Helmholtz; zit. Brush 1987, 35) aller energetischen Prozesse münden lassen. »Die Entropie der Welt«, so lautete 1867 Clausius' geradezu apokalyptische Bilanz, »strebt einem Maximum zu« (Clausius 1867, 17; zum Gesamtkomplex vgl. Neswald 2006).

Es verwundert nicht, dass die beiden Hauptsätze der Thermodynamik eine Vielzahl populärwissenschaftlicher Darstellungen provozierten. Sie vollziehen, wie etwa Felix Auerbachs *Die Weltherrin und ihr Schatten* von 1903 zeigt, den Schritt in eine Allegorisierung thermodynamischer Begriffe, die aus physikalischen Gesetzen kurzerhand literarische Vorstellungen macht. Auerbach erzählt die Geschichte zweier feindlicher Prinzipien – »Energie und Entropie«, wie der Untertitel der kleinen Schrift erklärt –, die so lange im Kampf miteinander liegen, bis der »Dämon Entropie« (Auerbach 1903, 1) gesiegt hat. Dass der naturwissenschaftliche Erzähler-Autor Auerbach die »traurigen Perspektiven« des entropischen »Weltprozesses« schließlich in eine »unabsehbare Ferne« (ebd., 41) rückt, verrät einiges über die Tröstungen, die selbst die Mythisierungen des positiven Wissens um 1900 offenbar erforderlich machen.

Welche konzeptuellen, insbesondere erzähltechnischen Konsequenzen aus derartigen Wissenschaftsmythen gezogen werden konnten, veranschaulicht Michael Georg Conrads dreiteiliger *Isar*-Zyklus. Conrad hat das Voranschreiten seiner *Isar*-Romane mehrfach mit längeren Aufzeichnungen zum Entstehungsprozess begleitet;

im Oktober 1888 heißt es über die Funktion des soeben erschienenen ersten Bandes *Was die Isar rauscht*:

> »›Was die Isar rauscht‹ ist sozusagen ein Expositions-Roman oder eine Roman-Exposition, d. h. der Wurzelboden, aus dem eine ganze Serie Münchener Romane rasch nacheinander hervorschießen wird. Eine Reihe von Personen […] – sie alle haben ein so tüchtiges Stück Leben im Leibe, daß sie erst vollkommen zur Ruhe kommen können, wenn sie sich in ihrem Kraftbereich auf irgend einem Schaffensgebiete kämpfend ausgewirkt haben. Und dies werde ich dem geneigten Leser in den Romanen vorführen, die ich jetzt an meinem Werktische vorbereite.« (Conrad 1888a, 821)

Conrads Selbstkommentar macht deutlich, dass alle Figuren des Zyklus als Äquivalente einer einheitlichen und anfänglichen Energie gedacht sind, die sich in ihren Abspaltungen, d. h. in den unterschiedlichen »Schaffensgebieten« und »Kraftbereichen« der Einzeltexte realisiert. Vor allem aber folgt die narrative Anlage einer entropischen Verlaufsform; durch den Zyklus wie seine Einzeltexte hindurch soll eine Selbstverausgabung des Erzählens sichtbar werden, die sich so lange reproduziert, bis sich die anfänglichen Kraftmomente »kämpfend ausgewirkt haben« und schließlich »vollkommen zur Ruhe kommen«. In der Vielzahl der naturalistischen Romanprojekte stellt Conrads *Isar*-Zyklus den eminenten Versuch dar, einen entropischen Reproduktionszyklus nachzubilden, an dessen Ende der buchstäbliche Wärmetod des romanhaften Erzählens steht (vgl. Stöckmann 2009, 439 ff.).

3. Deutungsmuster der Kultur: Nervosität, Dekadenz, Entartung

Das ausgehende 19. Jahrhundert hatte eine Vielzahl an Selbstbeschreibungen zur Verfügung, wenn es darum ging, die »krisenhafte Zeitstimmung« (Fischer 1978, 15) der eigenen Gegenwart zu artikulieren. Tatsächlich ist das energetische Denken der Zeit ja nur eines der Deutungsmuster, die nach 1880 prominent werden und das diffuse Gefühl stärken, einem Jahrhundertende – dem Fin de Siècle – anzugehören. Allerdings lassen die konkurrierenden Semantiken gewisse Ähnlichkeiten erkennen, was vor allem darin begründet ist, dass sie auf verwandte wissenschaftliche und populärwissenschaftliche Referenzsysteme zurückgreifen.

Am offenkundigsten ist diese ›Familienähnlichkeit‹ der Deutungsmuster im Falle des Neurasthenie-Diskurses. Der Begriff ›Neurasthenie‹ ist eine Prägung des amerikanischen Physiologen **George Miller Beard** (1839–1883), der das Phänomen erstmals 1869 (*Neurasthenia, or Nervous Exhaustion*) beschrieb. Unter ›Neurasthenie‹ verstand Beard eine in sich widersprüchliche Erfahrung von nervöser Überaktivität und wiederkehrenden Erschöpfungszuständen, wobei Beard der Überzeugung war, dass das ›nervöse‹ Zeitleiden eine unmittelbare neurotische Reaktion auf den modernen Industriekapitalismus darstellte und insofern nur aus den spezifischen Bedingungen der nordamerikanischen Kultur zu verstehen sei. Was Beard nicht ahnte, war, dass die von ihm beschriebene Symptomatik – 1880 erschien die in diesem Sinn maßgebliche Monographie *American Nervousness, its Causes and Consequences* (dt. *Die Nervenschwäche (Neurasthenia). Ihre Symptome, Natur, Folgezustände und Behandlung*,

1881) – in Europa in eine überaus aufnahmebereite Situation traf. Auch in den europäischen Ländern, vor allem in Deutschland und Frankreich, hatte sich in kurzer Zeit ein vergleichbarer Erfahrungsdruck und eine ähnliche Symptomatik bemerkbar gemacht, die – zumal nach 1870/71 – in einer unüberschaubaren Flut an Literatur zum Ausdruck kam und den Eindruck vermittelte, die Moderne sei, wie der Psychologe Richard von Krafft-Ebing 1885 konstatierte, im Ganzen ein »nervöses Zeitalter« (Krafft-Ebing 1909, 1 ff.). Auch wenn sich ihre Symptomatik zunächst auf bestimmte großstädtische Berufsgruppen und die sogenannten ›Kopfarbeiter‹ beschränkte, war mit der Neurasthenie die erste *modern-times*-Krankheit gefunden, die die Moderne vollständig in einer sozialen Leidenserfahrung aufgehen ließ (zum Gesamtkomplex Fischer-Homberger 2010; Gijswijt-Hofstra/Porter 2001; Hofer 2004; Radkau 1998; Roelcke 1999).

Medizingeschichtlich steht die Neurasthenie tatsächlich am Beginn einer veränderten Krankheitserfahrung (als ›funktionelle Störung‹ ohne erkennbare organische Grundlage stellte sie ohnehin ein ätiologisches Novum dar). Zunächst nämlich macht sie deutlich, dass ihre Symptomatik nicht in einer individuellen Erfahrung aufgeht, sondern eine zivilisatorische bzw. **soziokulturelle Problemlage** in sich aufnimmt. Wer im letzten Drittel des 19. Jahrhundert zu den Neurasthenikern, chronisch Willensschwachen und Hyperästheten zählt und zur Linderung seiner Leiden Hilfe bei Ratgebern zur Bildung, Stärkung und ›Gymnastik‹ der Nerven und der Willenskraft sucht – Neurasthenie und Willensschwäche sind häufig kaum zu differenzieren (vgl. Stöckmann 2009) –, hat Teil an einer zivilisatorischen Symptomatik. In ihr kommt all das zum Tragen, was die moderne Kultur dem Einzelnen an Reizüberflutungen, sinnhaften Zerstreuungen und Beschleunigungserfahrungen zumutet und – wie in einer negativen Akkumulation – zu kulturinduzierten, d. h. erworbenen Verhaltensweisen verdichtet. Zumal nach 1870/71 erhärtet sich die Gewissheit, dass die modernen »Kulturfaktoren« (Moll 1902, 34), das sprichwörtlich gewordene ›Hasten und Jagen‹ der Zeit, den Einzelnen fortwährend zu vorzeitigen Verausgabungen zwingt und seine Energien nachhaltig lähmt. Genau diese Dimension von Schwäche und Erschöpfung zeigt darüber hinaus, dass die Neurasthenie aus einer **inneren Homologie mit physikalischen Gesetzmäßigkeiten** erfunden ist; in gewisser Weise sind Entropie und Neurasthenie – das belegt die erwähnte ›Familienähnlichkeit‹ der Deutungsmuster – nur Wechselphänomene innerhalb unterschiedlicher Realitätsbereiche (nicht zuletzt bilden Nervensystem und Elektrizität eine weitere diskurstypische Homologie; vgl. Radkau 1998, 27 ff.).

Für Literatur und Ästhetik nach 1870 ist die Neurasthenie nicht primär deswegen von Bedeutung, weil sie als Thema Einzug in die Literatur hält; fast in jedem naturalistischen Drama – man denke nur an Holz'/Schlafs *Familie Selicke* oder Hauptmanns *Friedensfest* – und in einer Vielzahl naturalistischer Romane gehören Neurastheniker zum Personal. Ästhetisch bedeutsam ist die Neurasthenie, weil ihre innere Phänomenologie eng mit der Ausbildung moderner Wahrnehmungsformen korrespondiert und insofern **a-mimetische Schreibweisen** ausgebildet hat, die den Naturalismus vielfach in Gegensatz zu seiner eigenen Programmatik gerieten ließen (vgl. Stöckmann 2010). Wie die Forschung erst in jüngerer Zeit nachgewiesen hat, besteht die eigentliche ästhetikgeschichtliche Leistung der Neurasthenie darin, der Literatur wichtige Wahrnehmungs- und Darstellungsstrukturen der Moderne erschlossen zu haben. Vieles von dem, was in einem kanonischen Sinne als modern gilt, ist der Effekt einer in diesem Sinne nervösen Textästhetik (vgl. Stöckmann 2009; Bergengruen/ Müller-Wille/Pross 2010)

Ein ähnlich populäres Deutungsmuster, mit der sich die moderne Zivilisation als Schauplatz einer tiefgreifenden ›Kulturkrise‹ verstehen ließ, resultierte aus den **Degenereszenz- bzw. Entartungsdiagnosen**, die seit Mitte des 19. Jahrhunderts an die darwinistische Evolutions- und Deszendenztheorie anschlossen. Schon Darwin hatte innerhalb des Evolutionsprozesses auch Rückschläge, Atavismen und regressive Entwicklungen in den Blick genommen. Vor diesem Hintergrund entwickelte der französische Psychiater **Bénédict Augustin Morel** (1809–1873) eine Theorie der Entartung, nach der sich einmal erworbene pathologische Defekte – in der Hauptsache hatte Morel Geistes- und Nervenkrankheiten im Blick – von Generation zu Generation vererben und akkumulativ verstärken. Wie anschlussfähig diese Deutungsmuster für die Literatur der Zeit waren, wurde spätestens mit Zola deutlich, der das Schema der *dégénérescence* der Makronarration seines 20-bändigem Rougon-Maquart-Zyklus zugrundelegte (vgl. Föcking 2002). Morels grundlegende Leistung – 1857 erschien sein umfänglicher *Traité des dégénérescences physiques, intéllectuelles et morales de l'espèce humaine* – bestand darin, den bis dahin ausschließlich kulturtypologisch besetzten Begriff der **Entartung** (frz. *dégénérescence*) auf pathologische Phänomene übertragen und damit eine negative Progression beschrieben zu haben, die von den Neurasthenikern der ersten Generation bis zur manifesten Idiotie der letzten führt.

Kausalteleologische Dekadenztheorien dieser Art finden sich auch im Werk des französischen Psychologen Valentin Magnan, der auf der Grundlage der positivistischen Evolutionskonzepte von Spencer und Comte ebenfalls eine Theorie der Entartung ausarbeitete (*Psychiatrische Vorlesungen*, 1891–93), und dem italienischen Kriminalanthropologen Cesare Lombroso, der den Entartungsbegriff phänomenologisch auf das Genie (vgl. *Genio et follia*, 1864; dt. 1887) und den geborenen Verbrecher (*L'uomo delinquente*, 1876; dt. 1887) ausdehnte. In Deutschland hatte der Entartungsbegriff – ausgehend von Max Nordaus zweibändiger Schrift *Entartung* (1891/92) – eine überaus fatale Nachgeschichte, als er Ende der 1930er Jahre in das Fahrwasser der nationalsozialistischen Weltanschauung und ihrer doktrinären völkischen Ästhetik geriet (vgl. Ketelsen 1976).

IV. Theorie und Programmatik

1. Realistische Traditionen: Naturalismus und Idealrealismus

Die Anfänge des Naturalismus liegen – blickt man auf seine Diskurs- und Gattungspräferenzen – im Medium der programmatischen Proklamation und der polemischen Kampfschrift. Dieser Umstand dient bis heute dazu, die Evolution des Naturalismus entlang einer (in aller Regel dreiteiligen) Phasenkonstruktion zu beschreiben (s. Kap. V.1), an deren Beginn das publizistische und literaturprogrammatische Engagement einzelner Autoren steht; zu denken ist in erster Linie an Michael Georg Conrad, der zwischen 1878 und 1882 in Paris lebte, persönliche Kontakte zu Émile Zola unterhielt und regelmäßig aus der Pariser Literaturszene berichtete, und an die Brüder Hart, die, aus Münster stammend, seit Ende der 1870er Jahre in Berlin lebten und publizistisch in das literarische Geschehen der Hauptstadt eingriffen. Tatsächlich weisen schon die frühen Zeitschriftenprojekte der Harts – noch vor den *Kritischen Waffengängen* (1882–1884) hatten sie die *Deutschen Monatsblätter* (1878/79) herausgegeben (s. Kap. I.4) – auf Programmelemente hin, die die späteren Grundaxiome des Naturalismus vorbereiten. So spricht Heinrich Hart bereits 1878 vom »fruchtbaren Boden des Naturalismus«, in der die »Darstellung modernen Lebens und moderner Anschauung« (Hart 1878, 21) zu verankern sei – und dies zu einem Zeitpunkt, als Begriffe wie ›Naturalismus‹ und ›naturalistisch‹ weder eine homogene ästhetische Position markierten, noch von einem gruppensoziologisch klar identifizierbaren Autorenbündnis getragen wurden (s. Kap. I.3).

Neben dem noch schwach ausgeprägten Institutionalisierungsgrad der naturalistischen Bewegung sind es in der Hauptsache aber die ästhetischen Orientierungen der frühnaturalistischen Phase zwischen 1878 und 1884, die es schwer machen, von einem Naturalismus als eigenständiger Programmposition zu sprechen. Seine Literaturkonzeption beginnt im Zeichen von Theorievorgaben, die aus dem ›bürgerlichen‹ bzw. ›**poetischen**‹ **Realismus** stammen; darin knüpfen die Naturalisten an eine ästhetische Position an, die sich seit den 1850er Jahren herausgebildet hatte und von Autoren wie Otto Ludwig, Julian Schmidt, Robert Prutz und Theodor Fontane programmatisch formuliert worden war (vgl. McInnes/Plumpe 1996; Plumpe 1985). Diskursstrategisch zielten die Naturalisten darauf, den Realismus im Sinne eines ›wahren‹ oder ›echten‹ Realismus für die eigene Sache zu reklamieren, d.h. die Ansprüche des ›*poetischen* Realismus*‹* auf einen wie immer gearteten ›Realismus‹ zurückzudrängen. Dass Gerhart Hauptmann 1889 sein erstes naturalistisches Drama *Vor Sonnenaufgang* Arno Holz und Johannes Schlaf als »konsequentesten Realisten« (CA I, 10) widmete, belegt, dass ›bürgerliche‹ Realisten und Naturalisten noch bis etwa 1890 eine Art Hegemoniekampf um den ›wahren‹ Realismus ausfechten.

Wollte man den ›bürgerlichen‹ Realismus auf eine Formel bringen, so müsste man ihn als Projekt der Läuterung, Reinigung, Verklärung oder Idealisierung fassen.

Die theoretische Prämisse des Realismus besteht darin, dass dem kontingenten Realen eine ideale, d. h. sinnhafte Substanz unterliegt, die – hinter den Erscheinungen und Beliebigkeiten der Gegenwart verborgen – durch Akte einer idealrealistischen ›Läuterung‹ als Essenz und Wesen dieses Realen hervortritt. Auf diesem Weg entkräftete der Realismus die traditionsreiche Unvereinbarkeit von realistischen und idealistischen Positionen, denn das ›Ideal‹, also die schöne, sinnfällige Totalität des Seins, ist nach realistischer Auffassung lediglich ›hinter‹ oder ›unter‹ dem Realen verborgen, das die realistische Epistemologie durchstößt, um so das Wesen dieses Realen zu entbergen. Im Text, d. h. durch symbolische oder exemplarische Darstellung – etwa durch die Beschränkung auf einen in sich kohärenten Ausschnitt aus dem ›Ganzen‹ des Realen – verdichten sich die Gestaltmomente und treten zu einem kohärenten ›Bild‹ bzw. zu einem sinnfälligen Arrangement zusammen, so dass in ihm alle Beliebigkeiten des Realen getilgt sind. Bezeichnenderweise waren Realismusprogrammatiker wie Moriz Carrière oder Max Schasler der Auffassung, dass dieser Realismus eigentlich ein ›**Realidealismus**‹ sei (vgl. Bucher 1976, 32 f.). 1868 ist dieser Zusammenhang von Reinigung und Idealisierung paradigmatisch von Julius Hermann von Kirchmann formuliert worden; in seiner *Ästhetik auf realistischer Grundlage* heißt es:

> »Die reale Welt, sowohl die natürliche, wie die des Handelns ist wohl die Quelle der realen Gefühle für den Menschen; aber die Erfahrung zeigt, daß sie neben dem Bedeutenden auch des Gleichgültigen viel enthält; daß das Seelenvolle durch das Gemisch mit Seelenlosem darin abgeschwächt ist […]. Die einfache Nachahmung des Realen würde also das Ziel alles Schönen nur mangelhaft erreichen. Soll dies voll geschehen, so muß das Prosaische, das Störende von dem Bilde ferngehalten und das Bedeutende in demselben gesteigert werden. Damit sind die Grundlagen des Begriffs gewonnen. Die Idealisierung hat eine reinigende und eine verstärkende Richtung; jene beseitigt die bedeutungslosen und störenden Elemente des Gegenstandes; diese verstärkt die seelenvollen. Damit wird die ideale Wirkung seines so erhöhten Bildes reiner, dichter, harmonischer und stärker, als die reale Wirkung des Gegenstandes in der realen Welt.« (Kirchmann 1868, II, 267)

Wie ein bloßer Nachklang lesen sich die Ausführungen, die Heinrich Hart noch 1889 unter dem Titel »Die realistische Bewegung« publizierte:

> »Die Poesie ist […] eine höhere Potenz des Seienden, als die Wirklichkeit, es überragt dieselbe in gleichem Maße, wie die Wirklichkeit den Traum […]. Beide, Traum wie Dichtung, beruhen auf der Wirklichkeit, insofern diese ihnen den Stoff liefert; während jener aber die Wirklichkeit verfälscht […], wird sie von der Poesie dadurch erhöht, daß die Wahrheit, die als innerster Kern in der Wirklichkeit eingeschlossen liegt, aber von dem Wirrwarr der Erscheinungen verhüllt wird, in der Dichtung licht und klar zum Vorschein kommt.« (zit. NAT, 122)

Ästhetikgeschichtlich gesehen, ist diese Poetik der Läuterung freilich weder eine Erfindung des Realismus noch des Naturalismus. Sie geht in ihren Grundzügen vielmehr auf die **Ästhetik Georg Wilhelm Friedrich Hegels** zurück, allerdings mit einer gegenüber Hegel bemerkenswerten Pointe. Hegel nämlich glaubte, dass diese Idealisierung letztmalig in der ›Kunst‹ der Antike – vor allem in der Plastik als Inbegriff der schönen Gestalt – gelungen sei, unter den Bedingungen der Moderne – ihrer »zur Prosa geordneten Wirklichkeit« (Hegel XV, 392) – aber historisch ausgespielt habe: Weil die moderne Wirklichkeit der Institutionen, vor allem von Staat und Recht, abstrakt und prosaisch sei, leiste das Ästhetische keine adäquate Anschauung dieser Realität mehr. Insofern hat der Realidealismus Hegels Historisierung des Idealisierungskonzepts wieder enthistorisiert und damit gegen Hegel suggeriert, die moderne Wirklichkeit sei einer ästhetischen Erfahrung sinnhafter Totalität unter den beschriebenen Prämissen noch immer zugänglich.

Mit Blick auf die realhistorische Situation Mitte des 19. Jahrhunderts ist diese Läuterungsästhetik allerdings überaus produktiv gewesen. Genaugenommen sind es zwei Entwicklungen, auf die die Realismustheorie reagierte: Zum einen auf die gescheiterte Revolution von 1848/49, d. h. auf die Einsicht des liberalen Bürgertums, dass die konservativen Kräfte den nationalen, republikanisch fundierten Einheitsstaat (vorerst) verhindert und zur politischen Illusion degradiert hatten; zum anderen reagierte sie auf die Eigenrationalität der politischen Sphäre, die sich zunehmend vom moralischen Einspruch der Subjekte freimachte und nur noch den kalten Kalkülen des Machtgewinns folgte. Für dieses funktional-abstrakte, moralisch entlastete Politikkonzept hatte Ludwig August von Rochau 1853 den sprechenden Begriff der »Realpolitik« (vgl. Rochau 1972) geprägt – ein Begriff, der den Kurswechsel gegenüber den liberalen Utopien von 1848/49 nochmals verstärkte. Auf beides – missglückte Revolution und realpolitische Mentalität – reagierte der Realidealismus, indem er ihre Folgelasten **kompensierte** (vgl. Plumpe 1985, 16).

Selbstverständlich hat die frühnaturalistische Theorie diesen Zusammenhang nicht einfach fortgeschrieben. Gerade deshalb aber stellt sich die Frage, worin die Attraktivität der realidealistischen Ästhetik für einen Naturalismus bestanden hat, der sich gerade für die negativen soziopolitischen Folgeerscheinungen der Zeit geöffnet hatte. Im Kern sind es drei Gesichtspunkte, die die realidealistischen Anteile an der frühen Naturalismus-Theorie erklären:

1. Das gesamte realistisch-naturalistische Paradigma ist im 19. Jahrhundert nicht ohne den **intermedialen Bezug zur Fotografie** zu verstehen. Anders aber als in Frankreich (vgl. Albers 2002) und anders als in den späteren Entwicklungen des ›konsequenten Naturalismus‹, dessen Aufzeichnungstechniken eine große Affinität zu fono-fotografischen Reproduktionsweisen besitzen (s. Kap. IV.3; Kap. VII.5.3), unterhalten Realismus und Naturalismus in Deutschland ein überaus spannungsreiches Verhältnis zur Fotografie. Der Grund hierfür ist, dass die Fotografie Realismus und Naturalismus in eine eigentümliche theoretische Ambivalenz zwang: Einerseits traf sie sich auf Grund ihrer Reproduktionsgenauigkeit mit ihnen im **Konzept der Mimesis**; andererseits jedoch beschädigte diese Präzision das Mimesis-Konzept nachhaltig. Was die Fotografie mit der Realitätszuwendung von Realismus und Naturalismus verband, trennte sie auf paradoxe Weise gerade wieder von ihnen – und dies aus drei Gründen. Erstens tilgte sie die für das abendländische Denken der Mimesis zentrale Differenz zwischen primärer, ontologisch vorgängiger Realität – dem Sein, wie man in philosophischer Tradition sagen würde – und der sekundären ästhetischen Repräsentation in der mimetischen Nachahmung; ›Original‹ und ›Kopie‹, ›Vorbild‹ und ›Abbild‹ waren in der Wahrnehmung der Zeitgenossen nicht mehr zu unterscheiden. »Alle Gegenstände«, schrieb Hans Christian Andersen schon 1839 über das fotografische Bild, »werden wie in einem Spiegelbilde aufgefangen und festgehalten« (zit. Plumpe 1985, 18). Zweitens ließ die Fotografie gerade jene idealisierenden Leistungen vermissen, auf die Realismus und Naturalismus ihre kontraphänomenalen, d. h. kontingenztilgenden Ansprüche gegenüber der Wirklichkeit gründeten. »Die Photographie«, so urteilte der realidealistische Ästhetiker Kirchmann, »bietet [...] das Nebensächliche mit dersel-

ben Genauigkeit, wie das Wichtigere [...]. Die Photographie hat das Seelenvolle und das Bildliche des Schönen; es fehlt ihr nur die Idealisierung und nur deshalb ist sie kein Schönes« (zit. Plumpe 1985, 76). Drittens betrachtete die traditionelle Ästhetik das fotografische Bild als rein ›mechanische‹ Reproduktion, die eine ›schöpferische‹ Individualität als ihren Urheber nicht mehr erkennen ließ. Insbesondere dieser Gesichtspunkt wog schwer, weil er den engen Konnex zwischen ästhetischem Diskurs und Urheberrecht, der die Eigentumsansprüche an Werken der Kunst um 1800 ganz in der schöpferischen Individualität des Künstlers verankert hatte, schwächte und außer Kraft setzte. In der Konsequenz erschien die Fotografie nicht als Kunst, sondern als Technik, nicht als individuell-originäre Schöpfung, sondern als technische Reproduktion (zum Gesamtkomplex vgl. Plumpe 1988; Plumpe 1990).

Vor diesem Hintergrund hat der Naturalismus zwar überwiegend ablehnend, mitunter aber auch durchaus integrativ auf die Herausforderung der Fotografie reagiert – freilich immer so, dass das Fotografische in einen umfassenden nachahmungsästhetischen Kontext gestellt wurde. Wie eingespielt die Frontstellung zwischen Realidealismus und ›mechanischer‹ Fotografie Mitte der 1880er Jahre ist, belegt ein Essay Julius Hillebrands unter dem Titel »Naturalismus schlechtweg!«, der die ästhetische Abwertung der Fotografie nur noch im Zitat erkennen lässt, um die Ansprüche des eigenen, einmal mehr zwischen Realismus und Naturalismus changierenden Literaturprogramms zu markieren. »Wie unzutreffend«, so Hillebrand 1886, »ist [...] der ewige Vergleich mit der Photographie! Diese wird hergestellt mit mechanischen Mitteln; an Stelle der geistigen Komposition tritt die Technik. Die Photographie ist lediglich aus diesem Grunde kein Kunstwerk und nicht darum, weil sie die wirkliche Wirklichkeit darstellt« (zit. NAT, 37).

Soweit sich die naturalistische Programmatik um eine Integration der Fotografie bemüht hat, musste sie nur die Wertungsgesichtspunkte verkehren, d. h. **Fotografie und Idealisierung als komplementäre Momente desselben Darstellungsanspruchs** begreifen. »Die *Neue Poesie*«, urteilte Karl Bleibtreu 1886, indem er an die Stelle der Idealisierung die »Romantik« setzte, »wird [...] darin bestehen, Realismus und Romantik derartig zu verschmelzen, dass die naturalistische Wirklichkeit der trockenen und ausdruckslosen Photographie sich mit der künstlerischen Lebendigkeit idealer Composition verbindet« (Bleibtreu 1973, 31). Vor allem aber als Leitmedium für die Aufzeichnung psychischer Prozesse war die Fotografie für den Naturalismus von Bedeutung. So forderte Bleibtreu – in der Tendenz ähnlich wie Conrad Alberti in seiner 1890 publizierten Essaysammlung *Natur und Kunst* –, dass der Naturalismus die »seelischen Vorgänge in ihren intimsten Verschlingungen [...] mit sinnlich greifbarer Gestaltung zu photographieren« (ebd.) habe.

2. Die Berufung auf realidealistische Konzepte spielt vor allem in der Auseinandersetzung mit dem Vorbild Zola eine zentrale Rolle. Auch wenn die erst nach 1880 verstärkt einsetzende **Zola-Rezeption** (s. Kap. II.2) alles andere als homogen verlief und insbesondere zwischen Conrad auf der einen und den Brüdern Hart auf der anderen Seite konzeptuelle Widersprüche sichtbar werden ließ, gab es doch einen gewissen grundsätzlichen Konsens. Er betraf Zolas szientifisches Literaturverständnis, vor allem sein Konzept des Experimentalromans (*Le roman expérimental*, 1879), dessen Verankerung in Vererbungs- und Dekadenzschemata den deutschen Naturalisten als unzulässige Vereinseitigung pathologischer Phänomene erschien. So konstatierte Max Nordau, ohnehin ein entschiedener Gegner des Naturalismus, Zola habe die »pathologischen Ausnahmshürden« der Vererbung und der Dekadenz zu »Unrecht«

zu einem »Bild allgemeiner Verhältnisse« (Nordau 1890, 159) vergrößert. Schon 1882 hatten Heinrich und Julius Hart den Experimentalroman Zolascher Prägung als »pathologisches Lehrbuche« (zit. NAT, 659) diskreditiert.

Tatsächlich verläuft die Abwehr des ansonsten mehrheitlich bewunderten Zolaschen Naturalismus entlang realidealistischer Konzepte. Sie sind in diesem Zusammenhang so überaus brauchbar gewesen, weil sie den Mangel an Idealisierung bloßlegten, den Zolas ›wissenschaftliche‹ Poetik kennzeichnete: Während die Poesie, so betonten die Brüder Hart 1882, die »individuell gefärbte Natur zum Ideal« verkläre, extrapoliere die Wissenschaft nur das »Allgemeine aus dem Individuellen«. Dieses Individuelle wirke freilich nicht mehr als Teil einer sinnfälligen Totalität, sondern nur mehr als Fall abstrakter Gesetzlichkeiten: »Die Wissenschaft erforscht, seciert, ergründet die Natur, aber die Poesie schafft gleich der Natur, schafft eine zweite Natur und bedarf der ersteren nur, wie der Handwerker seines Rohmaterials« (zit. NAT, 658 f.). Das »Höchste«, so heißt es weiter, erreicht die Poesie, wenn sie die »ursprüngliche, individuelle gefärbte Natur zum *Ideal*« (ebd.) verklärt. Vor allem dort, wo die Zola-Kritik im Zeichen formtheoretischer Argumentationen verläuft – noch 1896 kritisierte Eugen Wolff den Experimentalroman mit dem Vorwurf, er präsentiere lediglich »Rohstoff«, dem »die künstlerisch herausgearbeitete Form« (zit. NAT, 729) fehle – wird deutlich, was für die Naturalismus-Theorie in der Auseinandersetzung mit Zola letztlich auf dem Spiel stand: Im Kern ging es um die Abwehr eines Diskursmusters, das drohte, die Grenzen des ästhetischen Diskurses zugunsten von ästhetisch-szientifischen Diskursallianzen aufzulösen. Demgegenüber ist die deutsche Naturalismus-Programmatik gerade als Bewahrung der entsprechenden Systemgrenzen zu verstehen. »Die Grenzen zwischen Kunst und Wissenschaft sind«, so lautete das apodiktische Urteil Wolffs, »so klar gezeichnet, daß es kaum einer eingehenden Erörterung bedarf, wie weit Zola von vorn herein auf eine schiefe Ebene geraten ist« (ebd.).

3. Wesentlich sind die realidealistischen Prämissen auch für die **normalistischen Tendenzen** (vgl. Link 1996) des Naturalismus gewesen. Unter ›Normalismus‹ sind die im 19. Jahrhundert aufkommenden Vorstellungen darüber zu verstehen, was in der modernen Kultur als ›normal‹ und damit verbindlich gelten kann, und was den Bereich der Normalität verlässt, so dass es als pathologische Abweichung oder krimineller Verstoß markiert und mit Ausgrenzungen belegt werden muss. Zu einem großen Teil beruht die Sensibilität gegenüber diesem ›Anormalen‹ auf dem Siegeszug der empirischen Naturwissenschaften, vor allem von Psychologie und Psychiatrie, die das Feld des medizinischen Wissens nach 1850 um Phänomene wie Entartung und Degeneration erweiterten. Insbesondere Bénédict Augustin Morels *Traité des dégénérescences physiques, intéllectuelles et morales de l'espèce humaine* (1857), der den Beginn des Diskurses über erblich bedingte Degeneration markiert, und Cesare Lombrosos kriminalanthropologische Schriften über den Zusammenhang von Genialität und Wahnsinn (*Genio e follia*, 1864; dt. 1887) und den geborenen Verbrecher (*L'uomo delinquente*, 1876; dt. 1887) besaßen eine gesamteuropäische Strahlkraft und wurden auch in Deutschland breit rezipiert. Seit 1882 erlebte zudem die Hysterieforschung in Frankreich einen ungeheuren Aufschwung, der – ausgehend von den Arbeiten des Neurologen Jean-Martin Charcot – bis in die Frühgeschichte der Freudschen Psychoanalyse fortwirkte (Freud war ab 1885 für einige Zeit Schüler Charcots).

Seinen deutlichsten Reflex findet dieser Verbund aus medizinischer Forschung und kollektiven Angstphantasien in Wilhelm Bölsches Programmschrift *Die natur-*

wissenschaftlichen Grundlagen der Poesie von 1886. Der Text ist in der Forschung immer wieder als Beleg für die szientifischen Schreibprogramme des Naturalismus gewertet worden; faktisch ist die ganze ›Wissenschaftlichkeit‹ des Textes eine Schein-Epistemologie, hinter der sich ein populärwissenschaftliches Projekt auf realidealistischer Theoriegrundlage verbirgt, das das seit der Mitte des 19. Jahrhunderts gewachsene Auseinandertreten der natur- und geisteswissenschaftlichen Wissenskulturen zu kompensieren beabsichtigt. Zwei der sieben Kapitel machen ihre Verankerung in der realidealistischen Ästhetik explizit deutlich; das erste Kapitel trägt den programmatischen Titel »Die versöhnende Tendenz des Realismus«, das fünfte handelt vom »realistischen Ideal«. »Macht der Welt klar«, so lautet Bölsches Aufforderung an die naturalistischen Autoren, »daß der Realismus in Wahrheit der höchste, der vollkommene Idealismus ist« (Bölsche 1976, 64).

Neu gegenüber der realistischen Tradition ist der explizit normalistische Impuls Bölsches, d. h. die Bemühung, das Ideale zugleich als ›Gesundes‹ und ›Normales‹ zu qualifizieren. Wenn der ›bürgerliche‹ Realismus in seiner Neigung, Tabuzonen um alles Anormale, Abweichende und Pathologische zu errichten, bereits eine latent normalistische Dimension besessen hatte (vgl. Korte 1989), so hat Bölsches Realidealismus dezidiert Anteil am ›normalistischen Dispositiv‹ des 19. Jahrhunderts. Anteil haben Bölsches Bestimmungen aber auch an der **ambivalenten epistemischen Struktur** dieses Normalismus, weil das Kranke gleichermaßen zum Gegenstand von Tabuisierungen und Verboten wird, wie es zum Objekt einer neuartigen wissenschaftlichen Neugier aufrückt. Inmitten dieser Doppelseitigkeit aus sozialem Tabu und wissenschaftlicher Neugier ist Bölsches Realidealismus als Demarkationslinie zu verstehen: Während die Konzentration auf die »Krankheit« (Bölsche 1976, 10) eine falsche Einseitigkeit hervorbringt, die nicht im Allgemeinen des ›schönen‹ Weltganzen und seiner immanenten Sinnfülle aufzugehen droht, bildet die ›gesunde‹ Literatur jenen klar umgrenzten ›Ort‹ der modernen Kultur, an dem sich das Reale noch einmal an seiner verborgenen, gleichwohl essentiellen Idealität beruhigt. So trennt die ›ideale‹ Literatur das Kranke und Pathologische von einem »idealen Faden«, der das Ganze und Nicht-Partikulare der Welt durchläuft und zusammenhält. »Der Dichter«, so Bölsche,

> »der sich in berechtigtem Wissensdrange bei ihnen [Psychiatrie und Pathologie, I. S.] direct unterrichten will, sieht sich ohne sein Zuthun in die Atmosphäre der Clinic hineingezogen, er beginnt sein Augenmerk mehr und mehr von seinem eigentlichen Gegenstande, dem Gesunden, allgemein Menschlichen hinweg dem Abnormen zuzuwenden […]. Die Krankheit kann nicht verlangen, den Raum der Gesundheit für sich in Anspruch nehmen zu wollen, das unausgesetzte Experimentiren mit dem Pathologischen, also dem ganz ausschließlich Individuellen, das eine Ausnahme vom normalen Allgemeinzustande bildet, nimmt der Poesie ihren eigentlichsten Charakter […]. In diesem Sinne ist die Natur selbst erfüllt von einer tiefen, zwangweisen Idealität […]. Dunkel, wie der ganze Untergrund der grossen Daseinswelle, […] für unsere Erkenntnis bleibt, ist die ideale Richtung auf das Harmonische […], in seiner Existenz […] Normale überhaupt die einzige feste Linie, die wir durch das ganze Weltsystem verfolgen können« (Bölsche 1976, 9f. bzw. 49).

2. Verwissenschaftlichung der Literatur? Der Experimentalroman

Der Siegeszug der exakten Wissenschaften im Lauf des 19. Jahrhunderts hat den naturalistischen Autoren den Eindruck vermittelt, dass auch die Literatur, will sie zeitgemäß und ›modern‹ sein, Anteil am Prestige der Naturwissenschaften besitzen müsse. Nur von hier aus ist das ausgeprägt szientifische Selbstverständnis der Naturalisten zu erklären, und nur von hier aus ist zugleich die scharfe Kritik nachvollziehbar, die die Naturalisten an den metaphysischen Erklärungsmodellen der Tradition übten. Sie erschienen ihnen als Relikte eines vor-wissenschaftlichen Zeitalters, dessen ganzheitliche und empirieferne Weltbilder der gewachsenen Differenzierung der modernen wissenschaftlichen Methoden und Disziplinen nicht mehr entsprachen. »Die Basis unseres gesammten modernen Denkens«, erklärte Bölsche 1886, »bilden die Naturwissenschaften. Wir hören täglich mehr auf, die Welt und die Menschen nach metaphysischen Gesichtspuncten zu betrachten, die Erscheinungen der Natur haben uns allmählich das Bild einer unerschütterlichen Gesetzmässigkeit alles kosmischen Geschehens eingeprägt [...]« (Bölsche 1976, 4).

Bölsches Formulierung stellt eine erhebliche Simplifizierung dar. Zunächst nämlich verdeckt sie, dass die neuen sozialen **Leitwissenschaften** im Bereich der Natur- und Sozialwissenschaften tief in die angestammten Deutungskompetenzen der humanistisch-literarischen Bildungstraditionen eingegriffen und diese allmählich verdrängt, jedenfalls kulturell marginalisiert haben (andererseits stellt sich das Verhältnis der beiden Wissenskulturen komplexer dar, als es solche Verdrängungsprozesse suggerieren; zum Gesamtzusammenhang s. Kap. III.2). Vor allem aber verdeckt Bölsches Formulierung, dass die geforderte »Anpassung« der Literatur »an die neuen Resultate der Forschung« (Bölsche 1976, 6) noch nichts darüber besagt, wie die Verwissenschaftlichung der Literatur methodisch überhaupt vorzustellen ist.

Die wichtigsten Impulse in dieser Frage gehen seit Beginn der 1880er Jahre von Émile Zola und seinem Konzept des *roman expérimental* aus. Zolas Überlegungen – es handelt sich um einen rund 60-seitigen Essay – sind zuerst im September 1879 in der St. Petersburger Zeitschrift *Le Messager d'Europe* erschienen, einen Monat später veröffentlichte sie die Pariser Zeitschrift *Le Voltaire*, 1880 schließlich erschienen sie mit anderen literaturtheoretischen Arbeiten in Buchform; eine deutsche Übersetzung lag erst 1904 vor, nachdem eine von Leo Berg 1892 angekündigte Übertragung nicht zustande gekommen war.

Zolas Überlegungen beziehen sich in allen Details auf eine wissenschaftliche Autorität ersten Ranges: den Mediziner **Claude Bernard** (1813–1878). Bernard, einer der Begründer der modernen, experimentell fundierten Physiologie, hatte in seiner 1865 publizierten *Introduction à l'étude de la médicine expérimentale* Grundannahmen des Positivismus, darunter vor allem den Gedanken der prinzipiellen Gesetzmäßigkeit aller Phänomene, aufgenommen und auf die medizinische Forschung übertragen. Im Kern handelte es sich um eine **konsequent empirisch fundierte Wissenschaftslehre**, die auf zwei zentralen Operationen – der Beobachtung und dem kontrollierten Experiment – fußt und insbesondere dem Experiment eine zentrale epistemologische Funktion zuweist, insofern es die wissenschaftliche Verfahrensbasis und zugleich das leitende erkenntnistheoretische Prinzip der modernen empirischen Forschung darstellt. »Die

Beobachtung«, so Bernard, »ist [...] die Erforschung eines natürlichen Vorgangs, das Experiment die Erforschung eines durch den Untersucher abgeänderten Vorgangs« (zit. Mahal 1996, 64).

Zolas Aneignung der Bernardschen Wissenschaftslehre trägt freilich alle Züge einer Kompilation. Tatsächlich stellt der *roman expérimental* weniger einen selbständigen theoretischen Entwurf als vielmehr einen mit den Mitteln der Analogie hergestellten Kommentar dar; Zola selbst hat von »angleichender Arbeit« (Zola 1904, 7) gesprochen (vgl. Mahal 1996, 65; Albers 2002, 189 ff.) und im Rahmen der entsprechenden Substitutionen den Bernardschen ›Mediziner‹ durch den naturalistischen ›Romancier‹ ersetzt. »[W]enn die experimentelle Methode aus der Chemie und Physik in die Physiologie übertragen werden konnte«, so Zola, dann »kann sie es auch aus der Physiologie in den naturalistischen Roman. [...] Meist wird es mir genügen, das Wort ›Arzt‹ durch das Wort ›Romanschriftsteller‹ zu ersetzen, um meinen Gedanken klar wiederzugeben und ihm die Strenge einer wissenschaftlichen Wahrheit zu verleihen« (Zola 1904, 7 f.).

Die eigentliche Gelenkstelle zwischen Bernards Experimentalpsychologie und Zolas naturalistischer Romanpoetik ist die Unterscheidung zwischen Beobachter und Experimentator. Wissenschaftsgeschichtlich entspricht sie jener Verdopplung des wissenschaftlichen Subjekts, die die modernen Experimentalwissenschaften im 17. Jahrhundert eingeleitet hatten. Einerseits nämlich ist das beobachtende Subjekt lediglich eine Instanz, die die Phänomene und Vorgänge der Natur passiv registriert, andererseits verdankt sich dieses Beobachtungswissen einer Beobachtungssituation, die der Experimentator planmäßig und methodologisch erzeugt hat; nur diese methodische Erzeugung macht das Experiment auch prinzipiell wiederhol- und seine Ergebnisse kontrollierbar. Auch für Zola tritt der »Romanschriftsteller« daher in einen »Beobachter« – in einen »Photograph der Erscheinungen« (Zola 1904, 12), wie Zola mit Bernard sagt – und einen »Experimentator« auseinander:

> »Nun! Kommen wir jetzt auf den Roman zurück, sehen wir gleichfalls, daß der Romanschriftsteller aus einem Beobachter und einem Experimentator besteht. Der Beobachter in ihm gibt ihm die Tatsachen so, wie er sie beobachtet hat, setzt den Ausgangspunkt fest und stellt den festen Grund und Boden her, auf dem die Personen aufmarschieren und die Erscheinungen sich entwickeln können. Dann erscheint der Experimentator und bringt das Experiment zur Durchführung, d. h. er gibt den Personen ihre Bewegung in einer besonderen Handlung, um darin zu zeigen, daß die Aufeinanderfolge der Tatsachen dabei eine solche ist, wie sie der zur Untersuchung stehende Determinismus der Erscheinungen ist.« (Zola 1904, 14)

Die Einschätzung dieser Formulierungen ist in der Forschung alles andere als unumstritten. Versuche, das experimentelle Diskursmoment der naturalistischen Romanpoetik nicht als bloße metaphorische Äußerlichkeit zu entwerten, überzeugen dort, wo sie die produktionsästhetische Dimension des naturalistischen Schreibens in der Einheit von *description, observation* und *documentation* betonen (vgl. Albers 2002, 192 ff., 199 ff., 214 ff.; Gumbrecht 1978b, 39; Kolkenbrock-Netz 1981, 193 f.). Umgekehrt scheinen Versuche, Zolas Experimentalpoetik buchstäblich verstehen zu wollen (vgl. etwa Gamper 2005, 159 ff.), lediglich die Ausgangssemantik zu wiederholen, ohne den prekären logischen und verfahrensförmigen Status des Experimentalromans klären zu können.

Die Schwierigkeiten im Umgang mit dem Begriff sind vor allem darin begründet, dass sein positivistischer Legitimationsdiskurs nicht einfach mit seiner narrativen

Praxis identisch ist; von der Art seiner theoretischen Begründung aus gibt es keinen unmittelbaren Durchgriff auf die Struktur seiner narrativen Konstitution und seiner Schreibweise. Dies jedenfalls erklärt, warum Texte nicht überzeugend als ergebnisoffene Strukturen im Sinne einer experimentalliterarischen Versuchsanordnung verstanden werden können. Am plausibelsten ist es daher, das Konzept des Experimentalromans auf seine narrativen, und weniger auf seine kaum sinnvoll zu elaborierenden ›wissenschaftlichen‹ Implikationen hin zu lesen.

Wenn die Rede vom Experimentalroman daher einen kohärenten Sinn besitzen soll, dann besteht er darin, all die Vordergründigkeiten, die sich in den Analogien von Literatur und Experiment, von Autor und *observateur* herstellen, in Kategorien des Narrativen zurückzuverwandeln, d. h. als **Metaphern für narrative Fiktionsbildung** zu verstehen. Zolas eigene Formulierungen legen, durch den positivistischen Begründungsdiskurs hindurch, diese narratologische Lesart nahe, weil der Experimentalroman letztlich nur darauf zielt, einen fundierenden »Determinismus« (Zola 1904, 14) (auf der Ebene der *histoire*) durch eine spezifische »Geschichte« (ebd.) (auf der Ebene des *discours*) zu veranschaulichen. Das Prädikat des ›experimentellen‹ ist nur insofern gerechtfertigt, als sich gegenüber der fundierenden Determinationsebene variante Modalitäten der Fiktionsbildung, d. h. der Gestaltung des *discours* abzeichnen sollen. Eigentliches Zentrum des Experimentalromans ist eine Narration, die eine präkonstruierte ›Hypothese‹ über die determinierenden Energien des Sozialen ›verifiziert‹ und im Erzählprozess als deren Sinn entfaltet.

Die deutschen Naturalisten haben sich diesen Vorgaben gegenüber ausgesprochen zögerlich verhalten, auch wenn sie Zolas Thesen zum Experimentalroman schon in den 1880er Jahren rezipiert haben. Genauer gesagt: So zustimmend sie Zolas Romanwerk mehrheitlich zur Kenntnis nahmen (und damit wenigstens implizit die experimentalwissenschaftlichen Prämissen Zolas teilten), so gering war ihre Bereitschaft, den Experimentalroman theoretisch zu legitimieren. Ganz im Gegenteil ist der Begriff immer wieder als Kuriosum wahrgenommen worden; dies verbindet so unterschiedliche Beobachter wie die Brüder Hart, Eugen Wolff, Max Nordau oder Arno Holz, der den Experimentalroman 1891 schlechterdings für ein theoretisches »Unding« (Holz X, 59) hielt.

Eine dezidierte Bereitschaft, Zolas experimentalpoetologischen Vorstellungen zu folgen, lassen nur Wilhelm Bölsches *Naturwissenschaftliche Grundlagen der Poesie* von 1887 erkennen. Bezeichnenderweise sind Auszüge der Schrift, die Bölsche im März 1887 vor der literarischen Vereinigung »Durch!« vorgetragen hatte, überaus zwiespältig aufgenommen worden. Gegen Bölsche hatten die Mitglieder hervorgehoben, »dass die Poesie nicht in ihrem Zwecke mit der Wissenschaft zusammenfalle« (Bölsche 1976, 86), eine Äußerung, die erkennbar auf Bölsches Bekenntnis zum Zolaschen Experimentalroman gemünzt war. Bölsches Orientierung an Zola wird dort besonders deutlich, wo Bölsche das Verhältnis von Literatur und Naturwissenschaft kurzerhand der Zolaschen **Analogie von Dichter und Chemiker** nachbildet:

> »Der Dichter, der Menschen, deren Eigenschaften er sich möglichst genau ausmalt, durch die Macht der Umstände in alle möglichen Conflicte gerathen und unter Bethätigung jener Eigenschaften als Sieger oder Besiegte, umwandelnd oder umgewandelt, daraus hervorgehen oder darin untergehen läßt, ist in seiner Weise ein Experimentator, wie der Chemiker, der allerlei Stoffe mischt, in gewisse Temperaturgrade bringt und den Erfolg beobachtet. Natürlich: der Dichter hat Menschen vor sich, keine Chemikalien. Aber [...]

auch diese Menschen fallen in's Gebiet der Naturwissenschaften. Ihre Leidenschaften, ihr Reagiren gegen äußere Umstände, das ganze Spiel ihrer Gedanken folgen gewissen Gesetzen, die der Forscher ergründet und die der Dichter bei dem freien Experimente so gut zu beobachten hat, wie der Chemiker [...].« (Bölsche 1976, 7)

Bölsches Text ist zunächst unter rezeptionsgeschichtlichen Gesichtspunkten von Interesse. 1887 erschienen, konvergiert er mit den Tendenzen der deutschsprachigen Literaturkritik, die erst ab 1879/80 auf Zola aufmerksam wurde, nachdem Zolas zwischen 1864 und 1879 entstandenen literaturtheoretischen Überlegungen weitgehend unbekannt geblieben waren (s. Kap. II.2). Vor diesem Hintergrund erscheint Bölsches zustimmende Rezeption des »Experimental-Romans« (Bölsche 1976, 7) als durchaus eigenständig, wenn sie die Ausgangskonzeption auch in einen darwinistischen Kontext stellt, der Zolas theoretischem Gewährsmann Claude Bernard fremd war. Gerade aber durch die Verschiedenartigkeit der theoretischen Referenzen hindurch zeigt sich, dass der zwischen Claude Bernard, Zola und Bölsche verlaufende Rezeptionszusammenhang primär ein Feld für die Nachbildung und Weitergabe analogischer Übertragungsverhältnisse darstellt. Entsprechend ist Bölsches Rede vom Experiment lediglich ein Produkt von **semantischen Ähnlichkeitsbeziehungen**, in denen der »Dichter« und der »Chemiker« im *tertium* des Experiments formal dieselbe analogische Struktur ausbilden, wie »Menschen« und »Chemikalien« im *tertium* der »Reaktion«.

In der Konsequenz erweisen sich Bölsches *Naturwissenschaftlichen Grundlagen der Poesie* vollständig von Übertragungsmechanismen der Analogie her entwickelt. Das sechste und gewichtigste Kapitel der Schrift handelt unter dem Titel »Darwin in der Poesie« die Möglichkeiten ab, die sich in der metaphorischen Anverwandlung des »socialen Lebens« durch einen »Darwin'schen Gesichtspuncte« herstellen:

> »Unendlicher Stoff liegt auf diesen Gebieten. Sowohl das Aufstreben des Neuen wie das Absterben des Veralteten, die geheimnisvollen Processe, wie das Gesunde verdrängt wird durch ein Gesunderes, wie es zum Ungesunden herabsinkt durch haltlose Opposition gegen das bessere Neue – sie sind seit alten Tagen die Domäne der Poesie [...]. Das ganze sociale Leben mit all' seinen Klippen und Irrthümern, seinen Triumphen und Fortschritten fordert die Beleuchtung vom Darwin'schen Gesichtspuncte aus. [...] Körperliche Gesundheit als Vortheil im Daseinskampfe findet ihr Aequivalent in Geldmitteln, die Kraft der Sehnen wird gleichwerthig ersetzt durch die bessere Molecularconstruction des Gehirns [...]. [...] Im Lichte grosser, allgemeiner Gesetze kann die an und für sich nicht sehr poetische Chronik eines Krämerviertels, das ein grosses Magazin im modernsten Stile nach und nach vollkommen todt macht, von höchster dramatischer Wirkung werden, ein Motiv, das Zola in einem seiner besten Romane bereits mit Geschick durchgeführt hat.« (Bölsche 1976, 57f.)

Das Zitat macht deutlich, dass Bölsches Theorie des Experimentalromans eigentlich ein recht unorthodoxes Amalgam aus Zolaismus und Darwinismus darstellt. Im Kern beschreibt Bölsche ein **naturalistisches Erzählsystem**, in dem die darwinistische Figur des ›Kampfes ums Dasein‹ ein abstraktes Erzählschema bildet, das fortwährend ›experimentell‹ durch die Einzelromane dieses ›Systems‹ reproduziert wird. Das von Zola »bereits mit Geschick durchgeführte« »Motiv« (ebd., 58) – gemeint ist Zolas 1883 erschienener Roman *Au bonheur des dames* (*Das Paradies der Damen*), der vom unaufhaltsamen Aufstieg eines Pariser Warenhauses erzählt – stellt einzelne Konstitutionsregeln (»Aufstreben des Neuen«, »Absterben des Veralteten«) bereit, die den Erzählverlauf koordinieren, ohne dass bereits die konkrete erzählerische Vermittlung festgelegt wäre. Jeder Roman, der nach dem Muster Zolas zu schreiben ist, konturiert immer dasselbe ›Gesetz‹ der Moderne – den Daseinskampf –, und jeder dieser Romane ist als narrative Beglaubigung dieser hypothetischen Gesetzlichkeit zu verstehen; insofern ist naturalistisches Erzählen wiederholendes, analogisches Erzählen, in dem sich ein Grundmythos vom Sinn der Moderne immerfort in seinen strukturierten Einzelrealisierungen ausspricht. Wie suggestiv dieses Schema für die naturalistische Erzählpraxis gewesen ist, belegt Conrad Albertis 1888 erschienener Roman *Wer ist der Stärkere?*, der vom »Kampf des eindringenden besseren Neuen gegen das staubig gewordene Alte« (Alberti 1888b, II, 3 f.) handelt.

Damit markiert das naturalistische Erzählen eine wesentliche Differenz zum ›bürgerlichen‹ bzw. ›poetischen‹ Realismus. Wenn die realistischen Erzählordnungen darauf gerichtet waren, in den Vollzügen organischer Gemeinschaften, treuer Liebe und unermüdlicher Arbeit noch einmal jene verborgene Totalität hervortreten zu lassen, die die Moderne längst beschädigt hatte (vgl. Korte 1989), dann begegnet der Naturalismus dieser Moderne mit dem Versuch, in immer anderen narrativen Konfigurationen des Daseinskampfes das ›determinierende Gesetz‹ (Zola) ihrer Gegenwart zu veranschaulichen. Fast scheint es, als verberge sich in der Insistenz, mit der die Autoren des Naturalismus Bezug auf den ›Kampf ums Dasein‹ nehmen, die Hoffnung, in jeder weiteren Wiederholung des Erzählschemas eine Art erzählerischer Angstbewältigung ins Werk zu setzen, die die Traumatisierungspotentiale dieser Moderne abschwächt und erträglich macht.

3. »Die Kunst hat die Tendenz, wieder die Natur zu sein«: Das naturalistische Kunstgesetz

Als Arno Holz 1891 seine umfangreiche Schrift *Die Kunst. Ihr Wesen und ihre Gesetze* publizierte, war das Echo gespalten. Zwar hatte Holz seine Schrift und das in ihr formulierte Kunstgesetz (›Kunst = Natur – x‹) bereits auf den ersten Seiten mit der Aura »großer Erkenntnis« (Holz X, 3) umgeben, dennoch blieben seine Ausführungen in der Folgezeit weitgehend resonanzlos. Gerhart Hauptmann, der dem Begründer des ›konsequenten Naturalismus‹ noch 1889 verehrungsvoll entgegengetreten war, vermerkte schon im November 1890 über Holz' »neuestes Opus« in seinem *Notiz-Kalender*: »Es ennuyierte mich, ärgerte mich, belehrte mich aber nicht. Hauptsächlich interessant als Document humain des Individuums Holz« (Hauptmann 1982, 283). In den Anmerkungen des Widmungsexemplars, das Holz Hauptmann am 15. November 1890 überreicht hatte, heißt es: »Mit diesem Gesetze kann man ‹Schulmeister› Schuhmacher ausbilden« (ebd., 445).

Tatsächlich ist Holz' *Kunst*-Schrift, die als programmatisches Zentrum des ›konsequenten Naturalismus‹ gelten muss (s. Kap. IV.3; Kap. VII.5.3), eine weitgehend isolierte Position geblieben, auch wenn sie zunächst vielbeachtet wurde. Selbst (der in der Tendenz freilich auch eher theorieferne) Johannes Schlaf begegnete den Überlegungen seines Mitstreiters mit einer gewissen Reserve (vgl. sehr differenziert Kafitz 1992, 44 f.). Dennoch zählt Holz' *Kunst*-Schrift zu den kanonischen Texten des Naturalismus – und dies aus zwei Gründen: Zum einen stellt sie die entschiedenste

Ästhetik auf positivistischer Grundlage dar, die die deutsche Literatur des 19. Jahrhunderts kennt (eine Ausnahme bildet allenfalls die 1886 erschienene *Poetik* Wilhelm Scherers, freilich handelt es sich um die Schrift eines Literaturwissenschaftlers); zum anderen kann sie als eine erste **intermediale ›Theorie‹** gelesen werden, insofern als sie die Reproduktionsgenauigkeit der naturalistischen Mimesis in Abhängigkeit von den materialen Bedingungen der verwendeten Medien (wie Literatur, Malerei, Musik etc.) denkt, die ihr zugrunde liegen.

Auffällig an Holz' Schrift ist ihre eigentümliche Diskursivität. An keiner Stelle besitzt der Text die Kohärenz einer Theorie; vielmehr ist der ›Theoretiker‹ Holz, wie Dieter Kafitz zu Recht konstatiert hat, »ein Produkt seiner Interpreten, die viel Scharfsinn darauf verwandten, aus seinen kunsttheoretischen Reflexionen ein geschlossenes Gedankengebäude zu machen« (Kafitz 1992, 45). Im Kern handelt es sich bei Holz' Theorieentwurf um einer Mixtur aus autobiographischem Bericht und komprimiertem Bildungsroman – Holz selbst spricht davon, »einfach« zu »erzählen« (Holz X, 5) –, in dessen Mittelpunkt das Bildungssubjekt Holz steht. Holz beschreibt hier einen mit Anekdoten und Erinnerungen angereicherten Suchprozess, an dessen Ende ein generalisiertes, alle Einzel-Sachverhalte der Kunst übergreifendes Verfahrensgesetz steht. Positivistisch ist dieser Suchprozess, weil er nach dem Prinzip der Induktion verfährt, also von der Beobachtung eines Einzelfalls ausgeht, um von ihm aus auf eine allgemeine Gesetzmäßigkeit zu schließen. Als Exemplum wählt Holz das Gemälde eines »kleinen Jungen« (Holz X, 79), das einen Soldaten darstellen soll, faktisch aber seinen Gegenstand so verfehlt, dass Holz nur eine »Schmierage« (ebd., 80) bzw., um die Differenz zwischen Darstellungsabsicht und »Resultat« (ebd.) zu markieren, nur einen »S*u*ldaten« (ebd., 77) zu erkennen vermag.

Das auf den ersten Blick marginale Beispiel ist für Holz' Argumentation so überaus geeignet, weil der Positivismus auf der Grundlage der »**durchgängigen Gesetzmäßigkeit alles Geschehens**« (ebd., 63) – Gewährsmann hierfür ist John Stuart Mills positivistisches *System der deductiven und inductiven Logik* (dt. 1877) – an den empirischen Phänomenen keine prinzipiellen, sondern nur graduelle Unterschiede wahrnimmt. »Mein Wissen«, so Holz' Schlussfolgerung, »sagt mir, zwischen ihm [dem Soldaten, I. S.] und der Sixtinischen Madonna […] besteht kein Art-, sondern nur ein Gradunterschied« (ebd., 77). Auf diesem Weg gelangt Holz zu einer ersten Formalisierung seines Gesetzes; es lautet: »Schmierage = Soldat – x« (ebd., 80), wobei das »x« die Differenz markiert, die zwischen der Darstellungsabsicht und dem Resultat der Darstellung besteht. Die endgültige Fassung des Kunstgesetzes – »Kunst = Natur – x« (ebd.) – resultiert lediglich aus einer Generalisierung des gewählten Exemplums. »Die Kunst«, so Holz' Erläuterung, »hat die Tendenz, wieder die Natur zu sein. Sie wird sie nach Maßgabe ihrer jeweiligen Reproduktionsbedingungen und deren Handhabung« (ebd., 83).

So umstritten Holz' Kunstgesetz unter den Zeitgenossen war – in einem zweiten, umfänglichen Teil der *Kunst*-Schrift hat Holz die zahlreichen Einwände der zeitgenössischen Leser dokumentiert und sie minutiös zu widerlegen versucht –, so kontrovers, aber auch missverständlich ist seine literaturwissenschaftliche Deutungsgeschichte. Genau besehen, korreliert das ›Kunstgesetz‹ zwei sachlogisch verschiedene Gesichtspunkte. Nach der einen (nachahmungstheoretischen) Seite hin stellt es eine Radikalisierung des überlieferten Mimesisdenkens dar; mit ihr behauptet Holz ein Maß an mimetischer Realitätstreue, die das Reale als Grenzwert der ästhetischen

Darstellung tendenziell überschreitet, ohne jedoch je mit ihr identisch sein zu können. Nach der anderen (›medientheoretischen‹) Seite hin markiert es den unüberbrückbaren **Grenzwert zwischen ästhetischer Mimesis und Realität**, wobei dieser Grenzwert von den materialen Bedingungen der gewählten Darstellungsmedien und dem Maß ihrer technischen Beherrschung abhängt. »Das strittige x«, so hatte Holz gegen die Missverständnisse seiner Kritiker betont, »wird sich niemals auf Null reduzieren«, so dass »eine Nachbildung der Wirklichkeit *in allen Elementen*« undenkbar sei (Holz X, 130 f. bzw. 167).

Darüber hinaus sind vier Gesichtspunkte festzuhalten:

1. Der von Holz verwendete Natur-Begriff umfasst seiner positivistischen Herkunft gemäß neben der natürlichen Realität auch die **kulturelle bzw. gesellschaftliche** ›Natur‹ als das, was positiv bzw. empirisch gegeben ist (vgl. Möbius 1980, 47 ff.). Im Unterschied zu älteren Begriffstraditionen, aber auch in Differenz zum Naturbegriff der romantischen Naturphilosophie, die Natur und Geist üblicherweise zusammendenkt, markiert der positivistische Natur-Begriff die umfassende Realität des faktisch Gegebenen, gleich ob es sich um ›natürliche‹ oder ›gesellschaftliche‹ Natur handelt. Nur dies erklärt im Übrigen, warum Holz – ähnlich wie Zola (vgl. Zola 1904, 34 f.) – den Zusammenhang von natürlich-biologischer und soziokultureller Natur nach dem Muster des organischen Körpers als einen großen »Körper« (Holz X, 67) konstruiert. Nicht zuletzt geht Holz' Natur-Begriff nicht in der »empiristisch verstandenen äußeren Faktenwelt« (Strohschneider-Kohrs 1967, 53) auf. Vielmehr meint ›Natur‹ auch das »Vorstellungsbild«, das »irgendein Ding« (Holz X, 199) repräsentiert; dies gibt Holz' Überlegungen eine apperzeptionstheoretische bzw. transzendentalphilosophische Dimension, weil der naturalistischen Mimesis nicht eigentlich empirische Dinge, sondern immer nur deren (bewusste) Anschauungen bzw. Vorstellungsbilder zu Grunde liegen (tatsächlich referiert Holz in diesem Zusammenhang naheliegenderweise auf die Philosophie Kants; vgl. ebd.)

2. Üblicherweise wird im Zusammenhang mit Theorie und Praxis des ›konsequenten Naturalismus‹, vor allem aber mit Blick auf Holz' Kunstgesetz auf die **Medienkonkurrenz** verwiesen, die der Literatur aus den medien- und aufzeichnungstechnischen Innovationen der Zeit erwuchs (vgl. Bunzel 2007, 26 ff.; Fähnders 2010, 43 f.; Höhne 1990; Kittler 2003, 241; Schanze 1983; Siegel 2004, 233 ff.). Soweit die Literatur diese Entwicklungen als Zunahme von Legitimationszwängen begriff, setzten die Entwicklungen im Bereich der audio-visuellen Reproduktionstechniken freilich nur fort, was die modernen Naturwissenschaften seit der Mitte des 19. Jahrhunderts begonnen hatten. Tatsächlich muss sich auf den ersten Blick der Eindruck einstellen, Literatur und Kunst seien spätestens nach 1870 von zwei Seiten her – den positiven Wissenschaften wie den Entwicklungen im Feld der fono-fotografischen Techniken – in eine Legitimationskrise geraten.

Unterstützt wird diese Wahrnehmung durch den raschen Takt der technologischen Innovationen. Was die Fotografie anbelangt, so ist festzuhalten, dass es erst die 1888 entwickelte Kodak-Kamera war, die die älteren lithographischen Verfahren der 1830er und -40er Jahre (Joseph Nicéphore Niépce, Louis Daguerre) hinter sich ließ und in einer technisch ausgereiften Form allmählich auch den Alltag eroberte. Zwar war die 1889/89 von George Eastman eingeführte Kodak Nr. 1, die sich erstmals der neuartigen Rollfilmtechnik bediente, zunächst kein Erfolg (immerhin wurde sie von Émile Zola und August Strindberg verwendet), doch spätestens mit der 1901 eingeführten Brownie Nr. 2 war die Fotografie allgegenwärtig und kommerziell überaus erfolgreich.

Im Bereich der **akustischen Aufzeichnungstechniken** stellte der 1877 von Thomas Alva Edison eingeführte Phonograph einen entscheidenden Fortschritt dar. Er machte es erstmals möglich, Schallwellen mit mechanischen Mitteln aufzuzeichnen und zu reproduzieren. Edisons Technologie wurde 1887 von Emil Berliner optimiert. Berliner ersetzte Edisons zylinderförmigen Tonträger, der immer nur einzeln bespielt werden konnte, durch eine Schellackplatte, die – anders als Edisons Einmalzylinder – in großen Stückzahlen hergestellt und vertrieben werden konnte. Bestandteil von Berliners Patent von 1887 war zudem das erste Grammophon, das als Aufnahme- und Abspielgerät diente und als Vorläufer des modernen Plattenspielers zu gelten hat. Ab 1898 gelang es Berliners Bruder Joseph schließlich, Tonträger in Massenproduktion zu vertreiben. Im Ergebnis standen Ende der 1880er Jahre Medientechniken zur Verfügung, die den Bereich der Reproduktionstechnologien durchgreifend revolutionierten (zum Gesamtkomplex vgl. Newhall 1989; Hiebel/Hiebler/Kogler/Walitsch 1999; Faulstich 2006).

Gleichwohl haben diese medientechnischen Entwicklungen den Naturalismus nicht zwangsläufig in eine Konkurrenzsituation getrieben. Die offensivste Auseinandersetzung mit den neuen Reproduktionstechnologien hat er, wie gesehen (s. Kap. 1), auf einem Feld – der ästhetischen Diskursivierung der Fotografie – geführt, auf dem bereits der ›poetische‹ Realismus seine Ansprüche geltend gemacht hatte, und hier wie dort wurde das Problem mit Hilfe einer realidealistischen Nachahmungskonzeption gelöst, an der die Fotografie als bloß mechanisch-apparative Reproduktion gerade keinen Anteil hatte.

Holz' *Kunst*-Schrift ist von den medientechnischen Errungenschaften der 1880er Jahre entsprechend unberührt; jedenfalls fehlen Hinweise auf einzelne Medien- und Reproduktionstechniken im Text fast ganz. Eine medienhistorische Holz-Lektüre ist überhaupt nur plausibel, weil Holz' ›Kunstgesetz‹ das angestammte **Nachahmungsdenken intermedial reformuliert**: Der Reproduktionsgrad der ästhetischen Mimesis wird nicht mehr an einer ihr immanenten Reproduktionsgenauigkeit ausgerichtet, sondern an den materialen Bedingungen der verwendeten Medien wie Literatur, Malerei, Musik etc. Hatte sich die Nachahmungstheorie in der Tradition der aristotelischen Mimesis üblicherweise an den Gesetzen der Wahrscheinlichkeit oder an entelechischen Bildungsprinzipien orientiert, die ontologisch fundiert waren, so verändern die Reproduktionsbedingungen bei Holz ihre Qualität: Sie treten vollständig auf die einzelnen Reproduktions*arten* über, die unter dem Gesichtspunkt ihrer Verfahrenstechniken oder hinsichtlich ihrer unterschiedlichen Dimensionalität (Gemälde vs. Text) vergleichbar werden. Ein Beleg für diese medienontologische Neufassung der Mimesisdoktrin ist der Umstand, dass die in der Mimesistradition zumeist mitgedachte Hierarchie der Stoffe bei Holz vollständig aufgegeben ist; »daß der Naturalismus eine Methode ist, eine *Darstellungsart* und nicht etwa ›Stoffwahl‹« (Holz X, 271), hat Holz mehrfach betont. »Man revolutioniert eine Kunst [...] nur«, so Holz noch 1899 in seiner *Revolution der Lyrik*, »indem man ihre Mittel« bzw. ihre »Handhabung revolutioniert« (zit. NAT, 366).

3. Die Minimierung des ominösen ›x‹ zielt – legt man die Verfahrens*praxis* des ›konsequenten Naturalismus‹ selbst zugrunde – vor allem darauf, die im weitesten Sinne auktorialen Implikationen literarischer Darstellung zu tilgen. Verfahrenstechnisch handelt es sich bei Holz' und Schlafs konsequent-naturalistischen Prosaskizzen um den zu einem äußersten Punkt vorangetriebenen Versuch, auf alle Instanzen und Techniken

der diegetischen Vermittlung zu verzichten, also den Erzähler nach Möglichkeit auszuschalten, traditionelle Mechanismen der Dehnung und Raffung in ein phasenloses Erzählen zurückzunehmen (Lesezeit und die Zeit des Geschehens also zur Deckung zu bringen), oder einen radikalen figursprachlichen Erzählperspektivismus (personale Erzählsituation, erlebte Rede, innerer Monolog) zu realisieren, der es verhindert, dass das Erzählen *im* Erzählen thematisch werden könnte (s. Kap. VII.5.3.). Es sind diese im weitesten Sinne erzählerlosen Erzählverfahren, die in die emphatische Moderne nach 1900 und ihre experimentellen Texturen (vgl. Baßler 1994) weitergewirkt haben.

4. Für die **Diskursgeschichte der Ästhetik** im 19. Jahrhundert ist Holz' *Kunst-Schrift* überaus bedeutsam; dies verbindet sie – aller Niveauunterschiede ungeachtet – mit dem ästhetischen Denken Friedrich Nietzsches, das – als Physiologie des Ästhetischen (vgl. Pfotenhauer 1985) – ebenso wie Holz' positivistische Ästhetik nicht mehr mit den Mitteln des ästhetischen Diskurses in der Tradition Kants und vor allem Hegels erfassbar ist (vgl. Plumpe 1993). Von dieser Tradition unterscheidet sich Holz in zweifacher Hinsicht: Zum einen ist Holz' naturalistische Poetik ausdrücklich nicht mehr als Ästhetik im Sinne einer ›Philosophie des Schönen‹, sondern als »**Wissenschaft von der Kunst**« konzipiert (Holz X, 85), die an die Stelle älterer ästhetischer Konzepte wie »Intuition«, »Inspiration« (ebd., 5) oder »Genie« (ebd., 6) explizierbare Verfahrensgesetze setzt. Noch Holz' Kritik an Zolas berühmtem Satz: »Une œuvre d'art est un coin de la nature vu à travers un tempérament« (ebd., 43; »Ein Werk der Kunst ist ein Stück Natur, gesehen durch ein Temperament«) rührte ja von dem Verdacht her, Zolas »tempérament« halte am ›genialen‹ Subjekt-Begriff der ästhetischen Tradition fest.

Zum anderen zielt Holz auf eine veränderte Diskursposition der naturalistischen Ästhetik. War die philosophische Ästhetik in der Tradition Hegels die sinnliche, d. h. nicht-begriffliche Weise, in der sich die Wahrheit des absoluten Geistes zeigte, und war sie insofern Auslegung der Werke in der Perspektive ihrer Geistigkeit – »denkende Betrachtung«, wie Hegel sagte –, so besitzt Holz' Entwurf einen völlig veränderten Explikationsanspruch. Er zielt – nach der restlosen Kenntnis der kunstimmanenten Gesetzmäßigkeiten (vgl. Holz X, 71) und insofern nach dem Vorbild der positivistischen Leitwissenschaft, der Soziologie (ebd., 66) – auf eine vollständige **naturgesetzliche Selbsttransparenz des Sozialen**. In letzter Konsequenz ist Holz' Positivismus nicht nur Kenntnis der gesellschaftlichen ›Natur‹, sondern – wie in einer frühen Sozialtechnologie (vgl. Schöning 2006) – das Wissen um ihre Veränderbarkeit (s. Kap. III.2.2). Erst mit diesem Wissen über die Steuer- und Planbarkeit der Gesellschaft werde sich, so glaubte Holz, die positivistisch geläuterte Menschheit zur »Herrscherin ihrer selbst« ermächtigen:

> »Es ist das Wollen, durch die Erforschung derjenigen Gesetze, die die Zustände der menschlichen Gesellschaft regeln, nicht allein vollständig zu begreifen, durch welche Ursachen die selben jedesmal in allen ihren Einzelheiten zu denen wurden, zu denen die jedesmal tatsächlich geworden sind, sondern auch, und das ist das weitaus wichtigste, zu erkennen, zu welchen Veränderungen dieselben wieder hinstreben, welche Wirkungen jeder ihrer einzelnen Bestandteile voraussichtlich wieder hervorbringen wird, und durch welche Mittel etwa eine oder mehrere dieser Wirkungen, uns zur Wohlfahrt, verhindert, verändert, beschleunigt oder andere Wirkungen an deren Stelle gesetzt werden können. Mit anderen Worten, es ist ihr Wollen, die Menschheit, durch die Erforschung der Gesetzmäßigkeit der sie bildenden Elemente genau in dem selben Maße, in dem diese ihr gelingt, aus einer Sklavin ihrer selbst, zu einer Herrscherin ihrer selbst zu machen.« (Holz X, 66)

V. Lyrik

1. »Episch, lyrisch, dramatisch«: Die Ordnung der Gattungen

Im Verhältnis zur überlieferten Gattungssystematik besitzt der Naturalismus ein überaus traditionalistisches Erscheinungsbild. 1887 bemerkte der Literarhistoriker Eugen Wolff, der ein Jahr zuvor zu den maßgeblichen Proklamatoren der naturalistischen Moderne gehört hatte: »Zuerst war die neue Strömung nur zerstörende und neue Bahnen brechende Kritik, dann wurde sie zur Lyrik, jetzt befinden wir uns bereits im Stadium der Novellistik und schon offenbaren sich Ansätze zu Roman- und Dramendichtungen« (zit. Schutte 1976, 18).

Wolffs Beobachtung ist in zweierlei Hinsicht bemerkenswert. Zum einen erfasst sie den Entwicklungsprozess, den der Naturalismus genommen hat, sehr genau. Tatsächlich stehen die Anfänge des Naturalismus ab 1882 ganz im Zeichen der theoretischen und literaturkritischen Proklamation (H. und J. Hart: *Kritische Waffengänge*, 1882–1884), um 1885 den Schwerpunkt zunächst auf die Lyrik, dann, ab 1887, auf die Novellistik (Gerhart Hauptmann: *Fasching*, 1887; *Bahnwärter Thiel*, 1888) zu verlagern. Mit dem Doppeljahr 1888/89 entstehen in enger zeitlicher Nachbarschaft einerseits die großen Romanzyklen des Naturalismus (Conrad Alberti: *Der Kampf ums Dasein*, 1888–1895; Michael Georg Conrad: *Was die Isar rauscht*, 1889–1893), andererseits markiert die Uraufführung von Hauptmanns sozialem Drama *Vor Sonnenaufgang* (20. Oktober 1889) den Beginn der naturalistischen Dramatik.

Wolffs Beobachtung ist zum anderen aufschlussreich, weil sie die **Rückbindung des Naturalismus an das idealistische Gattungssystem** und das Fortwirken ihrer normativen Implikationen bezeugt. Bekanntlich ist das uns vertraute System der Gattungen – Epik, Lyrik und Dramatik – eine ›Erfindung‹ der idealistischen Ästhetik um 1800 gewesen. Ihre Grundkonzeption findet sich etwa bei August Wilhelm Schlegel, der 1801/02 in einem Entwurf der »Dichtarten« bestimmte: »Episch, lyrisch, dramatisch; These, Antithese, Synthese. [...] Das Epische, das rein Objektive im menschlichen Geiste. Das Lyrische, das rein Subjektive. Das Dramatische, die Durchdringung von beiden« (Schlegel II, 306).

Die voraussetzungsreiche geschichtsphilosophische und systematische Begründung dieses Gattungsschemas, das sich in ähnlicher Form auch bei Karl Wilhelm Ferdinand Solger, Friedrich Wilhelm Joseph von Schelling oder Georg Wilhelm Friedrich Hegel findet, kann an dieser Stelle unberücksichtigt bleiben (vgl. Plumpe 1993). Entscheidend ist die für das 19. Jahrhundert überaus folgenreiche Bestimmung des Lyrischen als das »rein Subjektive«. Vor allem die auf Hegels Ästhetik (1818, posth. 1835) folgenden Ästhetiken popularisieren die Auffassung, die Lyrik sei der **Sprachraum der Subjektivität**. Dass das »lyrische Gedicht«, wie eine *Aesthetik in Mitteilungen an eine deutsche Frau* 1872 behauptete, »der unmittelbare Ausdruck der Gefühle des Dichters selbst« ist (Söltl 1872, 47), markierte vor diesem Hintergrund einen unbefragten gattungstheoretischen Konsens. Noch 1884 betonte der realistische

Ästhetiker Moriz Carrière, dass die »Lyrik als die Poesie der Subjektivität [...] das innere Empfindungsleben unmittelbar aussprechen [kann]« (Carrière 1884, 393).

Der Zusammenhang muss an dieser Stelle Erwähnung finden, weil die naturalistische ›Lyrik-Revolte‹ – allem voran die 1885 erschienene und für die Frühphase des Naturalismus zentrale Gruppenanthologie *Moderne Dichter-Charaktere* – in dieser Hinsicht auf ein überaus konventionelles Lyrik-Bild traf. Es entsprach in seinen Ausdrucksidealen jener Konzeption von **Erlebnislyrik**, wie sie sich im letzten Drittel des 18. Jahrhunderts in Distanz zu den Traditionen der Gelegenheitsdichtung ausgebildet hatte. Sieht man jedenfalls von gewissen Einzelleistungen aus dem Umfeld des bürgerlichen Realismus ab (vgl. Fohrmann 1996, 445 ff.), musste den Naturalisten die Lyrik der 1870er und 1880er Jahre in Form und Gehalt als denkbar epigonal erscheinen. Nicht zuletzt war die zeitgenössische Lyrik an bestimmte Produktions- und Rezeptionsmuster gebunden, die den Naturalisten zuwider liefen. Im Kern ist der **zeitgenössische »Erwartungshorizont von Lyrik«** (Mahal 1974, 12) durch drei Struktureigentümlichkeiten gekennzeichnet:

1. So weit die naturalistische »Lyrik-Revolution« (Fritsche 1886) auf die Erschließung neuartiger (vor allem sozialer) Stoffbereiche gerichtet war, trafen die naturalistischen Autoren in den 1880er Jahren auf ein thematisch verengtes Feld. Spätestens mit dem Ende des Vormärz hatte sich die Lyrik auf einen sentimentalen Sprechton verengt, in dem **Natur und Liebe als primäre Stimmungswerte** Verwendung fanden (vgl. Fohrmann 1996, 418 ff.). Dies erklärt das eingeschränkte Gattungsspektrum vor 1870; neben Lied, Romanze und Ballade finden komplexere Genres wie Ode, Hymne und Elegie nur selten Verwendung. Sozialgeschichtlich entspricht dieser Sentimentalisierung der Lyrik eine dominante Bindung an das weibliche Lesepublikum (etwa 60% der zeittypischen Lyrik-Anthologien sind an Mädchen und Frauen adressiert). Lyrikrezeption ist im letzten Drittel des 19. Jahrhunderts deswegen primär eine weibliche Angelegenheit, weil Frauen im Einklang mit der Geschlechteranthropologie der Zeit auf die Sphären von Haus und Familie verwiesen waren und dadurch eine Ausgrenzung aus Modernisierungsprozessen hinnehmen mussten, an denen die Männer durch ihre berufliche Sozialisation, etwa in Verwaltung, Wirtschaft oder Politik, teilhatten (vgl. Häntzschel 2000, 57).

2. Der schon im frühen 19. Jahrhundert immer wieder vermerkte **Trivialisierungsprozess** der Lyrik beruht auf einschneidenden Veränderungen in der Druck- und Distributionstechnik von Literatur. Mit der Durchsetzung der Rotationspresse war ein bislang ungeahntes Reproduktions- und Kommerzialisierungsniveau erreicht, das nicht nur jedes Druckerzeugnis preisgünstig herzustellen und zu vertreiben gestattete, sondern auch eine Konkurrenz der lyrischen Dilettanten beförderte, die sich – gerade, weil sie von den wenigen ›hochkulturellen‹ Publikationen abgeschnitten waren – in eigenen Publikationsorganen (etwa *Die deutsche Dichterhalle*) sammelten. Dass die Gegenwart an einem »Chaos der übermäßigen Production« und einer »Unzahl lyrischer Dichter«, die den Markt mit »schlechten Erzeugnissen« (Schröer 1876, 577) überschwemmen, leide, gehört insofern zu den großen Wahrnehmungskonstanten des 19. Jahrhunderts, als Klagen dieser Art schon *vor* der Jahrhundertmitte artikuliert wurden, aber noch nach der Reichsgründung unvermindert aktuell waren. 1882 registrierten Heinrich und Julius Hart in ihrer Polemik gegen den Erfolgslyriker und *Gartenlaube*-Autor Albert Träger, dessen *Gedichte* soeben die 15. Auflage erlebt hatten, 80 neue Gedichtbände, 30 Neuauflagen, 20 Übersetzungen und zehn Lyrikanthologien – einen

»Fluthschwall lyrischer Dichtung«, der das »maßlose Ueberwuchern« der Lyrik durch »Mittelmäßigkeit und Dilettantismus« (KW, III, 1882, 52 f.) immer weiter beförderte.

3. Im Gegensatz zu den Gepflogenheiten der Literaturgeschichtsschreibung, die Gattungsgeschichte im Kern als Innovationsgeschichte rekonstruiert und damit in aller Regel auf einen überschaubaren Kanon an Autoren und Einzelwerken zugreift, haben jüngere sozialgeschichtliche Studien gezeigt, in welchem Maß die Lyrik des 19. Jahrhunderts auf Publikationsformen beruht, die dem Leitbild einzelner, hochkanonischer Autoren widersprechen. Lyrik ist nach 1870 in erster Linie in **Anthologien** gesammelt und an unterschiedliche Leserkreise mit diversen Funktionserwartungen distribuiert worden. Schätzungen zufolge sind zwischen 1871 und 1914 etwa vier- bis fünftausend Lyrikanthologien mit durchschnittlich etwa 200 aufgenommenen (und in aller Regel bereits veröffentlichten) Gedichttexten (vgl. Häntzschel 2000, 54) erschienen, wobei von den etwa 20.000 Autorinnen und Autoren, die sich bis zum Jahrhundertende an der Produktion anthologischer Lyrik beteiligen, heute lediglich noch etwa einhundert bekannt sind. Nicht zuletzt machen die sehr spezifischen Leseradressierungen – das Spektrum reicht von Schule und Haus über regionale und mundartliche Leserkreise bis zur vaterländischen Vereinslyrik – deutlich, dass die Lyrik des 19. Jahrhunderts in **konkrete Kommunikations- und Gebrauchszusammenhänge** eingelassen ist. Insbesondere das nach 1848 sich intensivierende Vereinsleben, in dem sich die politischen, patriotischen und konfessionellen Interessen des Bürgertums unterhalb der ›Nation‹ artikulierten, hat in großer Zahl auf lyrische Texte zugegriffen (dies erklärt im Übrigen die auffällige Reoralisierung literarischer Kommunikation; Lyrik ist hier primär Deklamation bzw. Gesang und besitzt insofern eine gemeinschaftsstiftende Funktion). Was den Zeitgenossen als Trivialisierung und Epigonalisierung einer ganzen Gattung erschien, muss mit Blick auf die soziale Realität literarischer Kommunikation daher vielmehr als Erweiterung ihrer sozialen Funktion verstanden werden (vgl. Lauer 2005; Stöckmann 2007). Darin ist Lyrik Teil einer kulturellen Vergesellschaftung (vgl. Tenbruck 1986), auch wenn dies in der Breite ihre ästhetische Qualität gemindert hat.

2. Probleme der Forschung

Das alles hat der Forschung bereits früh die Überzeugung vermittelt, das ausgehende 19. Jahrhundert sei – trotz der massenhaften Präsenz lyrischer Texte – eine Zeit ohne ›eigentliche‹ Lyrik (vgl. Martus/Scherer/Stockinger 2005; Sprengel 1998, 534 ff.). Im Falle der naturalistischen Lyrik ist zu diesem Wertungsschema die Neigung der Literaturwissenschaft hinzugetreten, ihrer eigenen Rekonstruktion kurzerhand eine **historische Urteilsbildung** zu Grunde zu legen. Dies betrifft vor allem die selbstkritische Haltung vieler Naturalisten ihren literarischen Anfängen gegenüber, die ihnen im Rückblick – wie das Beispiel Arno Holz belegt – vielfach misslungen erschienen. Schon 1898 bekannte Holz:

> »Daß wir Kuriosen der ›Modernen Dichtercharaktere‹ damals die Lyrik ›revolutioniert‹ zu haben glaubten, war ein Irrtum; und vielleicht nur deshalb verzeihlich, weil er so ungeheuer naiv war. [...] Die Verse selbst der Allerjüngsten bei uns unterscheiden sich in ihrer Struktur in nichts von den Versen, wie sie vor hundert Jahren schon Goethe gekonnt [...].« (Holz V, 64)

Auch Leo Berg urteilte zwei Jahre später, dass die naturalistische Lyrik – Bezugspunkt ist auch hier die Gruppenanthologie *Moderne Dichter-Charaktere*, mit der die Naturalisten im Mai 1885 den literarischen Markt betraten – »nur dem Inhalt, nicht der Form nach neu« (zit. JHW, 73) gewesen sei.

Im Ergebnis hat diese historische Selbstdistanzierung, die ja durchaus im Einklang mit epochengeschichtlichen Rahmenthesen zur ›Überwindung‹ (Hermann Bahr) des Naturalismus steht, dazu geführt, dass dessen lyrische Produktion aus dem literarischen Kanon verdrängt wurde (vgl. schon Schutte 1976, 1). Entsprechend besitzt der Naturalismus auch in aktuellen Überblicksdarstellungen keinen Anteil an der Geschichte der deutschen Lyrik; allenfalls als Beleg für den Stilpluralismus der Jahrhundertwende findet er eine Erwähnung (vgl. Schnell 2004, 473; Sorg 2004). Nicht zuletzt ist diese Verdrängung des Naturalismus ein Effekt historisch inadäquater Vergleichsmaßstäbe bzw. normativer Modernekonzepte. Sie stützen sich in aller Regel auf Hugo Friedrichs einflussreiche Studie *Die Struktur der modernen Lyrik* (zuerst 1956), die die symbolistische Lyrik eines Baudelaire, Rimbaud und Mallarmé zum Leitparadigma der Moderne erhob, so dass andere Tendenzen der lyrischen Moderne unweigerlich als defizient erscheinen mussten (vgl. Völker 1991, 203 f.).

Allerdings muss die **rezeptionsgeschichtliche Sonderstellung** der naturalistischen Lyrik auch aus der besonderen literaturgeschichtlichen Konstellation des Naturalismus selbst erklärt werden. Im Kern hat sie zwei Ursachen:

1. Da die wichtigsten Lyrikpublikationen des Naturalismus – neben der Anthologie *Moderne Dichter-Charaktere* ist vor allem an Arno Holz' *Buch der Zeit* zu denken – bereits 1885 bzw. 1886 erscheinen, fällt ihre Subsumierung unter eine »eigenständige Diskursformation« (Bunzel 2007, 7) ›Naturalismus‹ schwer. Nicht nur fehlen seinem historischen Erscheinungsbild zu diesem Zeitpunkt noch jene maßstabsetzenden Leistungen, die ihm insbesondere im Feld des Dramas nach 1889 eine wiedererkennbare Identität geben, auch die Selbstbeschreibung als ›naturalistisch‹ bzw. als ›Naturalismus‹ steht den Autoren 1885/86 noch nicht zur Verfügung. Stattdessen dominiert der aktualisierende Rückbezug auf den Sturm und Drang und das junge Deutschland; gängig sind 1885 und 1886 daher Selbstbezeichnungen wie ›(neue) Stürmer und Dränger‹, ›Jungdeutsche‹, bzw. ›junges‹ und ›jüngstes Deutschland‹ oder – in Anknüpfung an die realistischen Paradigmen in Deutschland und Frankreich – (›echte‹) ›Realisten‹ (s. Kap. I.3).

2. Soweit man die *Modernen Dichter-Charaktere* als paradigmatische Ausprägung der naturalistischen Lyrik ansehen will, wird man den vielfach unterstellten homogenen Charakter des frühen Naturalismus nicht aufrecht erhalten können. Wie die Forschung gezeigt hat (vgl. nur Mahal 1996, 187), entstammen die an der Anthologie beteiligten Autoren – es sind neben den heute noch bekannten Namen Arno Holz und Hermann Conradi insgesamt 22 – zum Teil sehr disparaten literarästhetischen und weltanschaulichen Kontexten. So finden sich neben den im engeren Sinne naturalistischen Autoren wie Arno Holz, Hermann Conradi, Karl Bleibtreu und den Brüdern Heinrich und Julius Hart der überaus erfolgreiche gründerzeitliche Dramatiker **Ernst von Wildenbruch** (1845–1909), der spätere Parteiführer der DNVP **Alfred Hugenberg** (1865–1951; wie auch andere Beiträger der Anthologie ursprünglich ein Anhänger der nationalen Burschenschaften), nicht zuletzt eine Reihe von Autoren, die dem engeren Berliner Kontext der Anthologie schon aus geographischen und gruppensoziologischen Gründen fern stehen, so etwa der Elsässer **Oskar Jerschke** (1861–1918), ein Jugendfreund von Holz,

der Prager **Friedrich Adler** (1857–1938) oder der Baltendeutsche **Maurice Reinhold von Stern** (1860–1938), der sich – ähnlich wie **Karl Henckell** (1864–1929) – zudem an der Sozialdemokratie orientierte (zu den Autoren vgl. Schutte 1976, 88 ff.). Überdies ist die programmatische und ästhetische Selbstpositionierung auch bei Autoren, die sich in der Folgezeit zum Naturalismus bekannten, in der Mitte der 1880er Jahre noch auffallend diffus. Arno Holz etwa hat dem lange verehrten **Emanuel Geibel** (1815–1884) – als Münchener Hofpoet eigentlich der Inbegriff eines klassizistischen Epigonen – noch 1884 ein Gedenkbuch gewidmet; ein Beleg dafür, dass die *Modernen Dichter-Charaktere* gleichermaßen von Neubeginn und Traditionsverhaftung geprägt waren. Und noch ein Gesichtspunkt muss berücksichtigt werden, will man das zeitgenössische Erscheinungsbild der naturalistischen Lyrik angemessen einschätzen: Neben den besonders ›sichtbaren‹ lyrischen Positionierungen in der Reichshauptstadt Berlin haben auch andere Autoren und regionale Autorenkreise Anteil an ihrer Etablierung auf dem literarischen Markt, darunter vor allem Autoren aus dem Umfeld des **Münchener Naturalismus** (Anthologie *Modernes Leben*, 1891) oder Einzelakteure wie **Richard Dehmel** (1864–1920; *Erlösungen*, 1891) und **Detlev von Liliencron** (1844–1909). Insbesondere Liliencron, der sich lokalen Gruppierungen gegenüber auffallend reserviert verhielt, ist mit seiner lyrischen Erstpublikation *Adjutantenritte und andere Gedichte* (1883), die in unkonventioneller Weise Verslyrik und Prosagedichte miteinander kombinierte, geradezu zu den ästhetischen Impulsgebern der naturalistischen Lyrik zu zählen (vgl. Karl Bleibtreus Einschätzung, Liliencron stelle einen »echten Realismus« dar; Bleibtreu 1973, 49). Nicht zuletzt verzerrt die Konzentration auf die *Modernen Dichter-Charaktere* die Vielfalt der zwischen 1885 und 1893/94 erschienenen naturalistischen Lyrik; ohne Anspruch auf Vollständigkeit sind wenigstens die entsprechenden lyrischen Publikationen von Hermann Conradi (*Lieder eines Sünders*, 1887), Adalbert von Hanstein (*Menschenlieder*, 1887), Karl Henckell (*Amselrufe*, 1888; *Diorama*, 1890), John Henry Mackay (*Sturm*, 1888; *Das starke Jahr*, 1890), Maurice Reinhold von Stern (*Proletarier-Lieder*, 1885; *Stimmen im Sturm*, 1888) und Bruno Wille (*Einsiedler und Genosse*, 1894) zu nennen (vgl. die chronologische Aufstellung bei Schutte 1976, 91).

3. Funktionen und Themen der naturalistischen Lyrik

In all dem besitzt die naturalistische Lyrik eine Art ›Voraussetzungssystem‹, das nicht nur deren spezifisches Erscheinungsbild erklärt, sondern das es auch nahelegt, die wertungskritischen Positionen der älteren Forschung zurückzustellen. Dass »Anspruch und Realisation allzuweit auseinander[klafften]«, wie Günther Mahal 1982 im Blick auf die naturalistische Lyrik betont hat (vgl. Schutte 1976, 29; Schutte 1988, 39), ist unstrittig, erhellt aber noch nicht die Bedingungen, die das ambivalente, zwischen Innovation und Traditionsverhaftung changierende Bild der naturalistischen Lyrik hervorgebracht hat (zumal zu ihrer Rekonstruktion bereits wertvolle Vorarbeiten bereitliegen; vgl. nur Mahal 1974; Schutte 1976).

Tatsächlich liegen die Innovationen der Naturalisten nicht primär im Bereich der lyrischen Formen, sondern in dem Versuch, Funktionsbestimmungen von Literatur für den eigenen Diskurs wiederzugewinnen, die unter anderen literaturgeschichtlichen Bedingungen bereits durchgespielt worden waren. Insbesondere der bis zur Identifikation reichende Rückbezug auf literarische Funktionsbestimmungen, Autorrollen und Sprechweisen des Sturm und Drang und des Jungen Deutschlands verdeutlichen, dass die naturalistische »Lyrik-Revolution« zu einem erheblichen Teil eine **Diskursaktualisierung** ist, in der Elemente einer ›kraftgenialischen‹ (Sturm und Drang) bzw. operativen (Junges Deutschland) Literaturprogrammatik auf die eigenen Zeitverhältnisse hin angewendet werden (vgl. Bunzel 2007, 38 ff.). Zumal die programmatischen Verlautbarungen, die die frühe Lyrik der Naturalisten begleiten, lassen erkennen, in welchem Maße die Ausrichtung an den aktuellen sozialen und politischen Problemlagen des Kaiserreichs mithilfe von agitatorischen Funktionskonzepten behauptet wird, die am Vormärz orientiert sind und darin an eine »verlorengegangene politische Literaturtradition« anschließen (Riha 1983, 362).

3.1 Kanonisierung

Gleichwohl besitzt die ›lyrische Revolution‹ einen durchaus ernstzunehmenden konzeptuellen Kern. ›Revolutionär‹ an ihr ist in erster Linie der aggressive bzw. polemische Gestus, mit dem die frühen Naturalisten das zeitgenössische literarische Feld betreten und es imaginär in einen Schauplatz von quasi-kriegerischen Auseinandersetzungen verwandeln. Naturalist zu sein bedeutet, einen nicht nur symbolischen **Kampf um den literarischen Kanon** zu führen, genauer: eine Dekanonisierung anerkannter gründerzeitlicher Autoren zu betreiben, um das solcherart ›entleerte‹ Feld mit den eigenen lyrischen ›Revolutionären‹ zu bestellen (s. Kap. V).

Tatsächlich verbirgt sich hinter der Gruppenanthologie *Moderne Dichter-Charaktere* ein rhetorischer und konzeptioneller Impuls, der für die Formierung der historischen Avantgardebewegungen nach 1909 nicht unterschätzt werden darf. Er transformiert das literarische Feld symbolisch in ›Freunde‹ und ›Feinde‹ und schafft in diesem polemischen Kanonisierungsstil Voraussetzungen für einen literarischen und kulturellen Neubeginn. Über die lyrischen und journalistischen Erfolgsautoren der Zeit wie Albert Träger (1830–1912), Paul Lindau (1839–1929) und Julius Wolff (1834–1910) vermerkt Hermann Conradi, neben Karl Henckell Verfasser einer der beiden Vorreden zur Anthologie, »daß die Herrschaft der blasierten Schwätzer, der Witzbolde und literarischen Spekulanten [...] ein für alle mal vernichtet und gebrochen« werden muss (MD, VI). In der aggressiven Tonlage folgen Conradi und Henckell damit den *Kritischen Waffengängen*, die bereits seit 1882 gegen die lyrischen »Afterdichter« (KW, I, 1882, 55) zu Felde zogen. Vor allem der Gartenlaube-Autor Träger bildet die Zielscheibe für eine Polemik, die die »literarische Mittelmäßigkeit«, den »Phrasenschwulst«, das »Reimgeklingel« und die »hohlen Affektationen« (ebd.) der zeitgenössischen Erfolgslyriker symbolisch geradezu auslöscht. Konzeptuell wird die gesamte Symptomatik im Begriff des »Dilettantismus« zusammengeführt, der sich »raupenartig fortgepflanzt« und daher bislang »oligarchisch geherrscht« (MD, V) habe. »Ja, liebes Publikum«, proklamiert Henckell, »die anerkanntesten und berühmtesten Dichter unserer Zeit, die vortrefflichsten und bedeutendsten Autoren, wie die kritischen Presswürmer sie zu bespeicheln pflegen, sind nichts weiter als lyrische Dilettanten!« (MD, VI).

Es ist entscheidend, Formulierungen dieser Art nicht nur als »Protest gegen einen sozialgeschichtlichen Prozeß« zu verstehen, »in dem Kunst zur massenhaft hergestellten

[...] Ware zu degenerieren droht« (Austermühl 2000, 352). In der Polemik der frühen Naturalisten verbirgt sich darüber hinaus ein tieferer Vorbehalt. Er betrifft insofern eine **kultursemiotische Dimension**, als er an den Gedichten Trägers und anderer nicht nur ihren epigonalen Charakter, ihre Neigung zur »Anempfindung« (KW, I, 1882, 58), bloßlegt, sondern ihre Massenhaftigkeit als buchstäbliche ›Zerstreuung‹ und ›Überwucherung‹ des literarischen Feldes begreift. Am »wimmelnden« »Dilettantismus« (MD, V) der lyrischen Produktion, die die »Redaktionen poetischer Blätter überfluthet« (KW, IV, 1882, 63), tritt eine haltlose Zirkulation der Zeichen hervor, die den literarischen Markt einebnet und zum Schauplatz von ›**wuchernden**‹ **Schrifteffekten** werden lässt. Darin richtet sich der frühe Naturalismus gegen eine produzierende Dimension der ›Schrift‹, deren Überfülle überall derselben Zeichenbewegung aus Akkumulation und Verschiebung, aus »Anhäufung« (KW, II, 1882, 49) und »Zerstreuung« (KW, IV, 1882, 61) folgt. Noch 1886 polemisiert Holz in seinem Vierzeiler »An Albert Träger«: »Du *überschwemmst* das ganze Land / als Mutterliedfabrikant / und bist, *soviel du auch geschrieben*, / immer ein kleines Kind geblieben« (Holz V, 139; m. Hervorhg.).

Nur aus dieser Abwehr bestimmter Segmente des literarischen Feldes ist der diskurstaktische Einsatz der naturalistischen Lyrik zu verstehen. Analog erweist sich auch Arno Holz' in unmittelbarer zeitlicher Nachbarschaft zu den *Modernen Dichter-Charakteren* publiziertes *Buch der Zeit* (1886) auf weiten Strecken als ein polemisches Unterfangen, das in seinen satirischen Ausfällen gegen zeitgenössische Autoren wie gegen die Autoritäten der Vergangenheit geradezu eine ›Arbeit am Kanon‹ betreibt (die dritte Gedichtgruppe im *Buch der Zeit* ist bezeichnenderweise »Literarische Liebenswürdigkeiten« betitelt). Unter dem Titel »Für Schnillern etcetra« heißt es:

> Immer noch laufen sie uns in die Quer,
> Faust, Hamlet, Hiob und Ahasver.
>
> Aber ich finde, nachgerade
> Wird die Gesellschaft ein wenig fade.
>
> Zu viel Schminke, zu viel Theater,
> zu viel Klimbim und zu viel Kater.
>
> Da lob ich mir Reuter und Wilhelm Busch,
> Für Schnillern etcetra ein andermal Tusch. (Holz V, 143)

Der Achtzeiler ist deswegen so symptomatisch, weil er einen gegenkanonischen Impuls zum Ausdruck bringt – Reuter und Busch statt Schiller und die großen Stoffe der Tradition – und diesen Gegenkanon zugleich sprachlich realisiert: Nicht nur ›leidet‹ der Text an der offensichtlichen Diskrepanz zwischen dem weitreichenden Anspruch und der Lakonik, mit der er ihn mitteilt, er markiert zudem durch eine scheinbar unbeholfene verstechnische Fügung (unreiner Reim »Quer« – »Ahasver«) und eine saloppe lexikalische Entstellung (»Schnillern« statt Schiller), dass sich dieser Gegenkanon gewissermaßen ›von unten‹ her einstellt und damit Schreibweisen ermöglicht, die der klassische Kanon bislang marginalisiert hatte.

Was bei Holz auf weiten Strecken in die lyrische Satire gekleidet ist (und damit die Grundlagen für seine monströse Literaturtravestie *Die Blechschmiede* von 1902 bildet), erweist sich im Falle der *Modernen Dichter-Charaktere* als ein systematisches Kanonisierungsinteresse. So ist die in der Forschung immer wieder vermerkte Orientierung der Autoren am Sturm und Drang in der Tat unübersehbar, wenn sie auch in der Hauptsache auf programmatischem Weg zum Ausdruck kommt. Nicht nur sind der Anthologie zwei Motti des Sturm und Drang-Dichters **Jakob Michael Reinhold Lenz** (1751–1792) vorangestellt, auch die dezidierte Selbsterhöhung als »Dichter-*Charaktere*« ist als emphatisches Bekenntnis zu einer Konzeption von Autorschaft zu verstehen, deren Implikationen – geniale Subjektivität und radikale Regelferne – von den Naturalisten lediglich beerbt werden. 1884 spricht Conradi in diesem Sinne von der »vulkanischen Dichternatur« und dem »großen erhabenen Dichtergeist« (MD, II), der die »neue Lyrik« (Henckell) der Naturalisten beflügelt. Wilhelm Arent, der Herausgeber der *Modernen Dichter-Charakter*, hatte 1884 in einer Auswahl von Lenz-Gedichten gar eigene Texte als Gedichte des bewunderten Vorbilds ausgegeben und noch ein Jahr später öffentlich zur Abfassung einer die »Eigenart« des Stürmers und Drängers »erschöpfend« (zit. Mahal 1974, 27) charakterisierenden Lebensdarstellung aufgerufen. Allerdings darf das Maß an Identifikation nicht darüber hinwegtäuschen, dass die Stileigentümlichkeiten des Sturm und Drang – die pathetisch-erhabene Tonlage und die gesuchten Irregularitäten in Prosodie und Rhythmik – nur selten von den Naturalisten realisiert worden sind.

Ähnlich identifikatorisch fallen die Annäherungen an den Vormärz und seine Leitfiguren **Ferdinand Freiligrath** (1810–1876), **Heinrich Heine** (1797–1856) und **Georg Herwegh** (1817–1875) aus. Insbesondere Holz' frühnaturalistische Lyrik ist dem großen Vorbild Heines verpflichtet. Dies dokumentiert nicht nur der Umstand, dass das *Buch der Zeit* in der Titelwahl Heines *Buch der Lieder* (1828) nachgebildet ist, sondern kommt auch in den wiederholten motivischen Anspielungen zum Ausdruck (vgl. »An unser Volk!«; Holz V, 35), so wenn Heine als »Schutzpatron« (Holz V, 118) reklamiert wird. Als ausdrückliche Wiederanknüpfung an den Vormärz-Diskurs und seine operativen Literaturkonzepte (vgl. Stein 1998) erscheint Holz' offensives Bekenntnis zu jenem »›garstig‹ Lied«, in dessen Namen die Goethezeit das politische Gedicht nachhaltig disqualifiziert hatte:

> Ein garstig Lied, pfui, ein politisch Lied!
> So schrieb einst der Geheimrat, Herr von Goethe,
> und wenn mein Grips nicht um die Ecke sieht,
> tanzt auch die Welt noch heut nach dieser Flöte.
>
> Ich aber denke, heilige Dressur!
> Und folgre daraus dieses Eine nur:
> Daß Prügel für gewisse Kreise
> auch heut noch eine Lieblingsspeise! (Holz V, 42)

Es gehört zur Unschärfe des naturalistischen Lyrikprogramms, dass es in der Orientierung an Sturm und Drang und Vormärz letztlich **zwei inkompatible literarische Traditionen zusammenführt**. Fraglos ist insbesondere der Rückbezug auf den Vormärz als Wiedergewinnung eines auf konkrete politisch-soziale Wirkung zielenden Lyrikprogramms zu werten, das nach den Erfahrungen der gescheiterten Revolution von 1848/49 noch immer uneingelöst war. Insofern rekonstruiert der frühe Naturalismus eine unvermindert aktuelle Literaturtradition, die aus den kanonischen literarischen Tendenzen um 1880 verdrängt und allenfalls in der punktuellen Beteiligung etwa Freiligraths an der lyrischen Feier der Reichsgründung von 1870/71 präsent war. Dennoch sind ihrer Reaktualisierung schon deswegen enge Grenzen gezogen, weil ihre operative Grundorientierung den autonomieästhetischen und subjektbasierten

Konzepten des Sturm und Drang widerspricht. Es mag sein, dass wenigstens Arno Holz, der als Beiträger der *Modernen Dichter-Charaktere* den kraftgenialischen Standpunkt der Anthologie noch mitgetragen hatte, diesen konzeptuellen Gegensatz mit seiner eigenen Lyrikpublikation von 1886 durchschaut hatte; jedenfalls lässt sich seine Orientierung an der politisch-sozialen Dichtung des Vormärz in diesem Sinne verstehen (vgl. Schutte 1988, 40), zumal auch andere Autoren der Anthologie wie Mackay (*Sturm*, 1888) und von Stern (*Stimmen und Sturm*, 1888) ab 1886 entsprechende Neuorientierungen erkennen lassen (vgl. Bullivant 1982, 185).

3.2 Subjektfunktionen: Erlebnis-Ich, »Führer«, »Priester«

Die Ausrichtung am Sturm und Drang hatte für die Naturalisten damit recht schnell ein Doppelgesicht gewonnen. Einerseits versprach sie eine Revitalisierung regel- und konventionsferner Ausdrucksweisen, die die epigonalen Gründerzeitautoren aus der Lyrik verbannt hatten; insbesondere die (freilich überschaubaren) Gedichte in freien Rhythmen bzw. in den als ›unkünstlerisch‹ verstandenen Knittelversen (vgl. Wagenknecht 1981, 46) dokumentieren dieses produktive Erbe des Sturm- und Drang. Andererseits führte sie zu einer Festschreibung von Autorschaftsmodellen und erlebnisbasierten Lyrikkonzepten, die – etwa im Stil von Goethes früher Sesenheimer Lyrik – den eigenen Anspruch, moderne Ausdrucksweisen für eine moderne Zeit zu finden, immer wieder durchkreuzte. In der Programmatik kommt dies vor allem in der Konturierung eines ›genialen‹ Autorsubjekts zum Ausdruck, das konzeptgeschichtlich nicht nur Teil der überlieferten »Kunstideologie« (Bogdal 1978, 38 ff.) ist, sondern auch aus überaus heterogenen ästhetischen Traditionen gespeist wird. So sollen die Dichter nach Conradis *Credo* wieder »Hüter und Heger, Führer und Tröster, Pfadfinder und Weggeleiter, Aerzte und Priester« werden (MD, III) – eine Formulierung, die lediglich disparate Autorschaftskonzepte aneinanderreiht, darunter den »allsehenden« *poeta vates* der Antike, den »Priester«, der in einer nach 1890 vielfach beliehenen Weise (Stefan George) zu einer sinnbedürftigen ›Gemeinde‹ spricht, oder den »Führer«, der sich – vom »Menschheitsführer« (LdN, 120) ist in einem Gedicht Karl Henckells ausdrücklich die Rede – als »Vorhut« vor dem »Haupttheer« des Publikums befindet (hier werden Expressionismus und Avantgarde anknüpfen).

Während das naturalistische Lyrikprogramm also an überlieferte Funktionsrollen anschließt, dokumentieren die Gedichte der *Modernen Dichter-Charaktere* eine tiefe Verankerung in **erlebnislyrischen Traditionen**. Für das eine oder andere Liebes- und Naturgedicht der Anthologie mag dies nicht weiter verwunderlich sein, zumal mit Bruno Willes erweckungsreligiösen Lyrikzyklen der 1890er Jahre (*Einsiedler und Genosse*, 1891; *Einsiedelkunst aus der Kiefernhaide*, 1897) immerhin sichtbar wurde, dass naturlyrische Traditionen auch für moderne Gehalte aufnahmefähig sind und geradezu gruppenideologische Dimensionen – hier des Friedrichshagener Kreises (s. Kap. I.4) – gewinnen können. Bezeichnend ist allerdings, dass erlebnislyrische Konventionen auch Texte prägen, die aufgrund ihrer neuartigen Thematik eigentlich entsprechend neuartige Schreibweisen und Rollenfunktionen erforderten. So bekundet **Hermann Conradis** »Licht den Lebendigen!«, ein frühes Beispiel für das soziale Engagement der Naturalisten, seine Parteinahme für den ›vierten Stand‹ bereits in den ersten Verszeilen (»Stets habe ich mich denen zugesellt, / Die, ausgestoßen, nur des Tempels Stufen / Und nie das Allerheiligste betreten« [MD, 88]), bricht die behauptete Solidarität aber durch die **traditionellen Diskursmuster**, mit denen Conradi seinen Gegenstand aufbereitet. Zunächst nämlich besitzt das leidende Proletariat keine Sprache und keine Artikulation. Sein Ausdruck beschränkt sich auf einen »wilden Ingrimm«, der die »Hand / Zur Faust« ballt, oder ein »brünstig Beten«, das aber ungehört bleibt. Gegenüber dieser ohnmächtigen Empörung setzt das Erlebnis-Ich seine sprachmächtigen »Lieder«, die die »Empörung« allererst hörbar machen. Darüber hinaus wird deutlich, dass das soziale Engagement, das sich im Text zunächst so alternativlos gibt – »Frommt dem Poeten denn – ich frag es dreist – / Ein *ander* Los?« – nicht eigentlich sachlich, etwa durch die Einsicht in die Deklassierung des Proletariats, begründet wird, sondern allein aus dem *Erlebnis* hergeleitet wird, das nur Gefühltes und Empfundenes mitteilt:

> Da tret ich hin und singe meine Lieder –
> Ja! Lieder, die ich nicht erkünstelt und erdacht,
> Die ich aus tiefstem Seelenschacht,
> Aus meiner *Herzens* Tiefe trug ans Licht –
> Und was ich gefühlt, das sing ich nicht! (ebd.)

Gerade weil Conradis Gedicht in seiner Ambivalenz kein Einzelfall ist, muss man lyrische Aussageweisen dieser Art als ein **Grundproblem der naturalistischen Lyrik** werten. Immer dort, wo sie an den überlieferten Rollenfunktionen der Erlebnislyrik festhält, läuft sie Gefahr, ihre soziale Thematik zu verfehlen. Auch **Karl Henckells** Gedicht »**An das Proletariat**« (LdN, 143 ff.) präsentiert ein überaus zeitgemäßes Sujet – die Arbeitermasse – in einer traditionellen lyrischen Erlebnisperspektive, der die entsprechenden metaphorischen Requisiten beigegeben sind:

> Riesig rollst Du mir zu Füßen –
> Laß vom Buchenwipfel grüßen
> Dich, du dröhnend Wogenheer!
> Schüchtern in dein Donnerklingen
> Wag ich hell mein Lied zu singen,
> Kleine Nachtigall am Meer. (ebd., 143)

Sieht man von der Metapher des »dröhnend Wogenheer« ab, das den zeitgenössischen Massediskurs aufruft, so hat man es mit einem Bildrepertoire zu tun, in dem die Modernität des Themas weitgehend verlorengeht. Anders als es das Sujet erwarten ließe, operiert der Text nicht mit einem Stadt-, sondern mit einem traditionsreichen Naturraum. Er verwandelt das Revolution und gewaltsamen Umsturz assoziierende »Donnerklingen« des Arbeiterheeres unterschwellig in einen Naturlaut und naturalisiert damit die sozialen Gegensätze der Zeit. Entsprechend trägt sich zwischen »Buchenwipfel« und »Meer« ein »dröhnender« Lautverkehr zu, der zwar bedrohlich klingt, letztlich aber zu einer gewissen Harmonie mit dem lyrischen Ich findet: Nicht nur wird das »Donnerklingen« solidarisch vom lyrischen Ich begrüßt, es bildet auch den Klangkontext für das »Lied«, das das lyrische Ich zu singen beginnt. Wie konventionell Henckells Text gestaltet ist, belegt zudem die gewählte Rollenmetapher – die »Nachtigall« (ebd., 143) –, die seit der Romantik den Inbegriff des lyrischen Singens bildet. Nicht zuletzt reflektiert der Text – ähnlich wie bei Conradi – den ›Anlass‹ seines Gesangs. Während Conradi eine erlebnislyrische Konstruktion zu Grunde legt, nutzt Henckells Text einen **Stimmungsbegriff**, der durch das aufgespannte Bildfeld –

Nachtigall und Wald – ohnehin naheliegt und im Text ausdrücklich genannt wird: die Chiffre der Sehnsucht als romantischer Ausdruck eines Mangels. Auch in Henckells Gedicht ›schlägt‹ das lyrische Ich zunächst »Sehnsuchtsvoll« und »schluchzend«, um dann aber »vom Dickkicht« aufzufliegen und das »Wogenheer« (ebd., 143) der Arbeiter mit seinem Gesang zu begleiten. Entsprechend schließt das Gedicht in der 16. Strophe mit einer Wiederaufnahme der ersten, die sie geringfügig variiert und die der solidarischen Verbindung von lyrischem Ich und Proletarier-›Heer‹ nun eine optimistische Perspektive gibt (»Laß ich hell mein Lied erklingen / Nachtigall am *Zukunfts*meer«, ebd., 146).

Insgesamt hat die naturalistische Lyrik nur selten eine Alternative zu diesem Verfahren gefunden, ihre neuartigen Sujets mit hergebrachten erlebnislyrischen Rollenfunktionen und Bildmaterialien zu überschreiben. Weiter reichende Innovationen gehen dagegen von der naturalistischen Großstadtlyrik aus, zumal sie wichtige Impulse für spätere Entwicklungen gegeben hat.

3.3 Die große Stadt

Dass die Naturalisten, wie Arno Holz 1898 behauptete, »heute in den Konversationslexicis als Begründer der sogenannten ›Großstadtlyrik‹ [stehen]« (Holz V, 62), ist keine Übertreibung. Während andere europäische Metropolen wie Paris bereits in der Mitte des 19. Jahrhunderts Grundlagen für eine Großstadtdichtung von beträchtlichem Format schaffen (Charles Baudelaire), ist es in Deutschland erst der Naturalismus, der die ›große Stadt‹ als Thema entdeckt. Allerdings darf die spezifische mentalitätsgeschichtliche Struktur dieser ›Entdeckung‹ nicht übersehen werden. Denn nicht nur ist die Urbanisierung in Deutschland nach 1870 so stürmisch vorangetrieben worden, dass der bis dahin landwirtschaftlich geprägte Lebensraum innerhalb kürzester Zeit durchgreifend verändert war, auch sind diejenigen, die – wie die naturalistische Generation – aus den ländlichen und kleinstädtischen Peripherien in die neue Reichshauptstadt Berlin übersiedelten, auf die mentale Bewältigung dieser Erfahrung kaum vorbereitet gewesen. Genaugenommen spaltet die Großstadt zwei Erfahrungsdimensionen voneinander ab, die sich nur noch schwer harmonisieren ließen. Während einerseits ein bislang ungeahnter industrieller und ökonomischer Aufschwung zu verzeichnen war, musste man andererseits erleben, wie die modernen Lebensverhältnisse die hergebrachten sozialen Traditionen zerstörten. In welchem Maße sich Reichtum und Elend, neuartige ökonomische Rationalität und entwurzelte Lebensverhältnisse zu unüberbrückbaren Gegensätzen verdichteten, ließ sich bis in die veränderte Topographie der Großstädte verfolgen; so vor allem in Berlin, wo die proletarischen Ostquartiere im Gefolge ausgedehnter Fabrikbauten eine gänzlich andere Physiognomie gewannen als der reich gewordene, in Teilen geradezu mondäne Westen der Stadt. »Ein Paradies, ein süßes Kanaan, – / Ein Höllenreich und Schatten bleich vermodernd« (LdN, 43), dichtete Julius Hart bereits 1882 über das moderne Berlin und gab damit dieser schizophrenen Erfahrung Ausdruck.

Aus diesem Grund ist die Wahrnehmung der Großstadt für die Naturalisten zutiefst ambivalent; was an ihr fasziniert und beglückt, ist zugleich angstbesetzt und traumatisch. Dennoch steht ihrem Schreckbild eine Vielzahl von programmatischen Versuchen entgegen, den neuartigen Erfahrungsraum literarisch zu erschließen. 1890 liefert Wilhelm Bölsche ein Bekenntnis zur »Poesie der Großstadt« (vgl. Bölsche 1890), das dem »großstädtischen Treiben« gar einen »poetischen Stimmungsgehalt« bzw. ein »echtes Stimmungselement« (zit. NAT, 253 bzw. 255) ablauschen will. Bölsches 1891 erschienener Roman *Die Mittagsgöttin* ist, zumindest in seinem ersten Teil, eine getreue Umsetzung dieses Programms, wie der gesamte soziale Roman des Naturalismus, wenn er auch primär den existenziellen Seiten des großstädtischen Lebens nachspürt (s. Kap. VII.2), generell nur großstädtische Schauplätze kennt (wo dennoch einmal ländliche Peripherien zur Sprache kommen, dienen sie lediglich der Intensivierung von Großstadterfahrungen). 1884 fasst Arno Holz die lyrische Entdeckung der Großstadt in die prägnante Formel: »Das goldne Wort: Auch dies ist Poesie!« (LdN, 59).

Der offensive Zug dieser Formulierungen darf freilich nicht darüber hinweg täuschen, dass die Großstadtlyrik des Naturalismus nicht durchgängig innovativ ausfällt. Auch in diesem lyrischen Genre besitzt der Naturalismus ein Doppelgesicht, wenngleich die gelungenen Großstadtgedichte ein Maß an Avanciertheit besitzen, das nur noch vom naturalistischen Drama erreicht worden ist.

Als ein prägnantes Beispiel für die eher tastenden Innovationen im Bereich der Großstadtlyrik erweist sich **Arno Holz'** aus 25 Strophen bestehendes Langgedicht »**Frühling**« (der Text datiert ursprünglich auf das Frühjahr 1884, ist aber von Holz unter dem Titel »Berliner Frühling« nochmals in das *Buch der Zeit* aufgenommen worden). Ohne Umschweife gibt sich der Text in der ersten Strophe als **Parodie**, d. h. als Bearbeitung einer ganzen lyrischen Tradition, zu erkennen, die er aufnimmt und – wie in einem Palimpsest (von gr. *palim*: wieder und *psestos*: abgeschabt) – überschreibt; so heißt es: »Und unter deine *altbekannten Noten* / Schreibt sie begeistert einen *neuen Text*« (LdN, 57; m. Hervorhg.). Entsprechend deklariert sich das lyrische Ich in der zweiten Strophe explizit als »Epigone«. Allerdings ist diese Epigonalität in erster Linie als Hinweis auf Textverfahren zu verstehen, die das *Buch der Zeit* insofern aus der Masse der naturalistischen Lyrik herausheben, als es in seinen komplexen intertextuellen Vernetzungen, Traditionszitaten und motivischen Kontrafakturen begriffen werden muss (zu diesem Epigonalitätsverständnis vgl. Kammann 1994):

> Wohl haben sie dich alle schon besungen
> Und singen dich noch immer an, o Lenz,
> Doch da dein Zauber nun auch mich bezwungen,
> Meld ich mich auch zur großen Konkurrenz. (LdN, 57)

Das Gedicht ruft dadurch eine ganze lyrische Tradition auf, dass es intertextuelle Versatzstücke romantischer Stimmungs- und Naturlyrik zitiert – darunter den obligatorischen »Veilchenduft« und die berühmte »blaue Blume« –, um sie als unzeitgemäß zu deklarieren. Entsprechend ist die blaue Blume »längst verblüht« (bzw. wird, wie es ein Gedicht Karl Henckells vorführt, als bloße Illusion, als »romantisches Gewächse«, entlarvt: »Die blaue Blume ist Duft und Schein, / zur Träumerqual erkoren«; LdN, 122). Diesem satirischen Gestus steht freilich eine konventionelle erlebnislyrische Perspektive gegenüber, die die zitierte naturlyrische Tradition lediglich an das neuartige Stadtmilieu anpasst. Genau besehen, transponiert der Text die traditionellen naturlyrischen Stimmungswerte in das großstädtische Milieu, um unter den vordergründig lebensfeindlichen Erfahrungen der Großstadt dennoch dieselben atmosphärischen und sentimentalen Affektwerte – vor Rührung weinende Menschen und ›rinnende‹ Seelenschauer – auszumachen:

> Denn nicht am Waldrand bin ich aufgewachsen
> Und kein Naturkind gab mir das Geleit.
> Ich seh die Welt sich drehn um ihre Achsen
> Als Kind der Großstadt und der neuen Zeit.
> [...]
>
> O wie so anders, als die Herren singen,
> Stellt sich der Lenz hier in der Großstadt ein!
> [...]
>
> Und »Frühling! Frühling« schallt's aus allen Kehlen,
> Der Bettler hört's und weint des Nachts am Quai;
> Ein süßer Schauer rinnt durch alle Seelen
> Und durch die Straßen der geschmolzne Schnee. (LdN, 58 f.)

Überraschend in dieser lyrischen Traditionsaneignung ist allenfalls die Schlusspointe des Gedichts. Sie macht deutlich, dass es nicht ein lyrisches Subjekt ist, das ein Erlebnis literarisch gestaltet, sondern dass es die Stimmungsintensität des Erlebnisses, seine Farbmagie, selbst ist, die das textinterne Ich zum lyrischen Dichter werden lässt, so dass Erlebnis und lyrischer Schreibakt konvergieren:

> Und jetzt, wo schon der Abend seine Lichter
> Rotgolden über alle Dächer strahlt,
> Krönst du mich lächelnd nun zu deinem Dichter
> Und hast mir rhythmisch das Papier bemalt. (ebd., 62)

Ein ähnlich traditionsverhaftetes Großstadtbild prägt **Julius Harts** »Berlin«-Gedicht aus der Gedichtsammlung *Homo sum* (1890). Auffällig ist zunächst, dass es weniger eine lyrische als eine **narrative Textstruktur** besitzt, d. h. durch seine acht Strophen hindurch aufeinanderfolgende Ereignisphasen erkennen lässt, die nach dem Muster ›Bedrohung‹ – ›Distanzierung‹ – ›sieghafter Kampf‹ angeordnet sind. So folgt auf eine erste Phase der Überwältigung des lyrischen Ichs durch den »Riesenleib« der »Weltstadt« (Strophen 1–5; LdN, 44) eine Distanzierung der Gefahren – »hier will ich ihrer lachen« (ebd., 45) – durch einen »Geist«, der sich über die »Flut« der Stadt erhebt (Strophe 6; LdN, 46) und schließlich singend und optimistisch aus ihr hervorgeht (Strophen 7 und 8). Kennzeichnend ist zudem die Neigung, die Stadt- und Industrieräume metaphorisch zu naturalisieren, d. h. in vertraute naturale Bilder zu fassen, die dem modernen Lebensraum seinen Schrecken nehmen sollen: Während die »endlose« räumliche Expansion und die gefahrvolle Dynamik der Stadt als »grauer Ozean« und »Riesenleib« semantisiert werden, erscheinen das lyrische Ich und sein Gesang im Bild eines »Sperbers«, der sich allmählich über die »steinigen Massen« (LdN, 44) der Stadt erhebt:

> Endlos ausbreitest du, dem grauen Ozean gleich
> Den Riesenleib; in dunkler Ferne stoßen
> Die Zinnen deiner Mauern in Gewölk, und bleich
> Und schattenhaft verschwimmen in der großen
> Und letzten Weite deine steinigen Massen.
> Weltstadt, zu Füßen mir, dich grüßt mein Geist
> Zehntausend Mal; und wie ein Sperber kreist
> Mein Lied wirr über dich hin, berauscht vom Rauch
> Und Atem deines Mundes: Sei gegrüßt du, sei gegrüßt. (ebd., 44)

Nicht weniger kennzeichnend als diese narrative Grundstruktur ist das Bildmaterial, das am ehesten der Gattung des **poetologischen Gedichts** zugehört. Im Kern nämlich operiert der Text – sieht man von der Revolutionsmetaphorik ab (»Feuer dein weitfließendes Gewand«; ebd., 44), die auch Eugen Wolff schon 1888 verwendet hatte (s. Kap. I.3) – mit einer konventionellen Inspirationsmythologie. So ist der »Geist«, der sich in der 6. Strophe »mächtig« und »gewaltig« aus der »Stadt lichtglühenden Mauern« erhebt, nicht nur der »Menschengeist« selbst, sondern jener immaterielle (An-)Hauch – der »Odem« (LdN, 46) –, der nach traditioneller Vorstellung den Dichter zu seinem »Lied« inspiriert:

> Aus deinen düstren Mauern, Weltstadt, reckt
> Ein Geist sich mächtig auf und streckt
> Die Hand gewaltig aus und deiner Flut
> Gesang stürmt mir ins Ohr ein besser Lied.
>
> Dich fühl ich, Menschengeist, dein Schatten steht
> Gewaltig über der Stadt lichtglühenden Mauern,
> Ich fühl es, wie dein Odem mich umweht
> Und mich durchrinnt gleich heiligen Lebensschauern... (ebd., 46)

Auch Harts Gedicht ist damit als Versuch zu verstehen, eine bedrängende Moderneerfahrung lyrisch zu beschwichtigen; mehr noch: Es versetzt die Großstadt in den Rang einer ungebrochenen ästhetischen Inspirationsquelle.

Allerdings besitzt die naturalistische Lyrik punktuell auch bemerkenswert moderne Züge. Deutlich wird dies in **Julius Harts** 1882 entstandenem Gedicht »**Auf der Fahrt nach Berlin**«. Zwar lassen die acht Strophen ebenfalls ein narratives Schema erkennen – der Text folgt der Zugfahrt seines ›Protagonisten‹ aus einer ländlichen Idylle in das von »Millionen Feuerbränden« (LdN, 43) erleuchtete Berlin –, anders aber als in Harts späterem »Berlin«-Gedicht lässt der Text die Momente der Angst und der Bedrohung ausdrücklich zu. Im Kern beschwört er eine transitorische Bewegung, die er dreifach semantisiert. Zum einen inszeniert er einen räumlichen Übergang von der idyllischen, sich »weit« erstreckenden »Heide« (ebd., 42) in das klaustrophobische Reaktionen (»Engbrüst'ge Häuser, Fenster schmal und klein«, ebd., 43) freisetzende Leben der Großstadt; zum anderen entfaltet er diesen Übergang als Moment einer lebensgeschichtlichen Reifung von den »rasch entschwundnen Jugendtagen« (ebd., 42) zur existenziellen Situation desjenigen, der sich im städtischen Daseinskampf zu bewähren hat (»niemand wird dich schonen«, ebd., 44); drittens schließlich markiert die Zugfahrt den **Übergang zwischen Tradition und Moderne**: Während zu Beginn noch »ein Schäfer in des Sonnenbrands / Braunglühendem Reich verträumt« durch die Heide »zieht« (ebd., 42), treten dieser vorindustriellen Lebenswelt abrupt die Zeichen der industriellen Moderne – die »engen Eisenwagen« (ebd.) des Zuges und der »Qualm« (ebd., 43) der Fabrikschlote – entgegen.

Harts Gedicht hebt diese Opposition hervor, weil an ihr die Momente der Entwurzelung und Verunsicherung abgelesen werden sollen, die die Moderne dem Subjekt bereitet. Die Stärke des Textes besteht darin, lyrische Muster für die mentale Realität einer Moderneerfahrung zu finden, die – trotz der positiven Hoffnung, die in die Stadt gesetzt werden – nur als traumatische Bedrohung erlebt wird. Entsprechend endet der Text in einem Vitalismus, in dem »Tod und Lebenslust« (ebd., 44), Furcht und Hoffnung immer zugleich präsent sind. Leben in der »Weltstadt« bedeutet, sich

Anonymisierungstendenzen ausgesetzt zu sehen, in denen der Einzelne, wie in einer fortschreitenden Auflösung seiner Ich-Konturen, als kaum mehr wahrnehmbare »Spur« (ebd.) zu versinken droht:

> Berlin! Berlin! Die Menge drängt und wallt,
> Wirst Du versinken hier in dunklen Massen...
> Und über dich hinschreitend stumm und kalt,
> Wird niemand deine schwache Hand erfassen?
> Du suchst – du suchst die Welt in dieser Flut,
> Suchst glühende Rosen, grüne Lorbeerkronen.... [...]
>
> Schau dort hinaus! Es flammt die Luft und glüht.
> Horch Geigenton zu Tanz und üpp'gem Reigen!
> Schau dort hinaus, der fahle Nebel sprüht,
> Aus dem Gerippe nackt herniedersteigen...
> Zusammen liegt hier Tod und Lebenslust,
> Und Licht und Nebel in den langen Gassen – – –
> Nun zeuch hinab, so stolz und selbstbewußt,
> Welch Spur willst Du in diesen Fluten lassen? (ebd., 43 f.)

Als ungleich avancierter erscheint noch **Karl Henckells** »**Berliner Abendbild**«, ebenfalls 1885 in den *Modernen Dichter-Charakteren* publiziert. Zwar dominiert auch bei Henckell eine erlebnislyrische Perspektive, sie tritt in der Mitte des strophenlosen Textes aber zugunsten einer tendenziell ›experimentellen‹ Schreibweise zurück. Seine programmatische Modernität leitet der Text in erster Linie durch seinen Gegenstand her. Im Mittelpunkt steht das abendliche Berlin, das von der modernen Gasbeleuchtung künstlich erhellt ist und das der Text daher in seinen exotischen bzw. »arabischen« Stimmungswerten ausbreitet:

> Wagen rollen in langen Reih'n,
> Magisch leuchtet der blaue Schein.
> Bannt mich arabische Zaubernacht?
> Tageshelle in dunkler Nacht! [...]
> Langsam schlendr' ich im Schwarm allein –
> Magisch leuchtet der blaue Schein. (MD, 278 f.)

Wie der Fortgang des Gedichts zeigt, geht es Henckell allerdings nicht um die Versammlung von Impressionen, die die Stadt in eine exotische Kulisse von geradezu magischer Ausstrahlung verwandeln würden. Vielmehr ist die ebenso künstliche wie aufreizende ›Belichtung‹ gewählt, um die Anonymität, vor allem aber die verwirrende simultane Dynamik des städtischen Lebens hervortreten zu lassen. Neben das Moment der Isolation, die der Text in der anaphorischen Reihung aneinander vorbeihuschender »Gestalten« (ebd., 279) versinnbildlicht, tritt der Versuch, durch eine Reihe unverbundener Sprechereignisse eine Art **Polyphonie des Stadtraums** zu erzeugen. Interessanterweise unterliegt diese Lautpolyphonie dadurch einer gewissen Intensivierung, dass die notierten Sprechereignisse zunächst noch als Äußerungen einzelner Passanten markiert, dann aber anonym aufgezeichnet werden, so dass sich die Redeakte tendenziell verselbständigen:

> Hastig huschen Gestalten vorbei,
> Keine fragt, wer die and're sei,
> Keine fragt dich nach Lust und Schmerz,
> Keine horcht auf der andern Herz.
> Keine sorgt, ob du krank und schwach,
> Jede rennt dem Glücke nach,
> Jede stürzt ohne Rast und Ruh
> Der hinrollenden Dirne zu. […]
> Rechnend drängt sich der Kaufmann hin.
> Rechnet des Tages Verlust und Gewinn.
> Werkmann bebt vor des Winters Noth:
> ›Fänd' ich, ach fänd' ich mein täglich Brod!
> Hungernd wartet die Kinderschaar,
> 's ist ein böses, ein böses Jahr.‹
> Bruder Studio zum Freunde spricht:
> ›Warte, das Mädel entkommt uns nicht!
> Siehst du, sie guckt; brillant, famos!
> Walter, nun sieh' doch – die Taille bloß!‹
> Steht der Gardist in Positur,
> Weil der Hauptmann vorüber fuhr,
> Ließ seine Donna im Stich – allein:
> ›Ja, liebste Rosa, Respekt muß sein.‹
> ›Blumen, Blumen, o kauft ein Bouquet,
> Rosen und Veilchen, duftend und nett!
> Bitte mein Herr, ach so sei'n Sie so gut!‹
> ›Scheer dich zum Teufel, du Gassenbrut!
> Retzow, auf Ehre, wahrer Skandal.‹
> ›Unter Kam'raden ganz egal.‹
> ›Sehen Sie, bitte! Grandiose Figur,
> Wirklich charmant, merveilleuse Frisur.‹
> ›Echt garantirt? Doch das macht nichts aus.
> Hm! Begleiten wir sie zu Haus!‹
> ›Neuestes Extrablatt! Schwurgericht!‹ (ebd.)

Bemerkenswert sind solche ›polyphonen‹ Passagen aus zwei Gründen. Zum einen nehmen sie Aspekte einer literarischen Geräuschwelt vorweg (vgl. Henkel 1996), wie sie um und nach 1890 in den naturalistischen Romanen Michael Georg Conrads und John Henry Mackays nachweisbar sind (s. Kap. VII.3.3.2; VII.4.4.2). Zum anderen verweisen sie bereits ansatzweise auf jene **Ästhetik der Dispersion**, die Walter Benjamin an der Lyrik Charles Baudelaires hervorgehoben hatte und die nach 1910 vor allem in der expressionistischen und neusachlichen Großstadtwahrnehmung – man denke nur an Alfred Döblins Roman *Berlin Alexanderplatz* von 1929 – wichtig werden wird. Wie ungewöhnlich diese polyphonen Passagen Henckell möglicherweise selbst erschienen sind, belegt die Bemühung, ihre sinnverwirrenden Effekte allegorisch zurückzunehmen. So schließt Henckells »Berliner Abendbild« mit einer Deutung des großstädtischen Treibens als einem »Jahrmarkt«, der bei aller Buntheit nirgends den Selbstverlust spüren lässt, mit dem Harts »Berlin«-Gedicht geschlossen hatte: »Jahrmarkt des Lebens, so groß – so klein! / Magisch leuchtet der blaue Schein« (MD, 280).

3.4 »Soziale Lyrik«

Solche eher tastenden Innovationen sind dazu geeignet, die überaus kritischen Einschätzungen zu bestätigen, zu denen die Forschung im Blick auf die Leistungsfähigkeit naturalistischer Gedichte gelangt ist; zu übermächtig sind ihre Traditionsbindungen und, was offenkundig schwerer wiegt, zu gering die subversiven Potentiale der Texte. Allerdings sind die Prämissen dieses Urteils auf ihre historische Angemessenheit zu prüfen. Vor allem die ideologiekritische Naturalismus-Forschung der 1960er und 70er Jahre hat wohl zu selbstverständlich die eigenen literaturtheoretischen Überzeugungen in einen Erwartungshorizont verwandelt, vor dessen Hintergrund die Lyrik des Naturalismus als defizient und halbherzig erscheinen musste.

Mit einiger Prägnanz lässt sich diese **Disproportion zwischen einem historischen Lyrikkonzept und seinem späteren literaturwissenschaftlichen Erwartungsschema** am Begriff der ›sozialen Lyrik‹ beobachten. Blickt man auf die Kontur, die er 1890 durch Julius Hart erhält, so fällt auf, dass er von einem festen parteilichen Standpunkt ebenso frei ist wie von einer Haltung, die sich zur Stellvertretung des ›Proletariats‹ oder der Arbeiterschaft erklärte. ›Sozial‹ ist an der sozialen Lyrik vielmehr eine Perspektive, die ihre Stoffe und Gegenstände in ihrer sozioökonomischen Bedingtheit zeigt und insofern auf determinierende soziale Strukturen hin transparent macht. Als Produkt dieser Bedingungsverhältnisse soll in der Hauptsache das Individuum sichtbar gemacht werden, dem ein »eigengesetzliches Denken und Handeln« (Helmes 2000, 108) in aller Regel verweigert wird. Damit ist eine veränderte Form seiner sozialen Kontextualisierung gemeint: Individuen treten nicht mehr unmittelbar zu Individuen in ein Verhältnis, sondern agieren in ihrem **Klassencharakter**, d. h. in der Vermitteltheit der sie typischerweise prägenden ökonomischen und sozialen Bedingungen. Im Ergebnis stoßen nur mehr Klassen auf Klassen, d. h. unterschiedliche sozioökonomische Segmente aufeinander, die durch Individuen repräsentiert werden. Wie ernst diese perspektivische Dimension der sozialen Lyrik zu nehmen ist, belegt der Umstand, dass Hart keine inhaltliche Vorentscheidung fällt, sondern prinzipiell jeden Stoff als sozialen kenntlich machen will. In der Konsequenz ist diese Konzeption noch dazu geeignet, überlieferte Genretraditionen – etwa das Natur- oder das Liebesgedicht – aufzunehmen, die der ›sozialen Lyrik‹ auf den ersten Blick fern stehen:

> »Unsere Zeit mit ihrem umgestalteten Gefühls- und Gedankenleben verlangt auch eine umgestaltete eigengeprägte Liebes- und Naturlyrik, und um es gleich im Vorhinaus wegzunehmen, wenn ich von einer sozialen Lyrik spreche, den tausendfältigen Ausstrahlungen der sozialen Weltanschauung als Centralsonne: ... auch das einfachste Liebes- und Frühlingsgedicht kann in tiefstem Sinne zu einem sozialen Gedicht werden und von jenem Geiste völlig durchtränkt und durchsättigt sein. [...] Eine soziale Lyrik ist nach der nächstberechtigten und gewöhnlichen Auffassung eine solche, welche den Menschen in seiner Beziehung zur Gesellschaft als einem geschlossenen Ganzen auffaßt, nicht die Beziehungen von Individuum zu Individuum, sondern von Klasse zu Klasse, und von Individuum zu Individuum nur insofern, als diese ein Klassenbewußtsein typisch vertreten. Es gestaltet die Empfindungen und Gedanken, die im Menschen wach werden, wenn er sich selber in Abhängigkeit von den gesellschaftlichen Zuständen auffaßt, als ein Spiel von jedem Druck und Einfluß der wirthschaftlichen Verhältnisse.« (zit. NAT 356 f. bzw. 358)

Für eine angemessene Einschätzung der sozialen Lyrik wird man daher den Wertungsfokus verschieben müssen. Dass die Texte unter ästhetischen Gesichtspunkten wie hinsichtlich ihrer sozialkritischen Positionierung mehrheitlich misslungen bzw. zwiespältig sind, ist unstrittig. Dennoch sind ihre Leistungsgrenzen nicht mit dem Hinweis auf die ideologischen Befangenheiten ihrer Autoren oder die Unschärfe ihrer (in aller Regel zwischen antibürgerlicher Opposition und sozialistischem Engagement schwankenden) politischen Haltungen zu erklären. Vielmehr hat man es mit einer literaturgeschichtlichen Konstellation zu tun, die überhaupt zum ersten Mal ästhetische Lösungen für die Frage finden musste, **wie sozialanalytische Konzepte literarisch zu gestalten** und welche Schreibweisen für sie zu finden sind. Genau in dieser neuartigen Grundfrage besteht die Ambivalenz der naturalistischen Lyrik: Für das, was sie erstmals als konzeptuellen Zusammenhang formuliert, nämlich Literatur und (wissenschaftliche) Sozialanalyse zu verbinden, stehen um 1880 noch keine eingespielten ästhetischen Lösungen bereit. Nur diese innere Ungleichzeitigkeit erklärt den Rückgriff auf historische Literaturkonzepte bzw. den Versuch, das Vakuum funktional ›passender‹ lyrischer Schreibweisen durch die Reaktualisierung von Genretraditionen und überlieferten lyrischen Formen zu kompensieren.

Zu welchen geradezu biedermeierlichen Tonlagen der Naturalismus vor diesem Hintergrund gelangt, lässt sich exemplarisch an **Friedrich Adlers** Gedicht »**Mein Nachbar**« studieren. An die Stelle einer Perspektive, die die Verelendung der Arbeiterschaft in ihrer sozioökonomischen Bedingtheit sichtbar machte, tritt eine **sentimentale Tonlage**, die die von Hart geforderten Darstellungstechniken unterläuft. Zwar ist der Text insofern antithetisch strukturiert, als er das lyrische Ich mit einem »bejahrten Mann« (LdN, 47) konfrontiert, der sich über sein ökonomisches Elend allabendlich mit einem »störenden Konzert« auf seinem verstimmten »Piano« hinwegtröstet, doch geht der soziale Antagonismus vollständig in einem unspezifischen Humanismus auf. Die Schwäche des Textes besteht darin, dass er den »armen« Handwerker gerade nicht in seinem Klassencharakter vorführt, sondern als leidende Individualität, für die »Mitleid« empfunden und »Trost« (ebd., 48) gesucht werden muss. Entsprechend ist dem Gegensatz jede soziale Dimension genommen, weil sie ihn auf das Maß einer christlichen Mitleidsethik (»Mir traten ein paar Tränen in die Augen; / Mitfühlend las ich in des Mannes Herz«, ebd., 47) reduziert, in der auch die »Kunst« lediglich als »barmherzige« (ebd., 48) Trösterin, d. h. in ihrer **kompensatorischen Funktion** zur Sprache kommt. Letztlich zielt der Text auf eine Harmonisierung der sozialen Gegensätze, indem er die im Gedicht evozierte Musik in eine metaphorische ›Herzensmelodie‹ verwandelt:

> An jedem Abend, wenn die späte Stunde
> Die müden Glieder in den Schlummer lockt,
> Und ich im Vorgefühl der süßen Ruhe
> Das Buch gesättigt aus den Händen lege,
> Fängt über mir ein störendes Konzert an. […]
>
> Und was vernahm ich? Ein bejahrter Mann,
> Ein dürftiger, ist mein Pianospieler,
> Den ganzen Tag geht er dem Handwerk nach,
> Und abends, wenn die Kinder eingeschlafen,
> Für die er all die schweren Sorgen trägt,
> übt er Piano. […]
>
> Ihm ist dies Spiel
> Die einzige Sprosse, die aus Not und Kummer
> Des öden Lebens ihn nach oben leitet […].

> Spiel immer zu, du armer, alter Mann!
> Du störst nicht, nein. Melodisch klingt um mich
> Die edle Weihe eines Menschenherzens. (ebd., 47f.)

Trotz seiner Schwächen ist Adlers Gedicht für die soziale Lyrik des Naturalismus insgesamt bezeichnend. Ähnlich nämlich wie Adlers Gedicht beruhen fast alle Texte dieses Genres auf dem Versuch, ihren sozialen Gehalt durch semantische und kompositorische Oppositionsstrukturen zu verdeutlichen. So tritt der bei Adler nur angedeutete Klassengegensatz bei **Arno Holz** in eine Doppelkomposition auseinander, die zwei soziale ›Bilder‹ (»**Ein Bild**« – »**Ein Andres**«) mit einander konfrontiert und wie Spiegel zueinander stellt.

Dieser Spiegelungscharakter entsteht dadurch, dass die beiden ›Bilder‹ zweimal dasselbe ›Geschehen‹ realisieren, wobei der Unterschied allein durch das gewählte Milieu sichtbar wird. Während der erste der beiden Texte das repräsentative Ambiente einer preußischen »Exzellenz« zeigt, die sich in Sorge um eine vorübergehende »Migräne« der »gnä'gen Fraa« befindet, führt der zweite Text in das »letzte Stockwerk einer Mietskaserne«, um den Blick auf die lebensbedrohliche Erkrankung eines »armen Weibes« (LdN, 65) zu werfen. Dem entsprechend tritt das semantische Feld der Höhe in zwei komplementäre Momente auseinander: Während es im ersten Gedicht dazu dient, den »hochgebornen Hausherrn« (ebd., 63) in seiner sozialen Position ins Bild zu setzen, bringt es im zweiten die soziale Deklassierung zum Ausdruck (»Fünf wurmzernagte Stiegen geht's hinauf«, ebd., 64).

Vor allem aber ist der Bildcharakter der Texte zu betonen. Er stellt sich nicht nur in der oppositionellen Ausgestaltung einer identischen Grundkonstellation her, sondern wird insbesondere dadurch deutlich, dass der zweite Text zum **Bildklischee** tendiert. Auffällig ist nämlich, dass die andachtsvolle Weise, mit der die »Drei kleinen Kinder« des zweiten Gedichts sprachlos ihre todgeweihte Mutter umstehen, auch in anderen naturalistischen Texten, zumal in den Romanen der Zeit, greifbar ist. So lässt sich dasselbe Bildmuster etwa auch in Max Kretzers sozialem Roman *Die Betrogenen* (1882) nachweisen (vgl. Kretzer 1882, II, 213 f.; s. Kap. VII.2.1) – ein Beleg dafür, dass die soziale Lyrik Anteil an einem Bildhaushalt hat, der gattungsübergreifend bereitsteht. Im Falle von Holz' Gedicht stellt sich zudem der Eindruck ein, dass die in Szene gesetzte Situation zugleich den **Rezeptionsmodus** umreißt, mit dem der Leser dem Gedicht begegnen soll. Auch der Leser kann auf die Statik dieses lyrischen Sinnbildes nur mit jener andachtsvollen und mitleidigen Passivität reagieren, die den Text selbst prägt:

> Das Fenster ist vernagelt durch ein Brett,
> Und doch durchpfeift der Wind es hin und wieder,
> Und dort auf jenem strohgestopften Bett
> Liegt fieberkrank ein junges Weib darnieder.
> Drei kleine Kinder stehn um sie herum,
> Die stieren Blicks an ihren Zügen hangen;
> Vor vielem Weinen ward ihr Mündlein stumm
> Und keine Träne mehr netzt ihre Wangen. (LdN, 64)

Adlers und Holz' Gedichte stimmen nicht zuletzt darin überein, dass sie an ihrer Solidarität mit der Arbeiterschaft keinen Zweifel lassen. Zu den Ambivalenzen der naturalistischen Lyrik gehört es freilich, dass die Texte zugleich die Beunruhigungen zum Ausdruck bringen, die vom Gewaltpotential des Arbeiters ausgehen. Wie auch in anderen Zusammenhängen (s. Kap. III.1.2) greifen die entsprechenden Gedichte

Motive und Versatzstücke des zeittypischen Massendiskurses auf, um die revolutionäre Dynamik, vor allem aber die bedrohliche **Gestaltlosigkeit der Masse** ins Bild zu setzen. So tritt der Arbeiter in **Julius Harts** Gedicht »**Hört ihr es nicht?...**« (1884) in einer sinnverwirrenden Bewegung auf, in der der Einzelne in einem undurchdringlichen Gesamtkörper, einer »dunklen Fluth« (MD, 68), aufgegangen ist und die sich nur an den signalartig beigegeben Attributen – »Beil und Hammer« (ebd., 67) – erkennen lässt. Signifikant sind auch hier die Zeichen der Verelendung, die aber nicht einzelne Individuen charakterisieren, sondern als Hinweise auf ein kollektives Elend verstanden werden müssen. Wie ambivalent der Text dennoch ist, belegt der Umstand, dass er einerseits seine Loyalität mit den Zielen der Arbeiterbewegung dokumentiert (»Parol' die Frag: Was für ein seltsam Wesen? / Antwort: Vom Elend wollen wir genesen«, ebd., 68), andererseits aber ein lyrisches Ich etabliert, das den »dumpfen Trommelklang« (ebd., 67) der bewegten Masse refrainartig als bedrohlich und beängstigend empfindet:

> Hört ihr es nicht? In meinem Ohr bang
> Ewig tönt herber dumpfer Trommelklang.
>
> In dunklen Schaaren drängt es finster an,
> Mit Beil und Hammer wogt es dumpf heran.
>
> Zerlumpte Haufen, wie vom Sturm verwirrt,
> Das Eisen dröhnt, das blanke Messer klirrt.
>
> Das Angesicht, blaß wie ein Wintertag,
> Sagt, wie das Elend gar so fressen mag.
>
> Das Auge tief, die Wange hohl und schmal,
> Auf Stirn' und Wang' der Krankheit brand'ges Mal. [...]
>
> Es drängt heran, es wogt die dunkle Fluth
> Und in den Lüften schwimmt's wie schwarzes Blut. [...]
>
> Hört ihr es nicht? In meinem Ohr bang
> Ewig tönt herber dumpfer Trommelklang ... (ebd., 67f.)

Angstregungen dieser Art sind in **Oskar Jerschkes** Gedicht »**Für die Zukunft**«, ebenfalls ein Originalbeitrag für die *Modernen Dichter-Charaktere*, in eine nachgerade apokalyptische Perspektive eingelassen. Der Text dramatisiert die Klassengegensätze – »Hier Haufen von Gold und Demant und Geschmeid', / Dort auch nicht ein Heller zu finden« (LdN, 100) – zu einem geschichtlichen Konflikt, dessen entfesselte Gewalt alle kulturellen Bindungen zu zerstören droht. Der bekenntnishaft religiöse Ton des Gedichts kann freilich nicht darüber hinweg täuschen, dass der moralische Appell, die »eigene Zeit« zu verstehen, letztlich unspezifisch bleibt. Genauer gesagt, richtet der Text seinen Appell an die Transzendenz – »Gott-Vater im Himmel schick einen Prophet', / Der der Welt ins Gewissen in's Gewissen zu reden versteht« (ebd., 100), heißt es in der dritten Strophe –, so dass die Bewältigung der sozioökonomischen Konflikte von vornherein der Sphäre des menschlichen Handelns entrückt wird. Auf diesem Weg zerteilt sich der Text in eine Differenz von göttlichem Heil und irdischer Verdammnis: Sollte sich Gott als uneinsichtig erweisen, droht der »hungernde Haufe« mit einer »rohen Gewalt« (ebd., 100), die nicht nur die christlichen Ideale des »Mitleids« (ebd., 101) der Mitmenschlichkeit in Frage stellt, sondern die an den Kern jener friedlichen Übereinkünfte rührt, die im Prinzip des Gesellschaftsvertrags beschlossen sind. Dabei macht die Metaphorik deutlich, dass sich der Text nicht eigentlich an den sozialen Widersprüchen entzündet, sondern an einem abstrakten Materialismus, der die Welt in seinen haltlosen Strömungen und Verausgabungen entweiht:

> Der hungernde Haufe mit Pechkranz und Blei
> Ertrotzt, daß das Glück auch ihm hold nun sei.
>
> Dann gilt nichts Heiliges mehr auf der Welt,
> Es stürzen Kirch' und Kapellen.
> Die Liebe verroht und der Glaube zerschellt,
> Das Mitleid begraben die Wellen.
> Die Massen nur raufen sich um das Gold,
> Das über die dampfenden Trümmer rollt. (ebd., 167)

Eine geradezu heilsgeschichtliche Perspektive auf das »bittre Los« (LdN, 118) des Arbeiters kennzeichnet **Karl Henckells** »**Lied vom Arbeiter**« (1885). Der Text zeichnet sich durch die auffällige Gleichförmigkeit seiner metrischen und strophischen Struktur aus. Sie zielt darauf, den mechanischen Produktionsprozess, den der Text zu Beginn evoziert, sprachlich nachzubilden, so dass der regelmäßige jambische Versduktus geradezu als ›**Sprache**‹ **der Arbeitswelt** verstanden werden muss:

> Es summt und dröhnt mit dumpfem Ton
> Es qualmt und raucht ringsum,
> Und Mann an Mann in schwerer Fron
> An seinem Platze stumm.
> Der Hammer sinkt, die Esse sprüht,
> Das Eisen in der Flamme glüht. (ebd., 117)

Der Schlichtheit dieser Volksliedstrophe, die durch den fortlaufenden Schlussrefrain (»Der Hammer sinkt, die Esse sprüht, / Das Eisen in der Flamme glüht«) der acht Strophen verstärkt wird, steht allerdings ein umfassender Deutungsentwurf entgegen. Ähnlich wie bei Jerschke vergrößert der Text die sozialen Antagonismen nicht nur zu einem überzeitlichen ›Weltgesetz‹ – »Das ist ein raues Weltgebot, / Auf ewig Herr und Knecht« (ebd., 118) –, sondern weitet sie zu einem apokalyptischen »Weltgericht«. Der Text schließt mit einem moralischen Appell der Arbeiter, der die Besitzenden zu Einsicht und Gerechtigkeit mahnt:

> Das Auge blitzt, das Feuer loht –
> Ihr Herren, seid gerecht!
> Der Hammer sinkt, die Esse sprüht,
> Das Eisen in der Flamme glüht.
>
> »Und wenn ein Gott im Himmel nicht
> Den bangen Ruf versteht,
> Dann stürm herein, du Weltgericht,
> Wo alles untergeht!«
> Der Hammer sinkt, die Esse sprüht,
> Das Eisen in der Flamme glüht. (ebd., 118)

Zu den Gedichten, die zu vergleichsweise eigenständigen Darstellungsformen gefunden haben, ist **Karl Henckells** Gedicht »**Strike**« zu zählen. Der umfangreiche, über zehn Druckseiten beanspruchende Text, der 1890 in der Gedichtsammlung *Diorama* erschienen war, beeindruckt zunächst durch die **verstechnischen Freiheiten**, die an die großen Hymnen des frühen Goethe erinnern, sodann aber durch eine schweifende Komposition, die ganz unterschiedliche Tonlagen und Materialbestände miteinander kombiniert. Wie auch andere Gedichte Henckells (»Die Männer von Chikago«, »Das Ausnahmegesetz«, beide 1890) greift der Text auf ein reales Geschehen zurück, das Henckell durch Zeitungsberichte vertraut war und das er mit Hilfe zahlreicher Intertexte, vor allem durch historisch belegte wörtliche Reden, in den Text integriert (vgl. Schutte 1988, 48). Hintergrund des Gedichts ist ein Streik im Ruhrgebiet, an dem sich im Mai 1889 phasenweise bis zu 150.000 Arbeiter beteiligten; der Streik ist allerdings durch das gewaltsame Einschreiten von Polizei und Militär schnell beendet worden.

Henckells Gedicht beginnt bezeichnenderweise nicht mit der Nachzeichnung der historischen Ereignisse – sie werden im Folgenden episodisch aneinandergereiht, darunter vor allem Szenen, die die unbarmherzige Reaktion des Militärs verdeutlichen –, sondern mit einer **rhetorischen Selbsterregung**. Sie soll eine emotionale Bewegung in Gang setzen, in deren Gefolge das lyrische Ich seine »Lyra« (LdN, 149) zum Klingen bringt und auf jenen pathetisch-agitatorischen Ton einstimmt, der das Gedicht prägt. Besonders auffällig sind in diesem Zusammenhang einzelne **Neologismen** – »blutlungrige Königsnarren« oder »jahrhundertdicke Hecken« (ebd., 151) etwa –, die dem Leser suggerieren, die überlieferte lyrische Sprache halte der Dynamik des Geschehens nicht mehr Stand und dränge unter der Gewalt des historischen Moments in neue Ausdrucksformen. Jürgen Schuttes Einschätzung, dass die »Energie des Darstellens weit mehr als der Sachgehalt des Dargestellten den lyrischen Vortrag bestimmt« (Schutte 1988, 47), ist insofern zutreffend, muss aber um die Beobachtung ergänzt werden, dass der Text in der Transformation der überlieferten Hymnenform und durch die Einblendung dokumentarischen Redematerials den ›Textort‹ des lyrischen Ichs und den historischen Zeitpunkt der Geschehnisse imaginär gewissermaßen überspringt. Auf diesem Weg gewinnt der Text eine **agitatorische Unmittelbarkeit**, die den Eindruck vermittelt, das Geäußerte entstamme ganz unmittelbar der historischen Situation bzw. werde kommentierend in sie hineingesprochen. Darin ist Henckells Text deutlich von der Masse der naturalistischen Lyrik unterschieden. Einzig die Schlussverse wirken in ihrem unvermittelten Optimismus und ihrer moralischen Perspektive – »Zittern werden die Schlechten und Feigen, / Wenn der menschenrettende Reigen / Seinen leuchtenden Einzug hält« (LdN, 160) – wie ein Zugeständnis an die lyrische Tradition:

> Ich fühle ein Zittern,
> Wie glüht meine Seele!
> Meine Nerven gewittern
> Wie wenn der Blitz in die Sturmnacht zuckt.
> In Gelsenkirchen,
> Im roten Rheinland,
> Streiken die Grubenleute
> Und ist ein gewaltig Wesen im Gange. […]
>
> Unterwerfen? Sklaven, Leibeigene und Hörige
> Unterwarfen scheu sich dem Herrengesicht.
> Der Arbeiter von neunundachtzig
> Stirbt, aber unterwirft sich nicht …
> Meine Seele jauchzt,
> Meine Saiten klingen,
> Wie wenn ein Orkan durch Harfen braust.

> Todesschrei
> In das Ohr mir gellt.
> Meinen Sinnen graust. [...]
> »Kehrt! Chargiert! Gebt Feuer!« schnarren
> Die blutlungrigen Könislappen.
> »Lade, Canaille, dich selbst auf den Karren!
> Laß deine faulen Knochen verscharren!
> ›Morgen-Premier‹ läßt sich heute nicht necken.«
> Die Patrouille marschiert um die Ecken.
> »Immer die Augen auf den Feind,
> Leute!« Mutter Germania weint.
> Röchelnd ihre Gebeine strecken
> Vater, Bruder und Schwester aus.
> Aus jahrhundertdicken Hecken
> Mörder müssen die Freiheit wecken. [...]
>
> Aus der Tiefe
> Seh ich sie steigen,
> Die Erlösung
> Unserer Welt.
> Zittern werden die Schlechten und Feigen,
> Wenn der menschenrettende Reigen
> Seinen leuchtenden Einzug hält.
> Kommt nun zuhauf,
> Edle von nah und weit!
> Singt, singt der neuen Zeit
> Jubelnd Glückauf! (ebd., 149 ff., 159 f.)

Agitatorische Lyrik dieser Art, die in ihrer freirhythmischen Gestaltung und ihrer pathetisch-erhabenen Tonlage deutlich in der Tradition des Sturm und Drang stehen, sind in der Masse der naturalistischen Lyrik freilich die Ausnahme geblieben. Einen dezidiert parteilichen Standpunkt im Sinne des Sozialismus lassen nach 1890 schließlich eine Reihe von Lyrikanthologien erkennen, die im Auftrag der **Sozialdemokratie** entstehen (vgl. Pforte 1969); unter ihnen etwa das 1893 von Karl Henckell im parteieigenen *Vorwärts*-Verlag herausgegebene *Buch der Freiheit*, in dem unter anderem auch Gedichte von Holz, Mackay, Wille, Conradi und den Brüdern Hart zum Druck gelangten. Was nach 1890, d. h. mit dem Ende des Sozialistengesetzes, an politischer Lyrik entsteht, bewegt sich – wie etwa die Arbeiteranthologien *Stimmen der Freiheit* (1899) oder *Von unten auf* (1911) belegen – auf dem Boden einer dezidiert ›parteilichen‹ Dichtung, wie sie die Sozialdemokratie noch im 20. Jahrhundert gepflegt hat.

3.5 Metamorphosen des Lyrischen: Arno Holz

Unter den naturalistischen Lyrikern ist Arno Holz ohne Zweifel der bedeutendste. Holz hat dem Naturalismus nicht nur wichtige ästhetische und theoretische Impulse gegeben, sondern – blickt man auf das lyrische Werk im engeren Sinne – ein Spektrum an Tonlagen und Formmodellen realisiert, über das andere Naturalisten nicht in gleichem Maße verfügten. Noch die Gattung des Chansons, die erst mit den literarischen Kabaretts der Jahrhundertwende Furore machen wird, verdankt Holz gewisse Impulse, und es ist kein Zufall, dass die 1901 erscheinende Anthologie *Deutsche Chansons* neben Texten Otto Julius Bierbaums und Frank Wedekinds auch 14 Texte aus der Feder von Holz abdruckt (vgl. DCh, 125–151). Auch die neusachliche Ästhetik der 1920er Jahre – man denke an Erich Kästner oder Franz Mehring – hat sichtlich von der Alltagsnähe und schnoddrigen Urbanität mancher Holz-Gedichte (»Pasysage Intime«, »Betty«, »Ninon«, »Auf der Straße«) profitiert.

In all dem hat Holz über die engere naturalistische Phase hinaus eine Beweglichkeit besessen, die sein lyrisches Werk geradezu zum Spiegel der unterschiedlichsten literarischen Programme der Zeit macht. Ablesbar ist dies schon an der Publikationsgeschichte seiner Gedichtbände, die in ihrer Atemlosigkeit recht deutlich das hohe Maß an Um- und Neuorientierungen dokumentiert. Ende 1882 erscheint Holz' erster Gedichtband *Klinginsherz*, der die Abhängigkeit vom bewunderten Vorbild Emanuel Geibel noch in jeder Zeile spüren lässt (die 1884 publizierten *Deutschen Weisen* belegen in ihrem kompositorischen Schematismus dagegen Holz' ideelle Verankerung in den deutschnationalen Burschenschaften; vgl. Sprengel 1993). 1885 erscheint das *Buch der Zeit*, das sich ganz auf der Höhe des Naturalismus bewegt, dessen intertextuelles und formales Raffinement den Naturalismus aber punktuell bereits transformiert und für spätere Entwicklungen – insbesondere den Impressionismus – öffnet (bezeichnenderweise erscheint noch 1905 eine Neuauflage). Mit den ersten Vorabdrucken aus dem *Phantasus* schlägt Holz 1897 schließlich einen Weg ein, den er als Lyriker nicht mehr verlassen wird und der hinsichtlich seiner zentralen technischen Innovation – gemeint ist die berühmte **Mittelachsenkomposition** – eine Verankerung im Naturalismus nur noch lose erkennen lässt.

Werkbiographisch wie ästhetisch ist der Kleinzyklus von 13 vierstrophigen Gedichten, den Holz unter dem Titel »**Phantasus**« in das *Buch der Zeit* aufgenommen hatte (vgl. Holz V, 79–93), tatsächlich überaus folgenreich. Aus dem Nukleus dieser 13, noch weitgehend der naturalistischen Elendsdarstellung verpflichteten Gedichte entwickelt Holz in immer neuen, das lyrische Material fortwährend anreichernden Anläufen ein lyrisches Großprojekt, das ihn bis an sein Lebensende im Jahr 1929 beschäftigen wird. Schon äußerlich ist der »Phantasus« damit einer **Poetik der Fülle**, der Vergrößerung und Anreicherung verpflichtet. So folgt auf den erwähnten Vorabdruck von 10 Gedichten in der Zeitschrift *Jugend* 1888/89 eine erste Buchfassung mit zweimal 50 Gedichten. 1913 publiziert der Dresdner Carl Reißner-Verlag eine erheblich erweiterte Fassung, 1916 folgt im Insel-Verlag eine große, auf sieben Bücher verteilte Prachtausgabe im Format 44 mal 33 Zentimeter mit einem Umfang von 336 Seiten (diese Fassung ist es, auf den die Kritik den Spottnamen ›Elephantasus‹ gemünzt hat). Nochmals erweitert, d.h. auf drei Bände verteilt und auf 1345 Seiten angewachsen, erscheint der »Phantasus« 1925 in der Werk-Ausgabe. 1961 schließlich erscheint im Nachlass eine letzte, auf nunmehr 1584 Seiten bemessene Fassung des Zyklus. Es ist keine Vordergründigkeit, dass Holz sich rühmte, mit 2516 Zeilen den längsten – »siriusweiten« – Satz der Weltliteratur geschrieben zu haben (Holz X, 672).

Die vordergründige Gigantomanie des Zyklus besitzt in der Tat einen poetologischen Sinn. In der antiken Mythologie ist Phantasus der Enkel der Nacht und der Sohn des Schlafs, der beliebige Gestalten annimmt, um die Scheinbilder des Traums zu erzeugen. Holz hat vor diesem Hintergrund nur einen mythischen Impuls in eine Poetologie verwandelt, die ihrerseits als Text-Prinzip einer fortwährenden Verwandlung und Transformation verstanden werden muss. Als mythische Figur ist Phantasus nicht nur der ideelle Gegenstand des Zyklus, sondern zugleich das ›Gesetz‹ seiner textuellen Realisierung, d. h. das Prinzip einer **permanenten lyrischen Metamorphose**. Sie setzt alles mit allem in Beziehung, weil die Welt nach Holz' monistischer Überzeugung einen All-Kosmos fortwährender gestalthafter Korrespondenzen und Analogien bildet (vgl. Stöckmann 2007). Es liegt in der Konsequenz dieses darwinistischen Gedankens, dass die lyrische Beschwörung dieses All-Zusammenhangs tendenziell keine Grenze und kein Maß, sondern nur die fortwährende analogische Spiegelung der Phänomene kennt.

Die nachhaltigste Differenz zu konventionellen lyrischen Verfahren markieren die nach 1897 erscheinenden »Phantasus«-Zyklen insofern, als sie das traditionelle lyrische Ich in eine metamorphotische Identität auflösen, die Einheit nur in der Summe ihrer diversen raum-zeitlichen Gestaltvarianten gewinnt. Darin ist Holz' »Phantasus« ganz der leitenden Hypothese des Monismus verpflichtet, nach der jeder Einzelorganismus die Relikte und Stadien seiner Individualentwicklung so in sich aufbewahrt, dass sie, werden sie aus ihrer leibhaften Latenz gelöst, imaginär reproduzierbar sind. In »Gestalt und Idee des Phantasus« hat Holz daher betont, dass das »letzte Geheimnis« des »Phantasus« darin bestehe, »daß ich mich unaufhörlich in die heterogensten Dinge und Gestalten zerlege. Wie ich vor meiner Geburt die ganze physische Entwicklung meiner Spezies durchgemacht habe […], so seit meiner Geburt ihre psychische. Ich war ›alles‹, und die Relikte davon liegen ebenso zahlreich wie kunterbunt in mir aufgespeichert« (Holz V, 88).

Entsprechend umkreisen die »Phantasus«-Texte in immer neuen Anläufen lyrische Beschwörungen einer Ich-Metamorphose, in der das lyrische Ich – wie das Beispiel einer »Schwertlilie« zeigt – in eine potentiell unabschließbare Vielfalt seiner Gestalten und Wahrnehmungsformen zerfällt:

> Sieben Billionen Jahre vor meiner Geburt
> war ich
> eine Schwertlilie.
> Meine suchenden Wurzeln
> saugten
> sich
> um einen Stern.
>
> Aus seinen sich wölbenden Wassern,
> traumblau,
> in
> neue,
> kreisende Weltenringe,
> wuchs,
> stieß, stieß,
> zerströmte, versprühte sich – meine dunkle Riesenblüte. (Holz V, 93)

Wesentlich für das Verständnis der Texte ist allerdings ein zweiter, primär verstechnischer Gesichtspunkt. Wie die druckgraphische Anlage des Gedichts zeigt, sind in ihm konventionelle Poetizitätsmerkmale wie Reim, Strophe und Metrum getilgt. Einziges Kompositionsprinzip ist eine **rhythmisch-semantisch einheitlich gestaltete und mittelachsenzentrierte Verszeile**, die, wie Holz glaubte, »auf jede Musik durch Worte als Selbstzweck verzichtet und die, rein formal, lediglich durch einen Rhythmus getragen wird, der nur noch durch das lebt, was durch ihn zum Ausdruck ringt« (Holz V, 67).

Faktisch fassen die derart ›naturrhythmisch‹ komponierten bzw. ›sich selbst‹ zum Ausdruck bringenden Verszeilen beliebige subjektive Impressionen zusammen, die in ihrer Disparatheit belassen werden und deren deskriptive Sprachverwendung jede metaphorische Ausdrucksweise, die Bedeutungen jenseits der verzeichneten Impression ›übertragen‹ könnte, eliminiert. Dem entspricht, dass die konventionelle Reimform in eine lyrische Prosa aufgelöst ist, von der Holz angesichts ihrer ›Natürlichkeit‹ glaubte, dass mit ihr eine neue Epoche des lyrischen Ausdrucks begonnen habe. Bezeichnenderweise ist diese **Annäherung von Lyrik und Prosa** ein durchgängiges Motiv der avancierten Lyrikreflexion um 1900; vor allem im Zusammenhang mit der um 1900 verstärkt Berücksichtigung findenden Gattung des Prosagedichts (vgl. Bunzel 2005) gewinnt die Überzeugung an Plausibilität, dass die »Prosaform […] die Zukunft der Lyrik« (Halbe 1888/89, zit. Bunzel 2005, 148) sei. Rainer Maria Rilke erschienen Holz' Gedichte 1898 entsprechend »wie eine phantastische sinnliche Prosa« (Rilke V, 383).

Darüber hinaus aber besitzen Holz' »Phantasus«-Gedichte einen **visuellen bzw. ornamentalen Ausdruckswert**. Hatte Holz die neuartige Mittelachsenkomposition unter anderem damit begründet, dem Auge einen verkürzten Wahrnehmungsweg zu ermöglichen (ein bemerkenswerter Beleg für eine Art literarisch-ästhetischer Ergonomik), so leben die entsprechenden Texte nicht zuletzt von einem ästhetischen Eigenwert, der aus ihren visuellen Ordnungseffekten und druckgraphischen Abstraktionen resultiert. Es ist keine Beliebigkeit, dass die zehn Gedichte, die 1897 in der Zeitschrift *Jugend* in einem Vorabdruck erschienen waren, ganz in die ornamentalen Gestaltungsweisen des Jugendstils eingelassen sind, so dass sich Holz' Texte in eine weitreichende Verschlingung von Schrift, graphischem Ornament und Papiermaterial einfügen. Noch dieses mediale Verschlungensein dokumentiert, dass Holz' »Phantasus« – weit entfernt von den Sprachkrisen der Moderne, aber auch sichtbar entfernt vom Naturalismus der 1880er Jahre – letztlich auf eine Ekstase der Bedeutung und des sprachlichen Bedeutens zielt. Aus ihm ist das Reale im Sinne der naturalistischen Milieudarstellung endgültig getilgt.

VI. Drama und Theater

1. Institutionen und Theaterpraxis des Naturalismus

Wenn immer wieder behauptet worden ist, der Naturalismus sei weniger eine literarische Epoche als eine Bewegung (vgl. Schutte 1982, 9; s. Kap. I.3), so ist die gängige literaturgeschichtliche Konzentration auf Autoren und Werke eigentlich eine unzulässige Vereinfachung. Tatsächlich verdankt sich das, was in Lehrbüchern und Literaturgeschichten kanonisiert worden ist, der Literarisierung eines Phänomens, das **ursprünglich sozial- und lebensreformerische Impulse** einschloss. Nicht zufällig resultieren die zahlreichen Zensur-Prozesse, denen sich die naturalistischen Autoren und Gruppierungen seit 1889 immer wieder ausgesetzt sahen, aus ihren explizit »socialreformerischen Absichten« (zit. NAT, 337), und noch die Spannungen, die das Verhältnis von Naturalismus und Sozialdemokratie bzw. Arbeiterbewegung (s. Kap. III.1.2) prägen, hängen mit der Frage zusammen, welche soziale Funktion die naturalistische Bewegung in den gesellschaftlichen Widersprüchen der Epoche übernehmen soll.

Im Feld von Drama und Theater kommt der Bewegungscharakter des Naturalismus am sichtbarsten in seinen **Theater- und Vereinsgründungen** zum Ausdruck. 1889 eröffnete – um nur die wichtigsten der entsprechenden Institutionen zu nennen – die »Freie Bühne«, 1890 ihre Folgeorganisation, die »Freie Volksbühne«. Beide Institutionen sollten einen offenen Bruch mit dem kommerziellen Theaterbetrieb und seiner überwiegend bürgerlichen Trägerschaft herstellen. Bedenkt man zudem, dass das deutsche Theaterwesen aufgrund der föderalen Struktur des deutschen Sprachraums bis etwa 1870 mehrheitlich dezentral organisiert und auf eine Vielzahl von Hof- und Stadttheatern verteilt war, wird deutlich, dass die naturalistischen Theatergründungen eng mit der nach 1870 einsetzenden Verlagerung der Theaterkultur auf die Großstädte Berlin und München korrespondierte. Tatsächlich ließen sich literaturpolitische und sozialreformerische Opposition nirgends wirkungsvoller verbinden, als im Wahrnehmungsfeld einer Metropole, die sich angesichts ihrer zunehmend heterogen werdenden Theaterkultur in vielfältige Teilöffentlichkeiten differenzierte und darin selbst ein Abbild der weltanschaulichen Hegemoniekämpfe wurde, die die frühe Moderne um 1900 prägen.

Der enge Schulterschluss zwischen Naturalismus und Theateropposition besaß freilich noch einen weiteren Grund. Er hing vor allem damit zusammen, dass die Naturalisten hier unmittelbaren Anschluss an den fortgeschrittenen Stand der europäischen Moderne finden konnten; insofern sind die naturalistischen Theatergründungen wichtige **Vermittlungsforen der Moderne**, in denen die für den deutschen Naturalismus maßgebliche Dramatik Henrik Ibsens, Leo Tolstois und August Strindbergs erstmals einem ausgewählten Publikum vorgeführt wurde (vgl. Hoefert 1974; Moe 1983). Auch wenn ein Autor wie Ibsen bereits in den 1870er Jahren auf deutschen Bühnen präsent war (vgl. IdB; Pasche 1979, 185 ff.) – 1878 erlebten *Die Stützen der Gesellschaft* eine positive Aufnahme –, wurde seine Bedeutung doch erst in den späten 1880er Jahren wirklich sichtbar. So eröffnete die »Freie Bühne« am 29.9.1889 ihre erste Spielzeit programmatisch mit Ibsens *Gespenstern*; bis zum Frühjahr 1892 folgten Bjørnsterne Bjørnsons *Ein Handschuh* (15.12.1889), Tolstois *Die Macht der Finsternis* (26.1.1890), Strindbergs *Der Vater* (12.10.1890), Zolas *Thérèse Raquin* (3.5.1891) und Strindbergs *Fräulein Julie* (3.4.1892). Viele für den deutschen Naturalismus stilbildende Dramen sind ohne diese Vorgaben nicht denkbar; dies gilt beispielsweise für Hauptmanns erstes naturalistisches Drama *Vor Sonnenaufgang* (1890), das zahlreiche motivische Anleihen bei Tolstoi erkennen lässt, oder Johannes Schlafs Drama *Meister Oelze* (1892, Uraufführung 1894), das deutlich von Ibsens *Gespenstern* geprägt ist. »Zola, Ibsen, Leo Tolstoi / eine Welt liegt in den Worten, / eine, die noch nicht verfault, / eine, die noch kerngesund ist!« (Holz V, 302), dichtete Arno Holz 1886.

1.1 Freie Bühne, Deutsche Bühne

Ebenso wie die naturalistischen Dramen so sind auch die naturalistischen Theatergründungen nicht ohne ein ausländisches Vorbild zu denken. Als die »**Freie Bühne**« am 15. April 1889 in Berlin unter dem Vorsitz von **Otto Brahm** (eigtl. Abrahamsohn, 1856–1912) gegründet wurde, war unübersehbar, dass sie einem französischen Muster – André Antoines »Théâtre libre« – nachgebildet war. Antoine präsentierte dem Pariser Publikum seit 1887 Stücke zeitgenössischer Dramatiker; darin war das »Théâtre libre« durchaus eine Institution von europäischer Strahlkraft. Da es schon vor 1889 wenigstens sporadisch in Deutschland zu Gast und insofern leidlich bekannt war, waren allerdings auch die organisatorischen Schwierigkeiten solcher Privatvereine sichtbar. Anders als Antoines »Théâtre libre« achtete die »Freie Bühne« daher von Beginn darauf, nicht nur Berufsschauspieler, sondern ein ständiges Publikum an sich zu binden, das dem Pariser Unternehmen gefehlt hatte.

Wie planvoll sich die Gründung der »Freie Bühne« vollzog, belegt der Umstand, dass ihrem Leitungsgremium – neben Brahm, dem promovierten Germanisten, Rezensenten und späteren Leiter des Berliner »Deutschen Theaters« – auch der Verleger **Samuel Fischer** (1859–1934) beitrat. Damit besaß die »Freie Bühne« von Beginn eine organisatorische Doppelidentität: Einerseits trat sie als Theaterverein auf, dessen inhaltliche Entscheidungen durchweg von einem zehnköpfigen Gremium getroffen wurden, andererseits machte sie sich als Rundschauzeitschrift gleichen Namens (*Freie Bühne für modernes Leben*, ab 1904 als *Neue deutsche Rundschau*) von sich reden, die – seit 1890 im Fischer-Verlag erscheinend – von Brahm herausgegeben wurde und in dieser Form die Aktivitäten des Bühnenvereins publizistisch eng begleitete. Brahms Unbeirrbarkeit ließ beide Institutionen innerhalb kürzester Zeit zu einer Speerspitze der naturalistischen Theater- und Literaturavantgarde werden; so setzte Brahm gegen dramatische Produktionen aus den eigenen Reihen früh auf einen jungen Dramatiker, der der »Freien Bühne« in der Folgezeit wiederholt öffentlichkeitswirksame Theaterskandale bescherte und darum schnell zum Inbegriff des deutschen Bühnen-Naturalismus werden sollte: Gerhart Hauptmann. Gleichwohl beruhte der anfängliche Erfolg der »Freien Bühne« nicht nur auf Brahms geschickter Repertoirewahl, sondern auch auf einer Reihe institutioneller und organisatorischer Faktoren:

1. Theaterpraxis und Repertoiregestaltung der »Freien Bühne« wurden früh von einer Literatur- und Theaterprogrammatik begleitet, die sich bruchlos in den bereits etablierten **Modernediskurs** der Naturalisten einfügte. In ihrer Berufung auf

›die Moderne‹ unterscheiden sich Brahms publizistische Aktivitäten jedenfalls kaum von der frühnaturalistischen Programmatik des »Durch!«-Vereins oder der *Kritischen Waffengänge*, mit denen die Brüder Hart der naturalistischen Opposition zwischen 1882 und 1884 ein erstes Forum gegeben hatten. »Eine freie Bühne für das moderne Leben schlagen wir auf«, heißt es in Brahms Geleitwort vom Januar 1890, mit der die Redaktion das erste Heft der »Freien Bühne« eröffnete (zit. BM, 191). Die Formulierung stellt nicht nur eines »der pointiertesten Bekenntnisse der naturalistischen Generation zur Moderne« dar (Sprengel 1988, 89). Sie macht zugleich einen kulturreformerischen Anspruch sichtbar, der in den programmatischen »Wechselwirkungen« von »moderner Kunst« und »modernem Leben« (zit. BM, 191) eine **Kunst und Lebenspraxis zusammenführende Programmatik** vorwegnahm, die für die späteren Avantgarde-Bewegungen kennzeichnend werden sollte (vgl. Bürger 1974; Plumpe 1995). Tatsächlich wird in Brahms Formulierungen eine kulturreformerische Dynamik erkennbar, die – auch darin bereits der Rhetorik der Avantgarde nahestehend – nur symbolische ›Freunde‹ und ›Feinde‹ kennt: »Der in kriegerischen Tagen das Ohr zur Erde neigt, vernimmt den Schall des Kommenden, noch Ungeschauten [...]. Wo das Neue mit freudigem Zuruf begrüßt wird, muss dem Alten Fehde angesagt werden mit allen Waffen des Geistes. Nicht das Alte, welches lebt, [...] sind uns Feinde; aber das tote Alte, die erstarrte Regel [...] – sie sind es, denen unser Kampfruf gilt« (zit. BM, 193).

Das auffälligste programmatische Segment im »Kampfruf« der *Freien Bühne* ist die **Identifikation von Naturalismus und Moderne**. »Das moderne Theater«, so Brahm im Juli 1891, »wird naturalistisch sein oder es wird gar nicht sein« (zit. NAT, 276). Gemeint ist eine dynamische Zeitkonzeption, in deren Konsequenz auch die eigene Position als tendenziell historisierbar gedacht wird. Tatsächlich gehört es zur programmatischen Radikalität wie auch zur Umsicht des Theaterpraktikers Brahm, die eigene naturalistische Position als prinzipiell überwindbar zu begreifen: »Dem Naturalismus Freund, wollen wir eine gute Strecke mit ihm schreiten, allein es soll uns nicht erstaunen, wenn im Verlauf der Wanderschaft [...] die Straße sich plötzlich biegt und überraschende neue Blicke in Kunst und Leben sich auftun« (zit. BM, 194).

Selbstverständlich ist die Formulierung nicht ohne taktisches Geschick. Denn unter dem programmatischen Schulterschluss mit der Moderne verbirgt sich die (von Brahm später im Übrigen weidlich genutzte) Möglichkeit, die Bindung an die naturalistischen Autoren zu lösen und sich einerseits Erfolgsautoren wie Hermann Sudermann oder Ludwig Fulda, andererseits der nachnaturalistischen Dramatik Arthur Schnitzlers zu öffnen; immerhin hat die Mehrzahl der Dramen Schnitzlers, die bis auf wenige Ausnahmen nicht mehr zum Naturalismus zu rechnen sind, ihre Uraufführung in Kooperation mit Brahm erlebt (vgl. Sprengel 1988, 95 ff.).

2. Die **Rechtsform** der »Freien Bühne« als Privat-Verein zielte vor allem darauf, dem Zugriff der Zensur zu entkommen. Schon das 1878 erlassene Sozialistengesetz bedeutete für Publizisten und Autoren erhebliche Einschränkungen, und noch die Schwierigkeiten, einen Dramatiker wie Ibsen auf deutschen Bühnen heimisch zu machen – 1886 verbot ein Polizeierlass öffentliche Aufführungen der *Gespenster* – wiesen in eine ähnliche Richtung. Entsprechend nachhaltige Wirkungen besaß die 1851 (re-)installierte **Praxis der Vorzensur**, die die Polizei mit einschneidenden Kontrollkompetenzen ausstattete (vgl. Schulz 1974b; s. Kap. VI.1). Da Vereinsaktivitäten keinen öffentlichen Status besaßen und daher nicht der polizeilichen Genehmigungspflicht unterlagen, waren Theatervorführungen im Rahmen von Vereinen von den Zensur-

verordnungen ausgenommen. Der rechtliche Sonderstatus der »Freien Bühne« hing zudem mit ihrem nicht-kommerziellen Charakter zusammen; in aller Regel fanden die Aufführungen der »Freien Bühne« nur einmal statt und unterschieden sich darin deutlich von den Gepflogenheiten des Repertoiretheaters. Die »Freie Bühne«, so hatte Brahm noch 1891 betont, »ist das auf Erwerb nicht berechnete Unternehmen einer Gruppe von Schriftstellern, von Kritikern vorwiegend, welche die Sache des Naturalismus zu fördern wünschen [...]« (zit. NAT, 273).

Von »Kritikern vorwiegend« – damit war zugleich eine Eigentümlichkeit der »Freien Bühne« markiert. Entscheidungsgewalt, zumal in den so zentralen Fragen der Repertoireauswahl, besaßen allein die zehn aktiven Mitglieder des Vorstands (sieben von ihnen waren Theaterkritiker mit unterschiedlicher Nähe zum Naturalismus), während die passiven Mitglieder – Ende 1889 verfügte die »Freien Bühne« über 900, 1890 über 1000 Mitglieder – bei der Programmgestaltung kein Mitspracherecht hatten. Dass sich die zahlreichen bürgerlichen Mitglieder mitunter gegen das naturalistische Repertoire zur Wehr setzten – berühmt ist das ostentative Schwingen einer Geburtszange, mit dem ein Vereinsmitglied die Uraufführung von Hauptmanns *Vor Sonnenaufgang* im Oktober 1889 kommentierte –, belegt, dass sich der Kampf um die Anerkennung der naturalistischen Moderne bis in die selbst geschaffenen Institutionen hinein fortsetzte. An der Strahlkraft der »Freien Bühne« hat dies nichts geändert – bis 1895 entstanden zahlreiche Theatervereine in Deutschland, die, wenn auch mit unterschiedlicher Affinität zum Naturalismus, allesamt auf das Vorbild der »Freien Bühne« zurückgriffen.

3. Bedeutsam für die literarische Moderne war die »Freie Bühne« zudem hinsichtlich einer **Aufführungs- und Darstellungspraxis**, die sich von der klassizistischen Theatertradition und ihren deklamatorischen Sprachidealen deutlich unterschied und in dieser Hinsicht eng mit Strukturkennzeichen der naturalistischen Dramatik korrespondierte. Zahlreiche Charakteristika des naturalistischen Theaters, vor allem die quasiphonographische Präzision, mit der die Texte unwillkürliche Lautäußerungen und dialektale Spracheigentümlichkeiten reproduzierten, erschienen in der Perspektive des klassischen Deklamationstheaters nicht nur gewagt, sondern geradezu als Selbstrücknahme des Theaters im Theater. Indem der »Schauspieler« nur die »Natur« sucht, werde er, so hatte Brahm 1892 über die »alte und neue Schauspielkunst« verlauten lassen, »alles Stilisieren [...], alle willkürliche Manier und aufgeputzte Kulissenempfindung [meiden]« (zit. NAT, 277). Auch wenn Brahm der ›konsequente Naturalismus‹ von Arno Holz und Johannes Schlaf nicht sonderlich nahestand, korrespondiert Holz' bekannte Absichtserklärung, »aus dem Theater allmählich das ›Theater‹ zu drängen« (Holz X, 214), doch mit Brahms Theaterpraxis. Ihrer strikten Wirklichkeitsillusion fiel, ähnlich wie bei Holz und Schlaf, vor allem ein zentrales Element der klassischen Dramaturgie – der dramatische Monolog – zum Opfer.

Zu Brahms pragmatischem Selbstverständnis zählte es freilich auch, bei Bedarf mildernd in einzelne Dramentexte einzugreifen. Hier und da zeigte Brahms Theaterstil durchaus Vorbehalte gegenüber den forcierten Innovationen der Texte, die nicht alle gleichermaßen widerstandslos in der Bühnenrealisierung umgesetzt werden konnten. Als Brahm 1891 mit Blick auf Ibsen, Hauptmann und andere polemisch konstatierte, dass die »neue Litteratur [...] revolutionär, das Theater« dagegen noch immer »konservativ« (zit. NAT, 271) sei, und eine entsprechende Modernisierung der Theaterpraxis forderte, hatte er seine eigenen Eingriffe in die Dramentexte, die punktuell ihrer

Rückverwandlung in überlieferte Theaterkonventionen dienten, darin aber zugleich ihre emotionale Wirkung intensivierten, offenbar vergessen.

Brahms Orientierung an Ibsen, Zola und anderen nicht deutschen Autoren blieb nicht ohne Widerspruch. Schon im September 1890 organisierte sich eine Reihe von Mitgliedern – darunter Arno Holz, Johannes Schlaf und Hermann Bahr – in einer Gegengründung, die als »**Deutsche Bühne**« der »Ausländerei-Wirtschaft« (Michael Georg Conrad) der »Freien Bühne« ein Ende bereiten sollte; ein Konfliktmoment, in dem in einer für die ästhetische Moderne bezeichnenden Weise **Sezession und Gegensezession** aufeinanderfolgte. Neben dieser forcierten Bemühung, die »nationale Kunst und Dichtung« (zit. NAT, 317) zu stärken, beruhte die Neugründung allerdings auch auf den Empfindsamkeiten einzelner Naturalisten, die – wie Julius Hart, Karl Bleibtreu oder Conrad Alberti – keine Berücksichtigung im Spielplan der »Freien Bühne« gefunden hatten und nun darauf hofften, aufgeführt zu werden. Nicht zuletzt wurde die »Deutsche Bühne« von der Frage getragen, wo das eigentliche Zentrum der naturalistischen Bewegung beheimatet war; ein Problem kulturgeographischer Hegemonie, das die Literaturgeschichtsschreibung bis heute (wenn auch untergründig) in ihrer Rede von der ›Berliner‹, ›Münchner‹ oder ›Wiener Moderne‹ bewahrt. Dass sich in der »Deutschen Bühne« Conrad, Bleibtreu und Alberti zusammenschlossen, besaß insofern eine programmatische Dimension, als sie den Kern jener Autoren ausmachten, die sich um die neben der *Freien Bühne* wichtigste naturalistische Zeitschrift – die von Conrad herausgegebene *Gesellschaft* – sammelten. Damit wurde in publizistischer Hinsicht ein Münchener Gegengewicht zum ›Berliner‹ Naturalismus gestärkt, zumal sich der »Deutschen Bühne« auch der seinerzeit prominente Romanautor Wilhelm Walloth und der Lyriker und Dramatiker Detlev von Liliencron anschlossen.

Faktisch allerdings blieb das »Deutsche Theater« von der Öffentlichkeit weitgehend unbeachtet. In den wenigen Monaten seiner aktiven Zeit zwischen September 1890 und April 1891 gelangten lediglich fünf Stücke zur Aufführung (Bleibtreu: *Schicksal*, 1888; Adam Müller-Guttenbrunn: *Irma*, 1891; Alberti: *Brot!*, 1888; Bahr: *Die neuen Menschen*, 1887; J. Hart: *Sumpf*, 1886), die sich langfristig nicht auf deutschen Bühnen halten konnten. Eine Rache an der Übermacht der »Freien Bühne« übte 1890 eine Parodie aus der Feder Conrad Albertis, die unter dem Titel *Im Suff! Naturalistische Spital-Katastrophe in zwei Vorgängen und einem Nachgang* nicht nur Hauptmanns *Vor Sonnenaufgang* und Holz/Schlafs *Familie Selicke* verballhornte, sondern auch die »Freie Bühne« selbst – darunter Otto Brahm in der Figur des Theaterdirektors Abramsen, der die bürgerliche Theateropposition mit einer Geburtszange vertreibt – parodierte.

1.2 Freie Volksbühne, Neue Freie Volksbühne

Die Differenzen zwischen dem Führungsgremium der »Freien Bühne« und ihren bürgerlichen Mitgliedern lassen im Rückblick leicht übersehen, dass die Theatergründungen der 1890er Jahre auch mit Blick auf die Arbeiterschaft erfolgt waren. Nach 1890 hatte sie sich in den sozialdemokratischen Arbeiterclubs organisiert und von dort aus Zugang zu den Aufführungen der »Freien Bühne« erlangt, wenn die Eintrittspreise – eine Karte kostete 1889 3,50 Mark – auch eine breitere Beteiligung der Arbeiterschaft vorerst verhinderten. Die entsprechenden Auseinandersetzungen innerhalb der Arbeiterschaft führten im März 1890 dazu, dass **Bruno Wille** (1860–1928), ein Mitglied der Berliner Linksopposition der Sozialdemokratie, einen »Aufruf zur Gründung einer Freien Volks-Bühne« veröffentlichte, der im Juli 1890 zu einer Versammlung von 2000 Interessierten führte und insbesondere auf die ausdrückliche Gegenliebe Otto Brahms stieß.

Brahms Interesse an einer um die organisierte Arbeiterschaft gestärkte Nachfolgegründung der »Freien Bühne« entsprach freilich weniger politischen Interessen, als den eigenen ambivalenten Erfahrungen mit den Mitgliedern der »Freien Bühne«. Was Brahm, der 1891 immerhin gegen Wilhelm Liebknecht und das unterstellte sozialdemokratische Ideal eines »dramatisierten Marx – in fünf Akten« (zit. Sprengel 1988, 93) polemisierte, letztlich dazu motiviert haben mag, die Gründung der »**Freien Volksbühne**« zu unterstützen und sich auf ihrer Gründungsversammlung (8. August 1890) als Beisitzer zur Verfügung zu stellen – unübersehbar ist, dass sich die »Volksbühne« am Modell der »Freien Bühne« orientierte (vgl. Braulich 1976): Hier wie dort beruhte der Theaterverein auf einer genossenschaftlichen Basis, hier wie dort umging man die Theaterzensur durch geschlossene Veranstaltungen, und hier wie dort wurden die Vereinsaktivitäten durch die Mitgliederbeiträge finanziert. Im Falle der »Freien Volksbühne« handelte es sich um einen vergleichsweise geringen Vierteljahresbeitrag (1,50 Mark), der den Mitgliedern das Anrecht auf drei Vorstellungen sicherte. Zu Jahresbeginn 1892 – auch dies eine Reminiszenz an die »Freie Bühne« – erschien das erste Heft des Vereinsorgans *Freie Volksbühne*, das von Wille herausgegeben wurde und fortan monatlich erscheinen sollte. Wenn es dennoch einen gewichtigen Unterschied zwischen beiden Institutionen gab, dann war es die **demokratische Organisation** der »Freien Volksbühne«, die mit der hierarchischen Struktur ihrer Vorgängergründung brach. Wichtige Verwaltungsfunktionen des Vereins bekleideten Mitglieder, die kaum der bürgerlich-literarischen Intelligenz zuzurechnen waren; so war der Tapeziermeister Carl Wildberger als Vereinskassierer tätig, der Schuhmacher Richard Baginski als Beisitzer und der Buchdrucker Wilhelm Werner als Revisor (vgl. Scherer 1974, 84). Innerhalb des ersten Jahres traten der »Volksbühne« beinahe 4000 Mitglieder bei; allerdings sank die Mitgliederzahl in der zweiten Spielzeit 1891/92 bereits wieder auf 2500. Gespielt wurden in dieser Zeit einerseits Dramatiker aus dem gesamten naturalistischen Spektrum – darunter Henrik Ibsen, Gerhart Hauptmann, Hermann Sudermann, Nikolai Gogol, Émile Zola, Max Halbe und Ludwig Fulda –, andererseits aber auch Klassiker wie Schiller oder Autoren wie Ludwig Anzengruber oder Otto Ludwig, die dem Naturalismus nur indirekt nahestanden.

Was die »Freie Volksbühne« für die Organisationsgeschichte des Naturalismus so signifikant macht, ist, dass in ihr die wachsenden **Unverträglichkeiten zwischen Naturalismus, Arbeiterschaft und Sozialdemokratie** wie unter dem Brennglas sichtbar wurden (vgl. Scherer 1974, 79 ff.). In der Tendenz waren damit bereits die Konfliktlinien vorgezeichnet, die 1896 auf dem Gothaer Parteitag der SPD zum endgültigen Bruch zwischen Naturalismus und Sozialdemokratie führten (vgl. Brauneck 1974, 99 ff.; Fähnders 2010, 70 ff.; ND; Scherer 1974, 139 ff.; s. Kap. III.1). Tatsächlich beherbergte schon die Gründungskonstellation den Keim für das spätere Zerwürfnis: hier der linksintellektuelle Vorsitzende Bruno Wille, der im Verbund mit den Friedrichshagenern und späteren Monisten Wilhelm Bölsche und Julius Hart eine ästhetisch motivierte Opposition vertrat und unter dem Motto ›Die Kunst dem Volk‹ für die Vermittlung des bürgerlichen Kultur- und Literaturerbes eintrat; dort die um den ehemaligen Schriftführer der »Freien Volksbühne« Julius Türk (1865–1926) organisierte Gruppe der Sozialdemokraten, die die »Volksbühne« als Forum der Klassenorganisation betrachtete und auf die Ansprüche der Parteidisziplin pochte – eine vom Naturalismus im Übrigen sensibel registrierte Erwartung, die den überlieferten Vorstellungen sozialer Treue einen neuen Aspekt hinzufügte (vgl. Siegel 2004, 136 ff.).

Wenn die im August 1890 verabschiedeten Statuten der »Volksbühne« bestimmten, dass »die Poesie in ihrer modernen Richtung dem Volke vorzuführen und insbesondere zeitgemäße, von Wahrheit erfüllte Dichtungen darzustellen, vorzulesen und durch Vorträge zu erläutern« (zit. Brauneck 1974, 30) sei, dann machten die Formulierungen nicht nur das Spektrum der Vereinstätigkeiten deutlich. Sie machten auch einen (primär auf Wille) zurückgehenden **volkspädagogischen Impuls** sichtbar, der seinen Adressaten gerade nicht im Klassenkollektiv, sondern im einzelnen Individuum erblickte. »Individuum, sei gepriesen! Selbstherrlichkeit, Du bist die erhabenste Krone« (zit. Sprengel 1998, 435), ließ Wille schon 1890 verlauten und bezog damit einen **sozialaristokratischen Standpunkt**, der – 1896 von Arno Holz in seinem Lustspiel *Socialaristokraten* treffsicher parodiert – in kürzester Zeit mit den kollektivistischen Leitvorstellungen der Sozialdemokratie kollidieren musste, zumal sich Willes Position eher ausgedehnten Nietzsche-Lektüren als intensiven Marx-Studien verdankte (vgl. Fähnders 2010, 80 f.; Scherer 1974, 90 f.; Scheuer 1974b, 162 f.).

Es lag in der Konsequenz dieser Widersprüche, dass Wille, der zunehmend in Konflikt mit der Parteihierarchie geraten war, mit seinen Anhängern auf einer Vereinsabstimmung am 12. Oktober 1892 eine nachhaltige Niederlage erlebte. Damit war die **Spaltung der Volksbühnenbewegung** vollzogen: Während Wille, die Anhänger der sozialdemokratischen Linksopposition und eine Reihe naturalistischer Autoren – darunter Bölsche, Wilhelm von Polenz und Wilhelm Hegeler – die »**Neue Freie Volksbühne**« gründeten und darin den naturalistischen Einfluss zu bewahren versuchten, bemühte sich die »Freie Volksbühne« unter der Leitung Franz Mehrings (1846–1919), den klassenorganisatorischen Charakter der Volksbühnenbewegung zu stärken. Allerdings besaß die »Freie Volksbühne« auch unter diesen veränderten Bedingungen keineswegs eine klare Kontur. Indem sie ihre Aktivitäten faktisch auf zwei Spielstätten verteilte, fand sie vielmehr zu einem gewissen Ausgleich zwischen naturalistischer Theatermoderne und Klassikerpflege: Während im National-Theater neben einzelnen naturalistischen Stücken – darunter Hauptmanns *Weber* und *Der Biberpelz* – im weitesten Sinne ›klassische‹ Dramatiker (Calderón, Molière, Goethe, Schiller) gegeben wurden, sahen die Mitglieder im Lessing-Theater auch Stücke der Theatermoderne (Ibsen, Bjørnson) und Autoren, auf die sich der Naturalismus gerne berief, darunter Büchner und Kleist.

Pragmatisch wie konzeptionell hatte die Trennung der beiden Volksbühnen damit nur näherungsweise jenes oppositionelle Moment realisiert, das seinem Grundimpuls nach auf eine ›authentische‹ Arbeiterkultur zielte: Nicht nur war Mehring auf Zulieferungen aus dem bürgerlichen Bühnen-Repertoire angewiesen, die entsprechenden Übernahmen, namentlich aus dem Lessing-Theater, kompensierten auch erkennbar das Fehlen einer originären proletarischen Dramatik. Es blieb ein ungelöstes Dilemma der Volksbühnenbewegung, ob sie eine authentische, aus einer eigenen ästhetisch-kulturellen Praxis erwachsende Arbeiterkultur schaffen konnte, oder ob sie nicht letztlich einer kulturintegrationistischen ›Läuterung‹ der Arbeiterschaft verhaftet blieb, die lediglich die angestammten Beteiligungsstrukturen aufbrach und dem proletarischen

Milieu auf diesem Weg Zugang zum bürgerlichen Kulturerbe verschaffte (vgl. Emig 1980). Unter dem bis 1896 währenden Vorsitz Mehrings bewahrte die Volksbühnenbewegung diesen **Doppelcharakter aus Kulturaneignung und Kulturschöpfung** auch deswegen, weil sich die »Freie Volksbühne« seit 1891 wiederholt den Angriffen der Zensur ausgesetzt sah. Nach einer am 18. April 1896 erlassenen Polizeiverordnung, nach der die beiden Volksbühnen im Einklang mit einer früheren Gerichtsentscheidung vom Januar 1892 als politische Vereinigungen eingestuft wurden, erfolgte im März 1896 auf Mehrings Initiative die Auflösung der Vereine. Es mochte ein durch die Fakten erzwungenes Eingeständnis gewesen sein, dass Mehring 1898 schließlich im Blick auf die Volksbühnen davor warnte, den »Wert dieser künstlerischen Organisationen für die moderne Arbeiterbewegung« (Mehring 1897/98, 2. Bd., 546) zu überschätzen. Wie immer Mehrings Äußerung zu werten ist – am Beginn späterer Entwicklungen, die programmatisch nach dem Zusammenhang von ästhetischer und sozialer Praxis fragen werden, steht der Schulterschluss von Naturalismus und Theatersezession. In eine vergleichbare Funktion rückten beide Volksbühnen nochmals in der Weimarer Republik, als sie – ab 1914 zum »Verband der Volksbühnen« zusammengefasst – wesentliche Impulse für Neuansätze im Bereich des proletarischen Theaters gaben (vgl. Hoffmann/Hoffmann-Ostwald 1972).

2. Themen und Formen des naturalistischen Dramas

Es liegt an der wenig übersichtlichen Situation der frühen Moderne, dass das naturalistische Drama ein außerordentlich heterogenes Gesicht besitzt. Bleibendes und bis heute Kanonisches steht neben Erzeugnissen, die dem literaturgeschichtlichen Blick weitgehend entrückt sind, auch wenn Sie für eine gewisse Zeit veritable Theatererfolge gewesen sind. So finden sich traditionelle Genres, etwa das Geschichtsdrama, das im Gefolge der Reichsgründung von 1870/71 nochmals eine gewisse (und naheliegende) Konjunktur erfährt, neben ›echten‹ Neuansätzen in der Gattungsentwicklung – man denke an die Experimentierfelder des Einakters und des intimen Dramas (s. Kap. VI.2.3), die einen entschiedenen Bruch mit der klassischen (aristotelischen) Dramatik vollziehen. Hinzu treten gewisse Übergangszonen zwischen den Genres; so wirken bestimmte Strukturelemente des französischen und deutschen Gesellschaftsstücks (Eugène Scribe, Hugo Bürger, Paul Lindau) in der naturalistischen Theatermoderne nach, auch wenn zwischen beiden schon aufgrund der unterschiedlichen literarischen Qualität kaum Zusammenhänge zu bestehen scheinen (s. Kap. VI.2.1.1).

Insofern wäre es verfehlt, die naturalistische Dramatik pauschal für innovativ halten zu wollen. Vielmehr hat man es mit einem synchronen Feld zu tun, in dem Innovationen neben Rückbezügen auf traditionelle Genres und Formen stehen, so dass die Frage nach dem Innovationsgrad einzelner Genres und Texte von Fall zu Fall einzuschätzen ist. Für den historischen Blick ist daher auch primär das **Spektrum** von Interesse, das die naturalistische Dramatik realisiert hat und das gewöhnlich hinter die wenigen kanonischen Spitzenleistungen der Zeit, namentlich der Dramen Hauptmanns, zurücktritt.

2.1 Das soziale Drama

Kanonisierungseffekte dieser Art sind aufschlussreich, weil sie sichtbar machen, in welchem Maße das Korpus der noch heute in Schule und Universität gelesenen Dramentexte weniger einem reflektierten Rezeptionsprozess als einer konkreten theatergeschichtlichen Konstellation geschuldet ist, in der der Naturalismus seinen ›Durchbruch‹ erlebte. Richtig ist, dass das soziale Drama eine genuine Entwicklung des (deutschen) Naturalismus ist und als Begriff von den Autoren der Zeit selbst verwendet wird; Gerhart Hauptmann hat sein erstes naturalistisches Drama *Vor Sonnenaufgang* ausdrücklich als »**soziales Drama**« bezeichnet. Richtig ist allerdings auch, dass sich der erwähnte Durchbruch primär einer konkreten Aufführungssituation verdankt: Als *Vor Sonnenaufgang* am 20. Oktober 1889 seine Uraufführung in Brahms »Freier Bühne« erlebte, hatte Hauptmann nicht nur unter großer öffentlicher Aufmerksamkeit als Theaterautor debütiert, sondern auch der Naturalismus seinen Durchbruch als einen »der größten Theaterskandale in der Geschichte der deutschen Literatur« (Sprengel 1984, 69) erlebt. Entsprechend hat Hauptmann diesen Durchbruch im Rückblick zur »Geburt« einer ganzen literarischen Epoche mystifiziert; noch 1937 heißt es in der *Nachlese zur Autobiographie*, dass die »Geburt meines ersten Dramas [...] zugleich das erste einer neuen deutschen Epoche war« (CA XI, 532).

Die Konstellation erklärt, warum es schon im ausgehenden 19. Jahrhundert zu jener engen **Verbindung von Naturalismus und sozialer Dramatik** kommt, die die Wahrnehmung des Naturalismus bis heute prägt. Wer den Naturalismus auf seine »sozialkritischen Intentionen« (Scheuer 1997, 91) festlegt und damit seine Elendsschilderung in den Fokus rückt, behauptet nichts grundsätzlich Falsches, reproduziert aber Merkmale, die in erster Linie die bis heute prominenten Exempel des sozialen Dramas – Hauptmanns *Vor Sonnenaufgang* und *Weber*; *Die Familie Selicke* von Arno Holz und Johannes Schlaf – prägen. Dass das »soziale Drama«, wie Hauptmann im Rückblick bemerkte, »als Postulat in der Luft [lag]« und »als Preisaufgabe [...] gelöst« (CA VII, 1078) werden musste, markiert die eine Seite dieser bis zur Identität reichenden Verschmelzung von sozialer Dramatik und Naturalismus. Dass – wie der mit Hauptmann befreundete Nationalökonom Otto Pringsheim mit Blick auf *Vor Sonnenaufgang* kritisierte – »die eigentliche soziale Frage [...] am Horizont des Sonnenaufgangs nur wetterleuchtet« (Hauptmann 1982, 175), belegt andererseits, dass über Identität und Anspruch des sozialen Dramas keineswegs Konsens bestand. Was dem bürgerlichen Publikum der »Freien Bühne« 1889 gewagt vorkam, erschien einem nationalökonomischen Beobachter wie Pringsheim als halbherzig – ein Beleg dafür, dass das soziale Drama nach 1890 ein deutungsoffenes und für verschiedene Impulse anschlussfähiges Genre blieb. Dennoch lassen sich eine Reihe thematischer und formaler Gesichtspunkte benennen, die das soziale Drama kennzeichnen:

1. Ähnlich wie der soziale Roman des Naturalismus (s. Kap. VII.2) thematisiert das soziale Drama die Folgeeffekte der sozialen und ökonomischen Modernisierung, die das ausgehende 19. Jahrhundert im soziopolitischen Kampfbegriff der **sozialen Frage** zusammengefasst hat. Hierzu zählen die veränderten Lebens- und Arbeitsbedingungen im Gefolge der Industrialisierung, demographische Strukturveränderungen wie Verstädterung und Verarmung, die neuartige, maschinell bestimmte Arbeitsdisziplin,

nicht zuletzt die wachsende ökonomische Schere zwischen Armen und Reichen. Aus der historischen Distanz ist es daher kaum zutreffend, das Verhältnis von sozialem Drama und sozialer Frage als einliges Rezeptionsverhältnis zu beschreiben; vielmehr bildet das soziale Drama – gleiches gilt für den sozialen Roman – ein produzierendes Element innerhalb der sozialen Frage.

2. Fragt man nach möglichen gattungsgeschichtlichen Traditionen, auf die sich das soziale Drama bezieht, wird man das bürgerliche Trauerspiel des 18. Jahrhunderts nennen müssen. Während das bürgerliche Trauerspiel aber einen bestimmten sozialen Konflikt – Adel vs. Bürgertum – mit entsprechenden Wertbesetzungen – adelige Verstellung vs. bürgerliche Moralität – verbindet und auf diesem Weg eine moralische Integration der dramatischen Welt erzielt, ist das soziale Drama in erster Linie **ökonomisch determiniert**. Seine Welt ist eine Welt verfestigter ökonomischer Antagonismen, die den Subjekten determinierend gegenübertreten. Entsprechend treten die Subjekte des sozialen Dramas – anders als im bürgerlichen Trauerspiel, in dem sich die Einzelnen im Vorbehalt gegenüber der adeligen Sphäre moralisch vergesellschaften – in einen klassenspezifischen, d. h. durch eine gemeinsame ökonomische Lage verbundenen Zusammenhang, um darin tendenziell ihre Individualität einzubüßen.

3. Umgekehrt sind soziales Drama und bürgerliches Trauerspiel insofern verwandt, als sie die Tendenz des 18. und 19. Jahrhunderts fortsetzen, die **dramatischen Gattungen für das soziale Schichtsystem zu öffnen**. In gewisser Weise setzt das soziale Drama lediglich die Aufnahme von sozialen Segmenten fort, die – wie die Arbeiterschaft – das Sozialspektrum des 19. Jahrhunderts ›von unten‹ her anreichern und mit Konfliktpotentialen durchsetzen. Für die Ästhetik des sozialen Dramas hat dies zwei wichtige Konsequenzen: Zum einen bricht es den homogenen Sprachstil der ›klassischen‹ Dramentradition auf. Dramatisches Sprechen organisiert sich jetzt um eine Vielzahl von Idiomen, die sich der klassischen Normsprache entziehen. Zum anderen erfolgt die soziale Charakteristik der einzelnen Figuren mit den Mitteln von Dialekt und Psycholekt. Sie sind keine Äußerlichkeiten naturalistischer Texte, sondern Ausdruck einer das Subjekt durchdringenden sozialen Realität – eines determinierenden Milieus –, das sich primär als Eigentümlichkeit von unterschiedlichen Sprachhaltungen realisiert.

4. Nicht zuletzt korrespondiert das soziale Drama mit einem ›**sozialtechnologischen**‹ **Diskurs**, der das Soziale im ausgehenden 19. Jahrhundert als einen prinzipiell planbaren, durch Einsichten in seine Entstehung und ›Gesetzmäßigkeiten‹ mindestens aber veränderbaren Horizont begreift. Vor allem bei Autoren, die – wie Zola in Frankreich und Arno Holz in Deutschland – Denkmodelle des Positivismus (Auguste Comte, Hippolyte Taine; s. Kap. III.2.2) aufgreifen, tritt das Soziale dem Menschen nicht mehr als ein metaphysisch Gegebenes, sondern gerade in seiner geschichtlichen Gewordenheit entgegen, so dass es auf der Basis von Analyse und Steuerung als prinzipiell veränderbar erscheint. Entsprechend hatten schon die Proklamationen der »Durch!«-Vereinigung von der »Neugestaltung der menschlichen Gesellschaft« gesprochen (zit. NAT, 59). Aus diesem Grund geht das soziale Drama auch nicht restlos in seinem viel beschriebenen Determinismus auf (vgl. Möbius 1982, 91 ff.). Vielmehr trägt es eine Grundspannung zwischen Determination und Veränderbarkeit aus, an der die Figuren – besonders eindringlich am Sozialreformer Loth aus Hauptmanns *Vor Sonnenaufgang* sichtbar – entweder scheitern oder sich behaupten.

2.1.1 Soziale Fragen

Gerhart Hauptmann: *Vor Sonnenaufgang* (1889)

Wie zentral die Frage einer Veränderbarkeit sozialer Zustände für die Zeitgenossen gewesen ist, belegt der Umstand, dass sich die Deutungsgeschichte von *Vor Sonnenaufgang* im Wesentlichen um das Verständnis des wankelmütigen Sozialreformers Alfred Loth bewegt hat. Zu Beginn des Dramas trifft Loth im schlesischen Witzdorf ein, dessen Bewohner, vor allem die Familie seines ehemaligen Jugendfreundes Hoffmann, durch die lokale Kohleindustrie über Nacht reich geworden sind. Loth, der als Verfolgter des Sozialistengesetzes bis vor kurzem eine Haftstrafe verbüßt hatte und nun als Redakteur einer Arbeiterzeitung tätig ist, will vor Ort »Studien« (CA I, 26) über die soziale Situation der Bergleute betreiben. Freilich ahnt er nicht, in welcher Lage sich Hoffmann und seine Familie befinden: Hoffmann ist nur mit Hilfe skrupelloser Geschäftspraktiken zu seinem Reichtum gelangt, während seine kurz vor der Entbindung stehende Frau Martha, die Tochter des alkoholabhängigen Bauern Krause, ebenfalls alkoholabhängig ist. Die Dekadenz der Familie wird durch den Umstand verstärkt, dass Frau Krause ein Verhältnis mit Wilhelm Kahl, ihrem Neffen, unterhält, und Helene, die jüngere Tochter Krauses, wiederholt den Zudringlichkeiten ihres alkoholisierten Vaters ausgesetzt ist. Im Verlauf des Stücks entwickelt sich zwischen Loth und Helene eine zarte Verbindung, die Loth, der an die erbschädigende Wirkung des Alkohols glaubt und mit Rücksicht auf seine potentiellen Nachkommen nur eine gesunde Frau heiraten möchte, allerdings abrupt beendet. Nachdem Loth durch den herbeigeholten Hausarzt der Familie, Doktor Schimmelpfennig, über die wahren Verhältnisse aufgeklärt wird, verlässt der bekennende Abstinenzler und rationalistische Sozialreformer die Szene. Das Drama schließt mit der Totgeburt des Kindes, das Hofmanns Frau erwartet hatte, und dem Selbstmord Helenes.

Auch wenn Hauptmann sein Stück als Beginn einer »neuen deutschen Epoche« verstanden hat, zehrt es doch von formalen Vorbildern und überaus zeittypischen Semantiken. Zunächst sind Thema und Konfiguration des Stücks erkennbar von **Leo Tolstois** fünfaktigem Drama *Die Macht der Finsternis* (dt. 1887) inspiriert: Hier wie dort wird die moralische Korruption der Bauern durch den unheilvollen Einfluss des Geldes ausgelöst, hier wie dort bewegen sich die Figuren durch ein von Alkoholismus und inzestuösen Verstrickungen geprägtes Milieu, und hier wie dort bewirkt ein dem Geschehen zunächst fernstehender Einzelner (Akim bzw. Loth), dass die im verborgenen liegenden Verhältnisse schließlich enthüllt werden. Nicht zuletzt ist die in *Vor Sonnenaufgang* vollzogene Verknüpfung von Degeneration und Vererbung von Ibsens *Gespenstern* beeinflusst.

Seine Zeitnähe signalisiert Hauptmanns Drama vor allem dadurch, dass es die zeittypischen Spekulationen um einen erblichen Alkoholismus aufnimmt. Hauptmann hat in diesem Zusammenhang nicht nur auf die Eindrücke eines neunmonatigen, von den Forschungen des Psychiaters **Auguste Forel** (1848–1931) geprägten Zürich-Aufenthalts zurückgegriffen, sondern zudem eine seinerzeit viel gelesene Abhandlung aus der Feder Gustav Bunges (1844–1920) konsultiert, die unter dem Titel *Die Alkoholfrage* (1887) eindringlich die physischen, psychischen und sozialen Folgeschäden des Alkoholmissbrauchs thematisierte (vgl. Bellmann 1997, 13 ff.). Nicht zuletzt beleiht der Text **biblische Motive**, die in die Loth-Figur eingehen. Ursprünglich hatte das Stück *Der Säemann* heißen sollen – eine Anspielung auf das neutestamentliche Bild von der

Ausbreitung des Gotteswortes als Ackersaat (Matthäus 13, 3–23). Entsprechend ist in der Loth-Figur eine Anspielung auf jenen biblischen Lot zu sehen, der als Fremder aus der sündigen Stadt Sodom flieht, um dem Zorn Gottes zu entkommen. Seine Frau dagegen – dies eine Parallele zum Schicksal Helenes – erstarrt zur Salzsäule und muss in Sodom zurückbleiben (1. Mose 19, 1–26).

Das inkonsequente Verhalten Loths hat die Forschung lange Zeit Zuflucht zu moralischen Einschätzungen – von einem »entmenschlichten Sklaven seiner abstrakten Ideen« (Cowen 1973, 162) hatte etwa Roy C. Cowen gesprochen – oder zu Thesen über die vermeintliche Vorläuferschaft Loths für die späteren Entwicklungen von Eugenik und Rassehygiene finden lassen (für einen Überblick über die Forschungspositionen vgl. Bellmann 1997, 12 f.; Sprengel 1984, 71 f.). Auch wenn Hauptmann seiner Hauptfigur erkennbar Züge seines Freundes Alfred Ploetz (1860–1940), dem späteren Rassetheoretiker, verliehen hat (vgl. Tank 1974, 100), muss sich das Verständnis des Dramas doch primär an der Frage bemessen, welche formalen Lösungen es für seine Darstellungsabsicht findet, zumal es sich um das erste Exempel eines sozialen Dramas handelt, das um 1890 auf keine eingespielten Strukturlösungen zurückgreifen konnte.

1. Auffällig ist, dass die Informationsvergabe im Text nicht chronologisch, d. h. nicht im fortschreitenden Gang des dramatischen Geschehens erfolgt. Hauptmann wählt vielmehr die von Ibsen vielfach genutzte Technik des **analytischen Dramas**. Der Text folgt einer Enthüllungsstruktur, die den Bühnenkonflikt als Folge von zeitlich vorausliegenden Ereignissen und Verstrickungen durchschaubar macht. Als Schlüssel dieses analytischen Verfahrens dient der für das naturalistische Drama kennzeichnende ›Bote aus der Fremde‹, der – wie Loth – ›von Außen‹ auf die Verhältnisse trifft und damit eine Kette von Reaktionen auslöst, die die Hintergründe des Geschehens – zum einen Hoffmanns Geschäftspraxis, zum anderen den erblich bedingten Verfall der Familie Krause – enthüllen. Entscheidend ist, dass diese Entlarvung der Verhältnisse in einer Weise geleistet wird, die – wie Peter Szondi betont hat – eigentlich für narrative Texte kennzeichnend ist: »In der Maske Loths tritt das epische Ich auf. Die dramatische Handlung selbst ist nichts anderes als die thematische Travestie des epischen Formprinzips: Der Besuch Loths bei der Familie Krause gestaltet im Thematischen das formbegründende Herantreten des Epikers an seinen Gegenstand« (Szondi 1963, 66). Technisch betrachtet, beruht *Vor Sonnenaufgang* auf einer **epischen Vermittlungssituation**: Anders als im herkömmlichen Drama, in dem die Figurenrede unmittelbar an den Zuschauer adressiert ist, tritt in der Epik zwischen die dargestellte Welt (Diegese) und den Leser eine Vermittlungsfunktion – der Erzähler –, der das Geschehen präsentiert und beglaubigt. Analog verhält es sich mit der Figur Loths: Ohne sie und die Reaktionen, die sie im epischen »Herantreten« (Szondi) an die Verhältnisse – den ›dramatisch-epischen Gegenstand‹ – auslöst, bliebe die Situation wie ihre Vorgeschichte für den Zuschauer intransparent; insofern fungiert Loth als dramatisiertes Äquivalent der Erzählerfunktion.

Für das soziale Drama ergibt sich daraus der paradoxe Befund, dass sein sozialer Konfliktgehalt – strenggenommen – nicht eigentlich dramatisch entfaltet wird. Zugespitzt formuliert, ist **das Soziale bereits eine Grenze des Dramatischen**, weil es mit den konventionellen dramatischen Mitteln nicht darstellbar ist. Zwar verwendet auch Hauptmanns *Vor Sonnenaufgang* die dramatische Struktur von Rede und Gegenrede, aber weder folgt es der überlieferten dramatischen Tektonik mit Konfliktschürzung und einem entsprechenden Spannungsaufbau, noch ist der soziale Konflikt – anders als in der Tradition des Trauerspiels – als Konflikt antagonistischer Figuren gestaltet. Vielmehr ist er in einen von der dramatischen Rede getragenen epischen Bericht verlegt; fast alles, was im Prozess der dramatischen Enthüllung preisgegeben wird, trägt sich in einem Bericht zu, der an die Stelle der Handlung das Erzählen setzt – dies gilt für die den familiären »Sumpf« (CA I, 56) entlarvenden Dialoge zwischen Hoffmann und Helene im dritten Akt, für die Bekenntnisse Helenes im zweiten Akt, die zur Annäherung an Loth führen, wie für die Enthüllungen des fünften Akts, in denen Dr. Schimmelpfennig Loth über die wahren Verhältnisse – »Suff! Völlerei, Inzucht und infolge davon – Degeneration auf der ganzen Linie« (ebd., 88) – aufklärt.

2. Im Gegenzug zu den sozialkritischen Deutungstraditionen des Stücks ist auf dessen **metapoetische Dimension** hinzuweisen (vgl. Ort 2004). Wenn sich Loth und Helene im zweiten Akt in einem räumlich abgesonderten »Obstgarten« (CA I, 45) begegnen, dient die Szene nicht nur einer einlässlichen Debatte über persönliche Lektürevorlieben. Sie besitzt vor allem die Funktion, die Grenzen und Leistungen jener ›sozialen‹ Literatur zu thematisieren, die das Kernmoment der naturalistischen Ästhetik markiert. Damit tendiert das Stück dazu, sein eigenes literarisches Programm als ›soziales Drama‹ und insofern die Bedingungen des Dramentextes selbst zu verhandeln.

Dabei ist es die gemeinsame Überzeugung Loths und Helenes, dass die Frage nach der Funktion der Literatur nur unter den Bedingungen einer Moderne gestellt werden kann, die in ihren kollektiven Pathologien und dekadenten Hinfälligkeiten als »harter Kampf« (ebd., 47) verstanden werden muss. Helenes Plädoyer fällt vor diesem Hintergrund – bedenkt man ihre pietistische Sozialisation (vgl. ebd., 27, 74) – zugunsten einer identifikatorischen Lektüre aus, die das eigene psychische Leid bezeichnenderweise in Goethes Briefroman *Die Leiden des jungen Werther* (1774) wiederentdeckt – eine prägnante intertextuelle Konstellation, insofern die empfindsame Ästhetik des *Werther* tatsächlich ja wesentliche Impulse aus dem Pietismus des 18. Jahrhunderts empfangen hatte. Loth seinerseits hält Goethes *Werther*, diesem »Buch für Schwächlinge« (CA I, 46), zwei Alternativen entgegen. Zum einen Felix Dahns historischen Roman *Ein Kampf um Rom* (1876), der einem »vernünftigen Zweck« folge, weil er »die Menschen« – dies erkennbar eine Erbschaft des bürgerlichen Ideal-Realismus (vgl. Eisele 1982; Plumpe 1985) – »nicht, wie sie sind, sondern wie sie einmal werden sollen« (CA I, 46), darstelle. Zum anderen die Naturalisten Zola und Ibsen, die Loth allerdings mit dem Argument aus jeder ›wahren‹ Literatur ausschließt, ihre Texte böten lediglich »Medizin« für Kranke: »Es sind gar keine Dichter, sondern notwendige Übel, Fräulein. Ich bin ehrlich durstig und verlange von der Dichtkunst einen klaren, erfrischenden Trunk. – Ich bin nicht krank. Was Zola und Ibsen bieten, ist Medizin« (ebd.). Die argumentative Pointe des Textes besteht darin, dass sie im Namen Zolas und Ibsens die eigene naturalistische Textästhetik aufruft und sie zugleich als bloße »Medizin« diskreditiert. Für den ›gesunden‹ Menschen, der »von der Dichtkunst einen klaren, erfrischenden Trunk« (ebd.) erwartet, erfüllt die naturalistische Textästhetik offenbar keine positive Funktion; sie ist ein bloßes Therapeutikum für diejenigen, die an der Moderne und der »Verkehrtheit« ihrer »Verhältnisse« (ebd., 47) leiden, bleibt darin aber unweigerlich in die Pathologien dieser Moderne verstrickt.

Für das Verständnis des Dramas besitzt diese »**autoreflexive Poetologie**« (Ort 2004, 146) den Vorzug, dass sie einerseits an seine leitenden Semantiken, insbesondere an den anspielungsreichen Titel anschließbar ist, andererseits aus den Verengungen einer bloß moralisierenden Interpretation herausführt. Genau besehen nämlich korrespondiert die im Dialog geäußerte Selbstrücknahme der naturalistischen Ästhetik, d.h. bloße »Medizin«, aber kein »Trunk« (CA I, 46) im »Interesse des Fortschritts« (ebd., 47) zu sein, mit dem Scheitern von Loths eigenem sozialreformerischen Projekt. Loths Rückzug ist weniger (wenngleich auch) als moralisches Versagen, als vielmehr als Ausdruck einer historischen Situation zu verstehen, in der der »Sonnenaufgang« des sozialreformerischen »Fortschritts« – noch – auf der Schwelle zu seiner Realisierung verharrt. Offenkundig befindet sich der sozialinterventionistische Naturalismus, dessen Möglichkeiten und Grenzen der Text verhandelt, metaphorisch noch *vor* »Sonnenaufgang«, und man wird Loths irrationalistischen Glauben an die ›Gesetze‹ der Vererbung, die ihn vor den realen Verhältnissen flüchten lassen, als Eingeständnis werten müssen, dass die eigene sozialreformerische Vernunft auf ihrer Kehrseite alles andere als rational und ›gesund‹, vielmehr selbst noch mythisch ist.

Gerhart Hauptmann: *Die Weber* (1892)

Wie kaum ein anderes Drama der naturalistischen Ära stellt Hauptmanns 1893 uraufgeführtes »Schauspiel« *Die Weber*, Ende 1891 zunächst in einer Dialektfassung unter dem Titel *De Waber* fertig gestellt, den Inbegriff der naturalistischen Dramatik dar. Franz Mehring hatte schon im Jahr der Uraufführung geurteilt, dass sich »keine dichterische Leistung des deutschen Naturalismus […] nur entfernt mit den ›Webern‹ messen [kann]« (zit. NAT, 766 f.), während Peter Sprengel noch 1997 vermerkte, dass »Hauptmanns *Weber* […] ohne Zweifel als das bedeutendste soziale Drama bezeichnet werden [können], das die deutsche Literatur hervorgebracht hat« (Sprengel 1997, 108). Bezeichnenderweise ist kein Drama der Epoche in seinen historischen und entstehungsgeschichtlichen Voraussetzungen so umfassend dokumentiert wie *Die Weber* (vgl. nur Schwab-Felisch 1959).

Die Prominenz des Stücks beruht auf einem nicht ganz leicht zu entwirrendem Komplex aus unbestreitbaren literarischen Qualitäten und sehr spezifischen historischen Konstellationen, die die Rezeption der *Weber* bereits früh festgelegt haben; insofern hat sich jede Beschäftigung mit Hauptmanns Drama durch eine Schicht an rezeptionsgeschichtlichen Vorentscheidungen zu bewegen, die dem Verständnis des Stücks nicht in jedem Fall dienlich gewesen sind.

1. Hauptmanns Stoffwahl – im Mittelpunkt des Dramas steht die Revolte der schlesischen Leinen-Arbeiter vom Juni 1844 – darf nicht darüber hinwegtäuschen, dass es sich um eine **Re-Aktualisierung** von Ereignissen handelt, die um 1890 tendenziell historisch geworden waren. Die zugespitzte Situation des Jahres 1844, in der sich die im Gefolge der industriell fortgeschrittenen französischen und englischen Konkurrenz angespannte Lage der deutschen Weber Luft machte, erlebt in den Jahren 1890/91 angesichts der unveränderten Situation der schlesischen Textilarbeiter zwar nochmals eine gewisse Aktualität, dennoch handelte es sich um ein Problem, das erst allmählich in die öffentliche Wahrnehmung zurückfand. Maßgeblich Anteil hieran hatte ein Artikel der *Vossischen Zeitung*, der ausführlich über eine Petition der Weber an den Kaiser (15. Juni 1890) berichtet. Entsprechend beruht Hauptmanns Aneignung des Stoffs – erste Pläne gehen auf das Jahr 1888 zurück, die eigentliche Arbeit beginnt im Juni 1890 – auf zeitgenössischen Darstellungen, die sich ihrem Gegenstand zum Teil aus einer rund 40-jährigen Distanz nähern (darunter Alfred Zimmermanns *Blüte und Verfall des Leinengewerbes in Schlesien* von 1885).

2. Hauptmanns *Weber* sind nicht ohne die **literarische Tradition** zu verstehen, an die sie anknüpfen. Schon die Autoren des Vormärz hatten die Ereignisse des Jahres 1844 mit einer Flut an publizistischen und literarischen Texten begleitet – darunter Georg Weerth mit einem Fragment gebliebenen Weber-Roman, Erzählungen aus der Feder von Ernst Willkomm (*So lebt und stirbt der Arme*) und Otto Ruppius (*Eine Weberfamilie*) und – nicht zuletzt – bis heute vergleichsweise populären Gedichten Heinrich Heines (*Die schlesischen Weber*) und Ferdinand Freiligraths (*Aus dem schlesischen Gebirge*). Überaus prominent war zudem ein Gemälde von Carl Wilhelm Hübner (*Die schlesischen Weber*, 1844), das freilich noch stark der Bildsprache absolutistischer Herrscherdarstellungen verpflichtet war. Hauptmanns eigene programmatische Nähe zum Vormärz kam in einem Bekenntnis zu Georg Büchner zum Ausdruck, dem er 1887 im »Durch!«-Verein einen Vortrag gewidmet hatte. »Wir waren Ideologen des Vormärz« (zit. Sprengel 1997, 111), bekannte Hauptmann noch Jahre später.

3. Die literaturwissenschaftliche Rezeption der *Weber* ist bis heute von einer »**hochgradig politisierten Wahrnehmung**« (Fähnders 2010, 49) geprägt. Sie resultiert weniger (wenngleich auch) aus dem Umstand, dass das Stück schnell eine Projektionsfläche für die ideologischen Bedürfnisse der Arbeiterbewegung bot (immerhin konnte sie die historischen Ereignisse von 1844 ja als Teil ihrer eigenen Vorgeschichte deuten). Vielmehr ist sie eine Folge der anhaltenden Zensurprozesse, die die Uraufführung der *Weber* zwischen Februar 1892 und Januar 1893 zunächst immer wieder verhinderten und auch über sie hinaus begleiteten; so noch 1894, als die Freigabe der *Weber* ausschließlich für das Deutsche Theater, nicht aber für das Breslauer Lobe-Theater, erteilt wurde, oder 1895, als eine Aufführung der *Weber* in Hannover untersagt wurde (erst 1901 erfolgte die Freigabe in Sachsen). Als Kaiser Wilhelm II. wegen »demoralisierender Tendenz« im Oktober 1894 die Kaiserloge im Deutschen Theater kündigte und *Die Weber* im Februar 1895 gar Gegenstand einer Debatte des Preußischen Abgeordnetenhauses wurden (vgl. Schwab-Felisch 1959, 262 ff.), war das Stück endgültig zu einem Politikum ersten Grades geworden.

Gleichwohl handelt es sich im Falle der *Weber* nicht nur um den »spektakulärsten politischen Zensurprozess der deutschen Literatur« (Brauneck 1974, 50 ff.). An der Deutungsgeschichte des Stücks lässt sich zugleich studieren, wie die **Wahrnehmungsbedingungen der historischen Rezeptionssituation kurzerhand in ein Interpretationsschema des Textes verwandelt wurden** (für die entsprechenden marxistischen und sozialkritischen Traditionen vgl. Hoefert 1982, 107; Jacobs 1981, 233 ff.; Sprengel 1984, 98 ff.). Am deutlichsten tritt dieses Deutungsschema, das geradezu zwanghaft nach dem sozialkritischen Potential des Stücks fragt, an den Vorbehalten hervor, mit denen die Forschung dem fünften Akt der *Weber* begegnet ist. Ähnlich wie schon im Falle von *Vor Sonnenaufgang* hat sich das Verständnis des Stücks bevorzugt an der Frage entzündet, wie das Verhalten einer einzelnen Figur – hier des alten Hilse – zu bewerten ist, die sich aus religiösen Gründen nicht am Aufstand der marodierenden Weber beteiligt, dennoch von einer Kugel der heranrückenden Militärs getroffen wird und ›sinnlos‹ stirbt. Insbesondere dieser Schluss ist immer wieder als Inkonsequenz des Stücks gewertet worden (vgl. für einen Überblick Hoefert 1982, 20 f.).

Allerdings wirkt die Inkonsequenz dieser Schlussfügung nur dort so nachhaltig, wo die Interpreten eine eindeutige sozialkritische Stellungnahme des Textes erwarten. Solche Erwartungen entsprechen einer Bemerkung von Karl Marx, der vom »theoretischen und bewußten Charakter« (zit. Kroneberg/Schloesser 1979, 227) der

Weber-Revolte gesprochen hatte – eine Äußerung, die den spontanen und ungeregelten Charakter des historischen Aufstands nachhaltig verkennt. Einen bewussten, gar theoretischen Charakter besitzt die Weber-Revolte in Hauptmanns Drama nicht.

Entsprechend präsentiert es sein Geschehen nicht mehr in Form eines linearen Spannungsbogens, sondern nach dem Muster einer multidimensionalen **epischen Reihung**: Jeder der fünf Akte trägt sich mit wechselndem Personal auf immer anderen Schauplätzen zu, so dass ›der‹ Weber-Aufstand in diskontinuierliche Teilbewegungen und immer andere Konstellationen auseinandertritt. Der erste Akt spielt im schlesischen Peterswaldau in der Villa des Textilfabrikanten Dreißiger, wo die Weber, die nach und nach ihre Ware abliefern, ihr »schäbiges Almosen« (CA I, 335) empfangen. Als der junge Weber Bäcker, der Tags zuvor noch mit einigen Gleichgesinnten das berüchtigte Weber-Lied gesungen hatte, gegen Dreißigers Preispolitik revoltiert, schreitet der Fabrikant unter Drohungen selbst ein. Bevor es allerdings zur offenen Revolte kommt, bricht ein entkräfteter Weberjunge ohnmächtig zusammen, was vorerst vom schwelenden Konflikt ablenkt. Der zweite Akt spielt im ärmlichen »Stübchen des Häuslers Wilhelm Ansorge« (ebd., 351). Nachdem die Kinder viele Stunden hungernd auf den Vater gewartet haben, trifft er in Begleitung des jungen Soldaten Moritz Jäger endlich ein. Jäger, der aus seiner oppositionellen Haltung keinen Hehl macht und einige Strophen aus dem Weber-Lied vorträgt, führt den Webern ihre prekäre Situation vor Augen. Mit Ansorges Drohung, die Situation nicht mehr länger ertragen und zur offenen Revolte schreiten zu wollen, endet der Akt. Schauplatz des dritten Aktes ist eine »Schenkstube« (ebd., 381) in Peterswaldau, in der sich die Weber nach und nach versammeln. Die ohnehin revolutionsbereite Stimmung wird zusätzlich angefacht, als Kutsche, der Dorfgendarm, das gemeinschaftliche Singen des Weber-Lieds untersagt. Erregt ziehen die Weber auf die Straße, um vor Dreißigers Villa gegen die Verhältnisse zu protestieren. In einem weiteren Wechsel des Schauplatzes spielt der vierte Akt im Privat-Salon Dreißigers, in dem sich das Ehepaar Dreißiger, Pastor Kittelhaus und Weinhold, der Hauslehrer der Familie, zu einer Partie Whist zusammengefunden haben. Die Weber stören die Zusammenkunft lautstark, woraufhin Dreißiger Moritz Jäger verhaften lässt. Jäger allerdings entzieht sich kaltblütig seiner Verhaftung. Als in der Villa bekannt wird, dass die Weber Jäger unterstützt haben, bricht unter den Anwesenden Panik aus. Während Dreißiger flieht, beginnen die Weber mit der Plünderung des Anwesens. In der Stube des alten Hilse – der Schauplatz des fünften Aktes – berichtet der Lumpensammler Hornig von der Revolte. Hilse, der an eine Änderung der Verhältnisse nicht glauben mag und seine »Gewißheet« (ebd., 463) auf das Jenseits richtet, bestreitet die Berechtigung des Aufstands als »Satansarbeit« (ebd., 459). Inzwischen ziehen die Weber auf Langenbielau. In einer letzten Eskalation der Ereignisse wird Hilse zufällig Opfer einer Kugel, die die heranrückenden Militärs irrtümlich auf den alten Mann abgegeben haben.

Schon die Aktstruktur macht deutlich, worin das Problem einer auf einen eindeutigen politischen Gehalt abzielenden *Weber*-Deutung besteht. Nicht nur entzieht sich das Stück aufgrund seiner seriellen Anlage dem traditionellen »Gegeneinander von Aktion und Gegenspiel« (Jacobs 1981, 230), es präsentiert in der Abfolge der Milieus auch viel eher soziologisch-mentale ›Ansichten‹ seines ökonomischen Konflikts, so etwa in der äußersten Milieudifferenz zwischen zweitem und viertem Akt. Den radikalsten Bruch mit der Dramenkonvention vollzieht Hauptmann dort, wo er an die Stelle des herkömmlichen Einzelhelden ein **dramatisches Kollektivsubjekt** setzt. Schon der erste Akt, der den Gesetzen der klassischen Dramaturgie zufolge den zentralen Konflikt samt seiner individuell-psychologischen Motivation exponieren müsste, führt keine autonomen Subjekte, sondern Einzelne vor, die sich in der gleichförmigen Revue ihres Auftretens zu einem sozial-ökonomischen Gesamtprotagonisten vergemeinschaften – darin, und nicht in einer von der Tektonik des Dramas abgelösten sozialkritischen ›Botschaft‹, ist ›das Soziale‹ des sozialen Dramas zu sehen. Zu dieser Tektonik gehört auch das ominöse Weber-Lied, das leitmotivartig wiederkehrt und in seiner agitatorischen Wirkung zudem den affektiven, irrational-triebhaften Charakter des Aufstands verdeutlicht.

Hauptmanns *Weber* korrespondieren in dieser Hinsicht mit einem zeitgenössischen Diskurs, dessen Gegenstand – die Masse – zu den großen kulturellen Beunruhigungen des ausgehenden 19. Jahrhunderts zählt (s. Kap. III.1.2). »Der Proletarier«, so hatte schon Brecht mit Blick auf *Die Weber* geurteilt, »betritt die Bühne, und er betritt sie als Masse« (Brecht XIX, 364). Auch wenn das Stück die Masse, anders als der Expressionismus, nur selten unmittelbar auf die Bühne bringt und sie allenfalls indirekt vergegenwärtigt – so soll im vierten Akt »von unten [...] das dumpfe Geräusch einer großen, versammelten Menschenmenge« heraufdringen (CA I, 435; vgl. auch ebd., 441, 457, 463, 475) –, stehen *Die Weber* doch am Beginn einer literaturgeschichtlich **neuartigen Dramaturgie der Masse** (vgl. Graczyk 1993). Masse steht bei Hauptmann wie in den zeitgenössischen massenpsychologischen Überlegungen (Gustave Le Bon, Scipio Sighele) für einen regellosen Kollektivkörper, der sich spontan, ohne ersichtliche innere Organisation, bildet und seine »Gewalt« (CA I, 471) in immer neuen Erregungskurven und Eskalationen entlädt. Entsprechend erweisen sich die Weber als zunehmend fanatisiert, so dass die Aktschlüsse, nach einem eher »episch-deskriptiven« (Jacobs 1981, 231) Beginn, durchgängig einen »tumultuarischen« (CA I, 437) Charakter gewinnen. So verfallen einzelne Figuren »in delirante Raserei« (ebd., 379; vgl. auch ebd., 461) oder sprechen – in »plötzlicher Aufwallung« (ebd., 375) – »mit wachsender Ekstase« (ebd., 479; vgl. auch ebd., 403) bzw. »mit steigender Erregung« (ebd.).

Für die Deutung des kontrovers diskutierten fünften Akts (vgl. Sprengel 1984, 87 ff.; Sprengel 1997, 141 ff.) gewinnen damit Interpretationsvorschläge an Plausibilität, die die revolutionären Impulse des Textes nicht überbewerten. Seine Verankerung im Massendiskurs der Zeit erklärt vielmehr den **kontingenten Charakter**, mit dem die revolutionären Ereignisse als ein ziel- und planloses Geschehen entkräftet werden. Zum einen nämlich lassen die revoltierenden Massen einen organisierten politischen Willen nicht erkennen; sie zerlaufen buchstäblich in heterogene Ströme und Absichten: Während einige Weber den »Reichen de Häuser ieberm Koppe« anzünden möchten, andere »de Beamten hochnehmen« wollen, ziehen wieder andere »nach Breslau«, um weiteren »Zulauf« (CA I, 469) zu bekommen. Zum anderen rückt der Schluss den alten Hilse und seine religiösen Vorbehalte gegen das »sträfliche Werk« (ebd., 459) der Revolution völlig unvorbereitet in den Mittelpunkt. Dieser Schluss, der mit einem zufälligen Tod endet, ist weder als »Wendung [...] ins Geistliche« (May 1964, 165) oder als Kritik eines unpolitischen Bewusstseins (vgl. Cowen 1973, 196; Münchow 1968, 102), noch als Bild für die Unausweichlichkeit der politischen Parteinahme (vgl. Herting 1961, 67; Hilscher 1969, 146), geschweige denn als »zynisch gezeichnete Märtyrertragödie« (Szondi 1963, 72) zu verstehen. Nicht nur ist die Wahl der Figurenperspektive – Hilse und sein quietistisches Vertrauen auf das himmlische »Gericht« (CA I, 463) – beliebig (aus der Vielzahl der Figuren hätte mit ähnlicher

Berechtigung auch eine andere gewählt werden können), der vermeintlich existenzielle Schlussgestus – der Tod eines Unschuldigen – entlarvt sich zudem als ein Zufall, der das gesamte Geschehen in die ›Blindheit‹ des historischen Moments taucht (sieht man davon ab, dass die *Weber*, wie viele andere naturalistische Dramen auch, nur unter Schwierigkeiten zu einem motivierten Schluss finden; vgl. Grimm 1978, 36; Scheuer 1991, 409; Sprengel 1984, 86 ff.). Gegenüber der Deutungsalternative, ob Hauptmanns Drama seine sozialrevolutionären Intentionen verwirklicht hat oder nicht, liegt der Sinn des Textes in einer **unaufgelösten Spannung**, die nicht die Legitimität der sozialen Revolte in Frage stellt, wohl aber den historischen Moment und ihre soziale Form. So notwendig die entfachte revolutionäre Gewalt ist, so wenig kalkulabel ist sie in ihrer Kontingenz.

Hermann Sudermann: *Die Ehre* (1889)

Man wird dem Spektrum des sozialen Dramas nicht gerecht, berücksichtige man nur die literaturgeschichtlichen Spitzenleistungen der Epoche. So kanonisch einzelne Texte Hauptmanns für die literarische Moderne sind – den einhelligsten Theatererfolg hat dem Naturalismus ein anderer Autor bereitet. Als am 27. November 1889 – nur fünf Wochen nach der Premiere von *Vor Sonnenaufgang* – **Hermann Sudermanns** (1857–1928) Schauspiel *Die Ehre* uraufgeführt wurde, erlebte das Berliner Lessing-Theater einen Begeisterungssturm, der nachhaltig bewies, dass sich naturalistische Theaterästhetik und kommerzielle Theaterinteressen nicht ausschließen müssen. Sieht man von Alfred Kerr ab, der gegen das Stück sofort eine »tiefe Abneigung« (Kerr 1917, I, 220) empfand und den »Knallerbsenschmeißer« Sudermann fortan nachgerade mit Hass verfolgte, so war die Begeisterung einhellig; noch über das Tagesgeschehen hinaus hielten ihn so unterschiedliche Temperamente wie Heinrich Mann, Harry Graf Kessler, George Bernard Shaw und James Joyce für ein epochales Theaterereignis. »Wer diesen Tag«, so erinnerte sich Otto Neumann-Hofer noch 1929 an die Uraufführung, »nicht selbst miterlebt hat, kann sich keine rechte Vorstellung von der Wirkung des Ereignisses machen. Das Publikum war wie berauscht; etwas Neues und Unerhörtes schien in sein Leben getreten zu sein« (zit. Witte 1997, 114).

Die Einhelligkeit des Urteils ist deswegen ungewöhnlich, weil sie Parteigänger des Naturalismus – Heinrich Hart lobte die »lebensvolle Charakteristik« (Hart IV, 294) des Stücks – und Gegner – Karl Frenzel sprach 1890 vom »Triumph der realistischen Richtung« und der »Entdeckung eines hervorragenden dramatischen Talents« (zit. Witte 1997, 115) – in ihrer Einschätzung miteinander versöhnte. Dass das Lessing-Theater Sudermanns *Ehre* noch über einhundertmal vor ausverkauftem Haus spielte, entspricht der weiteren Erfolgsgeschichte des Stücks: In seiner ersten Spielzeit wurde *Die Ehre* an 151, in der zweiten an 61 Theatern inszeniert; noch Jahre später folgten Übersetzungen u. a. ins Japanische und Verfilmungen des Stoffs; die Buchausgabe des Stücks erreichte bis Ende der 1920er Jahre eine Auflage von fünfundsechzig Tausend (vgl. Nohl 1973).

Die Erfolgsgeschichte der *Ehre* erklärt sich zu einem erheblichen Teil aus dem **ambivalenten Gattungsprofil** des Textes. Anders als Hauptmann kombiniert Sudermanns »soziales Schauspiel« Kennzeichen zweier Genres, die vordergründig wenig gemein haben, bei genauerem Zusehen aber eine Allianz bilden, die für die naturalistische Dramatik keineswegs ungewöhnlich ist. Einerseits nämlich entspricht der Text in seiner Konfrontation zweier sozialer ›Klassenlagen‹ – hier die symbolisch im »Hinterhaus« lebende, deklassierte Familie Heinecke, dort das repräsentative Milieu des Kommerzienrats Mühlingk und seiner Familie – dem sozialen Dramentyp Hauptmanns (ursprünglich war das Drama geradezu klassenkämpferisch *Zweierlei Ehre* betitelt). Andererseits weist der Text Kennzeichen des **Gesellschafts- und Konversationsstücks** auf; dazu zählt die genretypische Figur des Räsonneurs (Graf Trast), die Technik des *deus ex machina*, d. h. die ›von außen‹ eintretende und nicht aus dem dramatischen Konflikt selbst resultierende Lösung, das ostentative Beiseitesprechen der Figuren, nicht zuletzt das recht unvermittelte Happy End.

Inhaltlich folgt der Text einem literarisch traditionsreichen Thema (vgl. Frühwald 1983; Schultz 1996). Robert Heinecke, seit neuneinhalb Jahren Commis des Berliner Kaffeeunternehmens Mühlingk, kehrt in sein proletarisches Elternhaus, das »Hinterhaus« auf dem Anwesen des Kommerzienrats Mühlingk, zurück. Dort wird er mit der Schande seiner jüngsten Schwester Alma konfrontiert. Alma ist, unterstützt von den aus materiellen Interessen der Kuppelei zugeneigten Eltern, eine Liaison mit Curt, dem Sohn des Kommerzienrats, eingegangen. Robert, der sich seiner Familie entfremdet hat und aus dem Gefühl einer unüberwindlichen Klassenlage heraus zudem der stillen Neigung zu Lenore, der integren Tochter der Mühlingks, nicht nachgeben will, bleibt nach den Gesetzen des Ehrenstandpunkts nur, auf Genugtuung zu drängen. Satisfaktion aber gewährt allein eine Duellforderung oder eine Heirat zwischen Curt und Alma. Bevor es dazu kommt, stellt der Kommerzienrat den beglückten Heineckes ein auf 40.000 Mark bemessenes »Abstandsgeld« (E 72) in Aussicht; eine Lösung, in der Robert eine erneute Ehrenrührigkeit erblickt. In einer nochmaligen Wendung der Ereignisse ernennt Graf von Trast-Saarberg, Roberts väterlicher Freund und finanzkräftiger Großunternehmer, Robert zum Teilhaber und späteren Erben; einer Heirat mit Lenore steht damit nichts mehr im Wege. Wenn der Vorhang fällt, hat das allmächtige Kapital alle Ehrenfragen gelöst.

Vor allem diese plakative Schlusswendung hat Sudermanns Schauspiel einen zweifelhaften Ruf eingetragen. Die Gründe sind weniger im Text selbst, als in einer Naturalismus-Forschung zu suchen, zu deren Selbstverständlichkeiten es gehört, Texte auf ihre sozialkritischen Impulse zu befragen, um sich mit Hinweis auf ihre ideologische Befangenheit wieder enttäuscht von ihnen abzuwenden. So ist an Sudermanns Stück die Inkonsequenz moniert worden, mit der sich die Konflikte zu keinem »wirklichen Klassenkampf« (Cowen 1973, 164 f.) verdichten, weil die »ökonomischen ›Realitäten‹« – der »insgeheim affirmativen Tendenz« des Stücks zufolge – »als naturgegeben und unabänderlich dargestellt werden« (Eilert 1997, 61).

Deutungen dieser Art verfehlen die spezifische Perspektive, die die soziale Thematik im Stück einnimmt. Ihr Fokus ruht gerade nicht auf den klassenkämpferischen Ambitionen, die in der ursprünglichen Titelwahl (*Zweierlei Ehre*) angeklungen waren, sondern auf der **Ehre als soziokultureller Norm**. Darin rührt das Stück an eine für das 19. Jahrhundert überaus brisante Problemstellung. Ute Frevert hat in ihrer Studie über das Duell in der bürgerlichen Gesellschaft gezeigt, in welchem Ausmaß die bürgerliche Kultur auf ein Ehrritual verpflichtet war, das die Verhaltensstruktur tausender deutscher Männer geprägt hat (vgl. die Statistik bei Frevert 1991, 269 ff.). Noch 1907 erscheint die Ehrenfrage dem Preußischen Herrenhaus nicht nur als eines der »brennendsten« Probleme, »die in der gegenwärtigen Zeit die Welt bewegen«, sondern auch »im engsten Zusammenhang [...] mit der allgemeinen sozialen Frage«

zu stehen (Stenographische Berichte 1907, 169 bzw. 172). Tatsächlich berufen sich auf den Ehrenkodex im 19. Jahrhundert ja nicht mehr, wie noch im 17. und 18. Jahrhundert, Leute ›von Stand‹, sondern Angehörige einer sozialen Formation, die sich auf dem Weg der Sozialintegration von Adel und (gehobenem) Bürgertum herausgebildet hat; faktisch schließen sich in dieser »satisfaktionsfähigen Gesellschaft« (Elias 1989, 61 ff.) Adelige, die Offizierskorps und bürgerliche Berufsgruppen (Ärzte, Rechtsanwälte, Beamte, Professoren, seit ca. 1880 auch zunehmend Unternehmer) zusammen, die auch über die nach 1850 durchgreifenden juristischen Sanktionen hinweg an der Duellpraxis festhalten (vgl. Dieners 1992, 98 ff., 211 f.; Fürbringer 1988, 211). Angereizt wurde dieses »sportmäßige« (August Bebel) Ritual zudem durch die Sonderstellung der weiblichen Ehre: Soweit sich Frauen ehrenrührig verhalten hatten, trat der Duellzwang auf den Mann über; eine Stellvertretungslogik, die der Konstellation des Sudermannschen Dramas exakt entspricht.

Zentral für das Verständnis des Textes ist die eigentümliche Brechung, die die Ehren-Norm im Stück erfährt. Zwar berufen sich beinahe alle Figuren auf ihre **kulturelle Orientierungsleistungen**, lassen aber die entsprechenden Verhaltenssicherheiten nicht mehr erkennen (vgl. Stöckmann 2004). Entsprechend muss die im Text nachwirkende Tradition des Konversationstheaters als spezifische **Form** verstanden werden, mit der das Stück seinen Gegenstand thematisiert; nicht zufällig geht der Ehrbegriff vollständig in der Vielstimmigkeit derjenigen auf, die ihn fortwährend besprechen. In den uferlosen Diskussionen über Sinn und Relevanz der Ehrenfrage besitzt der Text alle Züge eines Thesenstücks, dessen Konversationsaufwand gerade den Verlust der überlieferten sozialen Normen verdeutlicht. Dass nach 1870 nicht nur eine Flut von Duellhandbüchern erscheint, sondern auch eine massenhafte Ratgeberliteratur publiziert wird, die auf die wachsenden Verhaltensunsicherheiten der Moderne antwortet, belegt, dass die Moderne geradezu zu einer **Epoche der Ratlosigkeit** geworden ist (vgl. Helmstetter 1999; Krumrey 1984). Auch Sudermanns *Ehre* hat an diesem ›tragischen‹ Sinn der Moderne insofern Anteil, als der Text den überlieferten Zusammenhang von sozialer Situation und entsprechenden Verhaltenssicherheiten bereits beschädigt hat. Bezeichnenderweise werden alle Ehrenhändel, die der Text anstrengt, nicht ausgetragen; sie finden schlicht nicht statt. »Weißt du«, so lautet das Resümee Trasts, »lassen wir das hohe Pathos. [...] Jede Kaste hat ihre eigene Ehre, ihr eigenes Feingefühl, ihre eigenen Ideale, ja selbst ihre eigene Sprache. [...] – Aber das Schlimmste bei allem ist, daß wir so viel verschiedene Sorten von ›Ehre‹ besitzen als gesellschaftliche Kreise und Schichten. Wie soll man sich da zurechtfinden?« (E, 52).

Einerseits ist die Äußerung als konventionelle Einsicht in die kulturelle und historische Relativität von Ehrbegriffen zu verstehen; die (moral-)philosophische Tradition Tocquevilles und Schopenhauers hat hier sichtbar Pate gestanden. Andererseits machen die Turbulenzen des vierten Aktes deutlich, dass die modernen Ehrbegriffe bereits historisch geworden sind. Wenn Mühlingk das erwähnte »Abstandsgeld« anweist, um den Konflikt »aus der Welt zu schaffen« (ebd., 72), wird die »Genugtuung« (ebd., 77), auf die Robert drängt, zwar eher verstärkt als blockiert. Gleichwohl werden sich die oppositionellen Prinzipien von Geld und Ehre, von Tauschmedium und sozialer Norm im Verlauf des Finales immer ähnlicher: Damit Robert die doppelte »Schande« (ebd., 78) der verletzten »Jungfrauenehre« (ebd., 87) und des unehrenhaften »Geldes« (ebd., 77) tilgen kann, stattet sich Robert mit Trasts Hilfe seinerseits mit jenen 40.000 Mark aus, die Mühlingk zahlen wollte. Inzwischen hat Curt Mühlingk vorsätzlich den ehrenrührigen Verdacht erregt, Robert habe sich der Bereicherung an den Firmenkonten der Mühlingks schuldig gemacht (ebd., 102). In dieser Situation bietet sich – um Robert eine »*neue* Ehre« (ebd., 105) verschaffen zu können – Lenore als »Ersatz« (ebd., 104) an; Mühlingks daraufhin geäußerter Absicht, seine Tochter zu verstoßen, kommt Trast zuvor, indem er Robert zum »Sozius« und »Erben« (ebd., 105) ernennt.

Der unterschwellige Sinn des Stücks besteht darin, dass es in der vordergründigen Konfrontation von Geld und Ehre allmählich eine Serie ihrer **wechselseitigen konzeptuellen ›Berührungen‹ und Durchmischungen** anstößt. So mündet die Ehre in eine Ökonomie der »Rückerstattung« (ebd., 102), während das ›ehr-lose‹ Geld seinerseits immer weitere Satisfaktionsbedürfnisse hervortreibt. In der konzeptuellen Bewegung des Textes sind Geld und Ehre daher auch nicht mehr als Oppositionen zu verstehen, sondern befinden sich vielmehr in einem **Substitutionsverhältnis**. Gerade weil die, wie Trast betont, »altmodisch« (ebd., 87) gewordene Ehre ihre überlieferte soziale Leistungskraft eingebüßt hat, tritt das Geld an ihre Stelle, um die Ansprüche der Personen in einem anderen Medium neu zu strukturieren. In den Übertragungen und Auszahlungen des Geldes ist das soziale Verhalten diskret und ausdrucksarm geworden. Fraglos ist der Text vordergründig effektvoll und turbulent, andererseits aber auch auf eine verschwiegene Weise modern: Wenn das soziale Verhalten kaum mehr von den Zirkulationen des »entfärbenden« (Georg Simmel) Geldes zu unterscheiden ist, dann hat es in der Moderne jene **Ausdruckshaftigkeit** eingebüßt, die die Ehre bislang zu einem Drama des Sozialen gemacht hatte.

2.1.2 Familienkatastrophen

Das Interesse des Naturalismus an der sozialen Frage hat die Forschung lange Zeit übersehen lassen, dass das ›Soziale‹ auch dort präsent ist, wo das naturalistische Drama nicht eigentlich das Soziale, sondern die Familie thematisiert. Dass Gerhart Hauptmann sein zweites naturalistisches Drama *Das Friedensfest* 1890 im Untertitel als »Familienkatastrophe« einführt, ist als gattungspoetisches Signal durchaus ernstzunehmen, weil es zwei Gesichtspunkte miteinander verbindet: zum einen die Nähe des naturalistischen Familiendramas zum bürgerlichen Trauerspiel – hier wie dort werden die Strukturen der Familie zugleich als Strukturen des Sozialen begriffen –; zum anderen die Tendenz, das soziale Drama weitgehend im Familiendrama aufgehen zu lassen und insofern ›Soziales‹ und ›Intimes‹ ineinander zu spiegeln. Hatte das bürgerliche Trauerspiel den Konflikt zwischen Bürgern und Adeligen noch dazu genutzt, um eine normative Moralität mit gesamtgesellschaftlichem Anspruch zu formulieren (mit entsprechend ›tragischem‹ Verlauf bspw. in Lessings *Emilia Galotti* oder Schillers *Kabale und Liebe*; vgl. Alt 1994, 251 ff., 270 ff.), so verbindet das naturalistische Familiendrama Einzelschicksal und Soziales mit Hilfe eines Milieubegriffs, der beides in determinierenden ›Verhältnissen‹ fundiert. Entsprechendes konnte an Zolas *Rougon-Macquart*-Zyklus studiert werden, der als »histoire naturelle et sociale d'une famille« – so der Untertitel der 20 Bände – Gesellschafts- und Familiengeschichte miteinander verband. Auch vor diesem Hintergrund ist das naturalistische Familiendrama um eine Stellvertretung herum organisiert, in der, wie Helmut Scheuer zutreffend bemerkt hat, »**das Familiäre als Chiffre des Sozialen**« (Scheuer 2000, 81) zu verstehen ist.

Arno Holz / Johannes Schlaf: *Die Familie Selicke* (1890)

Unter den entsprechenden Texten ragt bis heute das Familiendrama **Die Familie Selicke** hervor, mit dem Arno Holz und Johannes Schlaf den ›konsequenten Naturalismus‹ (s. Kap. VII.5.3) auf der deutschen Bühne heimisch machten. Im Frühjahr 1890 in der »Freien Bühne« uraufgeführt und von Theodor Fontane, der das Stück in der *Vossischen Zeitung* rezensierte, nicht ohne Ambivalenz als dramatisches »Neuland« (Fontane IV, 229) bezeichnet, markiert der Text eine entschiedene Differenz zur konventionellen Theatersprache Sudermanns. Gegenüber dem Handlungsreichtum der Sudermannschen Dramatik irritiert *Die Familie Selicke* durch eine statische Anlage, die durch die Stringenz, mit der das Stück die Lehre von den drei Einheiten befolgt, zusätzlich verstärkt wird. Technisch folgt *Die Familie Selicke* einer tendenziellen **Angleichung von gespielter Zeit und Spielzeit**; so erstreckt sich das Stück auf eine gespielte Zeit von etwa 15 Stunden zwischen 18 Uhr abends (1. Aufzug) und 9 Uhr morgens (3. Aufzug); der 2. Aufzug spielt in der Nacht um halb zwei. Der Einheit der Zeit korrespondiert die Einheit des Ortes, da alle drei Aufzüge im Wohnzimmer der Familie Selicke spielen. Gleichwohl kommt in diesem formalen Klassizismus nur vordergründig eine Verbeugung vor der Dramentradition zum Ausdruck; faktisch bricht das Stück mit den Gesetzen der geschlossenen Form (vgl. Klotz 1975, 25 ff., 38 ff.). Klassischen Vorstellungen nach besitzt das Stück nämlich weder eine Handlung noch einen zentralen Konflikt; auf weiten Strecken ist der Text vielmehr ein Text über das Warten, d. h. über das Verstreichen von Zeit, während die wenigen Höhepunkte – vor allem der melodramatische Tod des jüngsten Kindes, dem achtjährigen Linchen – episodisch bleiben. Am Ende hat sich die Situation nicht durchgreifend verändert; darin ist das Stück einer den Naturalismus insgesamt bezeichnenden **stationären Dramaturgie** verpflichtet.

Entsprechend ist das Geschehen sehr überschaubar: Am Heiligabend (ein wiederkehrendes Motiv der naturalistischen Dramatik) wartet die Familie des Buchhalters Selicke – die von Nervosität gepeinigte Mutter, die 22-jährige Toni, der 18-jährige Albert, der 12-jährige Walter und das acht Jahre alte, dahinsiechende Linchen – auf die Rückkehr des Vaters, der alkoholabhängig ist und am Scheitelpunkt des zweiten Aufzugs »angetrunken« (FS, 44) und taumelnd heimkehrt. Zuvor treten weitere Figuren auf: zunächst der alte Kopelke, ein Freund der Familie, dann ein Untermieter – der Theologiekandidat Wendt – und schließlich Toni. Toni hat eine zarte Neigung zu Wendt gefasst, lehnt im unbedingten Glauben an die Solidarität der Familie eine Ehe mit Wendt aber ab: »Du mußt doch sehen«, so Toni, »daß ich jetzt – hier – nicht fortkann! ... Ach, du weißt ja! ... Diese schreckliche, schreckliche Nacht! ... Ich kann, ich kann nicht anders!« (ebd., 57).

Der Zwangscharakter dieser Äußerungen, überhaupt das rituelle Sprechen der Figuren – Frau Selicke wiederholt ihr monotones »Ach Gott ja!« (ebd., 65) über 50mal – machen deutlich, dass bereits die Sprache jede Möglichkeit, eine Änderung der Verhältnisse herbeizuführen, dementiert: Toni entscheidet sich schließlich gegen Wendt, während das schon zu Beginn totgeweihte Linchen stirbt. Zu einer Verständigung der Eheleute, die in einer wohlkalkulierten Dramaturgie fortwährend *über* sich, aber nicht *mit*einander sprechen (im ersten Aufzug befindet sich Frau Selicke auf der Bühne, im zweiten verlässt sie die Szene, wenn Selicke auftritt, nur im dritten Aufzug gibt es eine kurze Annäherung), kommt es nicht.

Die Forschung hat das Stück bevorzugt als Mustertext des ›konsequenten Naturalismus‹ verstanden (vgl. Kafitz 1992, 64; Möbius 1980, 120 ff.; Möbius 1982, 108). Tatsächlich zeigt der Text alle Spezifika des ›konsequenten Naturalismus‹ (zumal er, ähnlich wie die novellistische Skizze *Papa Hamlet*, auf einem Prosaentwurf beruht und insofern als Effekt einer spezifischen sprach-stilistischen Transkription lesbar ist; s. Kap. VII.5.3). Dies betrifft die genaue Wiedergabe des Dialekts, der bis zu Holz und Schlaf als unkünstlerisch galt – das Stück ist von der zeitgenössischen Kritik entsprechend auch als »Affentheater« und »Thierlautkomödie« (zit. Martini 2000, 69) denunziert worden –, vor allem aber die phonographische Aufzeichnungspräzision, mit der der Text auch die Störungen und Unterbrechungen der Rede protokolliert. Darin, in dieser Erkundung des Sprechens von seinen Grenzen und Devianzen her, verrät sich ein verschwiegenes Interesse des Naturalismus, die literarische Sprache, ihre kunstvolle Artikuliertheit, in eine **amorphe Vorsprachlichkeit** (zurück)zuverwandeln.

Schon diese unterschwellige Verwandlung macht sichtbar, dass das soziale Drama des Naturalismus nicht in einer bloßen Realitätsabbildung aufgeht. Wie auch im Falle der Prosa von Holz und Schlaf steht der naturalistischen Mimesis eine Symbolizität gegenüber, die im Text eine eigenständige Schicht an Bedeutungen und Konnotationen errichtet. So korrespondiert die weihnachtliche Situation mit der desolaten Verfassung der Familie, und noch der Tod Linchens ist als Kontrafaktur des weihnachtlichen »puer natus est nobis« zu verstehen. Reale Misere und Heilsbotschaft treffen auch dort aufeinander, wo die »Thierlautkomödie« Restbestände von Erlösung und Versöhnung bewahrt – so zu Beginn des dritten Aufzugs, wo aus der Ferne ein Weihnachtslied erklingt oder das Läuten von Glocken hörbar wird (vgl. FS, 23 ff., 65 f.). Eine weitere Schicht symbolischer Anspielungen stellen die umfänglichen Regieanweisungen dar, die minutiös die Ausstattungsdetails des Interieurs verzeichnen, unter ihnen einzelne Bildungsrequisiten, die den Verfall kleinbürgerlicher Kulturideale vor Augen führen. So finden sich an der Wand die »vergilbten Gipsstatuetten ›Schiller und Goethe‹« sowie der »bekannte Kaulbachsche Stahlstich ›Lotte, Brot schneidend‹« (ebd., 5) – Symbole einer humanistischen Bildung, die nur mehr als Zitat präsent ist. Eng mit dieser empfindsamen Gefühlskultur – der Stich zeigt ja eine Szene aus Goethes *Werther* – sind die politischen Bildsymbole verbunden: hier, im lithographischen Bild des »alten Kaisers« (ebd., 5), das traditionelle, aber überlebte Prinzip monarchischer Herrschaft, dort, im Konterfei »Bismarcks« (ebd.), die ›kalte‹, aus den sozialen Traditionen gelöste Machtpolitik Preußens.

Auf diesem Weg öffnet der Text die soziale Gegenwart auf eine verdrängte, jedenfalls nicht mehr präsente Vergangenheit. Sie besitzt im Bild des alten Kaisers eine sozialgeschichtliche, hinsichtlich der Bildungsrequisiten und der Sprechhaltung der Figuren eine intimitätshistorische Dimension. So wie die Ausstattungsdetails ein empfindsames Intimitätsideal versinnbildlichen, so hängt insbesondere Toni einer Vorstellung familialer Solidarität nach, die durch die desolate Realität der Familie nicht gedeckt ist und die sie dennoch fortwährend sprachlich beschwört. Über die Eltern heißt es immer wieder: »Sie sind aber so gut! All beide! Ich hab sie ja so lieb!« (ebd., 58). Bezeichnenderweise haben Teile der Forschung dem Stück »Sentimentalität und Gefühlskitsch« (Kluge 1977) attestiert; tatsächlich geht es ja unter Schluchzen und damit in der Sprache eines empfindsamen Rührstücks zu Ende (vgl. FS, 66). »Das sentimentale Seelendrama« so Gerhard Kluge, »verdrängt das Soziale, so wie es statt kritischer Analyse und statt Darstellung der Ursachen sozialer Konflikte nur die gefühlsgesättigte Fassade der Gesellschaft [...] zu zeigen in der Lage ist« (Kluge 1977, 233).

Wie an anderer Stelle auch (s. Kap. 2.1.1) verfehlt man allerdings die Struktur der naturalistischen Dramatik, wenn man sie einseitig an sozialkritischen Absichtserklärungen bemisst. Vielmehr zeigt der Text die **Familie als Effekt ihrer imaginären und sprachlichen Produktion**. Fast alles, was im Stück geäußert wird, erweist sich als Resultat eines Sprechens, das über die Krise der familiären Bindungen hinweg vergangene soziale Erfahrungen und Intimitätsmuster aufbewahrt – dies gilt nicht nur, wie immer wieder vermerkt worden ist, für Toni (vgl. Müller-Salget 1984, 513f.), sondern auch für Wendt, der gegen »alle Kanzelphrasen« einen »besseren, lebendigeren« Glauben setzen will und ein naturnahes Leben mit Toni erträumt: »Du sollst sehn! ... Denke dir: Eine herrliche Gegend! Laubwald! Berge! Getreidefelder! Stilles, gesundes Landleben!« (FS, 31). Die große Alternative, die Wendt hier formuliert, ist selbst nur ein Zitat aus dem Fundus rousseauistischer Zivilisationsfeindlichkeit und Naturschwärmerei: Wie Tonis Beharren auf einer Sprache intakter Intimität – »Oh, wie können Sie nur so von Vater und Mutter sprechen! Sie sind beide so gut!« (ebd., 27) – erweist sich auch Wendts Rede als Teil einer Diskursproduktion, die die illusionären Vorstellungen von sozialer Nähe und familialer Solidarität aufrechterhält. Schon die ältere Forschung hat diese Verankerung in einem sozialen »Wunschbild« betont (Kafitz 1978, 233). Wenn es daher eine sozialanalytische Dimension in der *Familie Selicke* gibt, dann ist es die Einsicht, dass die Institution Familie im ausgehenden 19. Jahrhundert nur mehr in ihrer sprachlichen Erzeugung präsent ist. So tritt im naturalistischen Familiendrama zwischen die vermeintlich getrennten Sphären des Intimen und des Sozialen eine Sprache, die über ihre reale Krisenerfahrung hinweg die Erinnerung an die Familie bewahrt.

Gerhart Hauptmann: *Einsame Menschen* (1891)

Nur ein knappes Jahr nach der Erstaufführung der *Familie Selicke* – im Januar 1891 – feierte Gerhart Hauptmanns drittes naturalistisches Drama, *Einsame Menschen*, im Berliner Residenztheater Premiere. Schon die formale Komposition des Stücks belegt, wie heterogen die Entwicklung der naturalistischen Dramatik innerhalb weniger Jahre verläuft. Erschien Fontane *Die Familie Selicke* noch als Summe bloßer »›Ausschnitte‹ aus dem Leben«, denen ein eigentlicher ästhetischer »Durchgangsprozeß« (Fontane IV, 231) fehlt, so kehrt Hauptmanns Drama zu einem formalen Klassizismus zurück, den Fontane leicht als Zugeständnis an jene »künstlerische Wirkung« (ebd.) hätte würdigen können, die er an der *Familie Selicke* vermisst hatte. Vor allem durch die recht konventionelle Spannungsdramaturgie mit Konfliktexposition (1. und 2. Akt), Retardation (3. und 4. Akt) und Katastrophe (5. Akt) scheinen Baumuster der Tragödientradition durch, ebenso wie durch das auffällige Spiel der Vorausdeutungen und Leitmotive (eine Technik, die schon Hauptmanns novellistische Studie *Bahnwärter Thiel* von 1888 geprägt hatte). Wenn Johannes Vockerath im fünften Akt sein Leben als **Ausdruck einer epochalen Orientierungskrise** im Müggelsee beschließt, haben die Figuren jedenfalls bereits weitläufig die Gefahren von Kahnfahrten – »Aber ich hab's nicht gern, wenn die Kinder Kahn fahren. Ich bin zu ängstlich« (CA I, 186; vgl. ebd., 213), bekennt die alte Frau Vockerath im ersten Akt – und wilden Wassern thematisiert. »Hier kommt oft genug was vor. Das ist ein gefährliches Wasser« (ebd.,

235), bekräftigt Johannes im vierten Akt. Dass Hauptmann sein Stück noch 1895 mit besonderer Wertschätzung umgab, ist wohl auch als Bekenntnis zu dessen vergleichsweise konventioneller Formsprache zu verstehen.

Die Nähe zur Gattungstradition zeigt sich nicht zuletzt darin, dass die Einheit des Ortes in allen fünf Akten strikt gewahrt bleibt, während sich das dramatische Geschehen auf den Zeitraum zweier Wochen konzentriert. Im Mittelpunkt der Handlung steht der junge Naturwissenschaftler Johannes Vockerath, der sich in einer tiefen persönlichen und weltanschaulichen Krise befindet: Einerseits hält er, wenn auch halbherzig, an den Grundsätzen der christlich-bürgerlichen Tradition fest – das Stück beginnt überaus symbolisch mit der Taufe seines Sohnes –, andererseits begegnet der bekennende Anhänger der Darwinschen Entwicklungslehre den überlieferten metaphysischen Weltbildern mit einer tiefen Skepsis. Nicht zufällig schmücken Fotografien Darwins und Ernst Haeckels, die Ahnen der materialistisch-evolutionistischen Weltanschauung, den Bücherschrank des Gelehrten (vgl. ebd., 169), und nicht zufällig ist Johannes mit der Fertigstellung einer Buchpublikation befasst, die erkennbar in das Feld der monistisch-darwinistischen Weltanschauungsliteratur gehört (vgl. ebd., 180, 183; vgl. dazu Stöckmann 2005; Thomé 2002, 341 ff.). »Aufrichtig gestanden«, bekennt Johannes gleich zu Beginn über das Taufritual, »wie ich zu der Sache stehe, weißt du. Jedenfalls nicht auf dem christlichen Standpunkt« (CA I, 175). Nicht nur in dieser Skepsis der »verfluchten Konvention« (ebd., 238) gegenüber, sondern auch in seinem von Zuneigung und Verachtung gleichermaßen geprägten Verhältnis zu seiner Frau Käthe ist Johannes, wie er selbst bestätigt, letztlich nur ein »Kompromißler« (ebd., 203): eine Figur, die die Spannungen zwischen Tradition und Moderne in sich austrägt, ohne zu einer klaren Position jenseits des »Hergebrachten« (ebd., 196) zu finden. Vorangetrieben wird diese Gärung der Weltanschauungen durch die Philosophiestudentin Anna Mahr, eine schon von Zeitgenossen wie Georg Brandes oder Lou Andreas-Salomé bewunderte Symbolfigur der weiblichen Emanzipation (recht besehen ist sie viel eher eine ins Weibliche gewendete Variante des nietzscheanischen Übermenschen; vgl. Sørensen 1992, 58). Anna tritt – anders als der in zeittypischer Weise »reizbare« (CA I, 176) und willensschwache Johannes – als »starke Individualität« (ebd., 206) auf, die Johannes das intellektuelle Verständnis entgegenbringt, das er an Frau und Eltern schmerzlich vermisst. Dramaturgisch handelt es sich auch bei Anna Mahr um eine ›Botin aus der Fremde‹ (s. Kap. 2.1.1), die die erstarrten Verhältnisse im Haus Vockerath in Bewegung versetzt, Johannes aber immer weiter seiner familiären Bindungen entfremdet. Unter dem Eindruck des sprachlosen Leidens Käthes und dem wachsenden Drängen der Eltern verlässt Anna schließlich das Landhaus; Johannes sieht keine Möglichkeit, in die alten Verhältnisse zurückzukehren und beendet sein Leben.

Gleichwohl bildet weder die Familie, noch das auffällig über Kreuz geratene Verhältnis der Geschlechter – hier der entscheidungsschwache Johannes Vockerath, dort die ungebundene und emanzipierte Anna Mahr – das Thema des Stücks. Beides – Familien- und Geschlechterordnung – sind vielmehr soziale ›Schauplätze‹, auf denen sich **die Erosion der kulturellen Ordnungen** zuträgt. ›Einsam‹ sind die Menschen in Hauptmanns Familiendrama daher auch nicht aufgrund individueller Verständigungsdefizite, wie sie in der Sprachlosigkeit Käthes oder Johannes Suggestion, ein ewig Unverstandener zu sein – als »Pegasus im Joch« (CA I, 210) wähnt er sich im zweiten Akt –, zum Ausdruck kommen, sondern weil die kulturellen Ordnungen brüchig geworden sind, an denen sich die soziale Kommunikation bislang abstützte. Insofern ist es auch verfehlt, ein Verständnis des Stücks aus einem Verständnis einzelner Figuren gewinnen zu wollen; Johannes wie die von der geschlechterhistorisch orientierten Forschung jüngst verstärkt in den Mittelpunkt gerückte Anna Mahr sind lediglich Elemente einer Konfiguration, die als Gesamtzusammenhang einer kulturellen Unterscheidungskrise verstanden werden muss.

Allerdings ist der geschlechterhistorischen Forschung insofern beizupflichten, als die geschlechteranthropologischen Festlegungen des männlichen und weiblichen ›Sexualcharakters‹ (vgl. Erhart 2001, 42 ff.; Hausen 1976; Honegger 1989) für Hauptmanns *Einsame Menschen* zentral sind. Der Sinn des Textes besteht daher darin, die **Charakteristika der Geschlechtswesen ›Mann‹ und ›Frau‹ aufeinander übertreten zu lassen** und darin die Stabilität eines überlieferten kulturellen Sinnmusters in Frage zu stellen. Nichts mehr verbindet den lebensunfähigen und in »heilgymnastischen Übungen« (CA I, 176) Linderung suchenden Neurastheniker Vockerath, der jede Verantwortung für seine junge Familie zurückweist (vgl. ebd., 209), mit jenem Männlichkeitsideal, in dem traditionell Eigenschaften wie Rationalität und Kraft, Aktivität und Pragmatismus aufgehoben sind. »Geben Sie mir einen Anhalt«, fleht Johannes kurz vor Schluss, »Geben Sie mir etwas, woran ich mich aufrichten kann. Einen Anhalt. Ich breche zusammen. Eine Stütze. Alles in mir bricht zusammen, Fräulein« (ebd., 252). Entsprechend ist auch Anna Mahr, die »zäh« und »rücksichtslos« ihre »Ziele verfolgt« (ebd., 214), »Herz« (207) und »Gewissen« (242) als überkommene Werte verspottet und prinzipiell nach »eignem Gesetz« (252) handelt, nicht mehr mit einem Ideal von Weiblichkeit zu erfassen, dass durch Unterordnung, Emotionalität und Hingabe bestimmt ist. Weil die überlieferte Komplementarität der Geschlechter aufgebrochen ist, muss auch die Institution Familie in die Krise geraten.

Diese Krise wird nirgends deutlicher als im Gespräch zwischen Vater und Sohn Vockerath zu Ende des fünften Akts. Vordergründig dient die Auseinandersetzung dazu, die väterliche Autorität im Zeichen von »Verpflichtungen« (ebd., 229) sprechen zu lassen, die Johannes in die Familie zurückführen sollen. Genau besehen aber ist die Auseinandersetzung ein Diskurs über die **patriarchale Autorität**, die im ausgehenden 19. Jahrhundert fragwürdig zu werden beginnt; fast alle naturalistischen bzw. aus dem Umfeld des Naturalismus stammenden Dramen beschädigen die Autorität der Väter (vgl. Scheuer 2000) und lassen damit symbolisch eine Moderne sichtbar werden, die sich aus dem Bann der Überlieferungen und Traditionen befreit. »Mir ist«, bekennt ein Sohn 1889 in einem Einakter des Naturalisten Richard Voß, »als ob ich einen Vatermord vollbracht hätte« (zit. Wais 1931, 17). »Eure Liebe hat mich gebrochen« (CA I, 250), lautet der Vorwurf, mit dem Johannes Vockerath die epochentypische Abrechnung mit den Eltern (und Vätern) vollzieht.

Dennoch endet Hauptmanns Drama in einer offenen und darin die Widersprüche der Epoche spiegelnden Situation. Am Ende finden Johannes und Anna Mahr zu keiner Form, die das Verhältnis der Geschlechter und der sozialen Beziehungen anders als bisher ordnen würde. Auch wenn die Moderne, als deren Repräsentanten Johannes und Anna auftreten, »allmählich« das »Dumpfe« und »Drückende« (ebd., 237) der traditionellen Kultur hinter sich lässt – »So etwas wie ein frischer Luftstrom, sagen wir aus dem zwanzigsten Jahrhundert, ist hereingeschlagen« (ebd.), behauptet Anna –, bleibt die eigene, vermeintlich »geläuterte Beziehung[]« (ebd., 240) doch an die »Konventionen« (ebd., 238) der überlieferten Geschlechterordnung gebunden. Den »neuen, höheren Zustand der Gemeinschaft zwischen Mann und Frau«, der im

Namen der »Freundschaft« (ebd.) einem symmetrischen Verhältnis der Geschlechter zuarbeitet, vermag Johannes nur zu ahnen, und entsprechend wird das »eigne Gesetz« (ebd., 252) der beiden Kulturerneuerer, das den »freien Zustand« der »Zukunft« besiegelt, mit dem Tausch eines überaus traditionellen Symbols – einem »Ring« (ebd., 253) – beschlossen. Hauptmanns Drama verharrt damit auf der Grenze zu einer kulturellen Erneuerung, die die *Einsamen Menschen* nicht zufällig mit dem naturalistischen Zeitroman (s. Kap. VII.3) verbinden: Hier wie dort bezahlen die Erneuerer der Kultur ihren Glauben, indem sie ihrer Liebe entsagen. Darin bleiben sie (vorerst), was sie sind: einsame Menschen.

2.1.3 Erbschaften

»Aber ich glaube«, klagt die Kammerherrin Alving in Henrik Ibsens Familiendrama *Gengangere (Gespenster)* von 1881, »wir sind allesamt Gespenster. [...]. Es ist ja nicht nur, was wir von Vater und Mutter geerbt haben, das in uns herumgeistert; auch alte abgestorbene Meinungen aller Art, alte abgestorbene Überzeugungen und ähnliches. Sie sind nicht lebendig in uns; aber sie sitzen doch in uns fest, und wir können sie nicht loswerden« (G, 45).

Frau Alvings Sätze gehören zu den Epoche machenden Formulierungen des Naturalismus, weil sie einen **Vorstellungskomplex von Vererbung und Nachkommenschaft** umreißen, der zu den großen Wissenschaftsmythen des 19. Jahrhunderts zu zählen ist. Wie die jüngere Wissenschaftsgeschichte gezeigt hat, beruht die Beschäftigung der Zeit mit Fragen der Vererbung auf einschneidenden begrifflichen und epistemologischen Verschiebungen: Erst nach 1830 bildet sich das biologische Konzept der ›Vererbung‹ heraus, indem es die aus der Antike stammende Analogie zwischen der Weitergabe von Titeln oder Vermögen und der Übertragung physischer Eigenschaften physiologisch neu begründet (vgl. López-Beltrán 1994; Müller-Wille/Rheinberger 2007). Unter Vererbung – *hérédité* – wird nun in Fortführung der älteren Entwicklungslehre **Jean Baptiste Lamarcks** (1744–1829) die erbliche Übertragung erworbener Eigenschaften verstanden, wobei der Begriff seine Herkunft aus dem Bedeutungsfeld der (juristischen) Erbschaft abstreift und zu einem kausalen Deutungsmuster aufrückt. Vor allem im Kontext der französischen Physiologie bildet sich ein biologisch fundiertes Konzept heraus, das nach 1850 auch Grundlage für den breiten Strom der **Degenerations- und Entartungstheorien** (Cesare Lombroso: *Genio et follia*, 1864; dt. 1887; Max Nordau: *Entartung*, 1892/93) wird, die – ausgehend von Bénédict Augustin Morels *Traité des dégénérescences physiques, intellectuelles et morales de l'espèce humaine* (1857) – zu den großen kulturtheoretischen Beunruhigungen des ausgehenden 19. Jahrhunderts auswachsen; in dieser kulturdiagnostischen Form wirken die Vorstellungen einer negativen Vererbung nicht zuletzt in die Dekadenzfantasien des Fin de Siècle – man denke nur an Thomas Manns *Buddenbrooks* – fort (vgl. Fischer 1978, 52f.).

Gerhart Hauptmann: *Das Friedensfest* (1890)

An einem Weihnachtsabend trifft nach einer langen Phase der Entfremdung und des Streits die Familie Scholz in einem Landhaus bei Erkner zusammen. Auch der älteste Sohn Wilhelm hat nach einem Zeitraum von sechs Jahren erstmals wieder sein Elternhaus betreten, allerdings nur auf Drängen seiner Verlobten Ida und ihrer Mutter,

Frau Buchner. In die von einem dunklen Geheimnis belastete Atmosphäre trifft überraschenderweise noch der Vater; wie Wilhelm hatte auch er das Haus vor sechs Jahren verlassen. Von diesem Zeitpunkt an, mit dem die Exposition des Stücks beendet ist, zerteilt sich die dramatische Handlung in zwei Stränge: Zum einen soll das von Frau Buchner angestrengte »Friedensfest« die lang währenden Spannungen überwinden helfen – tatsächlich kommt es auf dem Scheitelpunkt des zweiten Aktes zu einer kurzfristigen Versöhnung zwischen Wilhelm und seinem Vater –, zum anderen entfaltet sich die Handlung gemäß des analytischen Dramenschemas (s. Kap. 2.1.1) als Aufklärung einer Vorgeschichte, die die tiefe Verfehlung der Familienmitglieder erklärt. Wie sich im andeutungsreichen Dialog der Kinder allmählich herausstellt, hatte Wilhelm den Vater geohrfeigt, um die Mutter vor dessen Verleumdungen zu schützen. Nachdem die Konflikte im Gefolge dieser und anderer Enthüllungen erneut aufbrechen, verlässt Robert das Haus, während der Vater in einem Nebenraum überraschend stirbt. Mit Wilhelms Vorsatz, das Landhaus zu verlassen und seine Verlobung mit Ida zu lösen, endet die »Familienkatastrophe«.

Hauptmanns zweites Drama, am 1. Juni 1890 in der »Freien Bühne« uraufgeführt und Theodor Fontane »ehrfurchtsvoll zugeeignet« (CA I, 100), scheint auf den ersten Blick in das Feld der nach 1890 zahlreichen Vater-Dramen zu gehören; immerhin trug die Erstfassung des Textes den Titel *Der Vater* (vgl. Requardt/Machatzke 1980, 161), und tatsächlich folgt das Stück dem zeittypischen Mythos von der Allmacht des Vaters, gegen die die Söhne einen verzweifelten Kampf führen. Allerdings ist der Vater – der 68-jährige Mediziner Fritz Scholz – von seinen Söhnen nicht eigentlich unterschieden; beide Generationen zeigen dieselben Symptome einer unheilbaren degenerativen Erkrankung. Wir alle, bekennt der 28-jährige Robert, sind »von Grund auf verpfuscht. Verpfuscht in der Anlage, vollends verpfuscht in der Erziehung« (CA I, 121). »Ich habe gesagt«, erklärt sich sein jüngerer Bruder Wilhelm im dritten Akt, »wir alle ... wir Geschwister ... daß wir unheilbar kranken ... vor allem ich ... daß wir an uns schleppen« (ebd., 155).

Es gehört zum Deutungsspektrum des Vererbungsdiskurses, dass er die Familie vollständig in eine Degenerationsgemeinschaft verwandelt. In gewisser Weise stellt die Familie den **symbolischen Körper** dar, auf dem sich die Spuren des Verfalls und der nervösen Erschöpfung einzeichnen. Entsprechend leiden alle Figuren an den zeittypischen Symptomen der neurasthenischen Willensschwäche oder hysterischen Überreizung (vgl. Stöckmann 2009): Frau Scholz ist laut Regieanweisung »ruhelos [...] und erregt den Eindruck andauernder Aufgeregtheit« (ebd., 105); ihre Tochter Auguste kennzeichnet ein »pathologisch offensives Wesen« (ebd., 107), während Robert und sein Vater an einer nervösen Erschöpfung leiden, die sie wie »erstorben« (ebd., 112) und »schwerfällig« (ebd., 113) wirken lässt. Wilhelm schließlich erscheint im Verlauf der Handlung zunehmend »überreizt und abgespannt« (ebd., 157).

Allerdings ist der Zusammenhang von Degeneration und Nervosität keine Äußerlichkeit des Stücks. Ganz im Gegenteil gehört er zu jenen Texten, die aus ihm strukturelle Konsequenzen für die Ordnung des dramatischen Diskurses ziehen, zumal das Stück – anders als es Peter Szondi und die an ihn anschließende Forschungstradition glaubt (vgl. Horstenkamp-Starke 1976, 169; Mahal 1996, 230; Szondi 1963, 62) – nicht restlos im Schema des analytischen Dramas aufgeht. Gegen dieses Formschema spricht nämlich der Umstand, dass die quälenden Dialoge der Figuren einerseits zwar allmählich die Ursachen des Familienstreits enthüllen, andererseits aber Problemschichten hervortreten lassen, die palimpsestartig unter den Verlautbarungen der Figuren hervortreten, um Verschuldungen und Konflikte ganz anderer und beunruhigenderer Natur anzudeuten (mit weitreichenden Spekulationen vgl. Stroszeck 1990). Je mehr Licht auf die Vergangenheit fällt, desto mehr reichern sich die Verhältnisse der Personen mit unausgesprochenen Konflikten und Zerwürfnissen an. Diese **gleitende Problemstruktur** bildet ganz offenkundig die Symptomatik der nervösen und hysterischen Zustände nach, die die seelische Realität der Figuren bestimmt. »Ich bin«, so konstatiert Wilhelm gegenüber seiner Verlobten Ida, »so entsetzlich wandelbar! [*Auf die Stirn deutend.*] Dahinter ist kein Stillstand! Schicksale in Sekunden!« (CA I, 128) – »Hysterie, verdammte« (ebd., 122), ruft Robert Frau Buchner nach, wenn sie überstürzt die Szene verlässt. Insbesondere die Hysterie prägt sich insofern der Dialogführung des Textes ein, als sie traditionell von dem Verdacht bestimmt ist, sie produziere lediglich eine theatralische ›Haltung‹, die jedes beliebige Krankheitsbild nachahmt, ohne über eine eigene symptomatologische Identität zu verfügen (auf dem Höhenkamm des kulturtheoretischen Schrifttums lässt sich dieses Symptom des »Hysterismus« – die »Gesamtverwandlung der Kunst ins Schauspielerische« – an Friedrich Nietzsches 1888 erschienener Wagner-Polemik ablesen; vgl. Nietzsche KSA 6, 26; zu diesem ›Proteus-Charakter‹ der Hysterie vgl. Binswanger 1904, 7; Thomé 1993, 198; Veith 1965, 140 ff.). Entsprechend umgeben sich die Figuren in Hauptmanns *Friedensfest* fortwährend mit dem Verdacht, ein bloßes Schauspiel zu betreiben. Wenn Auguste, »von Tränen halb erstickt«, an ihre frühere Rolle als »Dienstmagd« (CA I, 116) ihrer Mutter erinnert, entlarvt Robert den gesamten Auftritt als buchstäbliche Bühnenrede:

> AUGUSTE. [...] ich – die ich hier gesessen hab' ... bei der Mutter hier – die schönste ... schönste Zeit meines ... Lebens verbracht, während ihr ... ich ... geradezu wie eine Dienstmagd ...
> ROBERT. Das klingt sehr echt – in der Tat! – geh doch zur Bühne! – *Mit verändertem Ton, brutal.* Mach keine schlechten Scherze! Hör mal: du und der Märtyrernimbus, das wirkt einfach putzig. Du bist eben woanders noch weniger auf deine Rechung gekommen als zu Hause: das ist die Wahrheit! [...]
> FRAU SCHOLZ, *unterbrechend.* Kinder! *Sie macht eine Bewegung, als ob sie ihre Brust für den Todesstoß entblößen wollte.* Da hier! – macht mich doch lieber gleich tot! Habt ihr denn nicht so viel Rücksicht für mich? [...] ... nich fünf Minuten halten sie Frieden.
> ROBERT. Na ja, freilich! Ich sag' ja schon: es wird eben wieder ungemütlich.
> AUGUSTE. [...] Pietätlos bist du – durch und durch.
> ROBERT. Na item.
> AUGUSTE. Aber du spielst Komödie; du lügst ganz erbärmlich, und das ist das Widerwärtige daran! (ebd.)

Auch Ida muss sich auf dem Höhepunkt der Weihnachtsfeierlichkeiten von Robert vorhalten lassen, sie inszeniere lediglich eine »Kinderkomödie« (ebd., 145). Der haltlose Argwohn dieser und anderer Szenen – noch Roberts anspielungsreicher Frage, ob Wilhelm seiner Schwester Auguste gegenüber »etwa – wieder – Absichten ...« (ebd., 147) habe, lässt eine verdeckte inzestuöse Dimension erahnen (vgl. Stroszeck 1990, 256, 265) – macht deutlich, dass der Text, gegen seine analytische Rekonstruktionsrichtung, immer weitere Konfliktkonstellationen anstößt und insofern eine **serielle Struktur** gewinnt. Darin folgt der Text dem Muster einer ›andauernden‹ Exposition, die einmal mehr nur durch ein schwach motiviertes Ende – den überraschenden Tod des Vaters – begrenzt wird. Hauptmann selbst hat im Rückblick bekräftigt, dass das

»Drama, das nicht vom ersten bis zum letzten Wort Exposition ist, [...] nicht die letzte Lebendigkeit [besitzt]« (Hauptmann 1963, 176). Überhaupt produziert der Text mithilfe eines minutiösen Geflechts aus Andeutungen und Anspielungen immer weitere Verstrickungen; so, wenn Frau Buchner unter Tränen eine unerwartete Neigung für Wilhelm erkennen lässt (vgl. CA I, 155 f.), oder Dr. Scholz Bruchstücke einer Vergangenheit offenbart, die, verstärkt durch sein beziehungsreiches Verhältnis zu seinem Diener Friebe, auf eine verborgene homophile Neigung des Vaters schließen lassen (vgl. ebd., 114). Eine eigene Problemdimension stellen die auffälligen Lücken und Brüche in den erinnernden Reden der Figuren dar. Sie belegen, in welchem Maße ihr Reden und Verhalten um ein **traumatisches Zentrum** herum angeordnet ist; nicht zufällig erscheint ihr Sprechen auf weiten Strecken wie die Trümmer eines inneren, aber rudimentär nach Außen gekehrten Monologs. Schon eine zeitgenössische Besprechung des *Friedensfestes* hatte das »Wortgehäcksel« und »fortwährende Gestammle und Gestotter, in dem uns nur selten ein abgeschlossener Satz begegnet« hervorgehoben (zit. Schley 1967, 77). »V – Vater? — Wie? – m ... mit m ... einem V ... ater?« (CA I, 127), fragt Wilhelm mit »lallender Stimme« (ebd.), wenn ihm Frau Buchner eröffnet, dass sie Schritte zu einer Versöhnung eingeleitet hat. Zu den dramaturgisch bemerkenswertesten Konsequenzen dieser traumatischen Struktur zählt die Versöhnungsszene des zweiten Aktes, in der der dramatische Dialog vollständig abbricht und durch einen wortlosen Diskurs der Körper und Gebärden ersetzt wird (vgl. ebd., 136 f.).

Für das analytische Formschema des *Friedensfestes* stellen diese Dialogstrukturen erkennbar eine Grenze dar. So minutiös der Text den Zusammenhang zwischen Vererbung und Pathologie in seine sprachliche Realität umsetzt, so wenig ist die analytische Form des Dramas noch dazu geeignet, die Vieldeutigkeit der offenen und latenten Konflikte zu beherrschen und mit der eigenen formalen Teleologie – der Enthüllung und Aufklärung einer Vorgeschichte – in Einklang zu bringen. Am Ende von Hauptmanns Drama steht die **Unmöglichkeit, das Ererbte restlos zu bewältigen**.

Max Halbe: *Der Strom* (1903)

Die Bewältigung des Erbes steht auch im Mittelpunkt eines der gehaltvollsten, aber wenig bekannten Stücke des späten Naturalismus: Max Halbes »Drama in drei Aufzügen« *Der Strom*. Halbe (1865–1944) hat seine Zugehörigkeit zum »Schulnaturalismus« (Halbe 1935, 251) im Rückblick auf seine Anfänge zwar ausdrücklich relativiert, die nachträgliche Charakterisierung des Stücks als eines »reinblütigen Heimatstoffes« (ebd., 67) aber hängt mit Halbes späterer Affinität zum Nationalsozialismus und seinem Versuch zusammen, das eigene Frühwerk in Einklang mit der veränderten politischen Situation zu bringen. Wenn Halbe daher 1935 von den »Urtiefen der Scholle« und des »Bodens« spricht, aus dem das »dichterische Gebilde« (ebd.) erwachse, belegt dies zwar eine ideologisch überaus belastete Betonung des ›Erdhaften‹ und ›Bodennahen‹, die symbolischen Dimensionen und motivgeschichtlichen Traditionen aber, die den *Strom* bestimmen, gehen in dieser späteren Blut- und Boden-Ideologie nicht auf (die bewusstseinsgeschichtlichen Voraussetzungen, die der Naturalismus für den Nationalsozialismus geschaffen hat, stellen, über einzelne Autoren hinaus, noch immer ein drängendes Desiderat der Forschung dar, zumal der Zusammenhang zwischen Naturalismus und Nationalsozialismus nicht durch das eingespielte Schema von Moderne und Antimoderne erfasst werden kann; vgl. Hebekus/Stöckmann 2008; s. Kap. VIII).

Halbes Affinität zum Naturalismus ist im Übrigen verlässlich dokumentiert. Nicht nur beteiligt er sich frühzeitig an dessen theoretischen Diskussionen – im Sommer 1889 publiziert er in Michael Georg Conrads *Gesellschaft* eine Abhandlung über Ibsen und Zola –, auch seine ersten Arbeiten für das Theater stehen, trotz der Misserfolge, die ihn 1894 Berlin den Rücken kehren und in Süddeutschland Zuflucht suchen lassen, deutlich im Kontext der naturalistischen Theaterbewegung. 1892 führt die »Freie Volksbühne« das Drama *Eisgang* auf, das Halbe nicht nur einen ersten Achtungserfolg beschert, sondern zudem die **(kollektiv)symbolischen Konstanten von Deich und Flut** (vgl. Parr 1992, 58 ff.) exponiert, die auch Halbes *Strom* prägen. Möglicherweise liegt es an dieser Rückbindung an ein eingespieltes symbolisches Material – man denke nur an Friedrich Spielhagens 1877 erschienenen Roman *Sturmflut* (vgl. Drews/Gerhard 1996) –, dass *Der Strom* nach dem beispiellosen Erfolg seines »Liebesdramas« *Jugend* (1893) zu Halbes zweitem großen Erfolgsstück wurde. Immerhin erlebte *Der Strom* neben einer Reihe von Neuinszenierungen in den Jahren 1922 und 1942 auch zwei Verfilmungen (vgl. Günther 1965, 14).

Formal folgt *Der Strom* dem Prinzip des analytischen Dramas; ein Beleg dafür, dass das Stück – zumal es gegen Ende des ersten Aufzugs den gattungstypischen ›Boten aus der Fremde‹ aufbietet – ganz in der Tradition Ibsens und Hauptmanns steht. Seinen Ausgang nimmt es von einer Vorgeschichte, die in der fortschreitenden Gegenwartshandlung des Frühjahrs 1883 enthüllt wird: Kurz vor seinem Tod hatte der Gutsbesitzer Doorn ein zweites Testament aufgesetzt, demzufolge auch die beiden jüngeren Söhne Heinrich und Jakob mit Grundstücken aus dem Gesamtbesitz der Familie bedacht werden sollten. Im Bündnis mit seiner Mutter aber hat der erstgeborene Sohn Peter diese Verfügung an sich gebracht und damit das ursprüngliche Testament, das Peter traditionell zum Alleinerben der Güter bestimmt, zur Erbgrundlage gemacht. So sind die Besitzverhältnisse zwar durch ein altes Erbrecht reguliert, das de jure aber bereits außer Kraft geraten ist. Entsprechend übernimmt Peter den ungeteilten Gutsbesitz, während Heinrich nach Amerika auswandert und sich dort zum erfolgreichen »Strombaumeister« (Str 32) ausbilden lässt. Nur Jakob, der jüngste der drei Söhne, fristet ein von Erniedrigungen und Rachegelüsten geprägtes Dasein. Verstärkt wird seine hoffnungslose Lage durch seine unglückliche Zuneigung zu Peters Frau Renate, die sich, weil sie um Peters Betrug weiß und diesen missbilligt, seit vielen Jahren ihrem Mann verweigert.

In Bewegung gerät die Situation, als Heinrich überraschend aus Amerika zurückkehrt. Heinrich führt im Auftrag der Regierung eine Stromregulierung durch, die die unmittelbar bevorstehende Flutgefahr im Gefolge des Eisgangs an der Weichsel bannen soll (Halbe hat hier nachweislich Kindheitserinnerungen, insbesondere Erzählungen seiner Großeltern eingearbeitet; vgl. Halbe 1933, 41). So wie der Damm unter der Gewalt der Weichselflut zu brechen droht, so bricht nun Renate, die ihre heimliche Neigung zu ihrem Schwager Heinrich wieder entdeckt, ihr langjähriges Schweigen. Für Jakob gestalten sich die Eröffnungen allerdings zu einem persönlichen Drama, weil er sich nicht nur um sein Erbe, sondern auch um seine Zuneigung zu Renate betrogen fühlt. Von einem unbezwingbaren Rachebedürfnis getrieben, durchstößt er den Damm an seiner schwächsten Stelle und löst damit den finalen Konflikt aus: Während Heinrich in der Funktion eines **teichoskopischen Berichterstatters** verbleibt, tragen Peter und Jakob einen zum »Gottesgericht« (Str 110) vergrößerten Kampf um den Fortbestand der von der Natur bedrohten Kulturgemeinschaft aus. Peter hindert Jakob unter Einsatz seines Lebens daran, den Damm restlos zu zerstören und stirbt damit einen Opfertod, der nicht nur die von Jakob wiedererweckte Gewalt des Stroms zugunsten der Zuschauenden eindämmt, sondern auch die Gemeinschaft mit dem Bruder Heinrich wiederherstellt. »Peter ist für uns alle gefallen, Renate!«, lauten Heinrichs letzte, beschwichtigende Worte. »Er war ein Opfer! Wer hat den Mut, ihn schuldig zu sprechen?« (ebd., 112).

Die Motivtraditionen des Textes – schon die realistische Novelle (Theodor Storm: *Carsten Curator*, 1878; *Der Schimmelreiter*, 1888; Wilhelm Raabe: *Die Innerste*, 1876) hat das Bildfeld von Flut, Damm und Deich intensiv genutzt – wie seine suggestive Inszenierung des Stroms als mythisch-schicksalhafter Naturmacht – »seit Adams Zeiten hat der Strom seinen Lauf gehabt« (Str 53), heißt es im zweiten Aufzug – machen deutlich, dass Halbes *Strom* als symbolischer Text zu lesen ist. Nicht nur verflechten sich in ihm – wie Jutta Kolkenbrock-Netz in einer feinsinnigen Interpretation gezeigt hat – auf kunstvolle Weise Familien-, Liebes- und Rechtskonflikt (vgl. Kolkenbrock-Netz 1997, 222). Zugleich ist der Rechtsstreit um das gültige Testament als symbolische Verhandlung des Verhältnisses von Tradition und Moderne zu verstehen; darin kehrt der Text zu einer semantischen Grundkonstellation zurück, die eineinhalb Jahrzehnte zuvor am Beginn der naturalistischen ›Literaturrevolte‹ gestanden hatte (s. Kap. I.3).

So symbolisieren die beiden Testamente, die im Zentrum des Erbschaftsstreites stehen, zwei **verschiedene Formen kultureller Überlieferung**. Auf der einen Seite, d.h. auf der Seite Peters und seiner Mutter, befindet sich das überlieferte Rechtsinstitut des »Anerbenrechts« (vgl. Beckert 2004, 72), nach dem das väterliche Erbe ungeteilt auf den ältesten Sohn übergeht. Wenn Peter widerrechtlich das erste Testament des Vaters zur Geltung bringt, beharrt er mithin auf einem sozialen Prinzip, in dem das von den Vätern Ererbte als Ganzes und Unteilbares bewahrt wird. »Peter ist dein Herr!«, muss Jakob einsehen. »So hat's dein Vater in seinem Testament ausgemacht, und so gehört sich's auch für eine Familie, daß alle zusammenhalten und sich dem Ältesten fügen. Was soll aus einem Grundstück werden, wenn jeder sich sein Stück davon wegschneiden kann und seiner Wege damit gehen?« (Str 20). Auf der anderen Seite, d.h. auf der Seite der jüngeren Brüder Heinrich und Jakob, steht das moderne Prinzip der Erbteilung, das die Nachkommen gleichmäßig an der Erbmasse beteiligt und insofern die Fixierung an das überlieferte patriarchalische Prinzip löst. »Nur hat Vater«, so bringt Heinrich gegen den von Peter erzwungenen Rechtszustand vor, »später noch ein zweites Testament gemacht, wo er manches geändert, wo er auch an uns zwei Jüngere […] gedacht hat« (ebd., 101).

Entsprechend ist auch die Konfiguration des Stücks oppositionell angelegt. Peter, der »Gutsbesitzer und Deichhauptmann« (ebd., 3), steht in der Tradition des ›heroischen‹ Charakters, der – eingebunden in die mythische Zeit des Naturhaften und Immergleichen – mit dem Land, das er im Kampf gegen das »Raubtier« (ebd., 53) Natur »kulturfähig gemacht« (ebd., 30) hat, zutiefst verwachsen ist und darin wie ein archaisches Relikt in die Moderne hineinragt. Als ihr Repräsentant erweist sich dagegen der »Strombaumeister« Heinrich, der im Auftrag des Staates und mit den Mitteln rationaler Planung die Macht der Natur bricht (vgl. ebd., 33, 54) und darin für Fortschritt und Veränderung steht.

Allerdings befinden sich weder die widerstreitenden Rechtskonzepte noch die vordergründig antagonistischen Brüder in einem unversöhnlichen Verhältnis. Vielmehr stehen sie in einer »Äquivalenzrelation« (Kolkenbrock-Netz 1997, 226) zueinander, die die spätere symbolische Versöhnung beider Prinzipien bzw. beider Brüder im Opfergang Peters ermöglicht. Eine Sonderstellung besitzt innerhalb der Figurenkonstellation allein Jakob; er gehört weder der Sphäre Peters (›Tradition‹) noch derjenigen Heinrichs (›Moderne‹) an, sondern verfolgt – wie sein Zerstörungswerk am Damm dokumentiert – das Projekt, den **Mythos, d. h. die kulturell nicht beherrschbare Macht des »Stroms«, wieder in sein Recht zu setzen.** Jakob drängt auf die Realisierung dieser mythischen Macht, weil nur sie symbolisch die Wiederherstellung der rechtmäßigen Erbfolge und damit die Wiederaneignung der von Peter korrumpierten väterlichen Tradition verspricht. Nichts anderes symbolisiert Jakobs fortwährende Beschäftigung mit einer »alten Chronik«, die vordergründig die »Eisgänge und Dammbrüche« (Str 11) der Vergangenheit verzeichnet, für Jakob aber – wie der Bericht von einem historischen Bruderkampf belegt (vgl. ebd., 15) – vor allem als Präfiguration der eigenen Racheabsichten lesbar ist. So ist Jakobs eigenes Leben, das dem legendenhaften Muster des »Zahltags« (ebd., 7) folgt, nur die Wiederholung eines in der Historie aufbewahrten Schicksals.

Dass Jakob am Ende von den Händen Peters stirbt und hinnehmen muss, dass das ersehnte Katastrophengeschehen der Natur ausbleibt, während die Kulturgemeinschaft unbehelligt und gestärkt aus dem Opfertod Peters hervorgeht, verdeutlicht, dass der tragische Schluss als Versöhnung der widerstreitenden Prinzipien von Tradition und Moderne angelegt ist. Denn beide Brüder, der traditionsverhaftete Deichhauptmann Peter wie der moderne Strombaumeister Heinrich, zielen mit ihrer Tätigkeit ja darauf, den mythischen Bann der Natur zu brechen und die Errungenschaften der Kulturgemeinschaft vor ihrer Gewalt zu schützen. Als zukunftsfähig erweist sich am Ende des *Stroms* damit eine Moderne, die die Tradition, aus der sie geworden ist, in sich aufnimmt und als Erinnerung bewahrt. Es liegt auf der Hand, dass diese Schlusskonstellation auch einen poetologischen Sinn besitzt: als später Reflex auf einen Naturalismus, der sich gerade aus der radikalen Traditionsvernichtung konstituiert hatte. Halbes Drama spricht demgegenüber von der **Anerkennung des Ererbten.**

2.2 Die Gegenwart in der Geschichte: Das Geschichtsdrama

Auf den ersten Blick wird man das Interesse des Naturalismus am Geschichtsdrama gering veranschlagen. Bezeichnenderweise gilt ja ein Großteil der Polemik, mit der sich der frühe Naturalismus Mitte der 1880er Jahre über die eigenen Ziele verständigte, gerade jener Versenkung in geschichtliche Stoffe, mit der die Gründerzeit ihre epigonalen Orientierungen ausstaffiert hatte; man denke an den Geschichtsdramatiker **Heinrich Kruse** (1815–1902), den 1882 der geballte Spott der Brüder Hart trifft, oder an die Hohenzollern-Dramatiker **Ernst von Wildenbruch** (1845–1909) und **Detlev von Liliencron** (1844–1909), die in den 1880er Jahren bereits in die Spätphase des historischen Dramas eintreten und eine weitgehend zur Konvention erstarrte Gattung beliefern (vgl. Sengle 1969, 228 ff., 245 ff.; Struck 1997; zum umstrittenen Begriff ›Geschichtsdrama‹ vgl. Niefanger 2005, 9 ff.). Allerdings erweist sich der Naturalismus auch im Falle des Geschichtsdramas als ambivalenter und uneinheitlicher, als es die Literaturgeschichtsschreibung üblicherweise suggeriert.

Im Einzelnen lassen sich nämlich durchaus unterschiedliche **Aneignungsmechanismen** für historische Stoffe erkennen. Zunächst bietet ihre Aktualitätsferne, in der

Sprache der Zeit: ihre ›Parteilosigkeit‹, den Vorzug, dass sie von den Zensurbestimmungen unberührt bleiben. Schon die Entstehung des wichtigsten naturalistischen Geschichtsdramas – Gerhart Hauptmanns Bauernkriegs-Tragödie *Florian Geyer* (1896) – dokumentiert, dass Hauptmann seinen Stoff in der Hoffnung gewählt hat, er werde, anders als der Weberaufstand, nicht »zensuranstößig« (zit. Voigt 1944/45, 157) sein. Andererseits – auch dies belegen die entsprechenden Dramen Hauptmanns – mussten historischer Stoff und soziale Orientierung keine Gegensätze bilden; im Gegenteil konnte das ›Historische‹ das ›Soziale‹ problemgeschichtlich geradezu vertiefen oder – je nach Perspektive – maskieren. Wie die überaus spannungsreiche und von zahlreichen Zensurprozessen begleitete Aufführungsgeschichte der Hauptmannschen *Weber* zeigt (s. Kap. 2.1.1), ist dieses Moment der Maskierung von staatlicher Seite unmittelbar begriffen und als Verdacht gegenüber dem gewählten Stoff geltend gemacht worden. Drittens schließlich hat sich zumindest die naturalistische Programmatik um eine – wenn auch nur in Schwundstufen greifbare – hermeneutische Reflexion darüber bemüht, wie Vergangenheit und Gegenwart, geschichtliche Tradition und Moderne in ein sinnhaftes Verhältnis zu bringen sind (vgl. Schulz 1978, 208 f.). Freilich waren hierzu, wie Karl Bleibtreus *Revolution der Literatur* belegt, gewisse historische Schnitte erforderlich; erst mit der Französischen Revolution ist nach Bleibtreus Auffassung »jener Theil der Geschichte« erreicht, »dessen Nachwirkungen in uns Lebendigen nachzittert« (Bleibtreu 1973, 22). Auch wenn die Mehrheit der naturalistischen Geschichtsdramen historisch ungleich weiter ausgreifen, bezeugt die Äußerung doch das Prinzip, mit der sich der Naturalismus den historischen Stoff erschließt: Bleibtreu wie anderen Theoretikern geht es darum, das Historische »in Beziehung zur Gegenwart« (ebd.) zu setzen, d. h. den geschichtlichen Stoff als **Konfiguration einer gegenwärtigen Problemlage** zu behandeln. »Die historische Dichtung«, so urteilte Wilhelm Bölsche 1886, besitze die Aufgabe, »das Geschichtliche in seiner lebendigen Bethätigung mitten unter uns, in seinen fortschwirrenden Fäden, in seiner Macht über die Gegenwart [darzustellen]« (Bölsche 1976, 63). Vor allem im nationalen Einigungsprozess der Jahre 1870/71 und ihrem »Bedarf an ›symbolischer Reichsgründung‹« (Dörner 1996, 149) entwirren sich die »fortschwirrenden Fäden« bevorzugt als Zusammenhänge der nationalen Geschichte, d. h. als jene historischen Etappen, die in der nationalen Einheit von 1870/71 ihr historisches Ziel finden. Damit vermischen sich freilich für nicht wenige Texte, die das Historische zur zielgerichteten Geschichte der nationalen Einigung zurechtschneiden, Historisierung und Ent-Historisierung bis zur Untrennbarkeit; entweder geht das Historische fast vollständig in der nationalgeschichtlichen Aktualisierung auf, oder die beabsichtigte Aktualität kleidet sich in eine Geschichtlichkeit, die kaum mehr ist als Kostüm und Staffage. Noch die zahllosen Renaissance-Dramen, die zwischen Naturalismus und Fin de Siècle eine so zeittypische Konjunktur erfahren (vgl. Rehm 1969, 51 ff.; Uekermann 1985), sind von diesem Problem ebenso betroffen wie eine Reihe späterer Geschichtsdramen Hauptmanns, die – wie *Der arme Heinrich* (1902) oder *Kaiser Karls Geisel* (1908) – stärker sagen- und legendenhafte Züge gewinnen.

Karl Bleibtreu: *Der Dämon* (1887), *Schicksal* (1888)

Wie sich das Verhältnis von Historizität und Aktualität faktisch gestaltet, lässt sich mit großer Genauigkeit an dem wenig bekannten geschichtsdramatischen Werk Karl Bleibtreus (1859–1828) ablesen. Zum einen ist es in seiner Konzentration auf den geschichtsmächtigen Helden Teil eines traditionsreichen **literarischen Heroismus**, der von Shakespeare über gewisse Spielarten des Barockdramas (vgl. Disselkamp 2002) bis in die kulturessayistischen Entwürfe der ›historischen Größe‹ reicht, wie sie im 19. Jahrhundert bei Thomas Carlyle (*On Heroes, Hero-Worship and the Heroic in History*, 1840/dt. 1853), Ralph Waldo Emerson (*Representative Men*, zuerst 1841) und Jacob Burckhardt (*Die historische Größe*, posthum 1905) greifbar waren und über Amalgamierungen mit Nietzsches Konzeption des ›Übermenschen‹ auf breiter Basis rezipiert wurden (vgl. Plett 2002, 49–69; Stöckmann 2009, 176 f.). Zum anderen kennzeichnet Bleibtreus zwischen 1885 und 1889 entstehende Dramen unübersehbar eine aktualisierende Tendenz. Gleich ob sie sich in die Zeit der napoleonischen Eroberungen (*Schicksal*, 1888), in eine machtbesessene Renaissance (*Der Dämon*, 1887) oder in die Auseinandersetzungen zwischen Sachsen und Normannen (*Harold, der Sachse*, 1887; *Ein Faust der That*, 1889) versenken, ihr preußischer Subtext ist jederzeit unübersehbar. »Mit Blut und Eisen!« will das Tatsubjekt Cesare Borgia den »Staat modeln und hämmern« (Bleibtreu 1887, 218) – eine überdeutliche Parallele zu einem jener berüchtigten Schlagworte, mit denen Bismarck seit den 1860er Jahren das politische Klima im Reich geprägt hatte.

Ein Blick in Bleibtreus umfangreiches erzählerisches, dramatisches und essayistisches Werk muss allerdings den Eindruck vermitteln, dass Heldentum und Tatkraft geradezu eine lebenslange Obsession ihres Autors gewesen sind; dem bewunderten Napoleon hat Bleibtreu – neben dem Drama *Schicksal* (1888) – allein zwischen 1885 und 1905 sieben monographische Darstellungen gewidmet (vgl. Harnack 1938, 143 f.). Gleichwohl beruhen Bleibtreus Geschichtsdramen auf einer Reihe von Voraussetzungen:

1. Neben der breiten Verankerung im Heroismus-Diskurs der Zeit beleihen Bleibtreus Heldendramen die **Konzeption des** »**idealen Individuums**« (Hegel XIII, 238), wie sie in Georg Wilhelm Friedrich Hegels *Ästhetik* (posthum 1835) greifbar war. Kennzeichnend für dieses »ideale Individuum« ist eine Totalität des Charakters, in der Empfindung und Handlung, Wille und Tat noch ungetrennte Momente derselben substantiellen Individualität sind. Allerdings glaubte Hegel, dass die Moderne dem idealen Charakter den Boden entzogen habe; ihre zur »Prosa« (ebd., 253) in Staat und Recht ›objektiv‹ gewordene Realität lasse dem Individuum keine autonomen Handlungsmöglichkeiten mehr, so dass das »substantielle Ganze« von den »persönlichen Zwecken und Verhältnissen« (ebd., 247) des Individuums abgetrennt sei. Genau diese Trennung macht das Geschichtsdrama des 19. Jahrhunderts rückgängig, indem es seine Subjekte einen Zweck ausagieren lässt, der, wie Horst Thomé mit Blick auf Hegel formuliert hat, »in sich berechtigt und nicht einfach nur durch die persönliche Leidenschaft legitimiert ist« (Thomé 1997, 329).

2. Über diese (geschichts-)philosophische Konstruktion hinaus üben vor allem naturwissenschaftliche Konzepte einen beträchtlichen Einfluss auf Bleibtreus Dramatik aus (dies gilt freilich für den Naturalismus insgesamt). Genau besehen stellen seine historischen Tathelden nämlich lediglich Figurationen von Konzepten dar, die in metaphorisierter Form aus der Physik, vor allem der **physikalischen Energie- und Wärmelehre**, in den Selbstdeutungshaushalt der modernen Kultur einwandern und hier zu Vorstellungen individueller oder kollektiver Energie und Tatkraft umgedeutet werden (vgl. Stöckmann 2009; s. Kap. III.2.3). Wenn sich Bleibtreus Napoleon-Figur daher fortwährend durch »Energie« (Bleibtreu 1888, 43, 57), »Kraft« (62) und »Entschlossenheit« (42) auszeichnet, oder Cesare Borgia als »vulkanische Urkraft«

(Bleibtreu 1889, 294) die Bühne betritt, handelt es sich lediglich um Nachbildungen eines thermodynamischen Energiebegriffs, der in einer neuartigen Universalisierung Natur und Gesellschaft übergreift (vgl. Rabinbach 2001; Radkau 1998) und in die literarische Imagination fortwirkt. Diese energetische Hintergrundkonstruktion erklärt nicht nur die Anhängigkeit der Texte an **aktivistische Handlungsfiguren wie ›Tat‹ und ›Opfer‹**, sondern auch die auffällige Simplizität der Figuren, die kaum eine individuelle psychologische Zeichnung erkennen lassen. Tat- und Willensfiguren benötigen keine differenzierte Psychologie, weil sie vollständig in ihrem Willen und ihrer Tatbereitschaft aufgehen; darin sind sie thermodynamisch modernisierte Varianten der idealen Individualität Hegels.

Entsprechend kreist Bleibtreus entstehungsgeschichtlich erstes Stück innerhalb der Reihe seiner Geschichtsdramen um das »Verhältnis der That-Helden zu den Kunst-Helden« (Bleibtreu 1887, 146), und bezeichnenderweise nimmt es Bleibtreus *Dämon* mit den historischen Konstellationen nicht sonderlich genau. Vor allem die nationalen Einigungspläne, die Bleibtreu seiner von Nietzsche zu einer »Art Übermensch« (Nietzsche KSA 15, 136) vergrößerten Hauptfigur Cesare Borgia unterstellt, sind historisch nicht belegt und einer Quelle ganz anderer Herkunft – dem *Principe* Niccolò Machiavellis (1516) – entnommen. Historisch ähnlich unbekümmert verfährt Bleibtreu dort, wo er Machtpolitiker wie Cesare Borgia und Machiavelli auf Künstler wie Leonardo, Raffael und Michelangelo treffen lässt. Vordergründig tritt die dargestellte Renaissancewelt damit in eine politische und eine ästhetisch-künstlerische Sphäre auseinander. Dennoch sind beide Welten darin eng verwandt, dass sie den Gesetzen des Kampfes und des Machtstrebens folgen. Während sich die Künstler im zweiten Akt in einem Wettstreit begegnen, erscheint der »That-Held« Borgia auf dem Höhepunkt des Dramas inmitten einer nächtlichen Versammlung der platonischen Akademie, um Maria von Urbino zu entführen. Cäsar betrachtet diesen Raub als entscheidende Bedingung für die Einigung Italiens, weil Machiavelli, der ein eigenes Einigungsinteresse verfolgt, diese Einigung gerade in der Verbindung der Häuser Orsini und Urbino zu erzielen hofft. Auch wenn der Raub Marias gelingt, endet das Drama mit dem Freitod Cäsars; Italien bleibt unerlöst, weil der historische Moment für eine nationalstaatliche Einigung noch fern ist. »Wohl war ich«, so resümiert Cäsar gegen Ende des Dramas, »zu der Rolle geboren, die ich spielte – aber mein Stichwort war noch nicht gesprochen. Kennst du das furchtbarste aller Schicksale? Zu früh geboren zu sein, um Aeonen zu früh« (Bleibtreu 1887, 284).

Bleibtreus Geschichtsdramen bilden lediglich verschiedene Ansichten derselben Grundproblematik. Fast alle Texte profilieren einen geschichtsmächtigen Täter, der geschichtsmächtig nicht dadurch ist, dass er der in der Geschichte aufgehobenen »Sendung« (Bleibtreu 1888, 104) folgt, sondern dass er gegen diesen ›objektiven‹ Sinn der Geschichte verstößt und sich ihm gegenüber als autonomer ›Täter‹ ermächtigt. So besitzen Cesare Borgia (*Der Dämon*) und Napoleon (*Schicksal*) eigentlich *zwei* Identitäten. Auf der einen Seite sind sie (historische) Subjekte im Sinne der idealen Individualität Hegels: Ihrem schicksalhaften »Dämon« (Bleibtreu 1887, 282) bzw. ihrem »Stern« (Bleibtreu 1888, 95) unterworfen, greifen sie in die Geschichte ein, um sie einem Ziel zuzuführen, das der Individualität vorausliegt und doch nur durch sie verwirklicht werden kann. »Ist das«, fragt Maria von Urbino, »eine andere Stimme, eine fremde, die aus Euch redet?« – »Das ist – mein Dämon« (Bleibtreu 1887, 282), antwortet Cäsar. »Man muß der Mann seines Schicksals sein« (Bleibtreu 1888, 78), bekräftigt

Napoleon im Wissen um die »Erfüllung seiner Sendung« (ebd., 104). Auf der anderen Seite sind Cäsar und Napoleon Tatsubjekte im radikalen Verständnis des Wortes, weil sie ihren geschichtlichen Auftrag hinter sich lassen und sich als dezisionistische, d. h. auf die Kraft einer eigenen Entscheidung stützende Täter realisieren. »Hier steh ich, auf mein Schwert gestützt [...]«, deklamiert Cäsar, »ich der ich stolz und starr, auf mich selbst allein gestellt, eine wirkliche Welt im Busen trage« (Bleibtreu 1887, 220).

Am konsequentesten ist diese geschichtliche **Selbstermächtigung des Täters** in Bleibtreus Napoleon-Drama *Schicksal* gestaltet. Auf den ersten Blick folgt der Text dem konventionellen Schema von ›Aufstieg und Fall‹. Die ersten drei Akte spielen im Paris des Jahres 1796 und spiegeln Napoleons rasanten Aufstieg in den Krisen- und Radikalisierungsjahren der Republik, die die heroischen Ereignisse von Toulon 1793, Napoleons Ernennung zum Oberbefehlshaber des Inneren und seine Heirat mit Josefine de Beauharnais umfassen. Der vierte Akt spielt dagegen im Paris des Jahres 1809 und zeigt Napoleon auf dem Höhepunkt einer Machtentfaltung, die souverän die europäischen Kräfteverhältnisse diktiert. Recht unvermittelt trägt sich der letzte Akt im Malmaison des Jahres 1815 zu. Er zeigt Napoleon »matt und gebrochen« (Bleibtreu 1888, 109), als einen Tathelden, über den die Geschichte hinweggegangen ist. Auf den zweiten Blick profiliert der Text freilich einen anderen Sinn. Während das jüngere Renaissance-Drama die historische Verfrühung seiner Hauptfigur in einem »Sühnopfer« beschwichtigt, weil nur der Selbsttod Cäsars und Marias der drohenden »Zersplitterung« (Bleibtreu 1887, 283) der Nation Einhalt gebietet, zielt Bleibtreus Napoleon-Drama auf eine Tat, die im providentiellen Schema des »Sterns« (Bleibtreu 1888, 95) und des »Schicksals« (ebd., 96) nicht mehr aufgeht. An seine Stelle tritt ein **Stiftungsakt**, der Napoleons eigentliche geschichtliche Aufgabe, Ordnung und Bindung in die revolutionäre Zeit zu tragen, ignoriert, um eine eigene »Dynastie« (ebd., 95) zu begründen. Diese »Dynastie« dient dazu, dass sich der Stifter Napoleon fortwährend seiner eigenen geschichtlichen Bedeutung versichern kann. Entsprechend kommt in den »Ruhmesthaten« (ebd., 97) Napoleons nichts anderes zum Ausdruck, als eine **narzisstische Selbstanschauung der historischen Größe**. Ihr Medium ist ein erregter Blick, der sich selbst begehrt und genießt und der sich in der gestifteten Genealogie immer wieder selbst begegnen will. »Du beschäftigst Dich bloß noch mit der Betrachtung Deiner eignen Größe«, wirft Duroc Napoleon vor. »Es sieht immer aus, als ob Du einsam zwischen Deinen Ruhmesthaten spazieren gingst« (ebd.).

Man wird Bleibtreus Geschichtsdramen weder zu den großen Leistungen der modernen Dramatik noch zu den zu Unrecht vergessenen Texten des Naturalismus zählen können; in ihrem sprachlichen Pathos und ihrer exklamatorischen Rhetorik enthalten sie mehr gründerzeitlichen Pomp, als dem Naturalismus lieb sein konnte. Allerdings sind sie in ihrer geistesgeschichtlichen Position durchaus signifikant, weil sie Begründungsfiguren und Handlungsmuster entwerfen, die für spätere Entwicklungen durchaus anschlussfähig gewesen sind – man denke an die Konjunktionen von Krise und Opfer, wie sie inmitten des Fin de Siècle, vor allem bei Hugo von Hofmannsthal (vgl. Brittnacher 2001), gängig werden, an das flammende Tatpathos der Expressionisten (vgl. Rothe 1979) und – nicht zuletzt – an den Dezisionismus der Weimarer Zeit, die ihrem ausgeprägten Krisenbewusstsein eine Verbindung von Entschiedenheit und aggressiver Handlungsbereitschaft entgegenhielt (vgl. Fritzsche 1976; Krockow 1958; Thomé 2002). Welchen ideellen Anteil das naturalistische Geschichtsdrama an diesen Entwicklungen besitzt, ist noch kaum erforscht (vgl. Stöckmann 2009, 160 ff.).

Gerhart Hauptmann: *Florian Geyer* (1896)

Seine prägnantesten Konturen verdankt das naturalistische Geschichtsdrama den beiden Stücken, mit denen Gerhart Hauptmann wiederholt die Geschichte eines gescheiterten Massenaufstandes auf die Bühne brachte. Noch während der Arbeit an den *Webern* fasst Hauptmann im Winter 1891 den Plan zu einem Drama über **Florian Geyer** (um 1490–1525), den fränkischen Ritter und Anhänger Luthers, der eine führende Rolle in den Bauernaufständen von 1525 gespielt hatte (allerdings ist dieses Bild des historischen Florian Geyer schon von der zeitgenössischen Forschung korrigiert worden; vgl. Sprengel 1984, 106).

Hauptmanns Geyer-Projekt besitzt nachgerade monumentale Züge. Ungewöhnlich sind zunächst die überaus aufwändigen Vorbereitungen, die der Niederschrift des Textes vorausgehen. Hierzu zählt die Lektüre umfänglicher historischer Werke, in erster Linie eine Überblicksdarstellung des Vormärz-Publizisten Wilhelm Zimmermann (*Großer deutscher Bauernkrieg*, 1841–43), die 1891 erneut erschienen war und der Hauptmann das ganz aus dem liberalen Geist des Vormärz geprägte Bild seiner Hauptfigur entnahm. In den Sommern der Jahre 1892 und 1894 unternimmt Hauptmann zwei ausgedehnte Studienreisen nach Franken, in denen er sich mit den historischen Örtlichkeiten und Denkmälern der Zeit vertraut macht. Zwischen beiden Reisen trifft Hauptmann August Bebel, dessen 1876 erschienenes Buch über den Bauernkrieg (*Der deutsche Bauernkrieg mit Berücksichtigung der hauptsächlichsten sozialen Bewegungen des Mittelalters*) er vorbereitend gelesen hatte. In dieselbe Zeit fallen umfangreiche, wenn auch erkennbar synkretistisch verfahrende sprachhistorische Studien, die Hauptmanns Bemühen dokumentieren, ein ›authentisches‹ historisches Idiom zu treffen. Neben den einschlägigen Chroniken und Volksliedern des 16. Jahrhunderts konsultiert Hauptmann hierzu die Schriften Hans Sachs' und – trotz der historischen Distanz zum älteren Stoff – einzelne Texte von Andreas Gryphius (*Horribilicribrifax Teutsch*, 1663) und Hans Michael Moscherosch (*Wunderliche und Wahrhafftige Gesichte Philanders von Sittewalt*, 1642). Nicht weniger monumental sind die äußeren Dimensionen des Stücks: Neben einem ersten Szenarium vom Juli 1894 findet sich im Februar 1895 ein Hauptszenar mit 114 Einzelszenen; die Arbeitsmaterialien sind zu diesem Zeitpunkt auf über 1000 Seiten angewachsen (vgl. CA IX, 769–889). Die endgültige Fassung, die auch der enttäuschenden Erstaufführung im 4.1.1896 im *Deutschen Theater* (Berlin) zu Grunde liegt und nicht weniger als 70 Rollen vorsieht (bei 302 Druckseiten in der 1896 bei S. Fischer erschienenen Erstausgabe), entsteht unter Streichung zahlreicher Massenszenen im Sommer und Herbst 1895. Überaus ambitioniert erscheint der Text auch hinsichtlich der Traditionen und ästhetischen Konzepte, an die er anschließt. Nicht nur beerbt er erkennbar Goethes Sturm und Drang-Drama *Götz von Berlichingen* und – mit Einschränkungen – Schillers *Wallenstein*-Trilogie, auch Züge des vaterländischen Dramas (Kleist: *Hermannsschlacht*) scheinen durch den Text hindurch. Dass Hauptmann in der ersten Planungsphase ein »Geyer-Festspielhaus« in Schreiberhau, seinem schlesischen Wohnsitz, vorgeschwebt hat, belegt, dass das Stück nicht zuletzt eine gewisse Nähe zu Wagners *Ring*-Tetralogie unterhält (phasenweise plante Hauptmann, den Stoff zu einer Di- bzw. Trilogie auszubauen). In gewisser Weise ist Hauptmanns *Florian Geyer* damit ein **Effekt der Anreicherung und ›Aufschichtung‹ von Quellen- und Textmaterial.** Von einer »weit*schichtigen* Arbeit«, in deren Verlauf ein »umfangreiches Material *aufzuspeichern*« war, hat Hauptmann selbst gesprochen (zit. Voigt 1944/45, 28; Hervorhg. I. S.).

Formal gliedert Hauptmann seinen Stoff in ein Vorspiel und fünf Akte, die nach dem Muster der *Weber* einer **episch-symmetrischen Reihung** folgen. Das Vorspiel zeigt die adlige Gegenpartei auf dem Würzburger Schloss inmitten einer erregten Debatte über die politischen Ziele der anrückenden Bauernheere. Nachdem die in den »zwölf Artikeln« (FG, 9) formulierten Forderungen der Bauern verlesen und mit Hohn und Spott kommentiert worden sind, erklärt sich einer der Ritter, Wolf von Hanstein, mit den Aufständischen solidarisch. In einer Vorwegnahme der Entscheidung Geyers schließt er sich dem revolutionären »Bundschuh« (ebd., 76) der Bauernpartei an. Der erste Akt führt in die Kapitelstube des Würzburger Neumünsters, wo sich die Aufständischen auf einen Führer verständigen wollen. Obwohl nur zwei Kandidaten zur Verfügung stehen – auf der einen Seite der als Junker verdächtigte Florian Geyer, auf der anderen Götz von Berlichingen –, verläuft die Beratung ergebnislos. Auch der spontan gebildete Kriegsrat führt nur eine oberflächliche Verständigung herbei. Die politischen und religiösen Konflikte, die die Bauernpartei spalten, setzen sich in den zweiten Akt fort. In einer Rothenburger Schenke, die die Sympathisanten der Aufständischen in einem gleichermaßen von Euphorie und Aggression geprägten Disput zeigt, erfährt Florian Geyer, dass die aufständischen Truppen die Würzburger Festung angegriffen haben und vernichtend geschlagen worden sind. Aus Verärgerung über die fehlende militärische Disziplin der Bauern, aber auch, weil ein Erfolg der Bauernpartei unwahrscheinlich geworden ist, legt Geyer seine Rüstung ab. Unter dem Eindruck dieser symbolischen Handlung wird Geyer auf dem Schweinfurter Landtag (dritter Akt) bedrängt, nochmals die Führung der Bauernpartei zu übernehmen. Halbherzig willigt Geyer ein und zieht nach Würzburg, wo die Bauern soeben eine weitere Niederlage hinnehmen müssen. Der vierte Akt führt nochmals in die Rothenburger Schenke. Dort treffen nach und nach die Führer der Aufständischen ein: Zunächst Andreas Karlstatt, der in der Schlacht bei Würzburg nur knapp dem Tod entronnen ist, dann Geyer selbst, und schließlich Tellermann, Geyers treuer Feldhauptmann, der noch in der Schenke an seinen Verwundungen stirbt. Den sicheren Tod vor Augen lässt sich Geyer ein letztes Mal die Rüstung anlegen. Der fünfte Akt setzt mit der endgültigen Niederlage der Bauern ein. Geyer findet zunächst Zuflucht im Haus seines Schwagers Wilhelm von Grumbach, der angesichts der Ereignisse aber wieder ein Parteigänger des Adels geworden ist. Um ihre Loyalität zur Adelspartei unter Beweis zu stellen, verrät Grumbachs Frau Geyers Versteck an die versammelten Ritter. In einer schwarzen Rüstung tritt ihnen Geyer entgegen und stirbt.

    Schon das Bauprinzip des Stücks macht deutlich, dass es dasselbe Problem teilt wie Hauptmanns *Weber* vier Jahre zuvor. Hier wie dort zielt Hauptmann auf die Darstellung kollektiver historischer Prozesse, und hier wie dort erzwingt diese Darstellungsabsicht eine Tendenz zur Episierung. Wie in den *Webern* präsentiert auch Hauptmanns »Tragödie des Bauernkriegs« ihr Geschehen als Revue sozialer und mentaler Milieus (Ritter, Bauern, einfache Leute) mit wechselnden Schauplätzen und einer gegenüber den *Webern* nochmals gesteigerten, in der regellosen Regie ihres Auftretens und Sprechens nachgerade chaotisch wirkenden Vielzahl von Personen; darin erweisen sich die *Weber* wie *Florian Geyer* als Nachfahren der Revolutionsdramen von Georg Büchner (*Dantons Tod*, 1835) und Christian Dietrich Grabbe (*Napoleon oder die hundert Tage*, 1831). Im Detail wird man zwei epische Strukturmomente hervorheben müssen:

    1. Gegen den traditionellen pyramidalen Spannungsbogen setzt Hauptmann, wie Peter Sprengel gezeigt hat (vgl. Sprengel 1984, 104 ff.), die **Kompositionsprinzipien**

von **Reihung** und **(symmetrischer) Spiegelung**: Reihung, weil die Aktschlüsse ab dem zweiten Akt grundsätzlich die fallende Linie der Handlung hervorkehren (entweder durch Botenberichte, die die Nachricht einer militärischen Niederlage überbringen, oder aber durch den Tod einzelner Bauernführer); Spiegelung, weil das Drama um die Mittelachse des dritten Akts herum eine spiegelsymmetrische Struktur erkennen lässt: Akt zwei und vier verhalten sich schon aufgrund des identischen Schauplatzes, die Rothenburger Schenke, symmetrisch zueinander, Akt eins und fünf korrespondieren hinsichtlich oppositioneller semantischer Konzepte (hier Euphorie, dort Scheitern und Tod). Auffälligstes episches Bindemittel aber ist die gegenüber den *Webern* wieder eingeführte Hauptfigur, deren Auftritt jeweils erst zur Aktmitte hin erfolgt und darin rudimentär dem von Peter Szondi analysierten »epischen Formprinzip« Hauptmanns entspricht (Szondi 1963, 66; s. Kap. 2.1.1).

2. Epische Züge trägt das Drama vor allem darin, dass die Kriegsereignisse und Kampfhandlungen, die sich im gewählten Zeitrahmen des Textes zwischen der Flucht des Würzburger Bischofs (5.5.1525) und Geyers Tod (9.6.1525) zutragen, ausschließlich im Modus des **epischen Botenberichts** vergegenwärtigt werden. In gewisser Weise stellt das Stück eine ins Monumentale gewendete Teichoskopie (Mauerschau) dar, weil es an die Stelle einer unmittelbaren Vorführung des historischen Geschehens eine Serie epischer Berichterstattungen setzt. Überhaupt gibt dieser durchlaufende Bericht einer Sprache Raum, in der die historischen Widersprüche bevorzugt in **rhetorischen Exzessen**, d. h. in momenthaften Entladungen und rasenden Erregungszuständen zum Ausdruck kommen (vgl. FG, 49–51).

Es liegt in dieser Rhetorisierung, dass der eigentliche ›Gehalt‹ der historischen Situation nur rudimentär hervortreten kann. Soweit das Stück überhaupt eine kohärente Position sichtbar macht, besteht sie in einer **Reichsreform**, in der Geyer – darin erkennbar ein imaginäres Gegenbild zum Bismarckreich – das Prinzip nationaler Einigung mit dem Gedanken einer germanisierten *translatio imperii* und dem Ideal sozialer Liberalität verbinden möchte. Bezeichnenderweise aber muss dieser Reichsgedanke aus den verstreuten Äußerungen und dem Chaos der fanatisierten Reden viel eher zusammengelesen werden, als dass er sich an einem bestimmten ›Ort‹ im Text repräsentiert fände; ein überaus kunsthaftes Moment, mit dem der Text sein nationales Einigungsprojekt zerstreut und als historische Illusion entlarvt. Am kohärentesten erscheint noch Geyers Fensterrede gegen Ende des zweiten Aktes, die im Bild des »Kyffhäuser«-Mythos vom »heimlichen Kaiser« Barbarossa, der nach langer Untätigkeit »auferstanden« ist, die unmittelbare Gegenwärtigkeit der »alten Reichsverfassung« (FG, 75) beschwört: »Das Reich muß reorganisiert werden. [...] Dem Barbarossa will ich den Weg bereiten« (ebd., 75 f.; vgl. zum Barbarossa-Mythos Dörner 1996, 77 f.).

Sieht man davon ab, dass Hauptmann diese Reichsreform gegen die historischen Fakten zu einer Sache des Volkes erklärt und die Macht des Adels damit entkräftet, bleibt das Reichsprojekt lediglich eine rhetorische Forderung. Ihr gegenüber zielt der Text vielmehr auf eine **chaotische Geschichtszeit**. Sie pervertiert den Sinn des Geschichtsdramas, weil an die Stelle eines (bedeutenden) historischen Moments, in dem sich das geschichtliche Projekt der geeinten Reichsnation realisieren könnte, eine negative, durch und durch kontingente Geschichtserfahrung tritt. »Haß, Händel, Gezänk, Unfried überall«, beklagt Stephan von Menzingen die politische Situation im zweiten Akt. »Weiß keiner, wohin es noch mag geraten« (FG, 69). Entsprechend sind auch die Kriegsschauplätze, gleich welche Partei sie dominiert, von entfesselter Gewalt und fanatischem Hass geprägt. »Keiner weiß, wer regiert«, berichtet Geyer aus den Würzburger Lagern, »Schlagen einander blutige Köpfe. Was sie mir zugesagt, halten sie nit« (ebd., 74). Auch innerhalb der Parteiungen herrscht eine Vielzahl unterschiedlicher Interessen, die offensiv miteinander im Kampf liegen. Hervorgebracht wird diese Zerstreuung durch die Serie immer neuer Dispute, die die auf den ersten Blick so blockhaft erscheinenden Akte in **Wellen fanatisierter Erregung** verwandeln. Geschichte wirkt in diesen Momenten entfesselter Redegewalt – fast alles wird in »rasenden« (ebd., 51), »besessenen« (ebd., 49), »tumultuarischen« (ebd., 54) oder »außer sich« (ebd., 32) geratenen Verlautbarungen vorgetragen – wie Pulsationen einer auf- und niederschwellenden Energie, in deren chaotischen Strömungen jeder Sinn verlorengeht. Sprechendster Beleg hierfür ist eine christliche Heilsgeschichte, die sich buchstäblich auf den Kopf gestellt sieht: »Die Läufte stellen sich uf den Kopf. Zu Ostern entstieg der Heiland dem Grabe. Zu Pfingsten schlägt man ihn wieder ans Kreuz« (ebd., 123).

In all dem erweist sich die »Tragödie des Bauernkriegs« weder als Tragödie eines Einzelnen, noch als die eines historischen Kollektivs oder einer politischen Ordnung. Dass der »heimliche Kaiser [...] weiterschlafen muß« (ebd., 115) und das Reich ungeeint bleibt, ist Geyer bereits am Ende des vierten Aktes Gewissheit. Insofern ist die »Tragödie des Bauernkriegs« vielmehr **die Tragödie des historischen Sinns selbst**, der – schon seinen geschichtlichen Akteuren intransparent – auch von der Gegenwart nicht mehr gedeutet werden kann. Hauptmanns verzweifelte Bemühungen um ein zeitnahes Idiom, in dessen fremdartigen, zum Teil unverständlichen Fügungen nur mehr die unüberbrückbare »*Fremdheit* der geschichtlichen Vergangenheit« (Schulz 1978, 193) zum Ausdruck kommt, weist in diese Richtung. Nichts aber kennzeichnet dies deutlicher, als die tiefe Ratlosigkeit, die dem Stück bei der Uraufführung entgegengeschlagen ist und die es zu einem der großen dramatischen Misserfolge Hauptmanns hat werden lassen (vgl. nur Marx 1998, 88). Wenn es einen Sinn in Hauptmanns letztem naturalistischen Geschichtsdrama gibt, dann besteht er darin, dass eine aktualisierende Erfahrung der Geschichte in weite Ferne gerückt ist.

2.3 Nach dem Naturalismus? Das intime Drama und der naturalistische Einakter

Für gewöhnlich werden Texte, die wie Hauptmanns *Florian Geyer* seit der Mitte der 1890er Jahre entstehen, als Belege für die allmähliche Erschöpfung des Naturalismus gewertet. Tatsächlich orientiert sich Hauptmann seit dem Ende der 1890er Jahre an märchenhaften Stoffen (*Die versunkene Glocke*, 1897) bzw. mythologischen Themen (*Der Bogen des Odysseus*, 1907–1912), die sich von der eigenen naturalistischen Frühzeit sichtbar entfernen. Die ausgeprägte Mystifikations- und Inszenierungsfreude des Autors hat schließlich das ihrige dazu beigetragen, dass sich Hauptmann im Gegenzug zu seinen naturalistischen Anfängen zunehmend als Klassiker, mehr noch als Goethe des 20. Jahrhunderts verstehen konnte (vgl. Stöckmann 1999).

Aber auch im Blick auf die Werke anderer naturalistischer Dramatiker scheint sich diese allmähliche Erschöpfung des Naturalismus zu bestätigen. Arno Holz' 1896 entstandene Komödie *Socialaristokraten* ist dem Naturalismus schon deswegen nicht eigentlich mehr zuzurechnen, weil sie ein überaus elitäres intellektuelles Milieu aus der Spätphase des Naturalismus – die aristokratischen Individualisten bzw. Individualanarchisten im Gefolge Bruno Willes und John Henry Mackays (vgl. Scheuer 1971) – in den Blick nimmt und satirisch verfremdet (darüber hinaus zählt das Stück zu einem Dramenzyklus, der in seinen vielfältigen weltanschaulich-thematischen Verzweigungen ohnehin viel zu uneinheitlich ist, als dass er nur einem ›Ismus‹ der Jahrhundertwende zuzuschlagen wäre). Auch Max Halbe erweitert sein Ausdrucksspektrum um die beschriebenen naturmythologischen Züge (s. Kap. 2.1.3), während Paul Ernst, dessen naturalistisches Frühwerk von Beginn an ein dezidiertes linksoppositionelles Engagement einschloss, nach 1898 eine Wendung zur neuklassischen Tragödie (*Brunhild*, 1909; *Ariadne auf Naxos*, 1912) vollzieht (vgl. Thomé 2002; s. Kap. VIII).

Es scheint daher nur konsequent, dem Beispiel der für die Kanonisierung des Naturalismus maßgeblichen Sozialgeschichten der 1980er Jahre zu folgen und die Phase des naturalistischen ›Aufbruchs‹ von einer ›eigentlichen‹ »Theatermoderne« (vgl. Glaser 1982; Trommler 1982) zu unterscheiden. Allerdings schwindet die Plausibilität derartiger Zäsurbildungen ersichtlich, wenn man das historische Feld in seiner synchronen Struktur in den Blick nimmt. Noch 1903 (*Rose Bernd*) und 1911 (*Die Ratten*) tritt Hauptmann mit einzelnen Stücken hervor, die geradezu als Musterfälle der naturalistischen Dramatik gelten müssen, während mit Reinhard Johannes Sorges »dramatischer Sendung« *Der Bettler* (1912) und Walter Hasenclevers Generationendrama *Der Sohn* (1913) bereits die ersten Exempel des expressionistischen Theaters greifbar werden.

Das alles spricht dafür, die frühe Moderne auch im Falle des Dramas nicht von eindeutig abgrenzbaren Zäsuren und Epochen her zu erschließen, sondern vielmehr als ein **Feld von Transformationen** zu fassen, in dem die Errungenschaften des Naturalismus gerade in ihrer Kompatibilität für weiterführende Modernisierungsprozesse wahrnehmbar werden (s. Kap. I.1.–3; VIII.). Wie bestimmte Erscheinungen im Bereich von Dramaturgie und Dialogtechnik belegen, bildet der Naturalismus auch noch um 1900 einen Anknüpfungspunkt für Entwicklungen, die den eigenen Programmstandpunkt transformieren und auf weiterreichende Perspektiven hin öffnen.

2.3.1 Intimes Drama: Johannes Schlaf

In diesem Zusammenhang ist das nach-naturalistische Werk **Johannes Schlafs** besonders aufschlussreich. Schlaf hat sich nach seiner Kooperation mit Arno Holz recht schnell als Propagandist eines Genres – dem intimen Drama – verstanden, das in den avancierten Theaterkreisen ab 1895 vermehrt Berücksichtigung findet, gleichwohl aber seine Herkunft aus dem Naturalismus nicht verleugnet. Tatsächlich erfolgen im Namen des intimen Dramas Theatergründungen in München (1895), Nürnberg (1899), Wien (1902, 1905) und Stockholm (1909), die verdeutlichen, dass die europäische Theatersezessionen auch noch um und nach 1900 Impulse des Naturalismus aufnehmen, zumal die entsprechenden programmatischen Bestimmungen des intimen Dramas in kurzer Folge von (ehemaligen) Naturalisten wie August Strindberg, Max Halbe und eben Johannes Schlaf vorgenommen werden (vgl. Halbe 1895; Schlaf 1898; Strindberg 1911).

Das intime Drama muss aus den um 1900 sich etablierenden **Tendenzen zur Psychologisierung und Intimisierung des Dramas** verstanden werden; in dieser Neigung zum ›Seelendrama‹ unterhält das Genre eine gewisse Nähe zu Entwicklungen im Bereich des Einakters (s. Kap. VI.2.3.2) und zum ›lyrischen Drama‹ insbesondere Hugo von Hofmannsthals (vgl. Szondi 1975). Strukturell kennzeichnen das intime Drama die konzentrierte (mitunter einaktige) Form, der weitgehende Verzicht auf ›äußere‹ Handlung, ein spezifisch ›suggestives‹ bzw. psychologisiertes Dialogverfahren und die ›leere‹, Realitätseffekte vermeidende Bühne (vgl. Delius 1976, 7 ff.; Kafitz 1987; Wodtke 1965). Schon 1895 hatte Max Halbe anlässlich der Gründung des *Intimen Theaters* in München den »Ausfall an äußern Reizen« zugunsten einer »intensiveren Durcharbeitung des Wesentlichen an einem Stücke, vor allem des Dialogs« und den Primat des »seelischen« vor dem »scenischen Bild« (Halbe 1895, 108) gefordert; Ähnliches lässt sich bei Johannes Schlaf, August Strindberg und – mit Einschränkungen – auch Rainer Maria Rilke (vgl. Stöckmann 2007) nachweisen.

Die eigentliche Leistung des intimen Dramas als eines Theater der »kleinen Mittel« (Sprengel 1998, 450) liegt in einer **dialogtechnischen Innovation**, die Schlaf aus der Beschäftigung mit einem europäischen Kultbuch der Zeit, Maurice Maeterlincks (1862–1949) *Trésor des humbles* (1896; dt. *Der Schatz der Armen*), gewonnen hatte. An Maeterlinck knüpfen Schlafs Überlegungen insofern an, als sie Maeterlincks Konzept eines »Dialogs zweiten Grades« (Maeterlinck 1923, 104; vgl. Kesting 1965, 116 f.) aufgreifen und mit den dialogtechnischen Errungenschaften des ›konsequenten Naturalismus‹ verbinden. Was der Dialog dort bislang an unwillkürlichen Lautäußerungen hervorgebracht hatte, erscheint im intimen Drama nun als eigentliches dialogisches Substrat: Das Latente der Rede, das wie dahin gesprochen Wirkende, ist nicht weniger bedeutsam als das manifest Geäußerte; ganz im Gegenteil: In der Latenz, im unwillkürlichen Redefragment, liegt die eigentlich bedeutungsvolle Äußerung, weil dieses »feinere, intimere Dialogmoment«, so Schlaf, einen »viel leidenschaftlicher bewegten, direkten, unterirdischen Dialog der Seelen« (Schlaf 1898, 96) stiftet. Im Kern handelt es sich um einen ›räumlich‹ zerteilten Dialog (von einer »vierten Dimension« ist ausdrücklich die Rede; vgl. ebd.): Auf der Oberfläche des Dialogs findet eine manifeste Verständigung statt, während das in seiner ›Tiefe‹ stattfindende Spiel der verbalen und mimisch-gestischen Zeichen einen »mehr unterbewußten, psychophysischen Kontakt« (ebd.) errichtet.

Den wichtigsten Schritt in die Richtung eines derartigen Seelendramas stellt Schlafs 1894 veröffentlichtes Schauspiel *Meister Oelze* dar; im Rückblick hat Schlaf gar von einem »psychologischen Naturalismus« (Schlaf 1913, 115) gesprochen, den er im *Meister Oelze* realisiert habe. Entsprechend ist der Text auf zwei komplementäre Tendenzen hin lesbar: Einerseits steht er in seinem stationären Charakter und der Betonung des äußeren Milieus ganz in der Tradition des naturalistischen Milieudramas, andererseits entfaltet sich der Dialog gerade an den Milieubedingungen vorbei, indem er die **verdeckten Wünsche, latenten Aggressionen und Triebmechanismen der Personen** in den Vordergrund rückt. Insofern dient die Situation – im Mittelpunkt steht der beharrliche Versuch Paulines, ihrem schwindsüchtigen Stiefbruder Franz Oelze das Geständnis seiner Schuld am Tod des Vaters abzuringen – nicht nur der Entfaltung eines realistisch gestalteten Milieus, sondern auch der Evokation bestimmter atmosphärischer Momente, die das Geschehen in den Bereich des Unheimlichen und Beklemmenden führen; die Schreie der geistesgestörten, ansonsten aber sprachlosen Großmutter verdichten diese Stimmungsmomente ebenso wie das Sterben des Tischlermeisters Oelze, das sich auf offener Bühne vollzieht. Entscheidend aber ist, dass schon Schlafs *Meister Oelze* einen bewusst vieldeutig angelegten Dialog zum eigentlichen Träger des Geschehens macht. So wertet das Drama vor allem die Nebentexte auf, in deren minutiösen Anweisungen an Sprechtempo, Mimik und Gestik latente Bedeutungsnuancen hervortreten, die auf die innerseelische Dynamik der Figuren verweisen. Konflikte und Triebmomente werden gerade nicht im expliziten ›Sagen‹ greifbar, sondern in den vieldeutigen Lücken, Abbrüchen und Ellipsen der Rede.

In welchem Maße Schlafs spätere intime Dramen trotz ihrer weitläufigen Ignoranz durch die Forschung (vgl. Kafitz 1978, 243 ff.; Sander 1922, 67 ff.; Whitinger 1997, 144 ff.) eine eigene Kontur besitzen, bezeugt die auffallende **Gleichförmigkeit ihrer Konfiguration und ihrer Problemstruktur**; fast erscheinen die drei, zwischen 1898 und 1900 publizierten Texte (*Gertrud*, 1898; *Die Feindlichen*, 1898; *Der Bann*, 1900) – mit Einschränkungen ist auch das Drama *Weigand* (1906) hinzuzuzählen – wie Variationen ein und derselben Grundkonfiguration: Zum einen nämlich handelt es sich in allen Fällen um eine Dreieckskonstellation, in der eine verheiratete Frau zwischen zwei Männern steht; zum anderen besitzen die Figuren seit den *Feindlichen* lediglich Vornamen; damit sparen die Texte alle sozialen und milieuförmigen Faktoren aus, die den Figuren eine ihrer sprachlichen Individuation vorausliegende Identität gäben.

Im Zentrum des ersten Dramas steht Gertrud, die sich im Kreis ihrer Familie zur Kurierung einer nervösen Schwäche auf Rügen aufhält. Hier lernt sie Albrecht Holm, einen Jugendfreund ihres in Konventionen erstarrten Mannes Fritz, kennen, zu dem sie eine unterbewusste seelische Verbindung unterhält; allerdings gelingt Gertrud ein Ausbruch aus den ehelichen Verhältnissen nicht. Anders endet Schlafs folgendes Drama *Die Feindlichen*. Auch hier steht Asta, die weibliche Hauptfigur, zunächst entscheidungslos zwischen ihrem Mann Ernst und ihrem gemeinsamen Freund Heinrich. Wie das mit Traumbildern und Visionen angereicherte Geschehen der *Feindlichen* aber allmählich deutlich macht, ist Asta auf den Freund ihres Mannes fixiert, der in einer zentralen Hypnose-Szene seinerseits seine unbewussten Neigungen auf Asta überträgt; am Ende, in dem die latenten Neigungen der beiden offen hervortreten, gelingt es Asta, die eheliche Verbindung zu lösen. Im *Bann* schließlich erscheint Ottilie als Hörige, die dem hypnotischen Willen ihres Ehemanns Hubert rettungslos verfallen ist. Auch wenn sich Ottilie mehrfach dem Maler Wenzel annähert, unterliegt sie dem nervösen Einfluss Huberts, der machtvoll die Fäden in der Hand hält und dem jungen Konkurrenten, dem das Verhältnis des Paares wie ein »unfassbar dunkles Rätsel« (Schlaf 1900, 194) erscheint, jede Hoffnung auf ein gemeinsames Glück mit Ottilie nimmt.

Signifikant an Schlafs intimen Dramen ist weniger ihre Okkupation durch den zeittypischen **Hypnose-Diskurs** (vgl. Pytlik 2006); aus dem Spektrum der seinerzeit einschlägigen spiritistischen bzw. ›occulten‹ Schriften hat Schlaf nachweislich Carl du Prels *Die Entdeckung der Seele durch die Geheimwissenschaften* (1894/95) und Conrad Riegers Hypnotismus-Schrift (*Der Hypnotismus. Beiträge zur Kenntnis sogenannter hypnotischer Zustände*, 1888) gekannt und seinen Texten zu Grunde gelegt. Entscheidend ist vielmehr, dass die Figuren in Schlafs intimen Dramen eine **Sprachform** vorfinden, durch die sie der intime Dialog hindurchführt und in deren Verstehen ein Verstehen der eigenen Latenzen und Triebmomente möglich wird. Wenn sich – wie in den *Feindlichen* – zwei Liebende in die Arme fallen, dann ist dies nicht mehr länger ein Bild geglückter Intimität, sondern der durch sie hindurch formulierte Abschluss einer aufklärenden ›Arbeit‹ der Individuen an ihren eigentlichen Wünschen und Neigungen. Auch in den beiden anderen Dramen – *Gertrud* und *Der Bann* – arbeiten sich Schlafs

Akteure durch ein Geflecht unwillkürlicher Sprachregungen hindurch, um darin, wie insbesondere Schlafs *Gertrud* zeigt, zur eigenen Triebwirklichkeit zu finden:

> GERTRUD [...]: Sie ... Sie werden mir mein – sonderbares – Benehmen von gestern – verzeihen? ... [...]
> HOLM: *(ergreift ihre Hand und drückt sie, verwirrt)*: Es ... Es ist doch wohl an mir, Sie um Verzeihung zu bitten. – Ich – bin so – langweilig, wenn ich – spreche. – *(Leise, verlegen, zu Boden blickend.)* Ich sollte nicht sprechen ... [...]
> (Pause.)
> GERTRUD *(an ihrem Taschentuch herumzupfend, hastig, mühsam)*: Sagen Sie doch, ich – bin immer so – nervös, so – aufgeregt? – Nicht wahr? – So unruhig? – Wie? – Meine ... Meine Angehörigen sind mit mir hierhergegangen, in's Seebad, weil ... weil ... Nun! – Eh, also ... *(Hände im Genick.)* Wie?! – Sagen Sie, was – meinen Sie dazu? – Wie? – Zu meiner – Nervosität? – Meinen Sie auch, dass ich nervös bin – Wie? [...]
> HOLM *(sieht vor sich hin, dann leise, verlegen)*: Nein! Das ist wohl – Nebensache, Ihre Nervosität ... Hm! – (Schweigt). Ja! – Hm! (Räuspert sich.) Aber ... Aber – Sie sind hier – sehr allein. – Und ... Und suchen doch – mit Ihrer Umgebung zu paktieren. – Sie sind – hm! ... Sie sind – ratlos? ... Im übrigen – *(das Gesicht abgewandt, leise)*: im Grunde – fröhlich – und lebhaft und – frei! Frei! – Innerlich frei! – *(Schweigt eine Weile. Dann sich wie aus Gedanken losreissend)*: Ja! – Und das wird nicht verstanden! – Das – ist – alles ...
> GERTRUD *(lebhaft, mit funkelnden Augen)*: Ah! Sehen Sie! Sehen Sie! – O, Sie – Heimlicher! – Ah! Gehen Sie! Gehen Sie fort von uns [...] *(wendet sich ab.)*
> HOLM *(erhebt sich verwirrt, zögernd)*.
> GERTRUD *(wendet sich hastig)*: Holm! – Nein! Bleiben Sie! – Bleiben Sie doch noch!
> HOLM *(zaudert)*.
> GERTRUD [...]: Oh! – Aber natürlich bin ich – nervös! – Setzen Sie sich doch endlich hin! [...]
> HOLM *(blickt bei Seite)*.
> GERTRUD: Wissen Sie, was Sie – für Ansichten geäussert haben, gestern?
> HOLM *(den Blick gesenkt; jetzt und im Folgenden immer wie in Gedanken, als wenn er zu irgend einem Entschluss kommen wollte)*: Ja. – Aber es war wohl nicht recht klar. – Es ... Es lässt sich so schwer sagen.
> (Pause.)
> GERTRUD *(sitzt da, mit wogender Brust, zurückgelehnt, Arme und Hände lang auf den Sessellehnen, betrachtet ihn mit grossen, verlorenen Augen.)* [...]
> HOLM *(wie vorhin)*: Was, .. Was ich – rede, ist es nicht. – Was man thut. – Was ... Was man – will [...]
> (Pause.)
> HOLM *(sieht sie plötzlich fest an)*: Kommen Sie mit!

Gerhart Hauptmann hatte vor dem Hintergrund solcher Dialogtechniken noch 1932 von »Selbsterkenntnis« (zit. Chapiro 1996, 160) gesprochen, und insofern umkreisen die stockenden und nur von Andeutungen vorangebrachten Dialoge letztlich den immergleichen **Mythos von der Individuation durch Sprache** (vgl. Stöckmann 2007). Darin unterhalten die Texte eine gewisse Nähe zu dem, was die Psychoanalyse Sigmund Freuds im selben Zeitraum auf dem Weg einer ›Arbeit‹ der Subjekte an ihren traumatisch versperrten Erlebnissen herstellt: ein verborgenes, entstelltes, noch von sich selbst abgetrenntes Ich.

2.3.2 Die »Formel des kommenden Dramas«: Der Einakter

Zu den wirkungsgeschichtlich bleibendsten Leistungen des Naturalismus gehört der Einakter. Seine eminente Bedeutung für die Dramaturgie der Moderne – man denke an Samuel Beckett, Thornton Wilder, Jean Genet oder Eugène Ionesco – hat allerdings tendenziell den Blick dafür verstellt, dass die zentralen Impulse für diese Gattung von naturalistischen Autoren ausgegangen sind. 1889 hatte August Strindberg von der »**Formel des kommenden Dramas**« (Strindberg 1917, 340) gesprochen und damit eine Konjunktur markiert, die die Werke der kanonischen Autoren wie Arthur Schnitzler oder Hugo von Hofmannsthal ebenso kennzeichnet wie die Massenproduktion von Autoren der ›zweiten Reihe‹. In den 1890er Jahren feiern Autoren wie Hermann Sudermann (*Morituri*, 1896) oder Otto Erich Hartleben (*Die Befreiten*, 1899) mit ihren Einaktern und Einakterzyklen beträchtliche Erfolge. Selbst ein modernen Tendenzen gegenüber eher skeptischer Autor wie Paul Heyse liefert noch 1897 einen eigenen Beitrag zur Gattung (*Drei neue Einakter*).

Allerdings darf das um 1890 wachende Interesse am Einakter nicht zu falschen Schlüssen führen. Schon Strindbergs Formulierung resultiert – liest man sie im Kontext seiner Überlegungen – aus einem **Illusionsproblem**, für das der Einakter aufgrund seiner Kürze, d. h. der Stringenz seiner symbolischen Wirkung, eine geeignete Lösung darstellt, das aber zum überlieferten Bestand der Theatertheorie zählt und insofern nicht Einakter-spezifisch ist (vgl. Bayerdörfer 1991, 32 f.). Überdies ist das Genre mit Blick auf die älteren, zum Teil weit in die europäische Vormoderne zurückreichenden Kleinformen (*proverbe dramatique*, *entremeses*, Vaudeville, Vor- und Nachspiel, Posse, Farce, Schwank) alles andere als traditionslos; von einer »Hochflut« (Witkowski 1902, 857) des Einakters kann nur insofern gesprochen werden, als er sich im Laufe der Zeit aus seiner älteren Bindung an das Unterhaltungs- und Liebhabertheater löst und in das avancierte Experimentaltheater der Zeit aufrückt (vgl. ebd., 35).

Als experimentell sind am Einakter in erster Linie die Möglichkeiten zu bezeichnen, die sich – im Gegensatz zur konventionellen Aktdramaturgie – aus einer **Dramaturgie der Szene** ergeben. Zu den formalen Kennzeichen des Einakters gehören daher »Kürze, Konzentration, Reduktion, Geschlossenheit, Unmittelbarkeit, Einheit von Ort, Zeit und Handlung bzw. von Spielzeit und gespielter Zeit« (Vinçon 2000, 170 f.). Im Einzelfall sind die experimentellen Effekte des Genres freilich geradezu spektakulär. Strindbergs 1889 in Kopenhagen uraufgeführtes Trauerspiel in einem Akt *Fräulein Julie* stellt in seiner **Verbindung heterogener Zeichensysteme** – neben dem gesprochenen Dialog gelangen Ballett, Pantomime und Musik zum Einsatz – den Versuch einer dramatisch-theatralischen Totalillusion dar; vielfach nähert sich der Text in der Art und Weise, wie er die mimetischen Aufzeichnungstechniken des Naturalismus radikalisiert, einer Lautpartitur an (etwa wenn Fräulein Julie im »Tempo presto« oder im »Tempo prestissimo« zu sprechen hat; vgl. FrJ, 70 bzw. 71). Zu den eigenwilligsten Theaterexperimenten der Zeit gehören die frühen »Alltagsdramen« **Maurice Maeterlincks** (*L'intruse*, 1890; *Les aveugles*, 1890; *L'intérieur*, 1894). In ihnen hat sich der zuständliche Charakter des naturalistischen Dramas in einen vollständig unbewegten Bühnenraum verwandelt – so etwa in *Les aveugles*, wo sich die zwölf (blinden) Akteure zu zwei gleich großen, symmetrischen Sitz-Gruppen anordnen, denen bezeichnenderweise jede »unnötige Bewegung« (Maeterlinck 1961, 48) untersagt ist und deren Verständigung sich in einem quälend rituellen Spiel von Frage und Antwort vollzieht. Entscheidend aber ist an Maeterlincks Einakterexperimenten, dass sie die semiotischen Bezüglichkeiten, die der traditionellen Dramaturgie ihren Zusammenhang gegeben haben, konsequent voneinander abtrennen: Sehraum und Hörraum sind in den *Blinden* vollständig dissoziiert, weil ihnen die optisch undurchdringliche (Bühnen-)Welt nur in Form unverständlicher Lautäußerungen – »Links von mir höre ich ein Geräusch, das ich nicht verstehe« (ebd., 60), äußert einer der Blinden – entgegentritt. »Wahrnehmungsträger« (Figur) und »Wahrgenommenes« (Welt) sind bei Maeterlinck, wie Gerhard Neumann betont hat, unüberbrückbar auseinandergetreten (vgl. Neumann 1993, 204f.).

Über eine vergleichbar avancierte Kontur verfügen die deutschen Verhältnisse nicht. Ihre Heterogenität macht es auch im Falle des Einakters schwer, eine übergreifende Entwicklung in den Blick zu nehmen. Was sich (im weitesten Sinne) im naturalistischen Spektrum an Tendenzen erfassen lässt, verdeutlicht, dass der Einakter gewissermaßen nach zwei Seiten hin ausgearbeitet wird: Nach der einen knüpft er an seine Verankerung im komischen Fach an – so etwa in Otto Erich Hartlebens Einakter-Zyklus *Die Befreiten* (1899), hinter dessen vitalistischer Titelgeste sich mehrheitlich eine pointenhafte Heiterkeit verbirgt –, nach der anderen lassen sich demgegenüber Tendenzen beobachten, aus den dramaturgischen Spezifika des Genres eigenständige formale und thematische Konfigurationen abzuleiten. Dies muss schon deswegen betont werden, weil eine systematische Erschließung der naturalistischen Frühphase des Genres ebenso fehlt wie eine übergreifende Geschichte des Einakters (vgl. Bayerdörfer 1991, 36; Kienzle 1991, 17).

Mit Blick auf den engeren Kreis der naturalistischen Einakterproduktion, zu der das kaum mehr bekannte dramatische Frühwerk Rilkes und einzelne Text Schnitzlers zu zählen sind, lassen sich im Kern **zwei Hauptkonfigurationen** ausmachen. Sie erfassen nicht die ganze Breite des Materials, lassen aber gemeinsame Strukturbildungen und in Teilen gemeinsame Traditionsbezüge erkennen.

1. Ein Großteil des naturalistischen Einakters folgt dem Schema eines Disputations- bzw. **Thesenstücks**. Darin verweist er auf ein älteres Gattungsmuster – die *comédie proverbe* –, wie sie seit Michel-Théodore Leclercq (1777–1851) und Alfred de Musset (1810–1857) innerhalb der großen Tradition des europäischen Konversationstheaters verbreitet war. Mit der *comédie proverbe* verbindet den naturalistischen Einakter die Tendenz, einen strittigen Sachverhalt, eine These, zu exponieren und im Dialog einer Klärung zuzuführen. Immerhin wird dies durch zeitgenössische Einschätzungen bestätigt, wenn sie den Einakter in der Tradition von »Thesenstücken« sehen, »in denen ein Satz, eine Anschauung in erster Linie durch den Dialog, von verschiedenen Seiten betrachtet werden soll, ganz so, wie es früher in heiterer Weise die ›Proverbes‹ […] thaten« (Witkowski 1902, 862). Schon aus diesem Grund ist Peter Szondis bis heute leitende Überzeugung, der Einakter partizipiere in seiner Betonung der »Situation« gegenüber der »Handlung« (Szondi 1963, 92) an der um 1900 sichtbar werdenden »Krise des Dramas« (ebd., 20ff.), nicht restlos plausibel. Fraglos besitzt der Einakter einen stationären und darin undramatischen Charakter; dennoch gibt es in ihm etwas, was man eine **Dramatik des Arguments** nennen könnte: Dramatisch ist der Einakter nicht im Sinne einer konventionellen Dramatisierung der Figuren, Handlungen und Kollisionen, wohl aber im Sinne einer Zuspitzung argumentativer und – vor allem – weltanschaulicher Positionen, die er im Dialog verhandelt (zum Diskurstyp der Weltanschauung vgl. Thomé 2002 und Kap. III.3).

Tatsächlich lassen sich unter diesem Gesichtspunkt gewisse Kontinuitäten rekonstruieren, wie etwa **Paul Ernsts** »Schauspiel in einem Akt« *Zwei Weiber* (1889) belegt, das geradezu wie die Konfiguration einer Argumentationsszene wirkt. Das Stück, das große Parallelen zu Ernsts zeitgleicher kulturkritischer Publizistik aufweist und am Beginn einer noch bis 1916 reichenden Serie von Einakterszenen steht, spielt in einem Berliner Krankenzimmer, in dem sich die Halbschwestern Elise und Marie durch einen Ton liebevoller Rücksichtnahme hindurch wechselseitig ihrer ›Lebenslügen‹ überführen. Am Ende, wenn beide Schwestern ihre Lebensopfer gegeneinander aufgerechnet haben und Marie ihren Ehebruch mit dem Argument entkräftet, das »Recht« (Ernst 1977, 12) des individuellen Glücks breche sich an »alten Anschauungen« (ebd., 16), tritt der Text in zwei Diskurspositionen auseinander: Hier, auf Seiten Maries, das konventionelle »Urteil« (ebd., 12) der Moral und ihrer Befangenheiten; dort, auf Seiten Elises, ein an Ibsen und Nietzsche geschulter Vitalismus, der die bürgerliche Moral hinter sich lässt und allein das substantielle Recht des Lebens anerkennt.

Auch **Alexander Lange Kiellands** (1849–1906) »Charakterbild in einem Akt« *Auf dem Heimwege* (1890) erweist sich durch die existenzielle Problemstellung eines in die symbolische ›Heimat‹ seiner Familie zurückkehrenden Zuchthäuslers hindurch als Verhandlung einer kulturkritischen Position. Sie zielt in der Gestalt der ›starken‹ Individualität Frau Nordahl auf die These, dass die »schlaffe Nachsichtsmoral« (Kielland 1973, 43) der modernen Institutionen wie Kirche und Recht den Menschen von einer echten Buße entlasten, anstatt ihn zu einem substantiellen moralischen Selbstverhältnis gelangen zu lassen. Wenn der Vorhang fällt, hat sich der ehemalige Straftäter Nordahl unter dem Eindruck seiner unnachgiebigen Frau auf einen Moment zu bewegt, in dem er die Kulturlügen der »öffentlichen Moral« (ebd.) hinter sich lässt. In gewisser Weise zielt der Text damit auf einen Neuentwurf des Menschen *nach* der Kultur; darin ist Kielland, ein in Deutschland phasenweise überaus geschätzter Vertreter des ›nordischen‹ Naturalismus, den zeitgenössischen Bemühungen um eine ›ethische Kultur‹ (vgl. Bruns 1998, 91 ff.) verpflichtet. – In einer gewissen Nähe zu Ernsts Einakter *Zwei Weiber* bewegt sich schließlich noch **Arthur Schnitzlers** Einakter *Lebendige Stunden* aus dessen gleichnamigem Einakter-Zyklus (1900/1). Auch hier entspinnt sich zwischen den Vertretern zweier Generationen, dem lebenserfahrenen Anton Hausdorfer und dem jungen Literaten Heinrich, eine Debatte um den hoch aufgeladenen Begriff des Lebens (vgl. Rasch 1981; Schnädelbach 1983, 174 ff.), hier allerdings vor dem Hintergrund der Frage, wie das Leben zu seiner bedeutenden, vollen Präsenz gebracht werden kann: im gelebten Lebensaugenblick, der von keinen symbolischen oder begrifflichen Vermittlungen getroffen ist, wie Hausdorfer glaubt, oder in einer ästhetischen Präsenz, die gegenüber der Flüchtigkeit des gelebten Moments die bewahrende Kraft der Kunst aufbietet, wie Heinrich betont (vgl. Schnitzler II, 2, 341 ff.). Mit dieser Alternative befindet sich Schnitzlers Text bereits auf der Schwelle zu einer **Präsenzproblematik**, die die Klassische Moderne insgesamt kennzeichnet (vgl. Braungart 1995, 1 ff.).

2. Einen zweiten Schwerpunkt der naturalistischen Einakterproduktion wird man in der Tendenz der Gattung zu gewissen **augenblickhaften Zeitfiguren** sehen müssen. Gemeint sind Einakter, die in ihrer Aussparung traditioneller, vor allem am Muster von Entwicklung oder ›Kollision‹ orientierter Handlungsmomente einen verdichteten Zeitbezug ausbilden und ihr Geschehen mit einer erzwungenen, geradezu ›letzten‹ Sinnstiftung aufladen. Dies erklärt, warum viele Einakter emphatischen

Sinnfiguren folgen, die das Handeln mit dem Pathos einer ›Entscheidung‹, einer ›Tat‹ umgeben oder zum ›Opfer‹ dramatisieren.

Um ein entsprechendes Opfer, das als Rettung in eine unabänderlich scheinende Situation eingreift, kreist ein Einakter des seinerzeit überaus prominenten Naturalisten **Georg Hirschfeld** (1873–1935). Hirschfelds 1894 uraufgeführtes »Schauspiel in einem Akt« *Zu Hause* ist deutlich an Hauptmanns Bühnenerstling *Vor Sonnenaufgang* angelehnt, verdichtet die Degenerationsproblematik des Vorbilds aber zugunsten eines zum »Opfer« (Hirschfeld 1973, 79) stilisierten »Entschlusses« (ebd., 77), den Ludwig, der Sohn der deklassierten Familie Doergens, trifft (einen ähnlichen, allerdings im Selbstmord des Freiherrn Karl von Babenhausen endenden Zusammenhang von Vererbung und Entartung thematisiert **Wilhelm Weigands** »Drama in einem Akt« *Der Vater* aus dem selben Jahr 1894). Den Kern dieser ›Kryptodramaturgie‹ bildet ein Moment, in dem Ludwig mit aller »Kraft« eine »Änderung« herbeiführen will (ebd., 81 bzw. 77), die die Familie aus dem »Sumpf« (ebd., 74) ihrer Entartung herausführt. Auch **Rainer Maria Rilkes** frühe Einakter-Experimente sind bevorzugt aus Situationen heraus konzipiert, in denen Opfer und Entscheidungen den Zustandscharakter des Einakters durchbrechen und wenigstens versuchsweise in Bewegung versetzten (die 1894/95 entstandenen »Psychodramen« *Murillo* und *Das Hochzeitsmenuett* sind in der Reduktion auf eine ihre Umwelt ›impressionistisch‹ bzw. monologisch reflektierende Sprechrolle eher dem ›lyrischen Drama‹ zuzurechnen).

Der erste der drei deutlich vom naturalistischen Milieudrama inspirierten Einakter – die am 6. August 1896 am *Deutschen Volkstheater* in Prag uraufgeführte »Szene« *»Jetzt und in der Stunde unseres Absterbens ...«* – verwendet eine an Holz/Schlaf und Hauptmann geschulte Zwangssituation: Um die drängenden Mietforderungen aufzuschieben, gibt sich Helene, die ältere Tochter der Familie Gärtner, dem Vermieter Lippold hin, muss aber in der Todesstunde ihrer Mutter erfahren, dass sie selbst einer lange zurückliegenden Verbindung ihrer Mutter mit dem verhassten Vermieter entstammt. Der Sinn der Szene, die die Enthüllung der Mutter buchstäblich zu spät kommen lässt, besteht in einem Opfergang, den Helene auf sich nimmt, um die anderen zu begünstigen; faktisch aber bekräftigt er nur das Verschuldungsgeschehen der Vergangenheit, weil es die Tochter in ein nicht weniger schuldbeladenes, inzestuöses Verhältnis verstrickt.

In *Mütterchen*, Rilkes zweiter Einakterszene vom Winter 1897, bleibt Helene Eltz, die Ehefrau des Privatbeamten Dr. Frank Eltz, gegen Ende »erstarrt« und unter »wildem Weinen« (Rilke VIII, 811) in der Enge ihrer kleinbürgerlichen Verhältnisse gefangen, während Frank in einer Entscheidung gegen das alte Leben, »erhitzt« und »selig lachend« (ebd.), mit seiner vitalen Schwägerin Helene den Schauplatz verlässt, um symbolisch in ein neues Leben aufzubrechen. Im Einakter *Höhenluft* (1897) ist es die 29-jährige Anna Stark, die sich mit ihrem unehelichen Sohn in ein hochgelegenes Mansardenzimmer zurückgezogen hat, um ihren Bruch mit der Welt der Eltern und der sozialen Konventionen auch symbolisch auszutragen. Allerdings ist dem Stück das eruptive Glück seines Vorgängertextes fremd; alles ist hier bereits in eine lyrisch-traumverhangene Sprache getaucht, die Anna Stark die Sprache des Sozialen kaum mehr verstehen lässt. Fast scheint es, als lausche sie nur noch dem milden, wortlosen »Frieden« (EdN, 153), der sie in der Höhe umfängt und der sie von der Erreichbarkeit der sozialen Sprache und ihrer »drückenden Schwere« (ebd., 154) endgültig abgetrennt hat.

Jenseits der Details der Handlungsführung verweisen Rilkes frühe Einakter auf eine gemeinsame thematisch-strukturelle Grundkonfiguration, die auffällige Parallelen zu den entsprechenden Dramen Henrik Ibsens (*Gengangere*, 1881; *Rosmersholm*, 1886; *Hedda Gabler*, 1890) erkennen lässt: Alle drei Texte profilieren eine Entscheidung, die aus den Lähmungen und Verschuldungen der Vergangenheit herausführen und ein ›neues‹ Leben begründen soll. Darin vollziehen sie eine für den späten Naturalismus bezeichnende konzeptuelle **Bewegung von ›Geschichte‹ zu ›Leben‹**. Rilke selbst wird dieses Pathos des Lebens wenig später unter dem Einfluss Nietzsches zu einer Mythopoetik des Er-Lebens umschreiben, die – im Einklang mit den um 1900 (wieder)erwachenden Bemühungen um eine ›Neue Mythologie‹ (vgl. Frank 1988) – als Versuch zu verstehen ist, der Moderne ihre verlorene ›Totalität‹ zurückzugeben (vgl. Stöckmann 2009, 238 f.).

VII. Roman und Kurzprosa

1. Roman oder Kurzprosa? Probleme der Wertung

In keiner anderen Gattung zeichnen sich die Wertungsgewohnheiten der Literaturwissenschaft derart exemplarisch ab, wie im Feld der naturalistischen Erzählprosa. Sie bereitet einer vorurteilsfreien Einschätzung noch immer die größten Probleme, zumal ein beharrlicher Konsens darüber besteht, dass sich die bleibenden Leistungen des naturalistischen Erzählens in der Kurzprosa finden lassen, während die umfängliche Romanproduktion zu Recht vergessen ist (vgl. Borchmeyer 1985, 190; Bullivant 1982, 179; Cowen 1994, 92 f.; Schulz 1973, 8). Die Gründe hierfür sind entweder gattungsgeschichtlicher Natur – die Kurzprosa habe entschiedener als der Roman die für den Naturalismus kennzeichnende Verwissenschaftlichung der Literatur verwirklicht (vgl. Fähnders 2010, 43) – oder verdanken sich normativen Einschätzungen, vor allem der Überzeugung, die deutsche Romanproduktion habe sich vom übermächtigen Vorbild Zolas nicht befreien können bzw. dessen Qualität nicht erreicht (vgl. Borchmeyer 1985, 190).

Tatsächlich beruht die lang währende Abwehr des naturalistischen Romans auf Wertungsgewohnheiten, die den Texten gegenüber unangemessen sind. Zum einen lässt sich das **Kriterium der Verwissenschaftlichung** kaum dazu verwenden, um die Breite der naturalistischen Prosa zu erfassen. So sehr es sich dazu eignet, die markanten literarischen Leistungen des ›konsequenten Naturalismus‹ (s. Kap. 5.1; 5.3; IV.3) zu würdigen – immerhin leiten sich aus seinen mimetischen Verfahren Darstellungsprinzipien ab, die in die dokumentarischen Schreibweisen der 1920er und 1960er Jahre fortwirken (vgl. Pallowski 1971; Schütz 1977; Schütz/Uecker 1995; Siegel 1978) –, so sehr verengt es das historische Feld, da das Gros der naturalistischen Romanproduktion einem szientischen Literaturverständnis generell nicht gefolgt ist (s. Kap. IV). Zum anderen verstellt die **Orientierung an Zola** (s. Kap. II.2) die Spezifik des deutschen Romans eher, als dass sie sie erhellt, wenn es auch zutrifft, dass er unter qualitativen Gesichtspunkten kaum aus dem Schatten des französischen Vorbilds herausgetreten ist.

Dennoch ist der Blick auf die »naturalistische Romanflut« (Borchmeyer 1985, 184) aus mehreren Gründen naheliegend. Zum einen hat man es mit viel gelesenen Texten zu tun (vgl. Martino 1990; Helmes 2000, 104; Sprengel 1998, XIII), weil der naturalistische Roman an generelle Lesevorlieben der Epoche anknüpft (vgl. Glaser 1982, 8; Plumpe 1985, 29). Zum anderen vermittelt er einer breiten Leserschicht einen Eindruck davon, was literarisch als ›modern‹ zu gelten hat. Offenbar erscheinen Texte, die sich vornehmlich den nach 1870 dramatisch sichtbar werdenden Folgeproblemen von Industrialisierung und Verstädterung widmen (s. Kap. II.1), ihren Lesern schon aus thematischen Gründen als »literarisches Neuland« (vgl. Bullivant 1982, 171 f.). Nicht zuletzt liegt in der viel proklamierten Zeitnähe des naturalistischen Romans der Anspruch verborgen, den Erosionen der eigenen Gegenwart deutend Herr zu werden. 1889 heißt es in einer Besprechung von Max Kretzers Roman *Meister Timpe* (1888), dass aus der »Neugestaltung unserer sozialen Zustände« für »den sozialen Roman die Aufgabe [erwächst], die sozialen Probleme unserer Zeit zu behandeln« (zit. NAT,

246) Entsprechend ist die Beharrlichkeit, mit der die Autoren des Naturalismus das Genre bedenken, als Versuch zu verstehen, dem Erfahrungsdruck der Moderne narrative ›Vorstellungen‹ darüber an die Seite zu stellen, wie diese Moderne ›geworden‹ ist und wie ihre soziokulturellen Folgeeffekte zu verstehen sind. In dieses Deutungsvakuum tritt der naturalistische Roman ein, indem er die sozialen und ökonomischen Folgelasten der Reichsgründung von 1870/71 in der Hauptsache in zwei Romantypen verarbeitet: zum einen im **sozialen Roman**, zum anderen im **Zeitroman**, wobei beide Gattungsprofile vielfältige Überschneidungen erkennen lassen.

2. Der soziale Roman

Über die Bedeutung des sozialen Romans für das Selbstverständnis der Naturalisten besteht trotz einer alles in allem überschaubaren Forschung – eine Gesamtdarstellung des naturalistischen Romans ist, abgesehen von einigen Überblicksdarstellungen (vgl. Bullivant 1982; Helmes 2000; Polácek 1955; Polácek 1974), nach wie vor ein Desiderat – kein Zweifel. 1886 verkündet Karl Bleibtreu in seiner naturalistischen Programmschrift *Die Revolution der Literatur*, dass »die höchste Gattung des Realismus der sociale Roman« sei (Bleibtreu 1973, 36). Die Formulierung ist umso signifikanter, als sich der deutsche Naturalismus zunächst fast ausschließlich im Medium der Proklamation artikuliert hatte; erst ab Mitte der 1880er Jahre lässt sich eine wachsende Orientierung an der Erzählprosa ausmachen (s. Kap. V.1). Entsprechend sind die groß angelegten, wenngleich kurzlebigen Romanzyklen des Naturalismus auch erst Ende der 1880er Jahre entstanden; Conrad Albertis sechsbändiger Zyklus *Der Kampf ums Dasein* erscheint zwischen 1888 und 1895, Michael Georg Conrads Münchner *Isar*-Zyklus zwischen 1889 und 1893.

So heterogen die einzelnen Texte wirken, so überschaubar ist ihr Gattungsprofil. Es ruht auf drei Grundlagen:

1. Thematisch fokussiert der soziale Roman all jene Modernisierungssymptome, die das 19. Jahrhundert im »sozialpolitischen Schlagwort« (Helmes 2000, 105) der **sozialen Frage** verdichtet hat. Zwar kommt der Begriff bereits im Zusammenhang mit der ›ersten‹ Industrialisierungsphase in Deutschland um etwa 1835 auf, er wirkt aber von dort aus in die ›zweite‹ Industrialisierung des späten 19. Jahrhundert fort (vgl. ebd., 594). Inhaltlich bündelt die ›soziale Frage‹ die vielfältigen Folgelasten der soziopolitischen Entwicklungen nach 1870, die für die Zeitgenossen vor allem als Proletarisierung und Pauperisierung erfahrbar waren. Max Kretzer, der seit Beginn der 1880er Jahre mit einer Reihe von ›Berliner Romanen‹ hervortrat, hat seinen Blick »in die Tiefen des Berliner Lebens« entsprechend als Schilderung einer modernen Welt verstanden, in der »Not und Elend« gleichermaßen wachsen wie »Luxus und Reichtum« (zit. NAT, 244); insofern ist die erzählte Welt durchgängig **kontrastiv** angelegt.

2. Die den sozialen Roman kennzeichnende Darstellung der technisch-industriellen Welt ist nicht ohne den ideologischen Kernbegriff der Zeit – die **Arbeit** – verständlich. In dieser Fokussierung auf die Produktions- und Erwerbsprozesse der modernen Gesellschaft beerbt der Naturalismus nicht nur den sozialen Roman des Vormärz (vgl. Adler 1980; Adler 1990, 12; Halter 1983; Plumpe 1985, 29), er bezieht sich damit zugleich auf ein neuartiges Deutungsmuster, das Natur und Gesellschaft im

letzten Drittel des 19. Jahrhunderts als Schauplätze einer universalen Produktivität, eines grenzenlosen Universums der Kräfte, verstand (vgl. Rabinbach 2001). Auch der soziale Roman ›spricht‹ von einer Moderne, die sich selbst als rastloses Kontinuum ihrer produzierenden Kräfte begreift. »Unser Zeitalter«, heißt es in der erwähnten Kretzer-Rezension, »erfordert in erster Linie die Anerkennung des Alles belebenden und wahre Wunder schaffenden Faktors der modernen *Arbeit*« (zit. NAT, 246).

3. Die auffällige Homogenität der Texte resultiert aus einem Erzählverfahren, das in der angenommenen ›Tiefe‹ der Ereignisse ein fundierendes ›Gesetz‹ sichtbar macht, so dass der Erzählprozess einer ›Enthüllung‹ dieses Gesetzes gleichkommt. Dieses Gesetz folgt dem darwinistischen Gedanken des **Kampfes ums Dasein** (s. Kap. III.2.1), der als fundierende Universalie allem Geschehen zugrunde liegt und sich im Text in charakteristischen Figuren und Handlungsverläufen realisiert. Wie omnipräsent dieses vermeintliche Gesetz der Moderne ist, belegt nicht nur Conrad Albertis gleichnamiger Romanzyklus, sondern auch der Umstand, dass es immer wieder in den Erzählerkommentaren begegnet. »Es lag«, so heißt es in Kurt Grottewitz' Roman *Eine Siegernatur* (1892), »etwas in der Gegenwart, was die Kleinen vernichtete und die Großen größer und größer machte« (Grottewitz 1892, 205). – »Es war der große soziale Kampf des Jahrhunderts, in dem immer dasselbe Feldgeschrei ertönte: ›Stirb du, damit ich lebe!‹« (Kretzer 1927, 115; vgl. 123)

Es liegt in der Konsequenz dieser Erzählstruktur, dass das fundierende Gesetz und der konkrete Erzähldiskurs in einem **Verhältnis von** ›**Ursprung**‹ **und** ›**Ableitung**‹ stehen. »Der soziale Roman«, heißt es 1886, »hat die Aufgabe, uns das innere Gefüge und Getriebe der Gesellschaft zu enthüllen und damit die Gebilde, Erscheinungen und Gestalten, die sich auf der Oberfläche der Gesellschaft bewegen, zu erklären« (Blos 1886, 424). Insbesondere die zyklischen Romanprojekte des Naturalismus knüpfen an diese Vorgaben an, in dem sie jeden Einzeltext ein und denselben Grundmythos vom aufreibenden Sinn der Moderne illustrieren lassen. Entsprechend sind die sechs Teile, die Conrad Alberti in seinem Romanzyklus zusammengefasst hat, als Versuch zu verstehen, ein panoramatisches Bild der gründerzeitlichen Wirklichkeit zu entwerfen, in dem jeder Einzeltext einen anderen Schauplatz des »Grundgesetzes« (Alberti 1893, unpag. Vorrede) aufsucht. Diese durch die naturalistische Rezeption des Positivismus (s. Kap. III.2.2) vermittelte ›Gesetzlichkeit‹ des Daseinskampfes wirkt in sämtlichen Sphären der modernen Gesellschaft – im Kunst- und Kulturbetrieb (*Die Alten und die Jungen*), im Geschäftsleben (*Mode*), im sozialen Kampf der Arbeiterbewegung (*Maschinen*), im Konflikt zwischen ehrenwertem Handwerk und der ›charakterlosen‹ Großfinanz (*Schröter&Co*) oder in den Lebenslügen der Liebe (*Das Recht auf Liebe*). »Zweck und Inhalt«, so hat Alberti 1892 sein Erzählprogramm resümiert, ist die

> »zergliedernde Darstellung der geistigen Strömungen und Mächte […], welche die menschliche Gesellschaft begründen und zusammenhalten. […] Das ist […] der Plan meines Werks. Ich nenne es ›Der Kampf ums Dasein‹, weil ich den Kampf ums Dasein als die Grundlage des gesellschaftlichen Lebens […] ansehe. Aus ihm leiten sich alle die andern geistigen Potenzen ab, welche das gesellschaftliche Leben regeln.« (Alberti 1893, unpag. Vorrede)

Summarisch lassen sich folgende **Strukturkennzeichen des sozialen Romans** benennen:
– die Fundierung des komplexen Modernisierungsprozesses in einem **homogenen Erzählschema** (Kampf ums Dasein),

- die **Aufspaltung der Erzählebenen** in ein fundierendes ›Gesetz‹ und eine Vielzahl abgeleiteter ›Erscheinungen‹ an der Erzähloberfläche,
- die kontrastive **Grundstruktur** der erzählten Welt hinsichtlich von Erzählverlauf (Aufstieg vs. Untergang) und Konfiguration (Sieger vs. Verlierer), mit der Konsequenz, dass die handelnden Figuren auffallend eindimensional bleiben (vgl. Helmes 2000, 108),
- die vor allem das zyklische Erzählen kennzeichnende Neigung zur **Serialität**, insofern als jeder Einzeltext nur die Manifestation eines prinzipiell unveränderlichen Basisschemas (›Gesetzes‹) darstellt.

2.1 Verelendung als Archetyp: Max Kretzer

Unter den naturalistischen Romanciers kommt Max Kretzer (1854–1941) von jeher eine herausragende Bedeutung zu. Kretzer zählt zu denjenigen Autoren, die den mehrheitlich nur halbherzigen Schulterschluss mit der Arbeiterbewegung – zumindest in der Frühphase (1879–1888) seines umfangreichen Romanwerks (vgl. Keil 1966, 109 ff.) – tatsächlich vollzogen, wenn auch spätere Texte bereits wieder jene innere Distanz zur Arbeiterschaft erkennen lassen, die andere Naturalisten von Beginn an kennzeichnete. Kretzer, der bereits mit 13 Jahren die Schule verließ, lernte Elend und Bedrückung der modernen Arbeitswelt am eigenen Leib kennen. Bis 1879 als Fabrikarbeiter tätig, machte ihn ein Arbeitsunfall (selbst ein vielfach genutztes naturalistisches Erzählsujet) erwerbsunfähig und drängte ihn in die Berufsschriftstellerei. Kretzer hat sich ihr, wenn auch ohne bemerkenswerten materiellen Erfolg, vorbehaltlos hingegeben; dass seine Werke eine Gesamtauflage von über eine Million erreichten, hat an der schnell einsetzenden Geringschätzung seines Werks nichts geändert.

Insofern muss insbesondere zwei Einschätzungen mit Zurückhaltung begegnet werden. Kretzer stellt weder den ersten ›reinen‹ Arbeiterdichter der deutschen Literatur dar, als den ihn die Forschung mitunter begreifen wollte (vgl. Borchmeyer 1985, 184), noch jenen »ebenbürtigen Jünger Zola's« (Bleibtreu 1973, 36), wie es Karl Bleibtreu und Heinrich Hart (vgl. NAT, 673) glaubten. Beide Wahrnehmungen brechen sich an den vielfältigen Überformungen des Kretzerschen Frühwerks durch Einflüsse und Traditionslinien, die dem Naturalismus zunächst eher fern stehen. Sie sind es auch, die die **Distanz Kretzers zum Vorbild Zola** markieren. Zielte Zolas 20-bändiger *Rougon-Macquart*-Zyklus (1871–1893) auf ein Sozial- und Vererbungsgeschichte verbindendes Panorama des zweiten Kaiserreichs (vgl. Föcking 2002; Gumbrecht 1978; Kaiser 1990; Müller 1981; Warning 1990; s. Kap. II.2), so täuscht Kretzers ›Berliner Roman‹ einen konzeptuellen Zusammenhang vor, den er nicht besitzt. Wo Kretzer ein vergleichbar panoramatisches Erzählen anvisiert, bleibt es – anders als im polyphonen Roman Zolas – an eine ausgeprägte auktoriale und moralische Koordination der erzählten Welt gebunden, zumal es weder vergleichbare zyklische noch ›epistemologische‹ Ansprüche besitzt.

So relativiert sich die naturalistische Sozialanalyse in Kretzers zweitem Roman *Die Betrogenen* (1882) deutlich. Der Text beruht auf einer mythischen Struktur, in der die moderne Lebenswelt zwar genretypisch durch das ›Gesetz‹ des Daseinskampfes bestimmt wird, dieser Daseinskampf tritt aber immer schon als Bild und Klischee hervor. Dabei scheint in der Milieubindung des Textes – erzählt wird vom Schicksal dreier Maler, die im gründerzeitlichen Berlin einen existenziellen »Kampf« (Kretzer 1882, 2. Bd., 214) um ihr Überleben führen – erkennbar Henri Murgers *Scènes de la vie de bohème* durch, die 1881 in einer deutschen Übersetzung erschienen waren und in diesem intertextuellen Bezug einen systematischen Sinn besitzen (vgl. Forderer 1992, 178 f.; Sprengel 1998, 375). Immer dort, wo der Text vom ›Kampf ums Dasein‹ spricht, verwendet er ein Sinnbild, das die moderne Erfahrung in eine längst vertraute Geschichte übersetzt. »Es war«, so heißt es über den zum Musterzeichner herabgesunkenen Alexander Plagemann, »die alte Geschichte eines ehemals für die höchsten Ziele seiner Kunst begeisterten Jünglings, der mit vollen Segeln der Hoffnung in das Meer seiner Ideale hinausgesteuert war, bis sein Lebensschiff eines Tages an der gemeinen Klippe, die man Kampf ums Dasein nennt, hängen blieb« (Kretzer 1882, 1. Bd., 11; vgl. ebd., 1. Bd., 26 f.).

Unter der proklamierten Zeitnähe des sozialen Romans bringt sich damit eine Logik der Wiederholung zur Geltung, die die immer gleichen Bilder der Verarmung und des sozialen Elends produziert. Entsprechend ist die Moderne weniger etwas unmittelbar Erlebtes als vielmehr ein **literarischer Archetyp**. Noch die genretypischen Bilder, die unter »Dampf und Qualm« die »gigantischen Kräfte« (ebd., 1. Bd., 142) des Maschinenzeitalters beschwören, sind keine Effekte eines auf »mimetische Präzision achtenden Erzählens« (Fähnders 2010, 42), sondern traditionsreiche Ikonographien des 19. Jahrhunderts (vgl. Herding 1987, 446 f.; Motz 1980, 15 f.).

Kretzers Frühwerk, zu dem auch die Romane *Die Genossen* (1880) und *Im Sturmwind des Sozialismus* (1883) zu rechnen sind, macht damit deutlich, dass der ›Berliner Roman‹ auf bereits eingespielten Darstellungsschemata beruht; wie der Untertitel belegt, hat Kretzer seine *Betrogenen* ausdrücklich als »Sitten-Roman« verstanden. Vor diesem Hintergrund profiliert der Text ein ›kulturtheoretisches‹ Deutungsmuster, das der vordergründig so vitalen Metropole Berlin eine »andere Physiognomie« (Kretzer 1882, 2. Bd., 99), eine Art abseitiger Identität gibt. In ihr gibt sich die Großstadt als Schauplatz einer unaufhaltsamen **Kraft der Verelendung** zu erkennen, die die zivilisatorischen Energien der Moderne nach und nach schwächt. Dass der Blick des Erzählers unablässig dem »geheimen Weg des Lasters« (ebd., 1. Bd., 22) folgt, belegt nicht nur, dass Kretzer Eugène Sues überaus erfolgreiche *Mystères de Paris* (1842/43) kannte, die in ihrer Enthüllung der städtischen Nachtseiten für Kretzer strukturbildend waren (vgl. Forderer 1992, 183 ff.; Köppen 1987). Er verdeutlicht vor allem, dass die sozialen Widersprüche von einem **Moralschema** aufgesogen werden, das lediglich die Standfestigkeit bemisst, die die einzelnen Figuren dem »Laster« entgegenzusetzen wissen. Darin bewahrt der Text die unzeitgemäße Vorstellung, die sozialen Antagonismen seien dem moralischen Einspruch von Subjekten zugänglich.

2.2 Mythen der Großstadt: Conrad Alberti

Ein weniger subjektzentriertes Erzählen kennzeichnet die sozialen Romane Conrad Albertis (eigtl. Sittenfeld, 1862–1918). Alberti, wie viele Naturalisten aus der Provinz stammend und seit Mitte der 1880er Jahre in Berlin lebend, ist der Literaturgeschichte im Wesentlichen noch durch seine Verstrickung in den Leipziger Realistenprozess (1890) vertraut, der auch den heute gänzlich vergessenen Wilhelm Walloth und den früh verstorbenen Hermann Conradi (s. Kap. 4.1) vor Gericht zitierte. Wenn auch die Vorbehalte, die sich an den vermeintlich unzüchtigen Passagen des 1889 erschienenen

VII.2 Der soziale Roman

Romans *Die Alten und die Jungen* entzündeten (vgl. Schulz 1974b), heute kaum mehr nachvollziehbar sind, so treffen sie noch immer den tendenziösen Charakter der Texte. Sprechendster Beleg für Albertis 1890 eingestandene »Affinität zur Tendenzliteratur« (Sprengel 1998, 381) ist der Umstand, dass die beiden Schlussteile des Zyklus lediglich Transpositionen von Vorgängertexten bilden, deren zeitkritische Positionen sie schematisch verstärken: *Schröter&Co* (Band 5) lässt bereits im Titel Gustav Freytags *Soll und Haben* (1885) durchscheinen, *Maschinen* (Band 6) ist thematisch erkennbar den Hauptmannschen *Webern* (1892) nachempfunden.

Insbesondere die ersten beiden Bände des Zyklus – *Wer ist der Stärkere?* (1888) und *Die Alten und die Jungen* (1889) – präsentieren das Gattungsschema des sozialen Romans in großer Prägnanz. Kennzeichnend für beide Texte wie für den sozialen Roman des Naturalismus insgesamt ist die **Verschränkung von Moderne- und Großstadterfahrung**. In dieser Bezüglichkeit sollen die leitenden Energien der Moderne hervortreten: der Zusammenhang von Klassenkonflikten und wirtschaftlichen Interessen, die tiefgreifenden ›physiognomischen‹ Veränderungen des Stadtbilds, nicht zuletzt die Formierung von politischen, ökonomischen und wissenschaftlichen Cliquen, die ein labiles System von Patronage und Nichtbeachtung errichten. *Wer ist der Stärkere?* (1888), der erste Band, folgt dem Schicksal dreier Figuren, die sich mit unterschiedlichem Erfolg durch den modernen Daseinskampf manövrieren. Dabei verfährt der Text nach einer »segmentalen Repräsentation« (Helmes 2000, 108), in dem er je einem Protagonisten – dem Architekten Hilgers, dem Mediziner Breitinger und dem Offizier Führinghausen – die Interessenlagen eines sozialen Segments – Arbeiterschaft, bürgerlicher Akademiker und Adel – zuordnet und sie mit emphatischen Werten – Gerechtigkeit, Wahrheit und Liebe – besetzt. In *Die Alten und die Jungen* dagegen erzählt Alberti vom Kampf um die kulturelle Hegemonie zwischen den Generationen von 1848 und 1871. Vorgeführt wird dieser Generationenkonflikt am Beispiel einer Berliner Komponistenboheme, die die politischen Antinomien in ihren ›neudeutschen‹ (Liszt, Wagner) und konservativen Kunstanschauungen spiegelt.

Angesichts der Disparatheit des Albertischen Romanzyklus stellt sich die Frage nach seiner inneren Einheit. Man darf sie, trotz der schwankenden Qualität der Einzeltexte, an zwei Gesichtspunkten festmachen. Zum einen in der Art und Weise, wie die Texte ihr fundierendes Erzählgesetz mit Hilfe eines Stadtraums versinnbildlichen, der vollständig als **Ausdrucksträger** gestaltet ist. Es gehört zur Signatur naturalistischer Großstadtdarstellungen, dass sie ihr Sujet sprachlich und darstellungstechnisch noch restlos bewältigen (s. Kap. III.1.1); die fragmentierende Großstadterfahrung des Expressionismus (vgl. Becker 1993, 50 f.) – das »Chokerlebnis« (Benjamin I.2, 614), von dem Walter Benjamin gesprochen hatte – ist dem Naturalismus noch weitgehend fremd. So ist der ›Kampf ums Dasein‹ nicht nur in den Schicksalen der Figuren präsent, sondern auch in den Ausdruckswerten der architektonischen Zeichen, mit denen die Stadt dasselbe ›Schicksal‹ aufnimmt, das den Sinn der Moderne bestimmt. Alberti hat hier, wie übrigens auch Kretzer (*Meister Timpe*), ein von Zola (*Au bonheur des dames*, 1883) vorgeprägtes Motiv – das baufällige Haus, das sich wie ein Fremdkörper in der modernen Stadtarchitektur ausnimmt – aufgegriffen, um damit »das gewaltige Andringen der neuen Zeit« (Alberti 1888b, 2. Bd., 7 f.) zu symbolisieren.

Das zweite verbindende Moment besteht in den **mythischen Subtexten**, die die Texte fundieren. Wenn Robert von Führinghausen am Ende des ersten Bandes aus dem großstädtischen Daseinskampf in ein als ursprünglich imaginiertes Afrika entflieht, dann geht der Text nicht einfach in einer »den Verstädterungsprozess begleitenden Romantisierung« (Forderer 1992, 120) auf, an deren Ende der Text ›Stadt‹ durch ›Natur‹ und ›Kampf‹ durch ›Flucht‹ substituieren würde. Vielmehr wendet der Text den ›Kampf ums Dasein‹ gegen sich selbst, genauer: gegen seine kulturelle Identität, um im kolonialen Afrika einen ›reineren‹, sozial unvermittelten Kampf hervortreten zu lassen. Von dieser Schlussfügung aus erscheint das gesamte Geschehen wie eine einzige Verkennung: so als sei der soziale Kampf die Verkennung eines viel elementareren, ›eigentlichen‹ Kampfes, den das Leben zu führen hat.

Was sich 1888 noch als antimodernes Ressentiment gegen Kultur und Zivilisation im Ganzen erweist und als Mythos eines wieder erneuerten Lebens auftritt, wandelt sich im Folgeroman von 1889 in einen Stiftungsmythos der deutschen Nation. Am Ende von *Die Alten und die Jungen* durchschreitet Franz Treumann, Vertreter der jungen Generation von 1871, »die ruhigen Säulenhallen des Brandenburger Thores«, um zwischen ihnen den »Sieg« (Alberti 1889b, 2. Bd., 285) über die liberale Generation von 1848 – das »Geschlecht der Phrasen, der Heuchelei [und] der Lüge« (ebd., 2. Bd., 142) – auszukosten. So endet der Roman in einer Geschichtsteleologie, in der das durch die »Generation von 1813« (ebd., 2. Bd., 142) aufgegebene Projekt der Nation zu sich findet. Wie Albertis Beiträge in der von der Georg Michael Conrad herausgegebenen *Gesellschaft* belegen, zielte Alberti auf ein »soziales Königtum« (Alberti 1889a, 766), in dem sich monarchische, demokratische und feudale Momente zu einer ›cäsarischen‹ Nation zusammenfügen (vgl. Roper 1984).

2.3 Trauerarbeit der Moderne: Max Kretzer, Wilhelm von Polenz

Schlussfügungen dieser Art machen deutlich, dass das ideologische Spektrum des Naturalismus zwiespältiger ist, als es ältere Forschungsperspektiven glaubten. Den Naturalismus ausschließlich an die Seite des ›Fortschritts‹ zu stellen und diese Fortschrittlichkeit an seiner Nähe zu Sozialdemokratie und Arbeiterbewegung zu beglaubigen, hieße die vielfältigen Motivlagen zu übersehen, mit denen die Naturalisten die Reichsgründung begleiteten. Die entsprechenden Ambivalenzen – Albertis ›cäsarische‹ Kaisertreue etwa steht 1888 recht unbekümmert neben einem Bekenntnis zum »Sozialismus« (zit. LMN, 123) – sind inzwischen aufgearbeitet, dokumentieren aber auch, dass mit dem Nachvollzug der schnell wechselnden Anschauungen der naturalistischen Autoren wenig gewonnen ist.

Blickt man auf die Texte selbst, stellen sich freilich Gemeinsamkeiten ein, die der schwankenden Haltung der Naturalisten zwischen »sozialkritischen Impulsen und romantisch-reaktionären Tendenzen« (Bürger 1979, 14) eine tiefere Einheit geben. Sie besteht nicht nur in einer letztlich unspezifischen Antibürgerlichkeit, die die kurzschlüssige Nähe zum Sozialismus erklärt, sondern in einer Wahrnehmung der Moderne, die primär als Verlust empfunden und als Elegie auf eine ehemals ›ganze‹ und ›warme‹ Welt ausphantasiert wird. In einem bestimmten Strang des sozialen Romans leistet der Naturalismus eine narrative **Trauerarbeit** an dem, was die Moderne unwiederbringlich zerstört hat. Zahlreiche Texte zielen – durch ihre vordergründig unterschiedlichen Erzählwelten hindurch – auf eine Aufrechnung all jener traditionalen Lebenszusammenhänge und Reproduktionsweisen, die der Modernisierungsprozess zu historischen Relikten erklärt hat.

Es ist kein Zufall, dass die bleibendsten Romane des Naturalismus – Max Kretzers *Meister Timpe* (1888) und Wilhelm von Polenz' *Der Büttnerbauer* (1895) – diesem ›elegischen‹ Erzählschema folgen. So schildert Kretzer am Beispiel des Drechslermeisters Johannes Timpe die Zerstörung des selbständigen Handwerks durch die mechanisierte Massenproduktion, wie sie die Figur des benachbarten Fabrikanten Urban symbolisiert. Am Ende, nachdem Timpes Sohn Franz die väterlichen Originale zur Herstellung von Urbans Industriekopien entwendet hat, führt Johannes Timpe, vereinsamt und den modernen Entwicklungen gegenüber verständnislos, Akkordarbeit für ein Möbelmagazin aus, um sich schließlich das Leben zu nehmen. Demselben Erzählschema folgen auch einzelne Romane des Rittergutsbesitzers und studierten Nationalökonomen Wilhelm von Polenz (1861–1903). Im *Büttnerbauer* steht eine Erbteilung im Mittelpunkt, die Traugott Büttner allmählich rettungslos verschuldet. In der kurzen Zeitspanne von nur zwei Jahren verstrickt sich Traugott Büttner nicht nur in die Fallen des städtischen Finanzkapitals, sondern verliert zudem sein Gut und seine Familie. Differenzierter als Kretzers Roman wirft der *Büttnerbauer* einen Blick auf das Schicksal der letzten Generation: Karl, der älteste Sohn, verfällt dem Alkoholismus, die Tochter Toni endet als Prostituierte, Gustav, der jüngere Sohn, verdingt sich zunächst als Wanderarbeiter, um schließlich unter den Einfluss der Sozialdemokratie zu geraten.

Die zeitgenössische Strahlkraft der beiden Texte ist beträchtlich. Kretzers *Meister Timpe* gehört nicht nur zu den auflagenstärksten naturalistischen Romanen – der Text erlebt noch 1950 eine 12. Auflage –, er hat auch entsprechende Nachahmungen, etwa durch Ernst von Wildenbruch (*Meister Balzer*, 1893), gefunden. Polenz' *Büttnerbauer*, der schon 1909 in der 14. Auflage erschienen war, hat 1901 gar die ausdrückliche Wertschätzung Leo Tolstois (vgl. Tolstoi 1984) und Lenins erfahren, der den Roman zu seinen Lieblingsbüchern zählte (vgl. Borchmeyer 1985, 185). Auch in der Forschung haben beide Texte wenigstens sporadisch die Aufmerksamkeit auf sich gezogen (zu Kretzer vgl. Helmes 1988; Kälin 1996; Keil 1966, 76 ff.; Mayer 1980; Poláček 1955; Wagner 1991; zu Polenz vgl. Cowen 1973, 214 ff.; Salyámosy 1985, 77 ff.; Wagner 1991).

An beiden Romanen ist wiederholt ihre reduktionistische Tendenz hervorgehoben worden. Fraglos neigen die Texte einerseits dazu, den komplexen Modernisierungsprozess zu entschärfen, indem sie ihn in einen **symbolischen Körper** – die Familie – eintragen und damit auf ein privates Schicksal zurechtstutzen (vgl. Kretzer 1927, 24; Polenz 1895, 5 ff.). Noch die politisch motivierten Klassenkonflikte, die Kretzers Roman *Im Sturmwind des Sozialismus* (1883) antreiben, bleiben an die Nahwelt der Familie des Fabrikanten Sonderthum und ihre Zerwürfnisse gebunden (Ähnliches gilt für Kretzers späteren Roman *Treibende Kräfte* von 1903). Andererseits zeichnen sich die Texte durch eine beträchtliche **sozialgeschichtliche Prägnanz** aus. Wenn Timpe unter dem wachsenden Druck der Konkurrenz Auftragsarbeiten für ein Berliner Möbelmagazin ausführt, stellt dies einen unmittelbaren Reflex auf die neuartigen Produktionsformen der Zeit dar. Zu den eindringlichsten Partien des Romans sind die Schilderungen zu zählen, die den rapiden Veränderungen des Berliner Stadtbilds gewidmet sind. Vor allem der Bau der Stadtbahn, der in den 1870er Jahren begonnen und 1882 beendet wurde, kehrt leitmotivisch wieder und verdeutlicht den präzisen Blick des Erzählers für die städtebauliche Realität des modernen Berlins (vgl. Helmes 1988, 53 f.; Mayer 1980, 351).

Demgegenüber besteht Polenz' Leistung darin, dem Modernisierungsgeschehen ein Deutungsmuster zu unterlegen, dass Kretzers auf **Personalisierung** beruhende

Erzählwelt durchbricht. Wo Kretzer den abstrakten Modernisierungsprozess in ein Problem individueller Schuldhaftigkeit (Diebstahl) transformiert, gelingt es Polenz, die soziale Entwurzelung des Bauernstandes im Gefolge der Bauernbefreiung mit Rechtsentwicklungen zu verbinden, die – so suggeriert es der Roman – das eingelebte und im ›Herkommen‹ verankerte deutsche Gewohnheitsrecht zugunsten des römischen Rechts verdrängt haben. Dieser »Romanismus« (Polenz 1895, 235) hat den Bauernstand nach Polenz' Auffassung seiner angestammten Grundlagen entfremdet und an den »Formalismus« (ebd., 236) abstrakter Rechts- und Vertragsbegriffe verraten:

> »Fortan konnte einem ein Stück Land gehören, der nie [...] eine Hand gerührt, um es durch seine Arbeit zu seinem Eigen zu machen. Jetzt gab es gar viele Rechtstitel mit fremdklingenden Namen, kraft deren einer Eigentum erwerben und veräußern konnte. Den Ausschlag gab nicht mehr die lebendige Kraft des Armes, sondern erklügelte, in Büchern niedergeschriebene, tote Satzung.« (ebd., 236)

Polenz' Kritik der **rechtsgeschichtlichen Entwicklungen** des 19. Jahrhunderts ist an den Widerständen geschult, die sich bereits zu Beginn des Jahrhunderts im Gefolge der Historischen Rechtsschule (Jacob Grimm) gegen die Rezeption des römischen Rechts entwickelt hatten (vgl. Bender 1979, 54 ff.). Sie belegt aber auch, dass sich der soziale Roman an zentraler Stelle seiner Modernereflexionen ein – wenn auch wenig elaboriertes – ›sozialtheoretisches‹ Gewicht verleiht.

Damit bewegt sich der soziale Roman in großer Nähe zu Vorstellungen und Begriffsbildungen der **frühen Soziologie** (Ferdinand Tönnies, Georg Simmel, Max Weber). Durch ihre weitgehend gleichförmigen Erzählverläufe münden alle Texte dieser Art – zu denken ist noch an Peter Roseggers »Waldbauerngeschichte« *Jakob der letzte* (1895), mit Einschränkungen auch an Romane von Michael Georg Conrad und Felix Hollaender – in eine Erzählung vom **Verlust eines ehemals organischen Sozialverbandes**, den die Moderne in ›entfremdete‹ Sozialbeziehungen auflöst: Fast immer weicht die überlieferte genossenschaftliche Ethik der neuen kapitalistischen Mentalität, fast immer zerläuft der ehemals ›ganze‹ Produktionsprozess in rationalisierte Teiltätigkeiten; und fast immer wird das familiale Kontinuum, das die Einzelnen in einer ›warmen‹ Nahwelt überspannt, durch die ›kalten‹ Bindekräfte der Moderne ersetzt. Wenn die Romane von Kretzer und Polenz' den Verlust dieser gemeinschaftlichen Welt thematisieren, dann zielt Michael Georg Conrads *Isar-Zyklus* komplementär auf den **Vertragscharakter der Moderne**. In ihr sind die sozialen Bindungen – analog zum Isar-Bild – fortwährend im Fluss und damit jederzeit aufkündbar. In der durchgängigen »Analogie von Naturprozess und ökonomischem Tausch« (Siegel 2004, 225) ist die Moderne eine buchstäbliche »Strömung« (Conrad 1888a, 1. Bd., 152), die die überlieferten sozialen Bindungsweisen zerstört und sie der Verkehrslogik des Geldes – übrigens in auffälliger Nähe zu Georg Simmels zeitgleichen geldsoziologischen Überlegungen (vgl. Simmel 1896) – nachbildet. »Alles fließt und zerfließt und sammelt sich wieder« (Conrad 1888a, 1. Bd., 67), formuliert der Text das ›Gesetz‹, dem die Moderne folgt.

In dieser elegischen Spannung zwischen einer überlieferten organischen Sozialwelt und einer disoziierten Moderne berührt sich der soziale Roman mit der sozialtheoretischen **Unterscheidung von Gemeinschaft und Gesellschaft**, von ursprünglich-organischen und abstrakt-›mechanischen‹ Vergesellschaftungsformen, die seit Ferdinand Tönnies (1855–1936; *Gemeinschaft und Gesellschaft*, 1887) zu den

Grundbegriffen der entstehenden Soziologie zählt und in anderer terminologischer Fassung auch bei Georg Simmel und Émile Durkheim greifbar ist. Noch Max Webers nationalökonomische Arbeiten (1892–1899) zum Untergang der genossenschaftlichen Gutswirtschaft reproduzieren dieses Muster und treffen sich darin mit der Prosa von Wilhelm von Polenz, die dieselben Vorgänge zur gleichen Zeit thematisiert (zum gesamten Komplex vgl. Stöckmann 2009).

3. Der Zeitroman

3.1 Das Schicksal der Kultur: Felix Hollaender, Karl Bleibtreu

Ähnlich wie der soziale Roman greift der Naturalismus auch im Falle des Zeitromans auf ältere Erzähltraditionen zurück. Bereits 1809 hatte Clemens Brentano den Begriff verwendet, als er Achim von Arnims Roman *Gräfin Dolores* beiläufig einen »großen Zeitroman« (Brentano 1939, 413) genannt hatte. Allerdings setzt sich der Terminus erst nach 1830 vollständig durch (vgl. Göttsche 2001). 1836 war Karl Immermanns Roman *Die Epigonen* erschienen, der, gestützt auf die Folgewirkungen der ›ersten‹ Industrialisierung in Deutschland, den Versuch zu unternimmt, ein Totalbild der prägenden Zeittendenzen zu entwerfen. 1850/51 erscheint Karl Gutzkows Roman *Die Ritter vom Geiste* (1850/51); Gutzkow erprobt hier erstmals einen »**Roman des Nebeneinander**« (Gutzkow 1998, 1. Bd., 9), der auf der Grundlage einer kaum mehr überschaubaren Menge von Figuren – grob geschätzt sind es etwa 150 – das angestammte zentralperspektivische Erzählen durchbricht und in eine Vielzahl partikularer Handlungszusammenhänge auflöst. Auf diesem Weg zerfällt das chronologisch fortschreitende Erzählen zugunsten einer ›polyphonen‹ Totalität, die das Wissen und Meinen der Gesellschaft um die Mitte des 19. Jahrhunderts enzyklopädisch erfasst (vgl. Plumpe 1996, 642 ff.). Wichtige Impulse hat der Zeitroman nicht zuletzt von einem seiner produktivsten Autoren – Friedrich Spielhagen (1829–1911, *Die Sturmflut*, 1877) – empfangen; seine Forderung nach einer **epischen Objektivität**, in der der »Dichter völlig und ausnahmslos« hinter der zeithistorischen Substanz »verschwindet« (zit. Sprengel 1998, 159), muss als paradigmatisch für das Genre gelten.

Schon die historischen Bestimmungen des Terminus machen deutlich, dass er mit Blick auf seine Thematik nicht erschöpfend erfasst werden kann. Wenn es auch zutrifft, dass sich sozialer Roman und Zeitroman nach 1850 in ihrem gemeinsamen Interesse am ›Sozialen‹ vielfältig überschneiden, sind die narrativen Strukturen beider Genres doch deutlich unterschieden: Realisiert der soziale Roman seinen Anspruch auf Aktualität immer wieder im Rückgriff auf Erzählmuster, die in die historischfamiliale ›Tiefe‹ der (wenigen) Hauptfiguren vordringen, so verfolgt der Zeitroman ein **synchrones Panorama**, in der die diversen geistigen und sozioökonomischen Kräfte simultan präsentiert werden, um zu einer Art ›Summe‹ der Epoche zusammentreten; Theodor Fontane hat dies, im Unterschied zum herkömmlichen »Einheitsroman«, 1878 treffend einen »Vielheitsroman« genannt (zit. Hasubek 1968, 223). Insgesamt ist damit ein veränderter Formtyp umrissen, der sich seit Peter Hasubeks Typologie (vgl. Hasubek 1968) wie folgt bestimmen lässt:

- den Erzählgegenstand – also das, was die Romannarration als ihren erzählten ›Gehalt‹ präpariert – bildet die **Zeit als »Kollektivum«** (ebd., 223); es stellt sich, vermittelt durch die Vielzahl der Figuren, als synchrone Summe prägender Kräfte und Tendenzen her,
- die handelnden Figuren sind **Träger repräsentativer Zeitströmungen** (vgl. ebd., 225); insofern reduziert sich die (vor allem im Bildungsroman zentrale) Subjektivität auf eine »soziostrukturelle Rollenvorgabe« (Plumpe 1996, 642), die die Vielzahl der Nietzscheaner, Schopenhaueraner, Anarchisten, Sozialisten etc. erklärt,
- das narrative Prinzip einer chronologischen und auf die Darstellung einer individuellen Lebensgeschichte zugeschnittenen Erzählung tritt zugunsten von heterogenen »**Augenblicksbildern**« (Spielhagen 1890, I, 324) zurück, die – in sich weitgehend abgeschlossen – Probleme der Zeit reflektieren,
- die Tendenz zur Episodik wird durch den hohen **Anteil an Dialogpartien und szenischer Darstellung** verstärkt; Zeitprobleme werden primär in Diskussionen und Streitgesprächen dargeboten, die, auch wenn sie nur im Nacheinander aufeinander folgen können, als Simultanpräsenz der geäußerten Anschauungen gedacht werden sollen (vgl. Hasubek 1968, 234 ff.).

Paradigmatisch realisiert ist das Muster des Zeitromans in **Felix Hollaenders** 1896 erschienenem Roman *Sturmwind im Westen*. Hollaender (1867–1931), eigentlich Dramaturg und Intendant an verschiedenen deutschen Theatern, schrieb bis zur Jahrhundertwende zahlreiche Romane und Novellen, die dem Naturalismus verpflichtet sind. Analog zur großen Bedeutung, die die Philosophie Schopenhauers und Nietzsches für das ausgehende 19. Jahrhundert besitzt, stehen sich im Text der nietzscheanische »Tatmensch« (Hollaender 1896, 135) Regine Heller und der Willens-»Nazarener« (ebd., 47) Gent entgegen – Belege nicht nur für den (willens)energetischen Hintergrund auch dieses Textes, sondern auch für die schlagwortartigen Verkürzungen, die das wissenschaftliche und philosophische Denken des ausgehenden 19. Jahrhunderts in seinen Hauptlinien erfährt (s. Kap. III.2.1).

Ein Zeitroman ist *Sturmwind im Westen* noch in einer weiteren Hinsicht. Wenn sich die Gespräche zwischen Regine Heller und Gent als Austausch von Argument und Gegenargument entfalten, dann wirken im Hintergrund des Gesprächs die »entfesselten Instinkte« (Hollaender 1896, 170) des »nervösen« (ebd., 17) Zeitalters. Bis in die Details der im Text dargestellten Krankheitsbilder und der ihnen entsprechenden Kulturphänomene folgt Hollaender der **Neurasthenielehre** des amerikanischen Mediziners George M. Beard (*American Nervousness*, 1881; s. Kap. III.3). Allerdings steigert Hollaenders Text die neurasthenische Kultur zu einer infernalischen Erregtheit, die in der allgegenwärtigen Börse und ihren fortwährenden Übertragungen von Geld, Aktienpapieren und Spekulationsobjekten zum Ausdruck kommt; entsprechend steht im Mittelpunkt des weitgehend ereignislosen Erzählens eine zeittypische Spekulationsgeschichte um den Bau einer Eisenbahn, die sich ökonomisch als außerordentlich riskant erweist.

Die Hauptfiguren sind mit diesem **nervösen Zeitbild** insofern verbunden, als der Text die konventionellen geschlechteranthropologischen Zuschreibungen der Geschlechtswesen ›Mann‹ und ›Frau‹ wechselseitig aufeinander übertreten lässt. So redet die Tatfrau Regine Heller (darin eine Verwandte von Anna Mahr aus Gerhart Hauptmanns Drama *Das Friedensfest*, 1890) einer radikalen kulturellen Erneuerung das Wort, während der feinsinnige, aber intellektuell unterlegene »Pessimist« (Hollaender 1896, 81) Gent dem Nietzscheanismus der »Verstandesfrau« (ebd., 80) nur das Argument entgegenzusetzen vermag, dass »Frauen Ihres Schlages in dem harten Ringen nach dem Geistigen, in dem Streben nach möglichst weitem Umfassen alles Umfassenswerten, ihr bestes verlieren« (ebd.). In diesem argumentativen Gegensatz – hier ein kulturkonservativer Pessimismus (Schopenhauer), dort ein kulturreformerischer Vitalismus (Nietzsche) – sind die mentalen Tendenzen der Zeit umrissen, und es macht den tendenziösen Charakter des Textes aus, dass er Regine Heller gegen Ende das Eingeständnis abverlangt, im Kampf gegen eine »verlebte Kultur« (ebd., 79) das eigene Leben verfehlt und intellektualistisch vereinseitigt zu haben. Insofern muss der Text als Hypothese über die kulturellen Kräfte des ausgehenden 19. Jahrhunderts gelesen werden: Wenn er im Bild einer sich verfehlenden Weiblichkeit zugleich eine verfehlte kulturelle Erneuerung bloßlegt, dann setzt der Text an die Stelle dieses kulturellen Vitalismus symbolische Momente einer ›Bewahrung‹ der alten Kultur.

Bewahrung und Umkehr sind narrative Grundmuster, die immer dort Verwendung finden, wo es darum geht, vor allem weibliche Lebensentwürfe in ›normalisierte‹ Lebensläufe zurückzuwenden. Auch in **Gabriele Reuters** (1859–1941) Roman *Ellen von der Weiden* (1901) wirkt eine Normalisierungsdisziplin, die die nervösen »Grübeleien« (Reuter 1901, 32) der Hauptfigur als Gefährdungen der angestammten kulturellen Unterscheidungen behandelt und in ein Leben zwingt, das sich den Erwartungen des Sozialen fügt. Darin findet der naturalistische Zeitroman Anschluss an das **Erzählschema der Entsagung**, das der Nachmärz vielfach variiert hatte (vgl. Lukas 2002) und das im Naturalismus vor allem dazu geeignet scheint, die Bedrohungspotentiale kultureller Erneuerung einzudämmen.

Wie sehr die ideologischen Ambivalenzen des Naturalismus auch den Zeitroman prägen, dokumentiert **Karl Bleibtreus** (1859–1928) 1890 erschienener Roman *Propaganda der That*. Bereits der Titel macht deutlich, dass der Text um einen Aktivismus kreist, den Bleibtreu – im entschiedenen Gegensatz zu Hollaender – kulturrevolutionär zuspitzt und in der Vision eines ›neuen Menschen‹ radikalisiert. Darin greifen Bleibtreus Texte – ungeachtet ihrer zweifelhaften literarischen Qualität – nicht nur dem späteren Tat-Pathos des Expressionismus voraus (vgl. Rothe 1979, 128 ff.), sondern bezeugen auch, dass einzelne Naturalisten in Grundimpulsen an die um 1890 noch wenig vertraute Spätphilosophie Nietzsches anschließen (vgl. Hillebrand 2000; Krummel 1974).

Bleibtreu bedient sich einer kolportagehaften Geschichte um einen Rachemord, den der »Einjährige« (Bleibtreu 1890, 15) Ernst Stahl an Baron Ryburg begangen hatte, weil dieser sechs Jahre zuvor eine Duellforderung verweigert hatte. Wie der Roman allmählich enthüllt, hatte sich der tot geglaubte Stahl mit der in Genf lebenden Anarchistin Olga gegen Ryburg verschworen; auch Olga ist von Ryburg um ihre »Ehre betrogen« (ebd., 71) worden. Allerdings dient das gesamte Ehrenritual (vgl. Dieners 1992; Frevert 1991; Schultz 1996) lediglich dazu, die überlebten Traditionen des Jahrhunderts zum Ausdruck zu bringen. Ihnen steht ein elementares ›Recht des Lebens‹ gegenüber, das sich von den »tausend Formalitäten« (Bleibtreu 1890, 69) und Nivellierungen der modernen Kultur befreien soll. Entsprechend dienen die Gespräche zwischen Stahl und Olga der buchstäblichen Propaganda einer »That«, die sich gegen die kulturellen Entstellungen des Lebens richtet und die von dort aus auf eine anarchistische ›Verrechtlichung‹ zielt, die die Sicherheiten des bürgerlichen »Rechtsstaats« (ebd., 99) hinter sich lässt. »Recht«, so behauptet die Stirner-Leserin

Olga, besitzt der Mensch allein »durch seine Thaten« (ebd., 71). Wenn Stahl und Olga zuletzt eine »Bergschlucht« (ebd., 119) aufsuchen, dann gewinnt der Text alle Züge einer ›Verkündigung‹, die den Sinn des Romantitels vielsagend in sich aufnimmt: So wie Nietzsches *Zarathustra* das Gebirge verlassen hatte, um den »höheren Menschen« seinen »Rundgesang« (Nietzsche KSA 4, 403) zu singen, so ist auch der »thalwärts« (Bleibtreu 1890, 122) führende Weg Olgas und Stahls eine stiftende Tat, die den »Keim der neuen Menschen« (ebd., 124) in die verwandlungsbereite Kultur hinübertragen will.

3.2 Die Zeit im Disput: Max Nordau, John Henry Mackay

In all dem besitzt der Zeitroman einen ausgeprägten **Thesencharakter**; eine Eigenschaft, die die Gattung bis Thomas Manns *Zauberberg*-Roman (1924) bewahren wird. Entsprechend ist die Zeitgeschichte in Max Nordaus (eigtl. Südfeld, 1849–1923) groß angelegtem Zeitroman *Die Krankheit des Jahrhunderts* (1888) weitgehend in den Hintergrund verbannt. Zwar reichen die Ereignisse der Phase zwischen 1869 und 1881 immer wieder in den Erzählverlauf hinein, dennoch steht auch hier ein Dialog im Vordergrund, der allein weltanschaulichen Problemen gewidmet ist. Im Kern kreist er um die erkenntniskritische Frage, ob in den kontingenten ›Erscheinungen‹ der Wirklichkeit »Kräfte« (Nordau 1888, 1. Bd., 101) und »Gesetze« (ebd., 242) ausgemacht werden können, die in der ›Tiefe‹ der historischen Zeit und ihrer »Entwicklung« (ebd.) wirken. Wie kaum ein zweiter Roman aus dem naturalistischen Erzählumfeld ist Nordaus *Krankheit des Jahrhunderts* damit auf die **epistemologischen Prämissen des bürgerlichen Realismus** und seiner ›idealrealistischen‹ Programmatik verwiesen (vgl. Eisele 1982; Plumpe 1985; Plumpe 1996; s. Kap. IV.1). Nordau selbst hat diesen ›Idealrealismus‹ (Max Schasler) in seiner Auseinandersetzung mit Zola als verpflichtenden Standpunkt der literarischen Moderne ausdrücklich markiert (vgl. Nordau 1890, 165) und damit die Annahme bestätigt, dass dem Realen eine ›ideale‹, d. h. sinnhafte Substanz unterliegt, die durch Akte einer ›idealrealistischen Läuterung‹ als »Essenz« (Eisele 1982, 41) dieses Realen hervortritt.

Trotz der geradezu enzyklopädischen Breite, mit der Nordaus Roman die divergierenden intellektuellen Positionen markiert – Höhepunkt ist ein absonderlicher Pessimistenzirkel, in dem in verschlüsselter Weise der Schopenhauer-Verehrer Philipp Mainländer (eigtl. Batz, 1841–1876) und der Modephilosoph Eduard von Hartmann (1842–1906) wiederkehren –, stehen sich im Kern zwei antagonistische Figuren gegenüber: Auf der einen Seite befindet sich Wilhelm Eynhardt, ein ebenso feinsinniger wie willensschwacher *décadent*, der dem Leben weitgehend entrückt ist; auf der anderen Dr. Schrötter, ein souveräner Intellektueller und weltzugewandter Pragmatiker, der »an den Fortschritt der organischen Welt von Niederem zu Höherem« (Nordau 1888, 2. Bd., 181) glaubt. Dass Eynhardt bei dem Versuch stirbt, den Sohn seines Freundes Paul Haber aus einem Fluss zu retten, macht symbolisch deutlich, in welchem Maße es Eynhardt misslingt, den bewegenden Zeitenergien habhaft zu werden: Während Schrötter unter den »Erscheinungen« das »charakteristische Wesen der Dinge« (Nordau 1890, 165) erfasst und offensiv mit der Fortschrittsgläubigkeit des 19. Jahrhunderts in Einklang bringt, bleibt Eynhardt von diesem optimistischen Sinn des Jahrhunderts abgetrennt. Was sich seinem Blick auf die Zeitgegenwart zu erkennen gibt, ist nur reine »Zufälligkeit« ohne »Gesetz« und »nothwendigen Ausdruck« (Nordau 1888,

1. Bd., 24). »›Es sind da‹«, so Eynhardts Bilanz, »›Kräfte an der Arbeit, von denen wir Alle nichts wissen […]. Was diese Kräfte wollen und wohin sie streben, bleibt uns verhüllt und wir sehen nur das Nächste ohne Zusammenhang mit den eigentlichen Ursachen und letzten Wirkungen‹« (ebd., 101). Insofern gibt der Text der titelgebenden *Krankheit des Jahrhunderts* – der »Willenlosigkeit« und »Thatenscheu« (zit. Zudrell 2003, 234) der Epoche – eine andere, d. h. epistemologische Gestalt: die Gestalt einer Zeit, die sich selbst intransparent und unverstanden bleibt.

Nordaus Gesamtwerk, aus dem das voluminöse Pamphlet *Entartung* (1892/93) bis heute aufgrund seiner unheilvollen Nachwirkung herausragt, lässt allerdings erkennen, dass Eynhardts Skeptizismus als »krankhafte Ausnahme« (Nordau 1888, 1. Bd., 319) verstanden werden soll. Eynhardts epistemologische ›Blindheit‹ ist Ausdruck einer um sich greifenden Ermüdung der vitalen Energien; in diesem Schreckbild hat Nordau Anteil an dem zeittypischen Bewusstsein einer Endzeit – dem **Fin de Siècle** – anzugehören (vgl. Bauer 1977). Wenn Nordau in der jüngeren Forschung daher wiederholt als ›Diskursbegründer‹ der Entartung und der europäischen **Dekadenz** behandelt wird (vgl. Fischer 1977; Schulte 1997; Zudrell 2003; Pross 2009), so ist diese Schematisierung zunächst zutreffend; als promovierter Mediziner hat Nordau ein ausgeprägtes Interesse an Phänomenen psychologischer und kultureller Abweichung besessen. Nicht zuletzt zählt Nordau zu den Lesern von Bénédict Augustin Morels Degenerationstheorie (*Traité des dégénérescences physiques, intellectuelles et morales de l'espèce humaine*, 1857), die einen der Grundtexte des Dekadenz-Diskurses bildet. Allerdings verstärkt Nordaus einseitige literaturhistorische Inanspruchnahme für die Dekadenz die lang währende **Trennungsgeschichte von Naturalismus und Dekadenz**, gegen die nicht nur die Wahrnehmung der Zeitgenossen, sondern auch eine Vielzahl problemgeschichtlicher und ästhetischer Kontinuitäten spricht (s. Kap. III.3; VIII).

Das Spektrum des naturalistischen Zeitromans bliebe ohne einen Hinweis auf **John Henry Mackays** (1864–1933) Roman *Die Anarchisten* von 1891 unvollständig. Mackay, seit 1885 in Berlin lebend, unterhielt enge Kontakte zur naturalistischen Bewegung – er publizierte in Conrads *Gesellschaft* und verkehrte im »Durch!«-Verein – und trat Ende der 1880er Jahre als bekennender Anarchist hervor. Mackays Anarchismus ist allerdings frei von allen Kollektivutopien und sozialromantischen Vorstellungen eines Bakunin oder Kropotkin; insbesondere die Nähe zum Sozialismus und zur Arbeiterbewegung ist bei Mackay zugunsten einer **individualanarchistischen Position** aufgekündigt. Darin ist Mackay ein flammender Anhänger des Linkshegelianers und Anarchisten Max Stirner (eigtl. Johann Caspar Schmidt, 1806–1856), dessen Wiederentdeckung Mackay ab 1888 einleitet – 1898 verfasst er die erste Biographie Stirners – und dessen Hauptwerk *Der Einzige und sein Eigentum* (1844) Mackays Roman erkennbar prägt.

Stirners »unsterblichem Werk« (Mackay 1992, 7) ist Mackays Roman in zweierlei Hinsicht verpflichtet. Zum einen ist es ihm um die »völlige Unvereinbarkeit anarchistischer und kommunistischer Weltanschauung« (ebd., 6) zu tun, zum anderen soll der Roman die »Unmöglichkeit irgendeiner ›Lösung der sozialen Frage‹ durch den Staat« (ebd.) beweisen. Damit kennt Mackays Anarchismus weder ein sozialrevolutionäres Subjekt – etwa das Proletariat –, dessen ideologische Mobilisierung eine Überwindung der sozialen Antagonismen erwarten ließe, noch rechnet Mackay mit Möglichkeiten ihrer staatlich-institutionellen Regulierung. Eine ›Lösung‹ erblickt Mackays Roman allein in der radikalen Vereinzelung des Individuums und seiner

Objektivierung im »Privateigentum« (ebd., 150), das es in einem an Thomas Hobbes geschulten *bellum omnium contra omnes* zur Selbstermächtigung im »Kampf ›aller gegen alle‹« (ebd., 141) freisetzt.

Strukturell neigt Mackays »Kulturgemälde aus dem Ende des XIX. Jahrhunderts« freilich dazu, die Kohärenz des Zeitroman-Schemas zu überfordern. Neben die Romanfiktion treten autobiographische Partien, Versatzstücke der zeitgenössischen Ökonomietheorie, eingelegte kulturphilosophische Essays, vor allem aber Gesprächssequenzen, die sich in Umfang und Gewicht – Hintergrund sind die Londoner Arbeitererhebungen vom Herbst und Winter 1887 – verselbständigen. Gespeist wird dieser Diskurs aus einem »Wust« an Texten, Büchern und »Broschüren« (ebd., 112); ein Beleg dafür, dass der Zeitroman die Tendenz besitzt, im akkumulierten kulturgeschichtlichen Material der Ideen und Theorien aufzugehen. Entsprechend kennt Mackays Roman nur zwei narrative Zustände: Entweder er richtet sich auf das ›proliferierende‹ Gespräch seiner bohemehaften Protagonisten, oder er lässt seine beiden Hauptfiguren – den Anarchisten Auban Carran und den Sozialisten Otto Trupp – an den großen Strömen teilhaben, mit denen die Verarmten ihren Weg durch die Elendsquartiere Londons antreten und die der Stadt immer neue Spuren der Verelendung einzeichnen. Unter diesem Elendsgemälde verbirgt sich freilich ein **intellektuelles Rollenmodell**, das sich in seiner Apologie des Individualismus mit einem bestimmten Strang der zeitgenössischen Nietzsche-Rezeption berührt; beide – Nietzscheaner und Anarchisten – treffen sich um 1890 in dem Bemühen, den großen Kollektivideologien der Zeit eine Aristokratie des Einzelnen entgegenzusetzen (vgl. Fähnders 2010, 80 ff.).

4. Grenzen des Erzählens

Gewöhnlich werden diese individualitätsorientierten Programme als Symptome einer um 1890 erfolgenden Neuorientierung des literarischen Feldes gewertet, und gewöhnlich stehen im Zentrum dieser Umorientierung Hermann Bahrs überaus folgenreiche Thesen zur **Überwindung des Naturalismus** (1891; s. Kap. VIII), die den Beginn der literarischen Bewegungen markieren, die – wie Ästhetizismus und Wiener Moderne – allmählich vom Naturalismus wegführen. Allerdings sind Bahrs Diagnosen um 1900 keineswegs singulär; auch Adalbert von Hanstein, Michael Georg Conrad, Hans Landsberg und Samuel Lublinski publizieren bis 1905 eine Reihe von Texten, die den Naturalismus veralten und damit kaum mehr an der Seite der ästhetischen Moderne sehen wollen (s. Kap. VIII).

Plausibilität und Reichweite dieser historischen Befunde, denen die Literaturgeschichtsschreibung bis heute folgt (vgl. Kiesel 2004, 30; Sprengel 1998, 113), hängen freilich davon ab, ob sie die Spezifik der naturalistischen Schreibweisen um 1890 überhaupt angemessen erfassen. Dass Bahrs Überwindungsschrift die »naturalistische Programmatik sprengt« (Fähnders 2010, 88), mag zutreffend sein, besagt aber wenig über die Realität der geschriebenen Texte. Insgesamt sind die Schreibordnungen des naturalistischen Romans komplexer als es die konventionellen Zäsurbildungen nahelegen. Wenn Bahr die »Krisis des Naturalismus« daran bemisst, dass an die Stelle der »vollen und entblößten Wirklichkeit« (Bahr 1968, 47) – dem »Naturalismus der *états des choses*, der Sachenstände« (ebd., 49) – eine »neue Psychologie« (ebd., 53) – die der »*états d'ames*« (ebd., 49) – tritt, dann sind damit die Schreibverfahren des naturalistischen Romans – gegen Bahrs eigentliche Intention – gerade präzise erfasst. Bahrs Naturalismuskritisches Urteil relativiert sich vor allem daran, dass ein gewisser Strang der um 1890 erscheinenden naturalistischen Romanliteratur kaum mehr mit dem naturalistischen Mimesis-Prinzip erfassbar ist. Ihr Darstellungsinteresse zielt vielmehr darauf, an die Stelle der mimetischen Repräsentation der Außenwelt die **Dynamik moderner Bewusstseins- und Wahrnehmungsgehalte** zu setzen. Insbesondere das von Bahr eingeklagte Desiderat des Naturalismus – die »Mystik der Nerven« (ebd., 87) – trifft im naturalistischen Roman auf eine »Nervenkunst« (LMN, 254) – so Conrads bezeichnender Begriff von 1892 –, die die Phänomenologie des nervösen Zeitalters bereits in sich aufgenommen hat. Insofern ist das mehrheitliche Misslingen der Texte *auch* ein literaturgeschichtliches Symptom: als Ausdruck einer literarischen Moderne, deren Artikulation noch rudimentär an die überlieferten Darstellungsmöglichkeiten gebunden ist und die sie im Zeichen der »neuen Psychologie« (Bahr 1968, 53) bereits an ihre Grenzen führt.

4.1 Psychophysisches Erzählen: Hermann Conradi

Unter den zahlreichen naturalistischen Romanprojekten gehört der 1889 erschienene *Adam Mensch* Hermann Conradis zu jenen Texten, die dieses Grenzmoment wohl am deutlichsten dokumentieren. Conradi, 1862 geboren und 1890 im Alter von nur 27 Jahren gestorben, gehörte zunächst zur frühnaturalistischen Aufbruchsbewegung der ›Jüngstdeutschen‹ (*Moderne Dichter-Charaktere*, 1885; s. Kap. V), bevor er ab 1886 mit naturalistischen Novellen (*Brutalitäten*, 1886) und Romanen (u. a. *Phrasen*, 1887) hervortrat.

Wenn Conradis *Adam Mensch* in der Forschung mitunter »Züge von bestürzender Modernität« (Schmähling 1977, 273) attestiert worden ist, so betrifft diese Einschätzung Darstellungsweisen, die um und nach 1900 den Verfahrenskanon der klassischen Moderne ausbilden: ein weitgehend **ereignisloses Erzählen** durch Zurücktreten der äußeren Handlung, die Verunsicherung auktorialer Deutungsgarantien durch eine personale Erzählperspektive (mit Tendenz zur **Ich-Erzählung** und **innerem Monolog**), sowie eine Polyphonisierung der erzählten Welt durch ein Gewebe von unterschiedlichen Diskursen und ästhetischen Idiomen.

Conradis Modernität ergibt sich aus dem ungewöhnlichen Versuch, den psychopathologischen Symptomstand seines Romanhelden Dr. Adam Mensch auf **Erklärungsmuster der zeitgenössischen Psychophysik** zu beziehen und in entsprechende Schreibverfahren zu lenken. Seit seiner Begründung durch den Physiker und Philosophen Gustav Theodor Fechner (1801–1887) Mitte des 19. Jahrhunderts liefert der »psychophysische Parallelismus« eine verbreitete Erklärung für den Zusammenhang psychischer und physiologischer Prozesse; entsprechend werden beide als untrennbare und kausal verknüpfte Dimensionen derselben leibseelischen Identität verstanden (vgl. Fick 1993, 37 ff.; Heidelberger 1993, 123 ff.; s. Kap. III.2). Wie der Nachlass Conradis belegt, hat er spätestens ab 1887 Studien zur Psychophysik des Willens rezipiert, die im Gefolge Wilhelm Wundts und seiner Schule stehen und insbesondere dessen Hemmungen und Zerstreuungsformen betreffen (vgl. Siegel 2004, 170; Stöckmann 2010).

Vor diesem Hintergrund fügt Conradis *Adam Mensch* die Pathogenese der Entschlussunfähigkeit mit den zeittypischen Nervositätssyndromen zum neuropathischen

Komplex der »Apathie« des »Willens« (Conradi 1997, 109) zusammen. In dieser Apathie konturiert der Roman einen zwischen gegenläufigen Handlungsimpulsen und Lebensformen hin und her geworfenen »Uebergangsmenschen« (Conradi 1911, III, 447), für den der auffällig allegorische Name der Hauptfigur einsteht. Konsequenterweise kennt der Roman kein eigentliches Geschehen; erzählt wird von einer bohemehaften Existenz, die sich durch das Auf und Ab dreier Liebesaffären bewegt; am Ende geht Adam Mensch eine Versorgungsheirat ein, die von ebenso wenig Engagement und Tatkraft zeugt, wie die literarischen Ambitionen des Protagonisten.

Erzähltechnisch operiert der Text mit zwei Erzählverfahren. Zum einen reproduzieren die Reflexionen der Hauptfigur einschlägiges psychophysisches Wissen, das das Phänomen der Willensschwäche unablässig umkreist. »Es war«, heißt es über die Unwillkürlichkeiten des Handelns, »als ob nur die vasomotorischen Nerven diesen Reflex auslösten, und der Wille nicht einmal die Freiheit besaß, unfrei zu sein« (Conradi 1997, 303). Zum anderen etabliert der Text eine Schreibordnung, die mit Hilfe der erlebten und indirekten Rede die Sensomotorik flüchtiger Assoziationen nachbildet. Damit zielt der Romantext auf eine narrative Simulation, die den »Zufall« (ebd., 37) zum Prinzip seiner Organisation erklärt, um eine Folge von assoziativen Verknüpfungen anzustoßen, der fortwährend das organisierende »Motiv« (ebd., 161) entgleitet. Bemerkenswerterweise hat die zeitgenössische Rezeption in den Darstellungsstrukturen des Romans **Merkmale des Impressionismus** gesehen (vgl. Grottewitz 1889); hier wie dort ruht der Fokus auf einem »Seelenleben«, das, wie Karl Lamprecht betonte, »nur aus Aktualitäten zu bestehen scheint«, weil er fortwährend den »kleinsten noch eben erkennbaren [...] Momenten der psychologischen Kontinuität« folgt (Lamprecht 1922, 1. Bd., 388).

Einschätzungen dieser Art belegen ein weiteres Mal, dass die heterogenen ›Ismen‹ der Zeit um 1900, die in der Forschung immer wieder zur Periodisierung der nachnaturalistischen Moderne dienen (vgl. jüngst Kiesel 2004, 28 ff.), in der historischen Verwendung selbst ein **synchrones Nebeneinander** bilden, um je nach terminologischem Fokus (Naturalismus, Dekadenz, Fin de Siècle, Impressionismus) unterschiedliche Gesichtspunkte derselben ästhetisch-literarischen Modernität zu bezeichnen. Dass der Autor Conradi biographisch mit der naturalistischen Bewegung verbunden ist, sein Roman von den Zeitgenossen als impressionistisch verstanden wird, der Text selbst aber seine Hauptfigur in das Zwielicht der »Décadence« (Conradi 1997, 448) taucht, verdeutlicht die begriffliche Suchbewegung, mit der die frühe Moderne ihre ästhetische Identität zu fassen versucht.

4.2 Zerschreiben der Textur: Michael Georg Conrad

Michael Georg Conrads (1846–1927) zwischen 1888 und 1893 publizierter Romanzyklus *Was die Isar rauscht* stellt fraglos das monströseste Erzählprojekt des Naturalismus dar. Conrad, der während eines mehrjährigen Paris-Aufenthalts 1878 Zugang zum Kreis um Zola gefunden hatte und unter dem Eindruck dieses Schlüsselerlebnisses fortan als dessen Propagandist hervortrat, hat seinen Münchner Romanzyklus zunächst auf zehn Bände angelegt; erschienen sind allerdings lediglich dessen erste drei Teile (*Was die Isar rauscht*, 1888; *Die klugen Jungfrauen*, 1889; *Die Beichte des Narren*, 1893; vgl. Stumpf 1986, 356 ff.).

Die Forschung hat für das Erlahmen von Conrads hochgespannten Ambitionen wiederholt die Grenzen seiner literarischen Begabungen verantwortlich gemacht (vgl. Just 1973, 54; Wunberg 2001, 350 ff.). Allerdings sind für das frühzeitige Ende des Zyklus auch poetologische Gründe namhaft zu machen. Ausdrücklich nämlich hat Conrad den Zusammenhang der einzelnen Bände in einem Verlaufssinn gesehen, der den thermodynamischen Gedanken vom Erlahmen aller energetischen Prozesse (s. Kap. III.2.3) in einen buchstäblichen ›**Wärmetod**‹ **des Erzählens** umgestaltet. Die »Personen«, so Conrad 1888 über die Konzeption seines Zyklus, »haben ein so tüchtiges Stück Leben im Leibe, dass sie erst vollkommen zur Ruhe kommen können, wenn sie sich in ihrem Kraftbereich auf irgend einem Schaffensgebiete kämpfend ausgewirkt haben« (Conrad 1888b, 821).

In der überschaubaren Deutungsgeschichte des *Isar*-Zyklus ist dieser Programmaspekt bislang kaum berücksichtigt worden. Die Forschung hat – wenn auch im Einklang mit den Intentionen Conrads – primär die sozialkritischen Interessen des Autors betont (vgl. Poláček 1955; Poláček 1974), zumal Conrad zu den unversöhnlichsten Kritikern des Kaiserreichs zählte. Allerdings stellt Conrads aggressive Zeitkritik keinen Aussagegehalt dar, der sich von der narrativen Struktur des Textes isolieren ließe. Vielmehr muss sie als Effekt eines Erzählens gelesen werden, das in seinen Häufungen und Wiederholungen, in seinen uferlosen Invektiven, Hyperbeln und manischen Umstellungen der immer gleichen gründerzeitlichen Verworfenheiten narrative Energien sichtbar macht, die sich allmählich verausgaben und die analog zum zitierten Erzählprogramm schließlich »vollkommen zur Ruhe kommen«. Der manische Wiederholungszwang, der sich insbesondere gegen die Charaktermasken der Gründerzeit – den »Schlammbeißer« (Conrad 1894, 258), den »Börsenjobber« (Conrad 1888, 1. Bd., 19) und den »Pressbanditen« (ebd., 268) – richtet, produziert ein Erzählen, das die Textur, d. h. den **Zusammenhang der narrativen Bedeutungserzeugung**, fortwährend zerschreibt. Typographisch kommen diese Symbolisierungsverluste in den zahllosen Doppelstrichen zum Ausdruck, die den Erzähldiskurs immer wieder aussetzen und fragmentieren. Schon Adalbert von Hanstein hatte an Conrads Romanen eine »neue Form« ausgemacht, die die herkömmliche narrative »›Komposition‹« (Hanstein 1900, 92) zerstört.

So wirkt im ersten Band des Zyklus auch nur insofern eine »Treue zum Detail« (Siegel 2004, 208), als das dokumentierte Material – der Text montiert Zurufe, Annoncen, Reklametexte und Zeitungsinserate (vgl. Conrad 1888a, 1. Bd., 122; 150) – gerade kein mimetisches ›Bild‹ der modernen Realität erzeugt. Vielmehr treten die sprachlichen Verfahren selbst hervor, die das sprachliche Material organisieren – Aufzählungen, Hyperbeln, Katachresen, Digressionen, nicht zuletzt Kataloge, die dazu dienen, Sprachzeichen anzuhäufen, ohne sie in den Erzählzusammenhang einzubinden (vgl. Baßler/Brecht/Niefanger/Wunberg 1996, 105 ff.). In diesen Brüchen und Häufungen umkreist Conrads Text eine Poetik, die den naturalistischen Standpunkt der **Referentialität und der Wirklichkeitstransparenz** bereits verlässt; ein Verfahren sprachlicher Selbstbewegung, das immer wieder als Ausgangspunkt der literarischen Moderne namhaft gemacht wurde (vgl. Kiesel 2004, 143 ff.; Kleinschmidt 1992, 18 ff.).

Lässt sich schon für *Was die Isar rauscht* nur mit einiger Mühe ein Handlungskern rekonstruieren – im Mittelpunkt stehen die geschäftlichen Verstrickungen einer Vielzahl von Figuren anlässlich eines groß dimensionierten Bebauungsprojekts am Isarufer –, so gibt das Schlussstück des Zyklus, *Die Beichte des Narren* von 1893, nur mehr Rudimente eines erzählbaren Geschehens zu erkennen. Formal handelt es sich um einen **Ich-Roman**, in dessen Mittelpunkt der verarmte und geistesgestörte »Narr« Alexander von Zwerg steht. Der Text, der auf eine auktoriale Koordination verzichtet und weitgehend als (innere) monologische Figurenrede gestaltet ist, zielt, wie Zwerg betont, auf ein »Inventarium [...] [der] Seele« (Conrad 1894, 69), realisiert dieses autobiographische Erzählprogramm aber immer nur in Bruchstücken. Anders als in den Vorgängerromanen unterstellt der Text den stockenden Erzählprozess dabei ausdrücklich einem **psychopathologischen Diskurs**; Zwerg leidet an einer Aphasie, die ihm nicht nur allmählich die sprachliche Artikulation unmöglich macht, sondern die ihn zugleich jeder Erinnerungsfähigkeit beraubt.

In der sprachlichen Trümmerarbeit des Romans (vgl. ebd., 3, 157) wird daher kein »funktionelles Modell unbewusster Sprachstörung« (Siegel 2004, 230) vorgeführt. Zwar befindet sich Conrad im Einklang mit Einsichten der zeitgenössischen Aphasie-Forschung – zwischen 1874, dem Publikationsjahr der grundlegenden Aphasie-Studie von Karl Wernicke (vgl. Wernicke 1874), und 1907 erscheinen rund 2300 Arbeiten zum Thema (vgl. Goldstein 1910) –, dennoch muss das ausgebreitete Symptomfeld als **poetologische Metapher** verstanden werden. Sprach- und Erinnerungsverluste treten bei Conrad zu einer Art ›historischem Erzählbewusstsein‹ zusammen, das in der rudimentären Wiedergabe eines psychopathologischen Symptomstands zugleich eine Grenze des romanhaften Erzählens erreicht. Insofern wirkt es wie eine ästhetische Notwendigkeit, dass Conrads Romanzyklus keine Fortsetzung gefunden hat.

5. Naturalistische Kurzprosa

5.1 Ästhetische Gegenbegrifflichkeit: Skizze und Studie

In der Kurzprosa hat der Naturalismus nach einhelliger Einschätzung der Forschung seine bleibendsten Resultate erzielt (vgl. Borchmeyer 1985, 153 ff.; Bullivant 1982, 179; Cowen 1994, 92 f.; Fähnders 2010, 43). Tatsächlich besitzen die naturalistischen ›Skizzen‹ und ›Studien‹, die seit etwa 1887/88 entstehen, alle Kennzeichen der literarischen Moderne; eine Eigenschaft, die den naturalistischen Roman nicht in gleicher Weise kennzeichnet. Wenn der Naturalismus daher unmittelbar in die ›reife‹ Moderne nach 1900 weitergewirkt hat, dann auf dem Weg von erzähltechnischen Innovationen, die insbesondere das Feld der Kurzformen bestimmen. Allerdings hat sich diese »Revolution innerhalb der naturalistischen Literatur-›Revolution‹« (Sprengel 1998, 390), die in erster Linie dem ›konsequenten Naturalismus‹ von Arno Holz und Johannes Schlaf zugerechnet wird, nicht voraussetzungslos vollzogen. Vielmehr beruht sie auf einschneidenden Veränderungen in den ökonomischen und institutionellen Grundlagen der literarischen Kommunikation wie auf literaturästhetischen Voraussetzungen, die in den bürgerlichen Realismus zurückreichen.

Zu diesen Voraussetzungen gehört es, dass die naturalistische Kurzprosa auf bereits eingespielte Rezeptionsvorlieben des literarischen Publikums trifft; Lesen ist im ausgehenden 19. Jahrhundert – bei allen Differenzierungen, die insbesondere für die Lyrik (vgl. Häntzschel 1997) zu vermerken sind – wesentlich Lesen von Erzählliteratur. Begünstigt wird diese Dominanz durch die Veränderungen ihrer **kommerziellen Grundlagen**. Zum einen wächst die Zahl der Zeitschriften, die mit kleinformatigen, d. h. an Umfang und Struktur des jeweiligen Periodikums angepassten Erzähltexten das wachsende Unterhaltungsbedürfnis des Lesepublikums bedienen, erheblich, zum anderen erlebt das Kolportagewesen, das Literatur am niedergelassenen Buchhandel vorbei im direkten Hausverkauf vertreibt und seinen trivialen Lesestoffen nach 1870 eine breite städtische Leserschichten erschließt, einen beträchtlichen Aufschwung. 1890 stehen dem Leser 3441 Zeitschriftentitel zur Verfügung – 1858 waren es noch 845 –, wobei die literarischen Blätter zwischen 1887 und 1903 von 41 auf 191 Titel ansteigen (vgl. Fähnders 2010, 53). Das klassische Muster dieser Zeitschriften – die seit 1853 erscheinende *Gartenlaube*, die vor allem Erzähltexte und Fortsetzungsromane bereithält – wird bereits 1875 von nur einem einzigen Kolportagevertrieb an 24.000 Abonnenten ausgeliefert; ähnliche Zahlen lassen sich für andere Familienblätter dieser Art (*Ueber Land und Meer*, seit 1858; *Daheim*, seit 1864) nachweisen (vgl. Wittmann 1982, 140).

Komplementär wird ein beträchtlicher Teil der literarischen Rezeption seit der Jahrhundertmitte von öffentlichen Leihbibliotheken getragen. Schon 1855 beziehen 90 Prozent der Leser ihren Lesestoff, der bis zum Jahrhundertende Autoren wie Gustav Freytag, Felix Dahn, Hermann Sudermann oder Paul Heyse umfasst, aus etwa 2000 Leihbibliotheken (vgl. ebd., 143). Sie wirken als Hauptabnehmer der Prosaproduktion unmittelbar in die literarischen Verhältnisse zurück und verstärken auf diesem Weg den Aufschwung der erzählenden Genres. Nicht zuletzt erklärt sich die Dominanz der Prosaformen aus den veränderten Honorarstrukturen des literarischen Marktes: Standen die Verfasser von Erzählungen und Novellen lange Zeit im Schatten der Romanautoren, so übersteigt das Honorar für einen Zeitschriftenabdruck das einer Buchpublikation nach 1870 beträchtlich, wenn sich die Autoren auch einer starren Reglementierung ihrer Manuskripte ausgesetzt sahen. Schon 1857 hatte Gottfried Keller beklagt: »Ich werde [...] von allen möglichen Feuilletons und dergleichen um novellistische Beiträge angegangen und man bietet mir jedes Honorar an, so daß ich jetzt Geld verdienen könnte, wie Heu« (zit. Goltschnigg 1985, 9 f.). 1889 verkündet Wilhelm Friedrich, der sich als Verleger zahlreicher naturalistischer Romane und der ›realistischen Monatsschrift‹ *Die Gesellschaft* in den 1880er Jahren rasch einen Namen gemacht hatte: »Wer heute Geld verdienen will, muß *verkäufliche* Waare auf Lager haben, aber mit Dramen und Gedichten ist als *unverkäufliche* Waare kein Geld zu machen. [...] In der Prosa liegt die Poesie des Geldes« (zit. Martens 1975, 21).

Letztlich provozierte diese denkbar unpoetische »Poesie des Geldes« die Frage, wie die erzählenden Genres überhaupt eine Lebenswirklichkeit bewältigen können, die dem Erzählen nach dem Eindruck der Zeitgenossen bereits fremd geworden ist. Die Theorie des ›bürgerlichen‹ bzw. ›poetischen‹ Realismus hat das Problem zunächst mit Hinweis auf die welterschließende Kraft des Romans zu beantworten versucht. Seine flexible und episodenreiche Struktur schien in idealer Weise dazu geeignet, der Heterogenität der modernen Lebenswelt ein entsprechend elastisches Formkonzept an die Seite zu stellen. Allerdings lief der Roman auf diesem Weg Gefahr, sich dem Realen auszusetzen, ohne es – wie es die realistische Programmatik forderte – von seiner Kontingenz zu ›reinigen‹ bzw. zu ›läutern‹. Bezeichnenderweise ist es die Novelle gewesen, die diesem drohenden Kohärenzverlust mit dem Argument entgegengesetzt wurde, ihre gegenüber dem Roman konzentriertere Form besitze von sich aus jene –

wie Friedrich Theodor Vischer 1857 formulierte – »straffere Natur« (Vischer 1857, 1318), die der Romanform fehle (vgl. Plumpe 1985, 29 ff.). In diesem Sinne ist noch der gegen die kommerzialisierte Erzählliteratur gerichtete Einspruch Theodor Storms zu verstehen, der der realistischen Novellenpoetik 1881 eine resultative Form gab, indem er ihre Gestalt aus den ›organischen‹ Formprinzipien des Dramas herleitete. »Die heutige Novelle«, so Storm,

> »ist die Schwester des Dramas und die strengste Form der Prosadichtung. Gleich dem Drama behandelt sie die tiefsten Probleme des Menschenlebens; gleich diesem verlangt sie zu ihrer Vollendung einen im Mittelpunkte stehenden Konflikt, von welchem aus das Ganze sich organisiert, und demzufolge die geschlossenste Form und die Ausscheidung alles Unwesentlichen.« (Storm IV, 618 f.)

Bestimmungen dieser Art, die die **Selektivität und Ausschnitthaftigkeit** der Novellenform betonen, haben die Poetik der naturalistischen Kurzprosa erkennbar vorbereitet. Auch für den Naturalismus ist die Ausschnitthaftigkeit des Erzählens verpflichtend, und noch die von Storm bemühte Analogie von Novelle und Drama kehrt in der naturalistischen Kurzprosa auf vermitteltem Wege wieder. Allerdings verfehlt man die Innovationskraft der naturalistischen Novellistik, wollte man sie einseitig aus ihren ›realidealistischen‹ Voraussetzungen herleiten. Dass sich die Poetik der Novelle im Naturalismus einschneidend gewandelt hat, belegt schon die nachdrückliche Kennzeichnung der Texte als ›**Studie**‹ oder ›**Skizze**‹; dies gilt für Conrad (*Französische Charakterköpfe. Studien nach der Natur*, 1881; *Madame Lutetia! Neue Pariser Studien*, 1883), Conradi (*Brutalitäten*, 1886), Mackay (*Schatten. Novellistische Studien*, 1887), Arno Holz und Johannes Schlaf (*Papierne Passion. Eine Berliner Studie*, 1890), Gerhart Hauptmann (*Fasching. Eine Studie*, 1887; *Bahnwärter Thiel. Novellistische Studie*, 1889) und den frühen Rilke (*Am Leben hin. Novellen und Skizzen*, 1898).

Vor dem Hintergrund der überlieferten literaturästhetischen Positionen besitzen Skizze und Studie den Charakter von **Gegenbegriffen**. Drei solcher gegenbegrifflichen Aspekte sind hervorzuheben:

- Gegenüber der Tradition und ihrem individualitätsbasierten Schöpfungsbegriff betonen Studie und Skizze den **Primat der Beobachtung**. Entsprechend nimmt der Autor die Position eines quasi-neutralen, szientifischen Beobachters ein, der ein Objekt beobachtend ›präpariert‹ und daher seinem Text – anders als in den erlebnisbasierten Textvorstellungen der Goethezeit – äußerlich bleibt.
- Gemäß ihrer Begriffsherkunft aus bildender Kunst und Malerei (ital. *schizzo*: Farbfleck, Spritzer) zielt die Skizze auf eine **vorläufige Formgestalt**; insofern bricht sie mit dem Primat der ästhetischen Vollendung.
- Zielte der **Ausschnittscharakter** der realistischen Novelle in der Konsequenz ihrer idealrealistischen Vorgaben auf eine ›läuternde‹ Verdichtung der Geschehensmomente, um diese Ordnungsleistung auch im Realen wieder finden zu können, so isoliert die naturalistische Studie einen Ausschnitt, um die Totalität des fraglichen Objekts zurücktreten zu lassen. Naturalistische Studien beruhen auf der Fiktion, zunächst einen präparierenden Akt zu vollziehen, um das Präparat dann für seine literarische Beschreibung freizugeben.

Die Neigung des naturalistischen Erzählens zu epischen Kurzformen ist in der Forschung einmütig als Korrelat der »wissenschaftlichen Anliegen« (Bullivant 1982,

179) des Naturalismus und seiner positivistischen Hintergrundannahmen (vgl. Möbius 1980, 92 ff.) gewertet worden. Allerdings besitzen diese Tendenzen auch einen legitimatorischen Charakter. Genau besehen nämlich zielt die von vielen Naturalisten propagierte »Verwissenschaftlichung« (Thomé 2000, 19) weniger auf entsprechend szientifische bzw. experimentelle Schreibverfahren. Vielmehr handelt es sich um den Versuch, gewisse Grundelemente der überlieferten Ästhetik – einerseits die Theorie der Gattungen, insbesondere des Romans, andererseits das für den Naturalismus so zentrale Mimesisprinzip – an Axiome der positiven Wissenschaften anzuschließen (vgl. Kolkenbrock-Netz 1981). Zolas Theorie des *roman expérimental* (1879) ist dieser Vermittlung von überlieferter Romantheorie und positivistischer Experimentaltheorie ebenso verpflichtet wie Wilhelm Bölsches Thesen über die »naturwissenschaftlichen Grundlagen der Poesie« von 1887 (s. Kap. IV.2). Entsprechend differenziert wird man die Frage einzuschätzen haben, ob sich mit narrativen Mitteln überhaupt **experimentelle Schreib- und Darstellungsverfahren** haben realisieren lassen. Unstrittig ist allerdings, dass sich die naturalistische Kurzprosa mit Vorliebe devianten Stoffbereichen zugewendet hat – im Gegenzug zu den Tabus, mit denen der bürgerliche Realismus seine Stoffwahl umgeben hatte (vgl. Korte 1989). Hauptmanns frühe Prosaskizzen beispielsweise zeigen sich – wie schon die zeitgenössische Rezeption kritisch hervorgehoben hat (vgl. Marx 1998, 272) – auf weiten Strecken von neuropathischen (*Bahnwärter Thiel*) oder psychopathologischen Phänomenen (*Der Apostel*) fasziniert. In dieser Hinsicht beerbt der deutsche Naturalismus einerseits das Vorbild Zola (*L'assomoir*, 1877), andererseits bewegt er sich durch eine im ausgehenden 19. Jahrhundert dominante **epistemische Struktur**, in der das Kranke gleichermaßen zum Gegenstand von Tabuisierungen und Verboten wird, wie es zum Objekt einer neuartigen wissenschaftlichen Neugier aufrückt, die die Grenzen zwischen dem Normalen und Anormalen allererst bestimmt (vgl. Canguilhem 1974; Link 1997).

5.2 Naturalistische Novellistik: Gerhart Hauptmann, Philipp Langmann, Paul Ernst, Johannes Schlaf

Will man die Spannungen ermessen, die sich der naturalistischen Kurzprosa in der Ablösung von realistischen Erzähltraditionen stellen, liegt der Blick auf **Gerhart Hauptmanns** erstmals 1888 erschienene ›novellistische Studie‹ *Bahnwärter Thiel* nahe. Seit Fritz Martinis wegweisender Untersuchung zur Erzähl- und Symbolstruktur des Textes wird ihm gewöhnlich weltliterarischer Rang attestiert (vgl. Martini 1964; Martini 2001, 55). Tatsächlich besitzt Hauptmanns frühe Erzählung in ihrem Übergangscharakter zwischen Realismus und Naturalismus eine Komplexität, die die naturalistische Prosa nur in wenigen Fällen erreicht hat.

Die bemerkenswerte Qualität des Textes, die ihm eine dauerhafte Präsenz in Schule und Universität gesichert hat, resultiert in der Hauptsache aus der überaus souveränen Bewältigung des **überlieferten Novellenschemas**. Das gesamte, wie von elementaren Kräften vorangetriebene Geschehen um den unfallbedingten Tod des kleinen Tobias – Thiels Sohn aus erster Ehe – und den Rachemord, den Thiel an seiner zweiten Ehefrau Lene begeht, ruht auf einer auffallend dichten Handlungsführung. Sie bewegt sich in »konzentrischen Kreisen« (Borchmeyer 1985, 191) voran, in dem sie auf eine geraffte Vorgeschichte die eigentliche, in sich gestaffelte Novellenhandlung folgen lässt: Am Beginn zeigt der Text seine Hauptfigur in der Monotonie seines familiären und beruflichen Alltags, am Ende – nach der zufälligen Entdeckung des brutalen häuslichen Regiments, das seine zweite Frau Lene führt – als kaltblütigen Mörder, der den fahrlässig herbeigeführten Unfalltod seines Sohnes Tobias an Lene rächt und schließlich in die Irrenabteilung der Berliner Charité eingeliefert wird.

Novellentypisch sind neben der **geschlossenen Form** die ausgeprägten **Höhe- und Wendepunkte** der Erzählung sowie die mehrfachen **Vorausdeutungsmotive**, die den Erzähleingang durchsetzen, darunter kleinere »Unglücksfälle« (BT, 3), wie die Nachlässigkeit einer »alten Frau«, die Tobias, wie der Erzähler zu Beginn betont, »beinahe habe verbrennen lassen« (ebd., 4). Diesen und anderen Gattungscharakteristika hat die Forschung immer wieder Schlagworte der naturalistischen Poetik an die Seite gestellt; Günther Mahals Wort vom »Finde-Zwang naturalistischer Kategorien« (Mahal 1993, 207) ist in diesem Zusammenhang überaus zutreffend. In der Tat sind die bemühten Konzepte und Einflüsse – ›Urdrama‹ (vgl. Martini ^{5}1964, 64f.), Experimentalpoetik (vgl. Mahal 1993, 204), Determinismus (vgl. Krämer 1980, 39; Poppe 1988, 38), Bachofen-Rezeption (vgl. Post 1979) – durch den Text nicht gedeckt (zumal Hauptmanns Rezeption der Schriften Johann Jakob Bachofens oder die Konzeption des ›Urdramas‹ in eine spätere Werkphase gehören).

So ist der Text vielmehr daraufhin zu lesen, wie er seine eigene erzählerische Modernität erprobt. Dass er, wie sich Hauptmann 1937 erinnert, mit *Bahnwärter Thiel* »als Schriftsteller in die Welt getreten« (CA VII, 1044) war, gehört nicht nur zur ausgeprägten Mystifikationsfreude des Autors (vgl. Stöckmann 1999). Die Formulierung trifft darüber hinaus den Umstand, dass *Bahnwärter Thiel* in mehrerlei Hinsicht am Beginn des modernen deutschsprachigen Erzählens steht. Kennzeichnend hierfür sind die im Text wiederholt aufbrechenden Spannungen zwischen der scheinbar objektiv vergegenwärtigten Welt und ihrer Beglaubigung durch den auktorialen Erzähler; insofern durchzieht den Text ein Moment der Verunsicherung, das das moderne Erzählen insgesamt charakterisiert. So präsentiert schon der Erzähleingang, der die auf zehn Jahre bemessene Vorgeschichte in zeitraffender Darstellung rekonstruiert, eine Welt, die auktorial fundiert scheint, tatsächlich aber einen **unzuverlässigen Erzähler** zu Wort kommen lässt (vgl. Martinez/Scheffel 2003, 100ff.). Er kann das Behauptete immer nur durch Bezug auf die »allgemeine Ansicht« der »Leute« (BT, 4, 5) verbürgen. Weite Teile der novellistischen Handlung – Thiels von visionären »Erscheinungen« (ebd., 24) heimgesuchte Nachwache im Wärterhäuschen und das in einem rasenden Selbstverlust erlebte Unglück, das den Tod des Sohns herbeiführt – werden in personaler Perspektive, zum Teil in **erlebter Rede** präsentiert. Auf diesem Weg gehen Innenwelt und ›objektive‹ Außenwelt ineinander über – »Traum und Wirklichkeit verschmolzen ihm in eins« (ebd., 25) – bzw. tritt das Geschehen in das innere Erleben der Hauptfigur zurück. Entsprechend dehnt sich die **Erzählzeit** immer wieder **über die erzählte Zeit hinaus**; so heißt es, dass »kaum fünf Minuten zwischen jetzt [der im Erzählverlauf erreichten erzählten Zeit, I. S.] und der Ankunft des Schnellzuges [lagen]« (ebd., 23).

Ambivalenzen lassen sich auch in der schwankenden Charakterzeichnung der Hauptfigur ausmachen. Einerseits ist sie in das oppositionelle Erzählgefüge des Textes eingelassen – hier die lebensabgewandte, nur in Momenten mystischer Versenkung vergegenwärtigte Minna, dort die animalisch-kraftvolle Lene; hier der schwächliche Tobias, dort das vitale zweite Kind Thiels –, andererseits erscheint sie in sich zerfallen und unstimmig. Die innere Erlebniswelt Thiels, ihre psychische Komplexität, steht in keinem Verhältnis zu ihrer sprachlosen Schlichtheit; zu Recht ist daher vermutet worden, dass »Hauptmanns Bahnwärter« primär »ein Produkt des Erzählerberichts« (Scheuer 1997, 416) ist. Noch ambivalenter ist schließlich die **Symbolbewegung**, die sich über das Geschehen breitet und die die säuberlich getrennten semantischen Sphären – Natur vs. Technik, Organisches vs. Mechanisches – fortwährend ineinander übergehen lässt. So erscheint das Drahtnetz der Telegraphenstangen als »Gewebe einer Riesenspinne« (BT, 19), während der vorbeirasende »Zug« als »riesiges Ungetüm« mit »Glotzaugen« (ebd., 25) imaginiert wird. Dass die triebhafte Körper-Frau Lene, deren »Kraft« sich um Thiel wie ein »Netz von Eisen« (ebd., 17) legt, »mit der Geschwindigkeit und Ausdauer einer Maschine« (ebd., 29) arbeitet, belegt nicht nur den Anteil des Textes an einer zeittypischen Dämonisierung der Frau, in der der männliche Blick Faszination und Überwältigungsangst zusammenführt (vgl. Bogdal 1991, 139 f.), sondern macht auch deutlich, dass sich im Text Naturalisierung und Verdinglichung wechselseitig durchkreuzen. So gerät das Gefüge der sinnerzeugenden Unterscheidungen in eine Unruhe, die die tiefe **Verunsicherung des Erzählens** an den Beginn der Erzählmoderne setzt.

Hauptmanns *Bahnwärter Thiel* ist trotz seiner exponierten Stellung eng mit der übrigen naturalistischen Prosaproduktion verbunden. Dass im Mittelpunkt des Geschehens ein Unfall steht, korrespondiert mit den tiefgreifend veränderten, »industriellen Arbeits- und Verkehrsverhältnissen« (Mülder-Bach 2002, 195), die sich dem Jahrhundertende als ambivalente Erfahrung einprägen. Technische Euphorie und katastrophische Verunsicherung bilden die mentalen Signaturen der Zeit: Im Dezember 1879 erleben die Zeitgenossen, wie die seinerzeit längste Eisenbahnbrücke über den Firth of Tay nahe Dundee einstürzt und einen Zug mit in die Tiefe reißt – ein (auch medial überaus präsentes) Ereignis, das, unter anderem von Theodor Fontane, literarisch mehrfach aufgegriffen wird und damit die traumatische Kehrseite der modernen Zivilisation sichtbar macht.

Insofern ist die Prosaskizze *Ein Unfall* (1891) des österreichischen Naturalisten **Philipp Langmann** (1862–1931) Ausdruck einer zeittypischen Problemlage. Dem entspricht, dass die nur wenige Druckseiten umfassende Erzählung all jene mythischen Deutungstraditionen abstreift, die den Unfall immer wieder als ›Rache‹ an der menschlichen Hybris verarbeitet haben (vgl. Hädecke 1993, 372 f.). Schlüssel zum Verständnis des Textes ist seine Verankerung in einem Diskursfeld, das die industrielle Arbeits- und Verkehrswelt in neuartiger Weise als **soziale Risikosphäre** behandelt. Tatsächlich stößt die wachsende Zahl der Eisenbahn- und Arbeitsunfälle in den 1880er Jahren eine sozialstaatliche Regulierung an, die die moderne Gesellschaft allmählich in eine Versicherungs- und Risikogesellschaft verwandelt (Ewald 1993; Radkau 1998, 339 ff.). Dass in den 1890er Jahren eine neuartige Disziplin wie die Arbeitswissenschaft entsteht (vgl. Mosso 1892; Rabinbach 2001, 161 ff., 211 ff.) und dass die industrielle Erwerbstätigkeit eng mit der Entstehung traumatischer Erkrankungen korrespondiert (vgl. Oppenheim 1892; Fischer-Homberger 1975, 29 ff.), gehört derselben Erfahrung sozialer Modernisierung an, wie die Sozialgesetzgebung Bismarcks, die nach 1870 allmählich die Fundamente des modernen Arbeiter- und Versicherungsschutzes legt (vgl. Wehler 1994, 135 ff.).

So ist Langmanns Skizze *Ein Unfall* nur vordergründig als Kritik an der Inhumanität der kapitalistischen Ausbeutung zu verstehen (vgl. Moulden 2000, 93; Schulz 1973, 29). Die sozialkritische Emphase der Forschung hat auch im Falle Langmanns, der als langjähriger Beamter der Arbeiter-Unfall-Versicherungsgesellschaft in Brünn tätig war (übrigens eine bemerkenswerte Parallele zur Biographie Kafkas), übersehen, dass die Erzählung den Gestus der Sozialanklage gerade zu umgehen versucht. Zwar ist es zutreffend, dass der Text die Solidarität der Arbeiter untereinander sichtbar zu machen versucht – Maxl, ein unerfahrener Neuling, übernimmt die Tätigkeit eines älteren Arbeiters, um diesen vor den Sanktionen der Werksleitung zu schützen –, doch trifft der Unfall zufällig den jungen Maxl, und eben nicht ›den‹ Arbeiter in seiner kollektiven Identität. Zudem ist das Geschehen weitgehend in szenischer Darbietung gestaltet, so dass den Text eine objektiv-dokumentarische Haltung dominiert. Wenn Langmanns Skizze überhaupt eine ›Tendenz‹ besitzt, dann besteht sie in der Disproportion zwischen dem modernen Erzählgegenstand und seiner traditionellen naturalisierenden Darstellung: Ähnlich wie bei Hauptmann erscheint die todbringende Maschine auch bei Langmann als dämonische »Bestie« (PdN, 188) und »tiefes graphitschwarzes Wasser« (ebd., 187) – Beleg weniger für eine kapitalismuskritische Haltung als vielmehr für eine literarische Sprache, die ihren modernen Erzählgegenstand noch mit vergleichsweise konventionellen Bildverfahren zu bewältigen sucht.

Ihre Affinität zur Moderne dokumentiert die naturalistische Prosa zumal dort, wo sie sich des **Großstadt-Themas** annimmt. **Paul Ernsts** (1866–1933) kurze Erzählung »Zum ersten Mal« (1891) kann hierfür als paradigmatisch gelten, weil sie von derselben Ambivalenz zeugt, die auch die naturalistische Lyrik prägt. Auch Ernsts Großstadtbild changiert zwischen Beglückung und Trauma, zwischen lustvoller Verführung und nervlicher Erschöpfung. Erzählt wird von einem jungen Akademiker, der nach Berlin übersiedelt und rasch in den Bann der großstädtischen Sensationen gerät; sie treiben ihn am Ende in die Arme einer Prostituierten. Wie in den entsprechenden Romanen Kretzers (s. Kap. 2.1) ist der Gang der Ereignisse als Weg eines Beobachters gestaltet, der dem Elend der Stadt in einer Mischung aus Faszination und Abscheu folgt; »das Herz schlug ihm stark«, heißt es, »Zugleich ekelte ihm vor dem Weibe« (Ernst 1973, 173). Allerdings drängt sich der Eindruck auf, dass das handelnde Subjekt nicht eigentlich die erzählte Figur, sondern die Stadt selbst ist. Sie ist es, deren zeittypische nervöse Gestimmtheit den Neuling geradezu in einen Wahrnehmungstaumel versetzt – »Er verlor die Fähigkeit, die einzelnen Geräusche auseinanderzuhalten« (ebd., 172) –, und sie ist es, die sich in ihren »Ausdünstungen« (ebd., 178) der Menschen bemächtigt, in dem sie sie mit den dekadenten Energien buchstäblich infiziert; ein vielfach genutztes naturalistisches Motiv, das aus der frühen **Massenpsychologie** (s. Kap. III.1.2) vertraut ist und die Großstadt in einen Ort infektiöser Ansteckungen und ›Übertragungen‹ verwandelt.

Nur zwei Jahre nach den Skizzen Langmanns und Ernsts erscheint **Johannes Schlafs** (1862–1941) ›prosalyrische‹ Erzählung *Frühling* (1893). Schon auf den ersten Blick lässt sich die Naturidylle, die der Text entfaltet, kaum mehr als naturalistisch klassifizieren, und doch dokumentiert er gerade die Aufnahmebereitschaft des Naturalismus für Entwicklungen, die über ihn hinausführen, ohne den Kontakt mit ihm vollständig aufzugeben. Sichtbar ist diese Kontinuität schon an den publikationsgeschichtlichen Konstellationen: 1892 erscheinen nicht nur die Erzählexperimente, die Holz und Schlaf in ihrer ›konsequent‹ naturalistischen Gemeinschaftspublikation *Neue Gleise* versammeln (s. Kap. IV.3), sondern auch die erste der bis 1933 in loser Folge publizierten *Dingsda*-Skizzen, in denen der Milieurealismus bereits überwunden ist und in denen Schlaf eine weltanschauliche Neuorientierung vollzieht. Sie führt, wie Dieter Kafitz gezeigt hat (vgl. Kafitz 1992, 83 ff., 101 ff.), vom ›konsequenten

Naturalismus‹ der 1880er und -90er Jahre in einen **Monismus**, der die Darwinsche Entwicklungslehre zu einer hymnischen Mythologie der Allnatur ausfabuliert. Tatsächlich glaubte Schlaf am Jahrhundertende, zu einer, wie der Monist Ernst Haeckel formulierte, »einheitlichen Auffassung der Gesamtnatur« gelangt zu sein, nach der »die ganze erkennbare Welt nach einem Grundgesetze besteht und sich entwickelt« (Haeckel 1924, 408; vgl. Stöckmann 2005).

Kennzeichnend für Schlafs monistische Prosa ist die vollständige **Zurückdrängung des novellistischen Moments**. An die Stelle eines erzählbaren Geschehens tritt in Schlafs *Frühling* eine topische Situation: Fast immer sinkt das Ich auf eine Wiese oder lagert unter Bäumen, um sich der umgebenden Natur aufzuschließen und schließlich mit ihren Gestalten, Formen, Farben und Lauten eins zu werden. Erzählen ist hier eine synästhetische Kunst des momenthaften Eindrucks, der reinen Impression geworden; Arthur Moeller-Bruck hat zutreffend von einem »impressionistischen Naturalismus« (Moeller-Bruck 1900, 9) gesprochen, wenn die Formulierung auch den Anteil verdeckt, den die Darstellungstechniken des ›konsequenten Naturalismus‹ an diesem »impressionistischen Naturalismus« besitzen (s. Kap. 5.3). Letztlich zielt Schlafs monistisches Erzählen auf eine **Entindividuation**, in deren Verlauf sich das Ich zunächst einer ›liebenden‹ Berührung mit der Natur aussetzt, um sich dann imaginär in immer andere Gestalten und Identitäten ›hineinzuwandeln‹. Auf diesem Weg kann sich das Ich nacheinander als Greis, als Kind, als Käfer, als Vogel und als Pflanze erleben – Momente einer Metamorphose, die den Entstehungsprozess des Lebens und seinen großen Allzusammenhang imaginär nachvollzieht:

> »Mit jedem Pulsschlag, mit jedem Beben meines Körpers, mit jeder Bewegung liebkose ich die weit und luftig gebreitete Welt. Und mich liebkosen die Käfer, die Blumen und Bäume mit Summen und Blüten und Laub, mit Farben und Düften und hundert sanften Berührungen. [...] Hier lieg ich nun unter meinem Weißdorn, spiele und wandle mich nach Herzenslust.« (Schlaf 1913, 4)

5.3 Mimesis oder Symbolizität? Der ›konsequente Naturalismus‹: Arno Holz und Johannes Schlaf

Als Schlafs *Frühling* 1894 erstmals erschien und einen für die Selbstverständigung der frühen Moderne aufschlussreichen Meinungsgegensatz zwischen Richard Dehmel und Frank Wedekind provozierte (vgl. Kafitz 1992, 107; Rasch 1981, 35 f.), lag seine Zusammenarbeit mit Arno Holz bereits zwei Jahre zurück (s. Kap. IV.3). Unterdessen hatte sich das Verhältnis zwischen den beiden ›Erfindern‹ des ›**konsequenten Naturalismus**‹ in einem Maße zugespitzt, dass an eine Verständigung zwischen ihnen nicht mehr zu denken war; bis 1906 beschränkte sie sich auf die Streitfrage, welcher der beiden Autoren die entscheidenden Impulse für die gemeinsamen Publikationen gegeben habe. Schlaf, das sensiblere Gemüt der beiden, hat sich unter der Last dieses öffentlich ausgetragenen Konflikts, der zunehmend denunziatorische Züge gewann, bis 1898 mehrfach in Nervenheilanstalten aufgehalten; erst 1906 fand die Auseinandersetzung mit Schlafs letzter Streitschrift, der mit Blick auf Holz' Vorwurf, Schlaf sei geistesgestört, ein entlastendes medizinisches Gutachten beigefügt war (vgl. Schlaf 1906, 4 f.), ein Ende.

Der Konflikt, der in der Vergangenheit weitläufig kommentiert worden ist (vgl. Brands 1978, 232 ff.; Sander 1922, 30 ff.; Scheuer 1971, 122 ff), besitzt nur dort literaturgeschichtliche Relevanz, wo er Aufschluss über die Arbeitsweise der beiden Autoren gibt. Sie vermag Differenzierungen sichtbar zu machen, die das kanonisierte Bild des ›konsequenten Naturalismus‹ nicht grundsätzlich in Frage stellen, aber doch in manchen Aspekten bereichern – so bereichern, dass die in dieser Phase (1887–1892) entstandenen Texte nicht, wie es üblicherweise geschieht, als bloße Applikationen der ihr vorgängigen ›Theorie‹ behandelt werden müssen. Tatsächlich verdankt sich die Emphase, mit der der ›konsequente Naturalismus‹ als Inbegriff einer modernen Ästhetik literaturgeschichtlich kanonisiert wurde, dem Umstand, dass die an anderen naturalistischen Autoren schmerzlich beklagte Inkongruenz zwischen Programmatik und Text nicht greift. Vielmehr scheinen die entsprechenden Prosatexte – *Papa Hamlet*, *Krumme Windgasse 20*, *Die kleine Emmi*, *Ein Abschied*, *Der erste Schultag*, *Ein Tod*, *Die papierne Passion* und das ›Drama in drei Aufzügen‹ *Die Familie Selicke* – unmittelbar ihren positivistischen Hintergrundannahmen zu entsprechen. Bezeichnenderweise ist der ›konsequente Naturalismus‹ zu Beginn der 1980er Jahre als Exempel einer »positivistischen Kunsttheorie« gelesen worden (vgl. Möbius 1980, 16 ff.) – mit der unhaltbaren Konsequenz, den Naturalismus vollständig im ›konsequenten Naturalismus‹ aufgehen zu lassen (vgl. Möbius 1982, 7).

Vereinfachungen dieser Art stützen sich in aller Regel auf Holz' 1891 erschienene Schrift *Die Kunst. Ihr Wesen und ihre Gesetze*. Der Text markiert die **Grundpositionen einer positivistischen Ästhetik** vor allem in zwei Hinsichten (s. Kap. III.2.2; IV.3): Zum einen im Blick auf die an John Stuart Mills *System der deductiven und inductiven Logik* (dt. 1877) abgelesene »durchgängige Gesetzmäßigkeit« (Holz X, 63) aller Phänomene – »Es ist ein Gesetz, daß jedes Ding ein Gesetz hat« (ebd., 64) –, zum anderen im Blick auf deren prinzipielle Äquivalenz; ein Gedanke, den Hippolyte Taines *Histoire de la littérature anglaise* 1863 vorbereitet hatte und der sich an zentraler Stelle bei Holz (vgl. ebd. 74 ff.) wie auch bei Conrad Alberti findet (vgl. Alberti 1890, 319). In dieser methodischen Ausrichtung liegt es beschlossen, dass der ›konsequente Naturalismus‹ Stofffragen gegenüber Verfahrensfragen kaum Bedeutung zumisst; »dass der Naturalismus eine Methode ist, eine *Darstellungsart* und nicht etwa ›Stoffwahl‹« (Holz X, 271), hat Holz immer wieder betont. Prominent ist daher die Schilderung, die Heinrich Hart noch 1907 über das von Adalbert von Hanstein **Sekundenstil** genannte Verfahren (vgl. Hanstein 1900, 157) gegeben hat. »Die alte Kunst«, so Hart mit Blick auf Holz,

> »hat von dem fallenden Blatt weiter nichts zu melden gewußt, als daß es im Wirbel sich drehend zu Boden sinkt. Die neue Kunst schildert diesen Vorgang von Sekunde zu Sekunde; sie schildert, wie das Blatt jetzt auf dieser Seite vom Licht beglänzt, rötlich aufleuchtet, auf der anderen Seite schattengrau erscheint, in der nächsten Sekunde ist die Sache umgekehrt; sie schildert, wie das Blatt erst senkrecht fällt, dann zur Seite getrieben wird [...]. [...] Eine Kette von einzelnen, ausgeführten, minuziösen Zustandsschilderungen, geschildert in einer Prosasprache, die [...] in treuer Widergabe jeden Lauts, jeden Hauchs, jeder Pause – das war es, worauf die neue Technik abzielte«. (Hart III, 68)

Die überaus enge Verbindung von theoretisch fundierten Aufzeichnungsverfahren und konkreten Erzählpraktiken – der ›Sekundenstil‹ ist ja nichts anderes als der Versuch, Bewegungsabläufe nach dem Muster der Momentfotografie zu segmentieren – lässt sich mit größter Prägnanz an der 1889 fertig gestellten Prosaskizze *Papa Hamlet* nachweisen – bis heute der prominenteste Text der *Neuen Gleise*. Schon die zahllosen Auslassungen, Interjektionen und gehäuften Interpunktionen, die den Text einer Art Lautpartitur annähern, machen deutlich, dass an die Stelle eines auktorialen Erzählzusammenhangs ein Pointillismus tritt, der das erzählte Geschehen – im Kern handelt es sich um ein von dem erfolgsverwöhnten Shakespeare-Darsteller Niels Thienwiebel veranstaltetes Atelierfest und eine Kindstötung – in vereinzelte Wahrnehmungs- und Sprachzuständlichkeiten auflöst. Als Sekundenstil bzw. ›**photo-phonographische Methode**‹ (vgl. Schanze 1983, 465) hält um 1890 damit Einzug in die Ästhetikgeschichte, was – vielfach als Äquivalent der medien- und aufzeichnungstechnischen Innovationen der Zeit gewertet (Phonograph 1877; Tachyskop 1886/7; vgl. Faulstich 2006, 92 f.; 101 f.; s. Kap. IV.3) – erstmals den naturalistischen Anspruch auf unbedingte mimetische »Detailtreue« (Siegel 2004, 195 ff.) realisiert und entsprechende Darstellungstechniken begründet:

- eine **quasi-fotografische Beschreibungspräzision**, mit der Konsequenz, dass sich die Beschreibungen gegenüber dem Erzählen verselbständigen und die beschriebene Dingwelt eine eigene Realität gewinnt (vgl. Frels 1979, 117),
- eine **quasi-phonographische Aufzeichnungspräzision** gegenüber der Geräusch- und Sprachumwelt (bspw. fallende Regentropfen, Knistern eines Dochts, Knarren eines Holzschranks), mit der Folge, dass Sprachäußerungen primär in ihrer dialektalen, psycho- bzw. soziolektalen und artikulatorischen ›Materialität‹ erscheinen,
- eine Tendenz zur Überdehnung der Erzählzeit bzw. zur **Deckung von erzählter und Erzählzeit**, um »Authentizitätseffekte« (Siegel 2004, 233 ff.) zu erzeugen, die die Differenz von Erzählakt und erzählter Welt minimieren,
- die Tilgung des wertenden und koordinierenden Erzählers zugunsten von ›**figursprachlichen**‹ **Erzähltechniken** wie personaler Erzählsituation, erlebter Rede und (literaturgeschichtlich *vor* Arthur Schnitzlers hierfür einschlägiger Novelle *Leutnant Gustl*) innerem Monolog,
- die Tendenz zur **Annäherung narrativer und dramatischer Gattungskennzeichen**; so gewinnen die Prosatexte nicht nur szenisch-dramatische Züge, auch die dramatischen Texte unterliegen insofern einer komplementären Episierung, als ihre umfänglichen Regieanweisungen nicht nur minutiös Redetempo, Stimmmodulation, Gestik, Mimik und dialektale Färbung festlegen, sondern auch einen eigenen Bedeutungshorizont ausbilden (Ausstattungsdetails wie Fotografien, Büsten, Bücher, Kleidung etc.).

Wenn diese Darstellungstechniken in der Vergangenheit einhellig als Naturalismustypische »Ansprüche auf mimetische Genauigkeit« (Fähnders 2010, 45) und damit als »Synonym für den Konsequenten Naturalismus« (Kafitz 1992, 57) insgesamt gewertet worden sind, so handelt es sich hierbei um eine unzulässige Vereinfachung. Sie ist aus den Bemühungen, der unübersichtlichen Situation der frühen Moderne mit ›starken‹ Zäsuren zu begegnen, verständlich, spaltet das historische Feld aber in einen Gegensatz von mimetisch-naturalistischen und antimimetisch-ästhetizistischen Tendenzen, die es in dieser Ausschließlichkeit nicht gegeben hat und die den ›konsequenten Naturalismus‹ auf mindestens zweifache Weise verfehlen:

    1. Entstehungsgeschichtlich resultiert der ›konsequente Naturalismus‹ aus einer **Sprach- und weniger aus einer Nachahmungsproblematik**. Holz hatte die Entwicklung der naturalistischen Darstellungstechniken mit einem Argument begründet, das

die Literaturgeschichtsschreibung gewöhnlich mit den Autoren der Wiener Moderne (Hugo von Hofmannsthal, Karl Kraus) verbindet: »Bei jedem Satz, den ich niederschrieb, gähnten um mich Abgründe, jede Wendung [...] schien mir ein Ungeheuer, jedes Wort hatte die Niedertracht, in hundert Bedeutungen zu schillern, jede Silbe gab mir Probleme auf« (Holz X, 341). Formulierungen dieser Art unterscheiden sich kaum von jenem Zweifel an der Referenzfunktion der Sprache, den Hofmannsthals »Chandos«-Brief 1902 zur Signatur der Epoche erklärt hatte und der als **Sprachskepsis** bzw. Sprachkrise in die Literaturgeschichte der Moderne Eingang gefunden hat (vgl. Göttsche 1987; Härter 1989; Helmstetter 2003); dass Holz heute keinen Anteil an dieser sprachskeptischen Moderne mehr besitzt, hängt allein mit den unterschiedlichen Kanonisierungserfolgen von Naturalismus und Wiener Moderne zusammen. Für Holz geht es jedenfalls darum, der konnotativen Dynamik der Sprache – dem Schillern der »hundert Bedeutungen« (Holz X, 341) – eine Begrenzung von Verweisungsüberschüssen entgegenzustellen; zu allererst diese Möglichkeit, der Polysemie des sprachlichen Materials Herr zu werden, begründet das Verfahren, signifizierende (bedeutungsgebende) und signfikative (bedeutende) Momente so eng miteinander zu verkoppeln, dass symbolische Bedeutungsüberschüsse abgewiesen werden können.

2. Die enge Verknüpfung von mimetischer Detailtreue und Sprachproblematik zeigt sich auch in produktionsästhetischer Hinsicht. In der Rückschau hat Schlaf nicht nur die eigenen Experimentalanordnungen – berühmt sind die im Vorfeld von *Papa Hamlet* durchgeführten Versuche, künstlich nächtliche Lichteffekte zu erzeugen und der literarischen Darstellung zu Grunde zu legen (vgl. Holz X, 252f.) – als »Nebensache« und bloß »spielerische Bemühung« (zit. Kafitz 1992, 14) relativiert. Vor allem hat er die Alternative von naturalistischer Mimesis und ästhetizistischer Wort-Kunst dahingehend entkräftet, dass es Holz auch noch um 1890 »unmöglich war«, »über einen Satz hinaus[zu]kommen [...], bevor er nicht farbenfunkelnd, klingend, tönend und womöglich duftend vor ihm stand« (Holz X, 343). Nicht zuletzt dokumentiert die Entstehungsgeschichte von *Papa Hamlet*, dass die Textkonstitution keineswegs in den mimetischen Stoffanteilen aufgeht. Sie benötigen vielmehr eine sprachliche Verdichtung, die das im Text präsentierte ›Reale‹ als eigensinnigen sprachlichen Realitätseffekt kenntlich macht. So ist der endgültigen Fassung des *Papa Hamlet* (1889) eine Prosavorlage von Johannes Schlaf (*Ein Dachstubenidyll*) vorausgegangen, die bereits alle Handlungselemente des späteren Textes enthielt, aber noch einer konventionellen Erzähldramaturgie folgte. Insofern hat man es mit einer zweiteiligen Textkonstitution zu tun: Auf einen konventionellen fiktionalen Entwurf folgt eine sprachlich-textuelle Stilisierung, die den ›konsequenten Naturalismus‹ nach festen Darstellungstechniken (s.o.), d.h. in einer Art geregelter Transkription realisiert. Im Ergebnis ist die mimetische Detailtreue nicht im Gegensatz zu »eigengesetzlichen sprachlichen Gestaltungsproblemen« (Strohschneider-Kohrs 1967, 47) zu denken; ›objektive‹ Gegenstandstreue und eigengesetzliche symbolische Bedeutungsüberschüsse sind im ›konsequenten Naturalismus‹ vielmehr aneinander vermittelt. Wie sehr die vermeintlich ›objektiv bedeutende‹ naturalistische Mimesis in eine (vorausliegende) Erfahrung literarischer Sprache eingeschlossen ist, belegt die ausgeprägte Zitatpraxis des *Papa Hamlet* – Holz und Schlaf haben in ihn etwa 60 Shakespeare-Zitate eingearbeitet (vgl. Kurisaki 1982; Sprengel 1984, 27) –, die Bedeutung nicht mimetisch, sondern durch intertextuelle Bezüglichkeiten und spezifische Montagetechniken herstellt (Sprengel 1984, 40ff.).

Damit bewegt sich der gesamte ›konsequente Naturalismus‹ durch ein **Spannungsfeld von Mimesis und Symbolizität,** von bedeutungszentrierender Realitätstreue und konnotativer Sprachbewegung. An keinem anderen Text des ›konsequenten Naturalismus‹ lässt sich dieses Doppelmoment, das in der Forschung punktuell vermerkt wurde (vgl. Martini 1964b, 114f.; Siegel 2004, 195ff.; sehr differenziert bei Strohschneider-Kohrs 1967), so deutlich beobachten, wie an der 1890 in der *Freien Bühne* publizierten »Berliner Studie« *Die papierne Passion*. Gegenüber *Papa Hamlet* hat sich das Erzählverfahren nochmals radikalisiert, zumal der Erzählerkommentar nun vollständig getilgt bzw. auf eine Art ›epischer Regieanweisung‹ reduziert ist. Die epische Koordination, also die Frage, was im Handlungsschauplatz einer Berliner Küche, dem Erzähl-›Vordergrund‹, was dagegen im Erzähl-›Hintergrund‹ eines Hinterhofes geschieht und was in dieser ›Polyphonie‹ lauthafter und optischer Impressionen (auch Gerüche werden vergegenwärtigt) als epischer Kommentar zu gelten hat, wird stattdessen von unterschiedlichen Drucktypen geleistet: Die wörtliche Rede der Figuren erscheint in großer Type, das verdeckte Geschehen im Hof dagegen in kleiner Type, die darin erfolgende wörtliche Rede, die rudimentär in die Küche dringt, in kursivkleiner Type. Die Regieanweisungen stehen in kleiner Type und leisten – anders als im *Papa Hamlet* – eine minimale Koordination der Redebeiträge.

Damit nähert der Text narrative und dramatische Gestaltungscharakteristika bis zur Ununterscheidbarkeit an; allenfalls seine Charakterisierung als »Studie« verbindet ihn mit der Novellentradition. Es ist kein Zufall, dass sich die Anthologien, die den Text in den 1960er und 70er Jahren wieder abgedruckt haben, in der Gattungszuordnung uneins sind (als Drama erscheint der Text bei Killy 1967, als Prosastück in der hier zitierten Ausgabe von PdN). Analog zur Technik des **erzählerlosen Erzählens** weist der Text kein Geschehen im traditionellen Sinne auf. Was sich ereignet, kommt der Neigung des ›konsequenten Naturalismus‹ zur Situationierung des Geschehens nach; entsprechend fehlt die für das traditionelle Erzählen typische Phasenbildung durch Raffung oder Dehnung, so dass die etwa halbstündige Lesezeit mit der Zeit des Geschehens zur Deckung gelangt (vgl. Mahal 1996, 210). Im Mittelpunkt der Handlung stehen die Gespräche in der Küche von »Mutter Abendroth'n« (PdN, 97), die sich laut Regieanweisung »um die Weihnachtszeit« (ebd.) zutragen und um Alltäglichkeiten – die Mietschulden der Untermieter, die Boshaftigkeiten des Adoptivkindes oder die Zubereitung von Kartoffelpuffern – ranken. Einen gewissen Ereignischarakter besitzt ein aus dem Hinterhof hinaufschallender Ehe-»Radau« (ebd., 118), in dessen Verlauf es zu Handgreiflichkeiten kommt, sowie der Umstand, dass der »olle Kopelke« (ebd., 108) aus herumliegenden »Papierschnitzeln« (ebd., 117) die titelgebende »papierne Passion« (ebd., 119) legt, ohne dass sich der Sinn dieses »hibschen Kunststickchens« (ebd., 121), das schließlich »ein scharfer Windstoß […] zusammenwirbelt« (ebd., 119), erschlösse. Ebenso beliebig, wie das Geschehen begonnen hat, endet es.

Wenn Günter Mahal in Übereinstimmung mit weiten Teilen der Forschung konstatiert hat, dass der Text »symbolische Verweisungszusammenhänge« wie »eine ›außerhalb‹ liegende Bedeutung« (Mahal 1996, 210) abweist, dann entspricht das lediglich einem Strukturmoment des Textes. Tatsächlich geht der Sinn der *Papiernen Passion* einerseits in der Wiedergabe der gewählten Milieurealität auf. Erzähleingang und Erzählende sind derart niederschwellig gestaltet, dass der Text nicht eigentlich mehr aus seiner sozialen Lautumwelt aufragt. In dieser Hinsicht ist eine mimetische Gegenstandstreue erreicht, die den Text das Reale als Grenzwert seiner Darstellung imaginär überschreiten lässt. Wenn Holz 1896 formuliert, dass er »aus dem Theater allmählich das ›Theater‹ zu drängen« (Holz X, 214) gedenke, dann ist damit diese **Transgressionsbewegung** der literarischen Zeichen in Richtung auf das Reale erfasst.

Andererseits wird diese Realitätstreue der *Papiernen Passion* von einer Symbolizität überschritten, die sich durch ein **Geflecht semantisch-symbolischer Korrespondenzen und Anspielungen** erschließen lässt. Hierzu zählt das vordergründig bedeutungslose Papierspiel, das bei näherem Zusehen als Verdopplung der realen Elends-Passion gelesen werden kann, in einem weiteren christologischen Sinn aber den religiösen Passionsgedanken reproduziert. Dabei fungiert das Fensterkreuz zugleich als Schwelle und als Grenze: als Schwelle, weil es den teichoskopischen Blick auf die reale ›Passion‹ im Hinterhof ermöglicht, als Grenze, weil es auf das symbolisch-kunsthafte Papierarrangement der Kreuzigungsgruppe im Interieur verweist. Darüber hinaus korrespondiert der im Zentrum stehende Küchenherd als mythisch-vorindustrielles Bild »familiärer Reproduktion« (Schneider 1999, 246) mit dem industriell-großstädtischen Szenario, das die gesamte Situation umgibt. Nicht zuletzt spielen zahlreiche szenische Details auf den Gedanken der nationalen Einigung an; so sieht die Regieanweisung ein Bildnis der ›romantischen‹ Königin Luise vor, während Kopelke in der Gewandung eines Vormärz-Liberalen auftritt; die Szene selbst spielt in der unmittelbaren Gegenwart des Kaiserreichs. Ob in der ›papiernen Passion‹, d. h. im Schneiden und Zusammenlegen des »Kunststickchens« (PdN, 121), gar ein »Textsymbol« (Schneider 1999, 249) zu sehen ist, in dem der ›konsequente Naturalismus‹ seine Schreibverfahren reflektiert, bleibt einer genaueren Prüfung überlassen.

Interpretationsansätze dieser Art, die sich dem komplexen Zusammenhang von mimetischem Realitätsbezug und Symbolizität stellen, eröffnen in jedem Fall instruktivere Perspektiven, als es die fortwährende Rückbindung des ›konsequenten Naturalismus‹ an ein planes Nachahmungsverständnis vermag. Wie die weitere Entwicklung insbesondere des Autors Holz zeigt, hat sich die vielfach bestrittene sprachreferentielle Dimension des Naturalismus insofern als wirkungsmächtig erwiesen, als Holz' lebenslange literarische Obsession – der 1898 begonnene Gedichtzyklus *Phantasus* – in Holz' Todesjahr 1929 auf ein Wortuniversum von 1584 Seiten angewachsen war. An der modernen Problematik des Worts hat Holz insofern Anteil, als er der dichterischen Sprache eine überlebensgroße Lust der **sprachlichen Fülle und der Benennung**, eine »Evokation des Wortes« wie »eine des Sinns« (Scheuer 1994, 58; vgl. Schulz 1974a, 177 ff.) zurückgegeben hat.

VIII. Nachwirkungen: Überwindung des Naturalismus?

Um 1890 häufen sich die Anzeichen dafür, dass der Naturalismus seine führende Rolle im Prozess der literarischen Moderne verliert und allmählich aus ihr ausscheidet. Zudem wächst die Kritik, die sich am Naturalismus aus einer Vielzahl programmatischer Lager heraus entzündet, wenn es auch in Teilen ausgerechnet ehemalige Weggefährten des Naturalismus sind, die nun neue – etwa sozialaristokratische (Bruno Wille), individualanarchistische (John Henry Mackay) oder kosmologisch-mystische (Johannes Schlaf) – Programmpositionen beziehen. Ihnen allen ist gemeinsam, dass sie gegenüber den sozialen und kollektiven Komponenten des Naturalismus erneut die **Ansprüche des Individuums** zur Geltung bringen – sei es, dass sie unter dem Eindruck Nietzsches und Max Stirners elitär-aristokratische Rollenmodelle kultivieren, sei es, dass sie das Individuum, wie dies Johannes Schlaf in einer Durchdringung von privatmythologischen und entwicklungsteleologischen Momenten betreibt (vgl. Kafitz 1992), zum Austragungsort evolutionärer und kosmologischer Spekulationen erklären. In einer gewissen Nähe zu Schlaf bewegen sich ehemalige Naturalisten wie Wilhelm Bölsche oder Bruno Wille, die die Universalität einer ›beseelten‹ Allnatur entdecken und damit den Anschluss an den breiten Strom **monistischer Weltanschauungen** finden (vgl. Gebhard 1984; Fick 1993; Stöckmann 2005). Andere wiederum beziehen – wie etwa Paul Ernst – angesichts des gescheiterten Bündnisses zwischen Naturalismus und Arbeiterschaft und in einer entschiedenen Kehrtwendung gegen das soziale Element der Literatur **neuklassische Positionen**, die sich an der Weimarer Klassik und an Hebbel orientieren (vgl. Wöhrmann 1979; Thomé 2002). Und wieder andere suchen ihr Heil in der Konzentration auf die Aura einer alle Positionen und Parteilichkeiten transzendierenden, geradezu ekstatischen Sprachlichkeit – so vor allem Arno Holz, dessen Lyrikzyklus *Phantasus* bis zu Holz' Todesjahr 1929 zu einer überlebensgroßen Phantasmagorie lyrischer Sprache auswächst (s. Kap. V.3.5).

Freilich gibt es noch andere Hinweise auf ein allmähliches Veralten des Naturalismus. Um und nach 1900 erscheint eine Reihe zum Teil literarisch überformter Erinnerungen, mit denen die ehemaligen Akteure des Naturalismus ihre eigenen Anfänge einem breiten Lesepublikum zugänglich machen. So publiziert Michael Georg Conrad unter dem Titel *Von Emile Zola bis Gerhart Hauptmann* 1902 *Erinnerungen zur Geschichte der Moderne*, ebenfalls 1902 publiziert Johannes Schlaf in einer mehrteiligen Artikelserie *Persönliche Erinnerungen* an *Die Anfänge der neuen deutschen Literaturbewegung*, 1907 folgen die *Literarischen Erinnerungen* Heinrich Harts, zwischen 1929 und 1935 schließlich erscheint in loser Folge Gerhart Hauptmanns umfängliche Autobiographie *Das Abenteuer meiner Jugend*. Ein eigenes Genre bilden die zahlreichen persönlichen Erinnerungen, die für das Verhältnis einzelner Naturalisten aufschlussreich sind; so hat Karl Bleibtreu noch zum Jahreswechsel 1927/28 eine *Persönliche Erinnerung* an Michael Georg Conrad publiziert (vgl. Bleibtreu 1927/28).

Auch wenn die genannten Texte primär unter anekdotischen Gesichtspunkten von Interesse sind und dadurch auch ihre Leserschaft gefunden haben werden, markieren sie doch eine eigentümliche Kehrtwende des Naturalismus. Offenbar, das wäre aus der Konjunktur solcher Memorabilien zu schließen, gibt es einen strukturell zu nennenden Zusammenhang zwischen den Traditions- und Geschichtstilgungen, die der Naturalismus Anfang der 1880er Jahre vollzogen hatte (s. Kap. I.3), und ihrem späteren Eingang in eine selbstgeschaffene Erinnerungskultur, die nun wieder alles erinnern und aufbewahren will. Fast scheint es, als habe den Naturalismus um und nach 1900 eine späte Rache des Geschichtlichen heimgesucht.

Die gewichtigsten Argumente für ein Ende des Naturalismus aber liefern um 1890 nicht die Naturalisten selbst. In diesem dezidierten Sinne urteilen vielmehr andere – vor allem **Hermann Bahr** (*Zur Überwindung des Naturalismus*, 1890) und **Samuel Lublinski** (*Die Bilanz der Moderne*, 1904), dezenter und um literaturgeschichtliche Objektivität bemüht **Hans Landsberg** (*Die moderne Litteratur*, 1904) und – vor allem – **Adalbert von Hanstein**, der im symbolträchtigen Jahr 1900 eine erste (im Übrigen mit Porträtfotos der Autoren versehene) Chronik der naturalistischen Moderne vorlegte (*Das jüngste Deutschland. Zwei Jahrzehnte miterlebter Litteraturgeschichte*).

Die suggestivsten Formulierungen und Argumente innerhalb dieses Feldes aber stammen aus der Feder Hermann Bahrs (1863–1934). Seine Thesen zur »Überwindung des Naturalismus« – »Die Herrschaft des Naturalismus ist vorüber« (Bahr 1968, 85), heißt es 1891 im Titelessay apodiktisch – haben der späteren Literaturgeschichtsschreibung ein Phasenmodell an die Hand gegeben, nach der der Naturalismus innerhalb der literarischen Moderne zunächst die Führungsposition besetzt, alsbald aber hinter den erreichten Stand zurückfällt und in dieser Selbsthistorisierung einer ›eigentlichen‹ Moderne Raum schafft. Mit der »Kritik am Naturalismus«, heißt es in diesem Sinne in einer neueren Publikation zur literarischen Moderne, »nimmt die künstlerische Moderne einen anderen und beschleunigten Fortgang« (Kiesel 2004, 30; vgl. auch Köster 1990; Fähnders 2010, 86 ff.; Sprengel 1998, 113).

Bahrs polemischer Blick auf den Naturalismus ist zunächst nicht ohne das spezifische **Autormodell** verständlich, das Bahr repräsentiert. Bahr, gebürtiger Österreicher, hat seine intellektuelle und ästhetische Prägung ab 1888 in Paris erhalten, was seine weitläufige Kenntnis der nach 1890 jeweils aktuellen europäischen Literaturtendenzen erklärt. Zwar hat Bahr bis zu seinem Tod etwa 40 Dramen und rund 10 Romane hinterlassen, seine eigentliche Leistung aber besteht darin, überaus hellsichtig literarische Trends erkannt, gesamteuropäisch vermittelt und programmatisch zugespitzt zu haben. Mit Bahr kommt insofern ein neuartiger Autortypus in die literarische Welt, als er nicht eigentlich originäre Texte schafft, sondern sich vielmehr bis zur Selbstaufgabe in literarische Trends einfühlt und sie solange protegiert, bis sie bereits wieder veralten (vgl. Daviau 2001; Wunberg 2001a). In Bahrs 1923 erschienenem *Selbstbildnis* heißt es dazu überaus treffend:

> »Ich habe fast jede geistige Mode dieser Zeit mitgemacht, aber vorher, nämlich als sie noch nicht Mode war. Wenn sie dann Mode wurde, nicht mehr. [...] Ich konnte mit Goethe sagen: Wenn die Leute glauben, ich wäre noch in Weimar, dann bin ich schon in Erfurt!« (Bahr 1923, 2)

Über die Moderne hatte Bahr entsprechend verlauten lassen: »Jedes Neue ist besser, schon weil es jünger ist, als das Alte. Nur nichts Beharrendes, nur keine Dauer, nur kein Gleichbleiben! [...] Umsturz ohne Unterlaß« (zit. NAT, 185).

Formulierungen dieser Art machen deutlich, dass Bahrs Naturalismus-Kritik paradoxerweise nicht auf den Naturalismus beschränkt bleibt. Vielmehr ist sie Teil einer

Evolutionslogik, die einzelne ästhetische Positionen und ›Ismen‹ insofern übergreift, als sie die Moderne als eine zutiefst **transitorische Bewegung** versteht. Bewegt wird diese Moderne von einem Modernismus, der sich nie an etwas beruhigt und fortwährend auf die Überwindung der gefundenen Positionen drängt: eine potenzierte Innovation, die den Stillstand nicht kennt und jede Moderne zum Absprung in eine weitere Moderne nutzt. Der Gedanke ist deswegen wichtig, weil sich Bahrs Proklamation, der Naturalismus sei in das Stadium seiner Überwindung eingetreten, damit unter der Hand relativiert: Nicht nur ist diese Überwindung lediglich eine von vielen innerhalb einer Serie von immer neuen Überwindungsbewegungen; auch die nach-naturalistische Moderne kann sich dieser Dynamik fortwährender Revisionen nicht entziehen. Bahr hat dieser atemlosen Innovationslogik insofern Rechnung getragen, als er mit Blick auf den jungen Hugo von Hofmannsthal 1892 vom Beginn einer »zweiten Periode der Moderne« (ebd., 163), mit Blick auf die Neuorientierungen im Gefolge des Naturalismus gar von einer »dritten Phase der Moderne« (ebd., 88) sprach.

Die eigentliche Pointe Bahrs aber besteht in der Frage, welche Moderne an die Stelle der naturalistischen Moderne tritt. Das Zauberwort, auf das diese nach-naturalistische Moderne hört, ist: **Nerven**. Hatte der Naturalismus seine Energien bislang auf die Beschreibung der äußeren, empirischen Realität gerichtet – auf die »états de choses, der Sachenstände«, wie Bahr mit dem französischen Zola-Gegner Paul Bourget sagt –, so zielt der Nach-Naturalismus nun auf die »états d'âmes«, auf die »Seelenstände« (ebd., 49):

> »Die Herrschaft des Naturalismus ist vorüber, seine Rolle ist ausgespielt, sein Zauber ist gebrochen. In den breiten Massen der Unverständigen [...] mag noch von ihm die Rede sein. Aber die Vorhut der Bildung, die Wissenden, die Eroberer der neuen Werte wenden sich ab. Neue Schulen erscheinen, welche von den alten Schlagworten nichts mehr wissen wollen. Sie wollen weg vom Naturalismus und über den Naturalismus hinaus. [...] Ich glaube also, daß der Naturalismus überwunden werden wird durch eine nervöse Romantik; noch lieber möchte ich sagen: durch eine Mystik der Nerven. Dann freilich wäre der Naturalismus [...] geradezu die Entbindung der Moderne: Denn bloß in dieser dreißigjährigen Reibung der Seele am Wirklichen konnte der Virtuose im Nervösen werden.« (ebd., 85 bzw. 87)

Das Zitat belegt, dass der Naturalismus auf gewisse Weise in der nach-naturalistischen ›Romantik der Nerven‹ fortlebt. Im Kern verwandelt Bahr die am Realen und seiner Mimesis gewonnene Aufzeichnungspräzision der naturalistischen Textverfahren in eine Registratur dynamischer nervöser Regungen. Insofern handelt es sich eigentlich nur um eine Wendung der Vektorrichtung: Was ehemals auf die Aufzeichnung der äußeren Gegenstandswelt gerichtet war, wendet sich nun in das Innere, um die flüchtige Dynamik nervöser Sensationen und impressionistischer Wahrnehmungsgehalte aufzuzeichnen. Darin reproduziert Bahr zumal Einsichten, die er der dynamischen bzw. ›**impressionistischen**‹ **Empfindungslehre** des österreichischen Physikers **Ernst Mach** (1838–1916) entnommen hatte (unter dem Titel *Das unrettbare Ich* hat Bahr dem bewunderten Mach 1904 einen Essay gewidmet; vgl. ebd., 183 ff.).

Freilich wäre es verfehlt, diese neuartige »Mystik der Nerven« als ein Paradigma der Innerlichkeit gegen den Außenbezug der naturalistischen Aufzeichnungsästhetik zu wenden; vielmehr sind hier dieselben (quasi-empirischen) Verfahren am Werk, nur dass sich der Gegenstand dieser Aufzeichnungsverfahren verändert hat. In der Konsequenz führt das zu jener impressionistischen Nervenkunst, wie sie etwa Arthur

Schnitzlers Erzählungen *Leutnant Gustl* (1900) oder *Fräulein Else* (1924) mitsamt den Verfeinerungen im Bereich des personalen Erzählens und des inneren Monologs kennzeichnet, und faktisch sind Entwicklungen dieser Art zu einem gewissen Teil Fortschreibungen der figursprachlichen und a-diegetischen Techniken, wie sie der ›konsequente Naturalismus‹ ausgebildet hatte (s. Kap. VII.5.3).

Weniger prominent, wenngleich in der Argumentation weitreichender ist die Auseinandersetzung, die der Literaturkritiker und frühe Literatursoziologe **Samuel Lublinski** (1868–1910) – Lublinski gilt mit einigem Recht als Begründer der Literatursoziologie (vgl. Wunberg 1974) – mit dem Naturalismus geführt hat. Lublinskis 1904 erschienene *Bilanz der Moderne*, der 1909 noch die Schrift *Ausgang der Moderne* folgte, stützt seine Naturalismus-Kritik auf zwei komplementäre Gedanken: Zum einen habe der Naturalismus in einer für ihn selbst undurchschauten Weise eine mythologische Tendenz besessen (gemeint war in erster Linie die mythologisierende Darwin-Rezeption des Naturalismus; vgl. Lublinski 1904/1974), zum anderen habe er – wie in einer Art kategorialer Verwechslung; Lublinski spricht von »Mißverständnissen« (ebd., 14) – statt der Wirklichkeit immer nur deren partikulare »Symbole« (ebd.) erfasst. Beide Beobachtungen zielen erkennbar darauf, die »Mißgeburt« (ebd., 13) des Naturalismus eines verkappten Irrationalismus zu überführen und damit dessen behauptete Modernität energisch zu bestreiten.

Zu den gewichtigsten Auseinandersetzungen mit dem Naturalismus sind schließlich **Georg Simmels** posthum erschienene, im Kern auf die Jahre 1913/14 zurückreichende Überlegungen unter dem Titel *Zum Problem des Naturalismus* zu zählen (vgl. Simmel GA 20, 220 ff.), die im Kontext von Simmels **lebensphilosophischem Spätwerk** stehen. Simmels Position besteht darin, den Naturalismus – anders als Bahr und Lublinski – gerade nicht von den fortschreitenden Abstraktionsprozessen der ästhetischen Moderne abzutrennen. Vielmehr zielt sie darauf, den Naturalismus – analog zur lebensphilosophischen Differenz von Leben und Form (vgl. Ebrecht 1992, 9 ff.; Jung 1991, 150 ff.; Schnädelbach 1999, 172 ff.) – in einen **oszillierenden Prozess von Gestaltgebung und Gestaltverlust,** von Formung und Entformung einzuspannen und das naturalistische Werk insofern zwischen zwei elementaren Impulsen – den vitalen, aber ungeformten »Zeugungskräften« einerseits, den »sich selbsttragenden Formen« (Simmel GA 20, 234) des Werks andererseits – in der Schwebe zu halten. Allerdings ist diese für die Nachgeschichte des Naturalismus ebenso aufschlussreiche wie ungewöhnliche Konstruktion bislang nicht systematisch erschlossen (die entsprechenden Nachlasstexte sind seit 2004 in der Simmel-Gesamtausgabe greifbar; vgl. Stöckmann 2007a).

All das zusammengenommen, stellt die Gemengelage der Jahre um und nach 1890 eine erhebliche Herausforderung für literaturgeschichtliche Modellbildungen dar (vgl. zu den terminologischen Schwierigkeiten Fähnders 2010, 9 ff.). Tatsächlich erscheinen ja unbeeindruckt von den Überwindungsproklamationen Bahrs und anderer auch *nach* 1890 weiterhin Werke, die in einem strikten Sinne als naturalistisch gelten müssen und die ganz wesentlich die historische Identität der Epoche bestimmt haben; dies gilt – um nur Gerhart Hauptmann zum Maßstab zu nehmen – für Stücke wie *Die Weber* (1891), *Rose Bernd* (1903) und *Die Ratten* (1911), allesamt nachgerade Musterfälle der naturalistischen Dramatik. Offenkundig ist die literaturgeschichtliche Situation der Zeit zwischen 1890 und 1900, blickt man auf die Breite des synchronen Feldes, nicht angemessen von binären Phasenkonstruktionen nach dem Muster von ›Aufbruch‹ und ›Überwindung‹ her zu erfassen. Nicht zuletzt treten neben *diese* Ungleichzeitigkeit noch zwei weitere: Nicht nur ist das Jahrzehnt bis etwa 1900 auch die Zeit der großen **realistischen Spätwerke** – Fontane und Conrad Ferdinand Meyer leben bis 1898, Wilhelm Raabe lebt bis 1910, Paul Heyse, soweit man ihn dazu rechnen möchte, gar bis 1914; dieselbe Phase ist zugleich die Inkubationszeit der symbolistischen bzw. **ästhetizistischen Programme** in Deutschland (Stefan George) und Österreich (Hugo von Hofmannsthal; vgl. zum Gesamtkomplex Bürger/Bürger 1979; Simonis 2000).

Schließlich tritt noch ein kulturgeographischer Gesichtspunkt hinzu, bedenkt man, dass das weitere Schicksal der literarischen Moderne einer Proklamationsbewegung verpflichtet ist, die von der Berliner (mit Einschränkungen auch Münchner) Moderne zur **Wiener Moderne** führt (vgl. DWM; Le Rider 1990; Lorenz 2010). In das ›junge Wien‹ findet der Naturalismus bezeichnenderweise keinen Eingang mehr, es sei denn als Kontrastfolie – was auch deutlich macht, dass Bahrs Überwindungsproklamationen kein Ausdruck einer objektiven historischen Situation, sondern dem literatur*politischen* Interesse geschuldet sind, eine ›eigene‹ bzw. autochthone Wiener Moderne zu begründen. Wie so oft ist die vermeintlich objektive Benennung von historischen Prozessen – Stichwort: Tod des Naturalismus – im historischen Prozess selbst lediglich ein diskurshegemonialer Effekt: Um 1890 geht es nicht zuletzt um die Frage, wer, von wo aus, eine definitorische **Hegemonie über die literarische Moderne** zu behaupten in der Lage ist und ob der Ort, von dem aus derartiges behauptet werden kann, Berlin, München oder Wien ist (vgl. Sprengel/Streim 1998).

Auch aus diesem Grund empfiehlt sich eine gewisse Zurückhaltung gegenüber dem vertrauten Erklärungsmuster, nach der die Moderne mit der wachsenden Kritik am Naturalismus in eine evolutionär beschleunigte, d. h. ›reife‹, ›emphatische‹ oder ›klassische‹ Phase eingetreten sei. So suggestiv Bahrs Rede von der Überwindung des Naturalismus auch ist, als Schema der Literaturgeschichtsschreibung ist sie schon aus methodologischen Gründen untauglich, weil ein historisches Schlagwort, d. h. ein Element der Objektsprache, nicht kurzerhand in eine metasprachliche Beschreibung Eingang finden kann. Insofern lässt sich vielmehr behaupten, dass sich der weitere Modernisierungsprozess der Moderne nach 1890 gerade **in Kontinuität mit dem Naturalismus** vollzieht – zumindest für eine gewisse Zeit. Literaturgeschichtlich gesehen, erweist sich das (auch qualitativ) überaus heterogene Erscheinungsbild des Naturalismus so bereits als Symptom einer über sich hinausreichenden Bewusstseinslage, jedenfalls als Anknüpfungspunkt für Entwicklungen, die den gewählten naturalistischen Programmstandpunkt allmählich transformieren und auf weiterreichende Perspektiven hin öffnen. Tatsächlich ist die Heterogenität der naturalistischen Texte als das zu nehmen, was sie ihrer inneren Logik nach sind: Konstituenten eines historischen Feldes, in dem vorläufige, sich gewissermaßen in Bewegung befindende Figurationen für ästhetische Modernität ausgebildet werden. Darin bildet der Naturalismus eine Art ›Reservoir‹ für Modernität, in dem **horizontbildende Vorleistungen** für den weiteren Modernisierungsprozess aufgehoben sind. Drei solcher horizontbildenden Komponenten, die die nach-naturalistische Moderne in sich aufgenommen hat, seien abschließend skizziert:

1. Überaus folgenreich ist die **naturalistische Modernerhetorik** der Jahre nach um und 1886 gewesen (s. Kap. I.3). Folgenreich war sie, weil sie die Identität der Moderne aus den älteren, am Muster der *Querelle des Anciens et des Modernes* gewonnenen Gegenbegrifflichkeiten gelöst und sie nur mehr aus sich selbst heraus begründet hat.

In dieser Geste einer Selbsteinsetzung, die sich von der Tradition aggressiv abkoppelte, hat der Naturalismus geradezu eine *lingua franca*, eine Art modernistische Universalsprache des 20. Jahrhunderts erfunden. Keine Moderne danach wird mehr – wie schon die Moderne des ›jungen Wien‹ zeigt – ohne dieses naturalistische Sprachspiel auskommen.

2. Horizontbildend ist der Naturalismus auch in seinen lebensreformerischen, gruppensoziologischen und aktivistischen Komponenten gewesen. Sie weisen bereits auf jene Begründungsfiguren und Affektmuster voraus, mit denen die historischen Avantgardebewegungen zwischen 1909 und 1934 die Grenzen der ästhetischen Autonomie zugunsten von Programmen verlassen, die Kunst und Lebenspraxis im Sinne kulturrevolutionärer, d. h. in aller Regel politisch übercodierter Diskursstrategien reintegrieren (vgl. Plumpe 1995, 177 ff.). Man kann solche **proto-avantgardistischen Züge** an drei Gesichtspunkten festmachen: gruppensoziologisch an den die vielfältigen, in Programmatik und Sozialpraxis so dynamischen Gemeinschaftsformen des Naturalismus, mit denen er – Stichwort ›Neue Gemeinschaft‹ – eine Selbstüberschreitung in Richtung auf alternative und kulturtransformierende Sozialstrategien betrieben hat (s. Kap. I.4); diskursgeschichtlich an den *Kritischen Waffengängen* der Brüder Hart und anderen programmatischen Stellungnahmen aus der Frühphase des Naturalismus, die bereits das begriffliche und symbolische Material (Vorhut vs. Haupttheer, alt vs. jung, Freund vs. Feind) der späteren Avantgardebewegungen vorprägen (s. Kap. II.1; V.3.2); affektrhetorisch an den aktivistischen und dezisionistischen Handlungs- und Rollenmustern (Tat, Entscheidung, Opfer), um die insbesondere das naturalistische Geschichtsdrama und ein bestimmter Strang des naturalistischen Einakters kreist (s. Kap. VI.2.2; VI.2.3.2).

3. Zahlreiche naturalistische Erzähltexte brechen bereits mit dem naturalistischen Programm der detailtreuen epischen Illusion, indem dessen referentielle Ansprüche immer wieder von Momenten der **Entreferentialisierung** außer Kraft gesetzt werden – sei es, dass eine Rhetorik der Häufungen, Aufzählungen, Digressionen und Kataloge den Blick auf die dargestellte Realität verstellt (Michael Georg Conrad), sei es, dass der hohe Anteil an Beschreibungen die beschriebene Realität semiotisch geradezu überwuchert (Zola, Bölsche) oder sei es, dass sich die Signifikanten des Textes – wie im ›konsequenten Naturalismus‹ sichtbar – gegenüber der Realität zu verselbständigen und aus ihrer angestammten Repräsentationsfunktion zu lösen beginnen. Soweit sich die literarische Moderne nach 1900 aus dem Gegensatz zu einer Ästhetik der mimetischen Repräsentation versteht und an ihre Stelle a-mimetische Texturen setzt (vgl. Graevenitz 1999a; Kleinschmidt 1992; Piechotta 1994), greift sie strukturell auf die entsprechenden Entwicklungen im Naturalismus zurück.

IX. Anhang

1. Bibliographie

Die Bibliographie erfasst alle Titel, aus denen im Text zitiert oder auf die verwiesen wurde. Um die Erschließung der Sekundärliteratur zu erleichtern, werden neben Monographien auch Einzeltitel aus Aufsatzsammlungen und Literaturgeschichten aufgeführt. Die Titelaufnahme erfolgt grundsätzlich alphabetisch, bei mehreren Titeln eines Autors nach deren Erscheinungsdatum und unter fettgedrucktem Nachweis in Klammern.

1.1 Quellen (Textsammlungen, Anthologien, Einzel- und Werkausgaben)

Siglen

BM	Die Berliner Moderne 1885–1914. Hrsg. v. Jürgen Schutte u. Peter Sprengel Stuttgart 1987.
BT	Hauptmann, Gerhart: Bahnwärter Thiel. Novellistische Studie [1888]. Stuttgart 2001.
CA (I–XI)	Hauptmann, Gerhart: Sämtliche Werke [Centenar-Ausgabe]. Hrsg. v. Hans-Egon Hass, fortgeführt von Martin Machatzke. 11 Bde. Frankfurt/M., Berlin 1962–1974. [Bd.1–3: Dramen; Bd. 4: Lyrik und Versepik; Bd. 5: Romane; Bd. 6: Erzählungen; Bd. 7: Autobiographisches; Bd. 8: Nachgelassene Werke; Bd. 9–11: Nachgelassene Werke, Fragmente].
DCh	Deutsche Chansons (Brettl-Lieder). Hrsg. v. Otto Julius Bierbaum. Berlin, Leipzig 1901.
DlM	Die literarische Moderne. Dokumente zum Selbstverständnis der Literatur um die Jahrhundertwende. Hrsg. v. Gotthart Wunberg. 2. Aufl. Freiburg/Br. 1998.
DWM	Die Wiener Moderne. Literatur, Kunst und Musik zwischen 1890 und 1910. Hrsg. v. Gotthart Wunberg unter Mitarb. von Johannes J. Braakenburg. Stuttgart 1994.
E	Sudermann, Hermann: Die Ehre. Schauspiel in vier Akten [1889]. Nachwort v. Bernd Witte. Stuttgart 1997.
EdN	Einakter des Naturalismus. Hrsg. v. Wolfgang Rothe. Stuttgart 1973.
FG	Hauptmann, Gerhart: Florian Geyer. Die Tragödie des Bauernkrieges [1896]. Nachwort v. Fritz Martini. Stuttgart 1994.
FrJ	Strindberg, August: Fräulein Julie. Naturalistisches Trauerspiel [1889]. Mit Strindbergs Vorwort zur Erstausg. Nachwort v. Ruprecht Volz. Stuttgart 2003.
FS	Holz, Arno/Schlaf, Johannes: Die Familie Selicke. Drama in 3 Aufzügen [1890]. Mit einem Nachwort v. Fritz Martini. Stuttgart 2000.
G	Ibsen, Henrik: Gespenster. Ein Familiendrama in drei Akten. Stuttgart 2007.
HblkV	Handbuch literarisch-kultureller Vereine, Gruppen und Bünde 1825–1933. Hrsg. v. Wulf Wülfing, Karin Bruhns u. Rolf Parr. Stuttgart, Weimar 1998.
IdB	Ibsen auf der deutschen Bühne. Texte zur Rezeption. Hrsg. v. Wilhelm Friese. Tübingen 1976
JHW	Jahrhundertwende. Manifeste und Dokumente zur deutschen Literatur 1890–1910. Hrsg. v. Ernst Ruprecht u. Dieter Bänsch. Stuttgart 1981.
KW	Hart, Heinrich/Hart, Julius: Kritische Waffengänge [1882–1884]. Reprint. Mit einer Einführung von Mark Boulby. New York, London 1969.
LMN	Literarische Manifeste des Naturalismus 1880–1892. Hrsg. v. Erich Ruprecht. Stuttgart 1962.
MD	Moderne Dichter-Charaktere. Mit Einleitungen von Hermann Conradi u. Karl Henckell. Hrsg. v. Wilhelm Arent. Berlin 1885.

NAT	Naturalismus. Manifeste und Dokumente zur deutschen Literatur 1880–1900. Hrsg. v. Manfred Brauneck u. Christine Müller. Stuttgart 1987.
ND	Rothe, Norbert: Naturalismus-Debatte 1891–1896. Dokumente zur Literaturtheorie und Literaturkritik der revolutionären deutschen Sozialdemokratie. Berlin 1986.
LdN	Lyrik des Naturalismus. Hrsg. v. Jürgen Schutte. Stuttgart 1982.
LuG	Literatur und Gesellschaft. Dokumentation zur Sozialgeschichte der Literatur seit der Jahrhundertwende. Hrsg. v. Beate Pinkerneil, Dietrich Pinkerneil u. Viktor Žmegač. Frankfurt/M. 1973.
MEW (1–43)	Marx, Karl/Engels, Friedrich: Werke. 43 Bde. Berlin/Ost 1956–1990.
PdN	Prosa des Naturalismus. Hrsg. v. Gerhard Schulz. Stuttgart 1973.
RLiD	Russische Literatur in Deutschland. Texte zur Rezeption von den achtziger Jahren bis zur Jahrhundertwende. Mit einer Einführung und einer weiterführenden Bibliographie. Hrsg. v. Sigfrid Hoefert. Tübingen 1974.
Str	Halbe, Max: Der Strom. Drama [1903]. Stuttgart 1981.
TdN	Theorie des Naturalismus. Hrsg. v. Theo Meyer. Stuttgart 1984.

Werke

Alberti, Conrad: Karl Frenzel und der Realismus. In: Die Gesellschaft. Monatsschrift für Litteratur und Kunst 4 (1888), S. 1032–1042. (**Alberti 1888a**)

–: Wer ist der Stärkere? Ein sozialer Roman aus dem modernen Berlin. 2 Bde. Leipzig 1888 [Der Kampf ums Dasein 1]. (**Alberti 1888b**)

–: Der tote Kaiser. Zum 16. Juni. In: Die Gesellschaft. Monatsschrift für Litteratur und Kunst 3 (Juni 1889), S. 763–767. (**Alberti 1889a**)

–: Die Alten und die Jungen. Sozialer Roman. 2 Bde. Leipzig 1889 [Der Kampf ums Dasein 2]. (**Alberti 1889b**)

–: Natur und Kunst. Beiträge zur Untersuchung ihres gegenseitigen Verhältnisses. Leipzig 1890. (**Alberti 1890**)

–: Mode. Roman. Leipzig 1893 [Der Kampf ums Dasein 4]. (**Alberti 1893a**)

–: Schröter&Co. Roman. Leipzig 1893 [Der Kampf ums Dasein 5]. (**Alberti 1893b**)

Auerbach, Felix: Die Weltherrin und ihr Schatten. Ein Vortrag über Energie und Entropie. Jena 1903. (**Auerbach 1903**)

Bahr, Hermann: Selbstbildnis. Berlin 1923. (**Bahr 1923**)

–: Zur Überwindung des Naturalismus. Theoretische Schriften 1887–1904. Ausgew., eingel. u. erläut. von Gotthart Wunberg. Stuttgart u. a. 1968. (**Bahr 1968**)

Baudelaire, Charles: Die Maler des modernen Lebens [1863]. In: Ders.: Sämtliche Werke/Briefe in acht Bänden. Hrsg. v. Friedhelm Kemp u. Claude Pichois in Zusammenarb. mit Wolfgang Drost. Bd. 5: Aufsätze zur Literatur und Kunst 1857–1860. München, Wien 1989, S. 213–258. (**Baudelaire 1989**)

Benjamin, Walter: Gesammelte Schriften. Hrsg. v. Rolf Tiedemann u. Hermann Schweppenhäuser unter Mitw. von Theodor W. Adorno und Gershom Scholem. Bd. I.2: Abhandlungen. Frankfurt/M. 1991. (**Benjamin I.2**)

Binswanger, Otto: Die Hysterie. Wien 1904. (**Binswanger 1904**)

Bleibtreu, Karl: Revolution der Literatur [1886]. Mit erläuternden Anmerkungen und einem Nachwort. Hrsg. v. Johannes J. Braakenburg. Tübingen 1973. (**Bleibtreu 1973**)

–: Der Dämon. Tragödie in fünf Akten [1887]. In: Ders.: Vaterland. Drei Dramen. Leipzig 1887, S. 143–294. (**Bleibtreu 1887**)

–: Schicksal. Schauspiel in fünf Akten. Leipzig 1888. (**Bleibtreu 1888**)

–: Die Propaganda der That. Sozialer Roman. Leipzig 1890. (**Bleibtreu 1890**)

–: Persönliche Erinnerung an M. G. Conrad. In: Der Türmer (1927/28). Bd. 1, S. 393–395. (**Bleibtreu 1927/28**)

Blos, Wilhelm: Der soziale Roman. Eine kritische Plauderei. In: Die Neue Zeit. Revue des geistigen und öffentlichen Lebens 4 (1886), S. 422–428. (**Blos 1886**)

Bölsche, Wilhelm: Die Poesie der Großstadt. In: Das Magazin für Litteratur 59 (1890). Nr. 40 (4. Oktober 1890), S. 622–625. (**Bölsche 1890**)

–: Hinter der Weltstadt. Friedrichshagener Gedanken zur ästhetischen Kultur. Mit Buchschmuck von John Jack Vriesländer. Leipzig 1901. (**Bölsche 1901**)

–: Die Mittagsgöttin. Ein Roman aus dem Geisteskampfe der Gegenwart. 2 Bde. 2. Aufl. Leipzig 1902. (**Bölsche 1902**)
–: Die naturwissenschaftlichen Grundlagen der Poesie. Prolegomena einer realistischen Ästhetik [1887]. Mit zeitgenössischen Rezensionen und einer Bibliographie der Schriften Wilhelm Bölsches. Hrsg. v. Johannes J. Braakenburg. München, Tübingen 1976. (**Bölsche 1976**)
–: Berlin nach der Windrose [1891]. In: Der Berliner zweifelt immer. Seine Stadt in Feuilletons von Damals. Hrsg. von Heinz Knobloch. Berlin 1977, S. 232 f. (**Bölsche 1977**)
Brecht, Bertolt: Gesammelte Werke, Bd. 19: Schriften zu Literatur und Kunst 2. Frankfurt a. M. 1967. (**Brecht XIX**)
[Brentano, Clemens:] Das unsterbliche Leben. Unbekannte Briefe von Clemens Brentano. Hrsg. v. Wilhelm Schellberg u. Friedrich Fuchs. Jena 1939. (**Brentano 1939**)
Carrière, Moriz: Aesthetik: Die Idee des Schönen und ihre Verwirklichung im Leben und in der Kunst. 2. Aufl. Leipzig 1884. (**Carrière 1884**)
Chapiro, Joseph: Gespräche mit Gerhart Hauptmann [1932]. Neuedition u. Nachwort v. H. D. Tschörtner. Frankfurt/M., Berlin 1996. (**Chapiro 1996**)
Clausius, Rudolf: Über verschiedene für die Anwendung bequeme Formen der Hauptgleichungen der mechanischen Wärmetheorie. In: Annalen der Physik 125 (1865), S. 353–400. (**Clausius 1865**)
–: Über den zweiten Hauptsatz der mechanischen Wärmetheorie. Ein Vortrag, gehalten in der allgemeinen Sitzung der 41. Versammlung deutscher Naturforscher und Aerzte zu Frankfurt a. M. am 23. September 1867. Braunschweig 1867. (**Clausius 1867**)
Conrad, Michael Georg: Parisiana. Plaudereien über die neueste Literatur und Kunst der Franzosen. Mit einem Portrait Émile Zola's. Breslau, Leipzig 1880. (**Conrad 1880**)
–: Was die Isar rauscht. Münchner Roman. 2 Bde. Leipzig 1888. (**Conrad 1888a**)
–: Vom Werktisch. Fragmente eines Briefwechsels. In: Die Gesellschaft. Monatsschrift für Litteratur und Kunst 2 (1888), S. 819–822. (**Conrad 1888b**)
–: Die Beichte des Narren. Roman. Leipzig 1894. (**Conrad 1894**)
Conradi, Hermann: Adam Mensch. Roman [1889]. Nachdr. Karben 1997. (**Conradi 1997**)
–: Gesammelte Schriften. Hrsg. v. Gustav Werner Peters. 3 Bde. München 1911. (**Conradi 1911, I–III**)
Darwin, Charles: Über die Entstehung der Arten durch natürliche Zuchtwahl oder die Erhaltung der begünstigten Rassen im Kampfe um's Dasein. In: Ch. Darwin's gesammelte Werke. Autorisierte deutsche Ausgabe. Bd. 2: Über die Entstehung der Arten. 8. Aufl. Stuttgart 1899. (**Darwin 1899**)
Ernst, Paul: Acht Einakter. Aus dem Nachlass. Hrsg. v. Karl August Kutzbach. Emsdetten 1977. (**Ernst 1977**)
Fontane, Theodor: Theaterkritiken. Bd. 4: 1884–1894. Hrsg. v. Siegmar Gerndt. Mit einem Nachwort v. Karl Richter. München 1979. (**Fontane IV**)
Fritsche, Paul: Die moderne Lyriker-Revolution. Frankfurt a. d. O. 1885/86. (**Fritsche 1885/86**)
Goldstein, Kurt: Über Aphasie. In: Beihefte zur Medizinischen Klinik 1 (1910), S. 1–32. (**Goldstein 1910**)
Grottewitz, Kurt: Der Impressionismus in Deutschland. In: Das Magazin für die Litteratur des In- und Auslandes 59 (1889). Heft 41, S. 641–644. (**Grottewitz 1889**)
–: Eine Siegernatur. Moderner Roman. Berlin 1892. (**Grottewitz 1892**)
Gutzkow, Karl Ferdinand: Schriften. Ausg. in 2 Bdn. und einem Kommentarbd. Hrsg. v. Adrian Hummel. Frankfurt/M. 1998. (**Gutzkow 1998**)
Haeckel, Ernst: Der Monismus als Band zwischen Religion und Wissenschaft [1892]. In: Ders.: Gemeinverständliche Werke. Hrsg. v. Heinrich Schmidt-Jena. 5. Bd.: Vorträge und Abhandlungen. Leipzig 1924, S. 407–444. (**Haeckel 1924**)
Halbe, Max: Intimes Theater. In: Pan1 (1895). Heft 2, S. 106–109. (**Halbe 1895**)
–: Scholle und Schicksal. Geschichte meines Lebens. München 1933. (**Halbe 1933**)
–: Jahrhundertwende. Geschichte meines Lebens 1893–1914. Danzig 1935. (**Halbe 1935**)
Hanstein, Adalbert von: Das jüngste Deutschland. Zwei Jahrzehnte miterlebter Literaturgeschichte. Leipzig 1900. (**Hanstein 1900**)
Hart, Heinrich: Neue Welt. Literarischer Essay. In: Deutsche Monatsblätter. Centralorgan für das literarische Leben der Gegenwart. Bd. 1 (April-September 1878), S. 14–23. (**Hart 1878**)
–: Hermann Sudermann: »Die Ehre« (29.11.1889). In: Ders.: Gesammelte Werke. Hrsg. v. Julius Hart. Bd. 4: Ausgewählte Aufsätze, Reisebilder, Vom Theater. Berlin 1907, S. 294. (**Hart IV**)
–: Literarische Erinnerungen. In: Ders.: Gesammelte Werke. Hrsg. v. Julius Hart. Bd. 3: Literarische Erinnerungen, Ausgewählte Aufsätze. Berlin 1907, S. 3–96. (**Hart III**)

Hart, Julius: Zukunftsland. Im Kampf um eine neue Weltanschauung. Bd. 2: Die neue Welterkenntnis, Leipzig 1902. (**Hart 1902**)

Hauptmann, Gerhart: Die Kunst des Dramas. Über Schauspiel und Theater. Zusammengestellt von Martin Machatzke. Berlin, Frankfurt/M., Wien 1963. (**Hauptmann 1963**)

–: Notiz-Kalender 1889–1891. Hrsg. v. Martin Machatzke. Frankfurt/M., Berlin, Wien 1982. (**Hauptmann 1982**)

Hegel, Georg Wilhelm Friedrich: Werke. Auf der Grundlage der Werke von 1832–1845 neu edierte Ausgabe. Bd. 13: Vorlesungen über die Ästhetik I. Frankfurt/M. 1970. (**Hegel XIII**)

–: Werke. Auf der Grundlage der Werke von 1832–1845 neu edierte Ausgabe. Bd. 15: Vorlesungen über die Ästhetik III. Frankfurt/M. 1970. (**Hegel XV**)

Hellpach, Willy: Die geistigen Epidemien. Frankfurt/M. 1906. (**Hellpach 1906**)

Helmholtz, Hermann von: Über die Erhaltung der Kraft. Eine physikalische Abhandlung, vorgetragen in der Sitzung der physikalischen Gesellschaft zu Berlin am 23. Juli 1847. In: Ders.: Über die Erhaltung der Kraft. Über Wirbelbewegungen [u. a.]. Ostwalds Klassiker der exakten Wissenschaften. Reprint der Bde. 1, 79 und 80. Thun, Frankfurt/M. 1996, S. 3–60. (**Helmholtz 1996**)

Hirschfeld, Georg: Zu Hause. Schauspiel in einem Akt [1893]. In: Einakter des Naturalismus. Hrsg. v. Wolfgang Rothe. Stuttgart 1973, S. 45–82. (**Hirschfeld 1973**)

Hollaender, Felix: Sturmwind im Westen [1896]. In: Ders.: Drei Romane. Sturmwind im Westen, Salomons Schwiegertochter, Die Briefe des Fräulein Brandt. Rostock o. J., S. 1–216. (**Hollaender 1896**)

Holz, Arno: Das Werk von Arno Holz. Bd. X: Die neue Wortkunst. Eine Zusammenfassung ihrer ersten grundlegenden Dokumente, Berlin 1925. (**Holz X**)

–: Werke. Hrsg. von Wilhelm Emrich u. Anita Holz. Bd. 5: Das Buch der Zeit, Dafnis, Kunsttheoretische Schriften. Neuwied, Berlin 1963. (**Holz V**)

Kerr, Alfred: Gesammelte Schriften. Reihe 1: Die Welt im Drama. Bd. 1: Das neue Drama. 1.–6. Aufl. Berlin 1917. (**Kerr 1917, I**)

Kielland, Alexander L.[ange]: Auf dem Heimwege. Charakterbild in einem Akt [1890]. Aus dem Norwegischen übersetzt von Emma Klingenfeld. In: Einakter des Naturalismus. Hrsg. v. Wolfgang Rothe. Stuttgart 1973, S. 29–44. (**Kielland 1973**)

Kirchbach, Wolfgang: Die Kinder des Reiches. 2 Bde. Berlin 1883. (**Kirchbach 1883**)

Kirchmann, Julius Hermann von: Ästhetik auf realistischer Grundlage. 2 Bde. Berlin 1868. (**Kirchmann 1886**)

Krafft-Ebing, Richard von: Ueber gesunde und kranke Nerven [1885]. 6., unveränd. Aufl. Tübingen 1909. (**Krafft-Ebing 1909**)

Kretzer, Max: Die Betrogenen. Berliner Sitten-Roman. 2 Bde. Berlin 1882. (**Kretzer 1882**)

–: Im Sturmwind des Sozialismus. Erzählung aus großer Zeit [1884]. Berlin, Leipzig o. J. (**Kretzer 1884**)

–: Meister Timpe. Sozialer Roman [1888]. Berlin 1927. (**Kretzer 1927**)

Le Bon, Gustave: Psychologie der Massen [1895]. Mit einer Einführung von Helmut Dingeldey. Stuttgart 1973. (**Le Bon 1973**)

Lublinski, Samuel: Die Bilanz der Moderne [1904]. Mit einem Nachwort. Hrsg. v. Gotthart Wunberg. Tübingen 1974. (**Lublinski 1974**)

Mackay, John Henry: Die Anarchisten. Kulturgemälde aus dem Ende des XIX. Jahrhunderts [1891]. Leipzig 1992. (**Mackay 1992**)

Maeterlinck, Maurice: Die Blinden [1890]. In: Spiele in einem Akt. 35 exemplarische Stücke. Hrsg. v. Walter Höllerer in Zusammenarb. mit Marianne Heyland u. Norbert Miller. Frankfurt/M. 1961, S. 48–63. (**Maeterlinck 1961**)

–: Der Schatz der Armen [1896]. Autorisierte Ausgabe. Jena 1923. (**Maeterlinck 1923**)

Mayer, Robert Julius: Bemerkungen über die Kräfte der unbelebten Natur [1842]. In: Die Mechanik der Wärme. Zwei Abhandlungen von Robert Mayer. Hrsg. v. A. von Oettingen. Leipzig 1911, S. 3–8. (**Mayer 1911**)

Mehring, Franz: Geschichte der deutschen Sozialdemokratie. 2 Bde. Stuttgart 1897–1898. (**Mehring 1897/98**)

Moeller-Bruck, Arthur: Die moderne Literatur in Gruppen- und Einzeldarstellungen. Bd. 7: Unser aller Heimat. Berlin 1900. (**Moeller-Bruck 1900**)

Moll, Albert: Der Einfluß des großstädtischen Lebens und des Verkehrs auf das Nervensystem. Sonderabdruck aus der Zeitschrift für Pädagogische Psychologie, Pathologie und Hygiene. Berlin 1902. (**Moll 1902**)

Mosso, Angelo: Die Ermüdung [1884]. Leipzig 1892. (**Mosso 1892**)
Nietzsche, Friedrich: Sämtliche Werke. Kritische Studienausgabe in 15 Einzelbänden. Hrsg. v. Giorgio Colli u. Mazzino Montinari. München 1980. (**Nietzsche KSA [1–15]**)
Nordau, Max: Zola und der Naturalismus. In: Ders.: Paris unter der dritten Republik. Vierte, gänzl. umgearb. und bis auf die Gegenwart fortgeführte Aufl. Leipzig 1890, S. 146–175. (**Nordau 1890**)
–: Die Krankheit des Jahrhunderts. 2 Bde. 2. Aufl. Leipzig 1888. (**Nordau 1888**)
Oeser, Christian [d. i. Schröer, Tobias Gottfried]: Briefe an eine Jungfrau über die Hauptgegenstände der Aesthetik. Ein Weihegeschenk für Frauen und Jungfrauen. Hrsg. v. A. W. Grube. 19. Aufl. Leipzig 1876. (**Schröer 1876**)
Oppenheim, Hermann: Die traumatischen Neurosen nach den in der Nervenklinik der Charité in den acht Jahren 1883–1891 gesammelten Beobachtungen bearb. und dargestellt. 2., verbess. und erw. Aufl. Berlin 1892. (**Oppenheim 1892**)
Polenz, Wilhelm von: Der Büttnerbauer. Roman. Leipzig o. J. [1895]. (**Polenz 1895**)
Reuter, Gabriele: Ellen von der Weiden. Roman. Berlin o. J. [1901]. (**Reuter 1901**)
Rilke, Rainer Maria: Moderne Lyrik. [Vortrag, gehalten am 5. März 1898 in Prag]. In: Ders.: Sämtliche Werke. Hrsg. v. Rilke-Archiv in Verbindung mit Ruth Sieber-Rilke. Besorgt durch Ernst Zinn. Bd. 5: Worpswede. Rodin. Aufsätze. Frankfurt/M. 1965, S. 360–394. (**Rilke V**)
–: Mütterchen [1898]. In: Ders.: Sämtliche Werke. Hrsg. v. Rilke-Archiv in Verbindung mit Ruth Sieber-Rilke. Besorgt durch Ernst Zinn. Bd. 8: Frühe Erzählungen und Dramen. 2. Hälfte. Frankfurt/M. 1975, S. 797–811. (**Rilke VIII**)
Rochau, August Ludwig von: Grundsätze der Realpolitik. Angewendet auf die staatlichen Zustände Deutschlands [1853]. Hrsg. und eingeleitet v. Hans-Ulrich Wehler. Frankfurt/M., Berlin, Wien 1972. (**Rochau 1972**)
Schiller, Friedrich: Die Braut von Messina oder Die feindlichen Brüder. Ein Trauerspiel mit Chören [1803]. Hrsg. v. Matthias Luserke-Jaqui. Bibliogr. erg. Ausg. Stuttgart 2007. (**Schiller 2007**)
Schlaf, Johannes: Vom intimen Drama. In: Neuland. Monatsschrift für Politik, Wissenschaft, Litteratur und Kunst 2 (1898). 1. Bd., S. 33–38. (**Schlaf 1898**)
–: Der Bann. In dramatischer Form [1900]. In: Ders.: Die Kuhmagd und Anderes. Berlin 1900, S. 151–212. (**Schlaf 1900**)
–: Im Spiegel. Autobiographische Skizzen XI. In: Das Litterarische Echo 4 (1901/02). Sp. 1388–1391. (**Schlaf 1901/02**)
–: Diagnose und Faksimile. Notgedrungene Berichtigung eines neuen, von Arno Holz gegen mich gerichteten Angriffes. München 1906. (**Schlaf 1906**)
–: Frühling. Leipzig o. J. [1913]. (**Schlaf 1913**)
Schlegel, August Wilhelm: Kritische Schriften und Briefe. Hrsg. v. Edgar Lohner. Bd. 2: Die Kunstlehre. Stuttgart 1963. (**Schlegel II**)
Schnitzler, Arthur: Gesammelte Werke in zwei Abteilungen. 2. Abteilung: Die Theaterstücke in vier Bänden. Bd. 2. Berlin 1912. (**Schnitzler II**)
Simmel, Georg: Zum Problem des Naturalismus [ca. 1913/14]. In: Ders.: Gesamtausgabe. Bd. 20: Posthume Veröffentlichungen/Ungedrucktes/Schulpädagogik. Hrsg. v. Torge Karlsruhen u. Otthein Rammstedt. Frankfurt/M. 2004, S. 220–248. (**Simmel GA 20**)
Söltl, Johann Michael: Ästhetik in Mitteilungen an eine Deutsche Frau. Wien, Pest, Leipzig 1872. (**Söltl 1872**)
Spielhagen, Friedrich: Sturmflut. Roman [1877]. 2 Bde. Leipzig 1890. (**Spielhagen 1890**)
Stenographische Berichte über die Verhandlungen des Preußischen Herrenhauses in der Session 1907. Berlin 1907. (**Stenographische Berichte 1907**)
Storm, Theodor: Sämtliche Werke in vier Bänden. Hrsg. v. Peter Goldammer. Bd. 4: Novellen, kleine Prosa. 4. Aufl. Berlin 1978. (**Storm IV**)
Strindberg, August: Der Einakter [1889]. In: Ders: Elf Einakter. 7. Aufl. Leipzig, München 1917, S. 323–342. (**Strindberg 1917**)
Strindbergs Werke. Unter Mitwirkung von Emil Schering als Übersetzer vom Dichter selbst veranstaltet. VI. Abt.: Wissenschaft. Bd. 4: Dramaturgie. 2. Aufl. Leipzig, München 1911. (**Strindberg 1911**)
Taine, Hippolyte Adolphe: Histoire de la littérature anglaise. 5 Bde. Paris 1863. (Taine 1863)
Tolstoi, Lew: Vorwort zu W. von Polenz' Roman »Der Büttnerbauer« [1901]. In: Ders.: Ästhetische Schriften. Berlin/Ost 21984, S. 336–344. (**Tolstoi 1984**)
Tovote, Heinz: Fallende Tropfen. In: Ders.: Ich. Nervöse Novellen [1892]. 9. Aufl. Berlin 1896, S. 145–157. (**Tovote 1896**)

Vischer, Friedrich Theodor: Aesthetik oder Wissenschaft des Schönen. Zum Gebrauche für Vorlesungen. 3. Theil: Die Kunstlehre. 2. Abschnitt: Die Künste. 5. Heft: Die Dichtkunst. Stuttgart 1857. (**Vischer 1857**)
Wernicke, Karl: Der aphasische Symptomencomplex. Eine psychologische Studie auf anatomischer Basis, Breslau 1874. (**Wernicke 1874**)
Wille, Bruno: Aus Traum und Kampf. Mein 60jähriges Leben. Berlin 1920. (**Wille 1920**)
Zola, Émile: Der Experimentalroman. Eine Studie. Leipzig 1904. (**Zola 1904**)
–: Correspondance. Bd. V [1884–1886]. Montréal, Paris 1985. (**Zola 1985**)
–: Das Paradies der Damen [1883]. Mit einem Nachwort v. Gertrud Lehnert. Frankfurt/M. 2004. (**Zola 2004**)

1.2 Forschungsliteratur

Literaturgeschichten und Bibliographien

Gentikow, Barbara: Skandinavische und deutsche Literatur. Bibliographie der Schriften zu den literarischen, historischen und kulturgeschichtlichen Wechselbeziehungen. Neumünster 1975. (**Gentikow 1975**)
Just, Klaus Günter: Von der Gründerzeit zur Gegenwart. Geschichte der deutschen Literatur seit 1871. Bern, München 1973. (**Just 1973**)
Killy, Walther (Hrsg.): Die deutsche Literatur. Bd. 7: 20. Jahrhundert. Text und Zeugnisse 1880–1933. München 1967. (**Killy 1967**)
McInnes, Edward/Plumpe, Gerhard (Hrsg.): Bürgerlicher Realismus und Gründerzeit 1848–1890. Hansers Sozialgeschichte der deutschen Literatur vom 16. Jahrhundert bis zur Gegenwart. Bd. 6. München, Wien 1996. (**McInnes/Plumpe 1996**)
Mix, York-Gothart (Hrsg.): Naturalismus, Fin de siècle, Expressionismus 1890–1918. Hansers Sozialgeschichte der deutschen Literatur vom 16. Jahrhundert bis zur Gegenwart. Bd. 7. München 2000. (**Mix 2000**)
Pytlik, Prisca (Hrsg.): Spiritismus und ästhetische Moderne – Berlin und München um 1900. Dokumente und Kommentare. Tübingen, Basel 2006. (**Pytlik 2006**)
Schmähling, Walter (Hrsg.): Die deutsche Literatur. Bd. 12: Naturalismus. Stuttgart 1977. (**Schmähling 1977**)
Sprengel, Peter: Geschichte der deutschsprachigen Literatur 1870–1900. Von der Reichsgründung bis zur Jahrhundertwende. München 1998. (**Sprengel 1998**)
Trommler, Frank (Hrsg.): Deutsche Literatur. Eine Sozialgeschichte. Bd. 8: Jahrhundertwende: Vom Naturalismus zum Expressionismus 1880–1918. Reinbek 1982. (**Trommler 1982**)
Žmegač, Viktor (Hrsg.): Deutsche Literatur der Jahrhundertwende. Königsstein/Ts. 1981. (**Žmegač 1981a**)
Žmegač, Viktor (Hrsg.): Geschichte der deutschen Literatur vom 18. Jahrhundert bis zur Gegenwart. Bd. 2: 1848–1918. 2., unveränd. Aufl. Königsstein/Ts. 1985. (**Žmegač 1985**)

Sekundärliteratur

Adler, Hans: Soziale Romane im Vormärz. Literatursemiotische Studie. München 1980. (**Adler 1980**)
– (Hrsg.): Der deutsche soziale Roman des 18. und 19. Jahrhunderts. Darmstadt 1990. (**Adler 1990**)
Albers, Irene: Sehen und Wissen. Das Photographische im Romanwerk Émile Zolas. München 2002. (**Albers 2002**)
Alt, Peter-André: Tragödie der Aufklärung. Eine Einführung. Tübingen, Basel 1994. (**Alt 1994**)
Andriopoulos, Stefan: Besessene Körper. Hypnose, Körperschaften und die Erfindung des Kinos. München 2000. (**Andriopoulos 2000**)
Austermühl, Elke: Lyrik der Jahrhundertwende. In: Hansers Sozialgeschichte der deutschen Literatur vom 16. Jahrhundert bis zur Gegenwart. Bd. 7: Naturalismus, Fin de siècle, Expressionismus (1890–1918). Hrsg. v. York-Gothart Mix. München 2000, S. 350–365. (**Austermühl 2000**)
Baßler, Moritz: Die Entdeckung der Textur. Unverständlichkeit in der Kurzprosa der emphatischen Moderne 1910–1916. Tübingen 1994. (**Baßler 1994**)
– /Christoph Brecht/Dirk Niefanger/Gotthart Wunberg: Historismus und literarische Moderne. Mit einem Beitrag von Friedrich Dethlefs. Tübingen 1996. (**Baßler/Brecht/Niefanger/Wunberg 1996**)

Bauer, Roger (Hrsg.): Fin de Siècle. Zu Literatur und Kunst der Jahrhundertwende. Frankfurt/M. 1977. (**Bauer 1977**)

Baumgartner, Walter: Triumph des Irrealismus. Rezeption skandinavischer Literatur im ästhetischen Kontext Deutschland 1860–1910. Neumünster 1979. (**Baumgartner 1979**)

Bayerdörfer, Hans-Peter: Die neue Formel. Theatergeschichtliche Überlegungen zum Problem des Einakters. In: Geschichte und Dramaturgie des Operneinakters. Hrsg. v. Winfried Kirsch u. Sieghart Döhring. Laaber 1991, S. 31–57. (**Bayerdörfer 1991**)

Becker, Sabina: Urbanität und Moderne. Studien zur Großstadtwahrnehmung in der deutschen Literatur 1900–1930. St. Ingbert 1993. (**Becker 1993**)

Beckert, Jens: Unverdientes Vermögen. Soziologie des Erbrechts. Frankfurt/M. 2004. (**Beckert 2004**)

Bellmann, Werner: Gerhart Hauptmann: »Vor Sonnenaufgang« (1889). Naturalismus – soziales Drama – Tendenzdichtung. In: Dramen des Naturalismus. Interpretationen. Nachdr. Stuttgart 1997, S. 7–46. (**Bellmann 1997**)

Bender, Peter: Die Rezeption des römischen Rechts im Urteil der deutschen Rechtswissenschaft. Frankfurt/M. u. a. 1979. (**Bender 1979**)

Berentsen, Antoon: »Vom Urnebel zum Zukunftsstaat«. Zum Problem der Popularisierung der Naturwissenschaften in der deutschen Literatur 1880–1910. Berlin 1986. (**Berentsen 1986**)

Bergengruen, Maximilian/Müller-Wille, Klaus/Pross, Caroline Neurasthenie (Hrsg.): Die Krankheit der Moderne und die moderne Literatur. Freiburg/Brsg. 2010. (**Bergengruen/Müller-Wille/Pross 2010**)

Berman, Russell A.: Literaturkritik zwischen Reichsgründung und 1933. In: Geschichte der deutschen Literaturkritik (1730–1980). Hrsg. v. Peter Uwe Hohendahl. Stuttgart 1985, S. 205–274. (**Berman 1985**)

Bogdal, Klaus-Michael: »Schaurige Bilder«. Der Arbeiter im Blick des Bürgers am Beispiel des Naturalismus. Frankfurt/M. 1978. (**Bogdal 1978**)

–: Zwischen Alltag und Utopie. Arbeiterliteratur als Diskurs des 19. Jahrhunderts. Opladen 1991. (**Bogdal 1991**)

Bohnen, Klaus: Der literarische Naturalismus. Günther Mahals »Arbeitsbuch« und die Tendenzen der neueren Naturalismus-Forschung. In: Text & Kontext 5 (1977). Heft 1, S. 125–138. (**Bohnen 1977**)

Borch, Christian/Stäheli, Urs (Hrsg.): Soziologie der Nachahmung und des Begehrens. Materialien zu Gabriel Tarde. Frankfurt/M. 2009. (**Borch/Stäheli 2009**)

Borchmeyer, Dieter: Der Naturalismus und seine Ausläufer. In: Geschichte der deutschen Literatur vom 18. Jahrhundert bis zur Gegenwart. Hrsg. v. Viktor Žmegač. Bd. II/1: 1848–1918. 2., unveränd. Aufl. Königstein/Ts. 1985, S. 153–233. (**Borchmeyer ²1985**)

Bowler, Peter J.: The Eclipse of Darwinism. Anti-Darwinian Evolution Theories in the Decades around 1900. London 1983. (**Bowler 1983**)

–: The Non-Darwinian Revolution. Reinterpreting a Historical Myth. Baltimore, London 1988. (**Bowler 1988**)

Brands, Heinz-Georg: Theorie und Stil des sogenannten »Konsequenten Naturalismus« von Arno Holz und Johannes Schlaf. Kritische Analyse der Forschungsergebnisse und Versuch einer Neubestimmung. Bonn 1978. (**Brands 1978**)

Braulich, Heinrich: Die Volksbühnenbewegung. Theater und Politik in der deutschen Volksbühnenbewegung. Berlin/Ost 1976. (**Braulich 1976**)

Brauneck, Manfred: Literatur und Öffentlichkeit im ausgehenden 19. Jahrhundert. Studien zur Rezeption des naturalistischen Theaters in Deutschland. Stuttgart 1974. (**Brauneck 1974**)

Brittnacher, Hans Richard: Erschöpfung und Gewalt. Opferphantasien in der Literatur des Fin de siècle. Köln, Weimar, Berlin 2001. (**Brittnacher 2001**)

Brundiek, Katharina: Raabes Antwort auf Darwin. Beobachtungen an der Schnittstelle von Diskursen. Göttingen 2005. (**Brundiek 2005**)

Bruns, Karin: Ethischer Klub [Berlin]. In: Handbuch literarisch-kultureller Vereine, Gruppen und Bünde 1825–1933. Hrsg. v. Wulf Wülfing, Karin Bruhns u. Rolf Parr. Stuttgart, Weimar 1998, S. 91–95. (**Bruns 1998**)

Brush, Stephen G.: Die Temperatur der Geschichte. Wissenschaftliche und kulturelle Phasen im 19. Jahrhundert. Braunschweig, Wiesbaden 1987. (**Brush 1987**)

Bucher, Max: Voraussetzungen der realistischen Literaturkritik. In: Realismus und Gründerzeit. Manifeste und Dokumente zur deutschen Literatur 1848–1880. Hrsg. v. dems. u. a. Bd. 1. Stuttgart 1976, S. 32–47. (**Bucher 1976**)

Bullivant, Keith: Naturalistische Prosa und Lyrik. In: Deutsche Literatur. Eine Sozialgeschichte. Bd. 8: Jahrhundertwende: Vom Naturalismus zum Expressionismus 1880–1918. Hrsg. v. Frank Trommler. Reinbek 1982, S. 169–187. (**Bullivant 1982**)

Bunzel, Wolfgang: Das deutschsprachige Prosagedicht. Theorie und Geschichte einer literarischen Gattung der Moderne. Tübingen 2005. (**Bunzel 2005**)

–: Einführung in die Literatur des Naturalismus. Darmstadt 2008. (**Bunzel 2008**)

Bürger, Peter: Theorie der Avantgarde. Frankfurt/M. 1974. (**Bürger 1974**)

–: Einleitung: Naturalismus und Ästhetizismus als rivalisierende Institutionalisierungen der Literatur. In: Naturalismus/Ästhetizismus. Hrsg. v. Christa Bürger, Peter Bürger u. Jochen Schulte-Sasse. Frankfurt/M. 1979, S. 10–17. (**Bürger 1979**)

Butzer, Günter/Günter, Manuela: Literaturzeitschriften der Jahrhundertwende. In: Hansers Sozialgeschichte der deutschen Literatur vom 16. Jahrhundert bis zur Gegenwart. Bd. 7: Naturalismus, Fin de siècle, Expressionismus (1890–1918). Hrsg. v. York-Gothart Mix. München 2000, S. 116–136. (**Butzer/Günter 2000**)

Canguilhem, Georges: Das Normale und das Pathologische. München 1974. (**Canguilhem 1974**)

Cowen, Roy C.: Der Naturalismus. Kommentar zu einer Epoche. München 1973. (**Cowen 1973**)

–: Der Naturalismus. In: Die literarische Moderne in Europa. Hrsg. v. Hans Joachim Pichotta u. a. Bd. 1: Erscheinungsformen literarischer Prosa um die Jahrhundertwende. Opladen 1994, S. 68–111. (**Cowen 1994**)

Dann, Otto: Nationale Fragen in Deutschland: Kulturnation, Volksnation, Reichsnation. In: Nation und Emotion. Deutschland und Frankreich im Vergleich 19. und 20. Jahrhundert. Hrsg. v. Etienne François, Hannes Siegrist u. Jakob Vogel. Göttingen 1995, S. 66–82. (**Dann 1995**)

Daum, Andreas: Wissenschaftspopularisierung im 19. Jahrhundert. Bürgerliche Kultur, naturwissenschaftliche Bildung und die deutsche Öffentlichkeit 1848–1914. 2., erg. Aufl. München 2002. (**Daum 2002**)

Daviau, Donald G.: Der »Austropäer«. Hermann Bahr als Anreger und Vermittler der Moderne im europäischen Kontext. In: »Hermann Bahr – Mittler der europäischen Moderne«. Hermann Bahr-Symposion Linz 1998. Hrsg. v. Johann Lachinger [Jahrbuch des Adalbert Stifter-Institutes des Landes Oberösterreich, Bd. 5 (1998)]. Linz 2001, S. 13–26. (**Daviau 2001**)

Delius, Annette: Intimes Theater. Untersuchungen zu Programmatik und Dramaturgie einer bevorzugten Theaterform der Jahrhundertwende. Kronberg/Ts. 1976. (**Delius 1976**)

Dieners, Peter: Das Duell und die Sonderrolle des Militärs. Zur preußisch-deutschen Entwicklung von Militär- und Zivilgewalt im 19. Jahrhundert. Berlin 1992. (**Dieners 1992**)

Diesel, Eugen: Jahrhundertwende. Gesehen im Schicksal meines Vaters. Stuttgart 1949. (**Diesel 1949**)

Disselkamp, Martin: Barockheroismus. Konzeptionen »politischer« Größe in Literatur und Traktatistik des 17. Jahrhunderts. Tübingen 2002. (**Disselkamp 2002**)

Dörner, Andreas: Politischer Mythos und symbolische Politik. Der Hermann-Mythos: Zur Entstehung des Nationalbewusstseins der Deutschen. Reinbek 1996. (**Dörner 1996**)

Drews, Axel/Gerhard, Ute: Wissen, Kollektivsymbolik und Literatur am Beispiel von Friedrich Spielhagens »Sturmflut«. In: Hansers Sozialgeschichte der deutschen Literatur vom 16. Jahrhundert bis zur Gegenwart. Bd. 6: Bürgerlicher Realismus und Gründerzeit 1848–1890. Hrsg. v. Edward McInnes u. Gerhard Plumpe. München, Wien 1996, S. 708–728. (**Drews/Gerhard 1996**)

Ebrecht, Angelika: Das individuelle Ganze. Zum Psychologismus der Lebensphilosophie. Stuttgart 1992. (**Ebrecht 1992**)

Eilert, Heide: Hermann Sudermann: »Die Ehre« (1889). In: Dramen des Naturalismus. Interpretationen. Nachdr. Stuttgart 1997, S. 47–66. (**Eilert 1997**)

Eisele, Ulf: Realismus-Theorie. In: Deutsche Literatur. Eine Sozialgeschichte. Bd. 7: Vom Nachmärz zur Gründerzeit: Realismus 1848–1880. Hrsg. v. Horst Albert Glaser. Reinbek 1982, S. 36–46. (**Eisele 1982**)

Elias, Norbert: Studien über die Deutschen. Machtkämpfe und Habitusentwicklung im 19. und 20. Jahrhundert. Hrsg. v. Michael Schröter. Frankfurt/M. 1989. (**Elias 1989**)

Emig, Brigitte: Die Veredelung des Arbeiters. Sozialdemokratie als Kulturbewegung. Frankfurt/M., New York 1980. (**Emig 1980**)

Engels, Eve-Marie: Biologische Ideen von Evolution im 19. Jahrhundert und ihre Leitfunktionen. Eine Einleitung. In: Die Rezeption von Evolutionstheorien im 19. Jahrhundert. Hrsg., eingel. u. mit einer Auswahlbibliographie versehen von Eve-Marie Engels. Frankfurt/M. 1995, S. 13–66. (**Engels 1995**)

Erhart, Walter: Familienmänner. Über den literarischen Ursprung moderner Männlichkeit. München 2001. (**Erhart 2001**)

Ewald, François: Der Vorsorgestaat. Mit einem Essay von Ulrich Beck. Frankfurt/M. 1993. (**Ewald 1993**)

Fähnders, Walter: Anarchismus und Literatur. Ein vergessenes Kapitel deutscher Literaturgeschichte zwischen 1890 und 1910. Stuttgart 1987. (**Fähnders 1987**)

–: Avantgarde und Moderne 1890–1933. Lehrbuch Germanistik. 2., aktualisierte und erweiterte Aufl. Stuttgart, Weimar 2010. (**Fähnders 2010**)

Faulstich, Werner: Mediengeschichte von 1700 bis ins 3. Jahrtausend. Göttingen 2006. (**Faulstich 2006**)

Fellmann, Ferdinand: Darwins Metaphern. In: Archiv für Begriffsgeschichte XXI (1977), S. 285–297. (**Fellmann 1977**)

Fick, Monika: Sinnenwelt und Weltseele. Der psychophysische Monismus der Literatur der Jahrhundertwende. Tübingen 1993. (**Fick 1993**)

Fischer, Jens Malte: Dekadenz und Entartung, Max Nordau als Kritiker des Fin de Siècle. In: Fin de Siècle. Zu Literatur und Kunst der Jahrhundertwende. Hrsg. v. Roger Bauer. Frankfurt/M. 1977, S. 93–111. (**Fischer 1977**)

–: Fin de siècle. Kommentar zu einer Epoche. München 1978. (**Fischer 1978**)

Fischer-Homberger, Esther: Die traumatische Neurose. Vom somatischen zum sozialen Leiden. Bern 1975. (**Fischer-Homberger 1975**)

–: Die Neurasthenie im Wettlauf des zivilisatorischen Fortschritts. Zur Geschichte des Kampfs um Prioritäten. In: Neurasthenie. Die moderne Krankheit und die Literatur der Moderne. Hrsg. v. Maximilian Bergengruen, Klaus Müller-Wille u. Caroline Pross. Freiburg/Brsg. 2010, S. 23–69. (**Fischer-Homberger 2010**)

Florack, Ruth: Entartete Geschlechter. Sexualcharakter und Degeneration in Gerhart Hauptmanns Familiendramen. In: Text+Kritik. Zeitschrift für Literatur. Heft 142 (1999): Gerhart Hauptmann, S. 64–67. (**Florack 1999**)

Föcking, Marc: Pathologia litteralis. Erzählte Wissenschaft und wissenschaftliches Erzählen im französischen 19. Jahrhundert, Tübingen 2002. (**Föcking 2002**)

Fohrmann, Jürgen: Lyrik. In: Hansers Sozialgeschichte der deutschen Literatur vom 16. Jahrhundert bis zur Gegenwart. Bd. 6: Bürgerlicher Realismus und Gründerzeit 1848–1890. Hrsg. v. Edward McInnes u. Gerhard Plumpe. München, Wien 1996, S. 394–461. (**Fohrmann 1996**)

Forderer, Christof: Die Großstadt im Roman. Berliner Großstadtdarstellungen zwischen Naturalismus und Moderne, Wiesbaden 1992. (**Forderer 1992**)

Frank, Manfred: Vorlesungen über die neue Mythologie. 2 Teile. 4. Aufl. Frankfurt/M. 1988. (**Frank 1988**)

Frels, Onno: Zum Verhältnis von Wirklichkeit und künstlerischer Form bei Arno Holz. In: Naturalismus/Ästhetizismus. Hrsg. v. Christa Bürger, Peter Bürger u. Jochen Schulte-Sasse. Frankfurt/M. 1979, S. 103–138. (**Frels 1979**)

Frevert, Ute: Ehrenmänner. Das Duell in der bürgerlichen Gesellschaft. München 1991. (**Frevert 1991**)

Frie, Ewald: Das Deutsche Kaiserreich. Darmstadt 2004. (**Frie 2004**)

Fritzsche, Klaus: Politische Romantik und Gegenrevolution. Fluchtwege in der Krise der bürgerlichen Gesellschaft. Das Beispiel des »Tat«-Kreises. Frankfurt/M. 1976. (**Fritzsche 1976**)

Frühwald, Wolfgang: Die Ehre der Geringen. Ein Versuch zur Sozialgeschichte literarischer Texte im 19. Jahrhundert. In: Geschichte und Gesellschaft 9 (1983), S. 69–86. (**Frühwald 1983**)

Fürbringer, Christoph: Metamorphosen der Ehre. Duell und Ehrenrettung im Jahrhundert des Bürgers. In: Armut, Liebe, Ehre. Studien zur historischen Kulturforschung. Hrsg. v. Richard von Dülmen. Frankfurt/M. 1988, S. 186–224. (**Fürbringer 1988**)

Gamper, Michael: Normalisierung/Denormalisierung, experimentell. Literarische Bevölkerungsregulierung bei Émile Zola. In: Literarische Experimentalkulturen. Poetologien des Experiments im 19. Jahrhundert. Hrsg. v. Marcus Krause u. Nicolas Pethes. Würzburg 2005, S. 149–168. (**Gamper 2005**)

Gebhard, Walter: »Der Zusammenhang der Dinge«. Weltgleichnis und Naturverklärung im Totalitätsbewusstsein des 19. Jahrhunderts. Tübingen 1984. (**Gebhard 1984**)

George, David E. R.: Henrik Ibsen in Deutschland. Rezeption und Revision. Göttingen 1968. (**George 1968**)

Gijswijt-Hofstra, Marijke/Porter, Roy (Hrsg.): Cultures of Neurasthenia. From Beard to the First World War. Amsterdam, New York 2001. (**Gijswijt-Hofstra/Porter 2001**)

Glaser, Horst Albert: Naturalistisches Drama. In: Deutsche Literatur. Eine Sozialgeschichte. Bd. 8: Jahrhundertwende: Vom Naturalismus zum Expressionismus 1880–1918. Hrsg. v. Frank Trommler. Reinbek 1982, S. 188–204. (**Glaser 1982**)

Goltschnigg, Dietmar: Vorindustrieller Realismus und Literatur der Gründerzeit. In: Geschichte der deutschen Literatur vom 18. Jahrhundert bis zur Gegenwart. Hrsg. v. Viktor Žmegač. Bd. II/1: 1848–1918. 2., unveränd. Aufl. Königstein/Ts. 1985, S. 1–108. (**Goltschnigg 1985**)

Göttsche, Dirk: Die Produktivität der Sprachkrise in der modernen Prosa. Frankfurt/M. 1987. (**Göttsche 1987**)

–: Zeit im Roman. Literarische Zeitreflexion und die Geschichte des Zeitromans im späten 18. und im 19. Jahrhundert. München 2001. (**Göttsche 2001**)

Graczyk, Annette: Die Masse als Erzählproblem. Unter besonderer Berücksichtigung von Carl Sternheims »Europa« und Franz Jungs »Proletarier«. Tübingen 1993. (**Graczyk 1993**)

Graevenitz, Gerhart von: Einleitung. In: Konzepte der Moderne. Hrsg. v. Gerhart von Graevenitz. Stuttgart 1999, S. 1–16. (**Graevenitz 1999**)

Grimm, Reinhold: Naturalismus und episches Drama. In: Ders.: Nach dem Naturalismus. Essays zur modernen Dramatik. Kronberg/Ts. 1978, S. 28–54. (**Grimm 1978**)

Gumbrecht, Hans Ulrich: Modern, Modernität, Moderne. In: Geschichtliche Grundbegriffe. Historisches Lexikon zur politisch-sozialen Sprache in Deutschland. Bd. 4. Hrsg. v. Otto Brunner, Werner Conze u. Reinhart Koselleck. Stuttgart 1978, S. 93–131. (**Gumbrecht 1978a**)

–: Zola im historischen Kontext. Für eine neue Lektüre des Rougon-Macquart-Zyklus. München 1978. (**Gumbrecht 1978b**)

Günther, Herbert: »Ein flüchtiger Wanderer, ein Kämpfer bist du.« Freundschaft mit Max Halbe. In: Max Halbe zum 100. Geburtstag. Hrsg. v. Stadtbibliothek München. München 1965, S. 9–47. (**Günther 1965**)

Günther, Katharina: Literarische Gruppenbildung im Berliner Naturalismus. Bonn 1972. (**Günther 1972**)

Hädecke, Wolfgang: Poeten und Maschinen. Deutsche Dichter als Zeugen der Industrialisierung. München, Wien 1993. (**Hädecke 1993**)

Halter, Martin: Sklaven der Arbeit – Ritter vom Geiste. Arbeit und Arbeiter im deutschen Sozialroman zwischen 1840 und 1880. Frankfurt/M. u. a. 1983. (**Halter 1983**)

Hamann, Richard/Hermand, Jost: Gründerzeit. Berlin 1965. (**Hamann/Hermand 1965**)

–: Naturalismus. München 1972. (**Hamann/Hermand 1972**)

Häntzschel, Günter: Die deutschsprachigen Lyrikanthologien 1840 bis 1914. Sozialgeschichte der Lyrik des 19. Jahrhunderts. Wiesbaden 1997. (**Häntzschel 1997**)

–: Geschlechterdifferenz und Dichtung. Lyrikvermittlung im ausgehenden 19. Jahrhundert. In: Hansers Sozialgeschichte der deutschen Literatur vom 16. Jahrhundert bis zur Gegenwart. Bd. 7: Naturalismus, Fin de siècle, Expressionismus (1890–1918). Hrsg. v. York-Gothart Mix. München 2000, S. 53–63. (**Häntzschel 2000**)

Harnack, Falk: Die Dramen Carl Bleibtreus. Eine dramaturgische Untersuchung. Berlin 1938. (**Harnack 1938**)

Härter, Andreas: Der Anstand des Schweigens. Bedingungen des Redens in Hofmannsthals »Brief«. Bonn 1989. (**Härter 1989**)

Hasubek, Peter: Der Zeitroman. Ein Romantypus des 19. Jahrhunderts. In: Zeitschrift für deutsche Philologie 87 (1968), S. 218–245. (**Hasubek 1968**)

Hausen, Karin: Die Polarisierung der »Geschlechtscharaktere« – Eine Spiegelung der Dissoziation von Erwerbs- und Familienleben. In: Sozialgeschichte der Familie in der Neuzeit Europas. Neue Forschungen. Hrsg. v. Werner Conze. Stuttgart 1976, S. 363–393. (**Hausen 1976**)

Hebekus, Uwe/Stöckmann, Ingo: Einleitung. In: Die Souveränität der Literatur. Zum Totalitären der Klassischen Moderne. Hrsg. v. dens. München 2008. S. 7–17. (**Hebekus/Stöckmann 2008**)

Heidelberger, Michael: Die innere Seite der Natur. Gustav Theodor Fechners wissenschaftlich-philosophische Weltauffassung. Frankfurt/M. 1993. (**Heidelberger 1993**)

Helmes, Günter: Max Kretzer »Meister Timpe«. In: Der Deutschunterricht 40 (1988). Heft 2: Naturalismus. Hrsg. v. Helmut Scheuer, S. 51–63. (**Helmes 1988**)

–: Der »soziale Roman« des Naturalismus. Conrad Alberti und John Henry Mackay. In: Hansers Sozialgeschichte der deutschen Literatur vom 16. Jahrhundert bis zur Gegenwart. Bd. 7: Naturalismus, Fin de siècle, Expressionismus (1890–1918). Hrsg. v. York-Gothart Mix. München 2000, S. 104–115. (**Helmes 2000**)

Helmstetter, Rudolf: Guter Rat ist (un)modern. Die Ratlosigkeit der Moderne und ihre Ratgeber. In: Konzepte der Moderne. Hrsg. v. Gerhart von Graevenitz. Stuttgart 1999, S. 147–172. (**Helmstetter 1999**)

–: Entwendet. Hofmannsthals »Chandos-Brief«, die Rezeptionsgeschichte und die Sprachkrise. In: Deutsche Vierteljahrsschrift für Literaturwissenschaft und Geistesgeschichte 77 (2003), S. 446–480. (**Helmstetter 2003**)

Henkel, Gabriele: Geräuschwelten im deutschen Zeitroman. Epische Darstellung und poetologische Bedeutung von der Romantik bis zum Naturalismus, Wiesbaden 1996. (**Henkel 1996**)

Hentschel, Volker: Wirtschaft und Wirtschaftspolitik im wilhelminischen Deutschland. Organisierter Kapitalismus und Interventionsstaat. Stuttgart 1978. (**Hentschel 1978**)

Herding, Klaus: Industriebild und Moderne. Zur künstlerischen Bewältigung der Technik im Übergang zur Großmaschinerie (1830–1890). In: Art social und art industriel. Funktionen der Kunst im Zeitalter des Industrialismus. Hrsg. v. Helmut Pfeiffer, Hans Robert Jauß u. Françoise Gaillard. München 1987, S. 424–468. (**Herding 1987**)

Hermand, Jost: Der verdrängte Naturalismus. In: Ders.: Der Schein des schönen Lebens. Studien zur Jahrhundertwende. Frankfurt/M. 1972, S. 26–38. (**Hermand 1972**)

Herting, Helga: Der Aufschwung der Arbeiterbewegung um 1890 und ihr Einfluß auf die Literatur. Berlin/Ost 1961. (**Herting 1961**)

Hiebel, Hans H./Hiebler, Heinz/Kogler, Karl/Walitsch, Herwig: Große Medienchronik. München 1999. (**Hiebel/Hiebler/Kogler/Walitsch 1999**)

Hillebrand, Bruno: Nietzsche. Wie ihn die Dichter sahen. Göttingen 2000. (**Hillebrand 2000**)

Hilscher, Eberhard. Gerhart Hauptmann. Berlin/Ost 1969. (**Hilscher 1969**)

Hoefert, Sigfrid: »Gerhart Hauptmann und andere«. Zu den deutsch-russischen Literaturbeziehungen in der Epoche des Naturalismus. In: Naturalismus. Bürgerliche Dichtung und soziales Engagement. Hrsg. v. Helmut Scheuer. Stuttgart 1974, S. 235–264. (**Hoefert 1974**)

–: Zum Stand der Naturalismusforschung. In: Akten des V. Internationalen Germanisten-Kongresses 1975. Hrsg. v. Leonhard Forster u. Hans-Gert Roloff. Bern, Frankfurt/M. 1976, S. 300–308. (**Hoefert 1976**)

–: Gerhart Hauptmann. 2., durchgesehene u. ergänzte Aufl. Stuttgart 1982. (**Hoefert 1982**)

Hofer, Hans-Georg: Nervenleiden und Krieg. Modernitätskritik und Krisenbewältigung in der österreichischen Psychiatrie 1880–1920. Wien 2004. (**Hofer 2004**)

Hoffmann, Ludwig/Hoffmann-Ostwald, Daniel: Deutsches Arbeitertheater 1918–1933. 2 Bde. 2., erweiterte Aufl. Berlin/Ost 1972. (**Hoffmann/Hoffmann-Ostwald 1972**)

Höhne, Gisela: Probleme der Wahrnehmung und einer frühen Medientheorie im »Konsequenten Naturalismus« und den theoretischen Überlegungen von Arno Holz um 1900. Berlin 1990. (**Höhne 1990**)

Honegger, Claudia: Frauen und medizinische Deutungsmacht im 19. Jahrhundert. In: Medizinische Deutungsmacht im sozialen Wandel. Hrsg. v. Alfons Labisch u. Reinhard Spree. Bonn 1989, S. 181–194. (**Honegger 1989**)

Höppner, Wolfgang: Das »Ererbte, Erlebte und Erlernte« im Werk Wilhelm Scherers. Ein Beitrag zur Geschichte der Germanistik. Köln u. a. 1993. (**Höppner 1993**)

Horstenkamp-Starke, Ulrike: »Dass die Zärtlichkeit noch barbarischer zwingt, als Tyrannenwut«. Autorität und Familie im deutschen Drama. Frankfurt/M. 1976. (**Horstenkamp-Starke 1976**)

Howard, Jonathan: Darwin. Eine Einführung. Stuttgart 1996. (**Howard 1996**)

Jacobs, Jürgen: Gerhart Hauptmanns »Weber«: Historien- und Zeitstück. In: Deutsche Geschichtsdramen. Interpretationen. Hrsg. v. Walter Hinck. Frankfurt/M. 1981, S. 227–239. (**Jacobs 1981**)

Jäger, Friedrich/Rüsen, Jörn: Geschichte des Historismus. Eine Einführung. München 1992. (**Jäger/Rüsen 1992**)

Jung, Werner: Georg Simmel zur Einführung. Hamburg 1990. (**Jung 1990**)

Kafitz, Dieter: Struktur und Menschenbild naturalistischer Dramatik. In: Zeitschrift für deutsche Philologie 97 (1978), S. 225–255. (**Kafitz 1978**)–: Das intime Theater am Ende des 19. Jahrhunderts. In: Theaterwesen und dramatische Literatur. Beiträge zur Geschichte des Theaters. Hrsg. v. Günter Holtus. Bern, München 1987, S. 309–329. (**Kafitz 1987**)

–: Tendenzen der Naturalismus-Forschung und Überlegungen zu einer Neubestimmung des Naturalismus-Begriffs. In: Deutschunterricht 40 (1988). Heft 2: Naturalismus. Hrsg. v. Helmut Scheuer, S. 11–29. (**Kafitz 1988**)

–: Johannes Schlaf – Weltanschauliche Totalität und Wirklichkeitsblindheit. Ein Beitrag zur Neubestimmung des Naturalismus-Begriffs und zur Herleitung totalitärer Denkformen. Tübingen 1992. (**Kafitz 1992**)

–: Décadence in Deutschland. Studien zu einem versunkenen Diskurs der 90er Jahre des 19. Jahrhunderts. Heidelberg 2004. (**Kafitz 2004**)

Kaiser, Elke: Wissen und Erzählen bei Zola. Wirklichkeitsmodellierung in den »Rougon-Macquart«. Tübingen 1990. (**Kaiser 1990**)

Kälin, Elsbeth: Max Kretzer, »Meister Timpe« (1888). In: Erzählkunst der Vormoderne. Hrsg. v. Rolf Tarot. Bern u. a. 1996, S. 265–280. (**Kälin 1996**)

Kamann, Matthias: Epigonalität als ästhetisches Vermögen. Untersuchungen zu Texten Grabbes, Immermanns, Platens und Raabes, zur Literaturkritik des 19. Jahrhunderts und zum Werk Adalbert Stifters. Stuttgart 1994. (**Kammann 1994**)

Kauffeldt, Rolf/Cepl-Kaufmann, Gertrude: Berlin-Friedrichshagen. Literaturhauptstadt und die Jahrhundertwende. Der Friedrichshagener Dichterkreis. München 1994. (**Kauffeldt/Cepl-Kaufmann 1994**)

Keil, Günther: Max Kretzer. A Study in German Naturalism [1928]. Neudruck. New York 1966. (**Keil 1966**)

Kersten, Gerhard: Gerhart Hauptmann und Leo N. Tolstoi. Studien zur Wirkungsgeschichte von Leo N. Tolstoi in Deutschland 1885–1900. Wiesbaden 1966. (**Kersten 1966**)

Kesting, Marianne: Maeterlincks Revolutionierung der Dramaturgie. In: Dies.: Die Vermessung des Labyrinths. Studien zur modernen Ästhetik. Frankfurt/M. 1965, S. 107–125. (**Kesting 1965**)

Ketelsen, Uwe-K.: Völkisch-nationale und nationalsozialistische Literatur in Deutschland (1890–1945). Stuttgart 1976. (**Ketelsen 1976**)

Kienzle, Ulrike: Theorie des einaktigen Schauspiels im literaturwissenschaftlichen Schrifttum. In: Geschichte und Dramaturgie des Operneinakters. Hrsg. v. Winfried Kirsch u. Sieghart Döhring. Laaber 1991, S. 17–29. (**Kienzle 1991**)

Kiesel, Helmuth: Geschichte der literarischen Moderne. Sprache, Ästhetik, Dichtung im zwanzigsten Jahrhundert. München 2004. (**Kiesel 2004**)

Kittler, Friedrich A.: Aufschreibesysteme 1800/1900. 4., vollst. überarbeitete Neuaufl. München 2003. (**Kittler 2003**)

Kleinschmidt, Erich: Gleitende Sprache. Sprachbewusstsein und Poetik in der literarischen Moderne. München 1992. (**Kleinschmidt 1992**)

Klotz, Volker: Geschlossene und offene Form im Drama. 7. Aufl. München 1975. (**Klotz 1975**)

Kluge, Gerhard: Das verfehlte Soziale. Sentimentalität und Gefühlskitsch im Drama des deutschen Naturalismus. In: Zeitschrift für deutsche Philologie 96 (1977), S. 195–234. (**Kluge 1977**)

Koenigsberger, Leo: Hermann von Helmholtz. Braunschweig 1911. (**Koenigsberger 1911**)

Kolkenbrock-Netz, Jutta: Fabrikation – Experiment – Schöpfung: Strategien ästhetischer Legitimation im Naturalismus. Heidelberg 1981. (**Kolkenbrock-Netz 1981**)

–: Wissenschaft als nationaler Mythos. Anmerkungen zur Haeckel-Virchow-Kontroverse auf der 50. Jahresversammlung der deutschen Naturforscher und Ärzte in München (1877). In: Nationale Mythen und Symbole in der zweiten Hälfte des 19. Jahrhunderts. Strukturen und Funktionen von Konzepten nationaler Identität. Hrsg. v. Jürgen Link u. Wulf Wülfing. Stuttgart 1991, S. 212–236. (**Kolkenbrock-Netz 1991**)

–: Max Halbe »Der Strom« (1903). Das zweite Testament. Ästhetische Erbschaft und technische Moderne. In: Dramen des Naturalismus. Interpretationen. Nachdr. Stuttgart 1997, S. 213–241. (**Kolkenbrock-Netz 1997**)

König, Helmut: Zivilisation und Leidenschaften. Die Masse im bürgerlichen Zeitalter. Reinbek 1992. (**König 1992**)

Köppen, Manuel: Das unterirdische Berlin oder die Geheimnisse der anderen Stadt. In: Mythos Berlin. Zur Wahrnehmungsgeschichte einer industriellen Metropole. Hrsg. v. Knut Hickethier. Berlin 1987, S. 119–132. (**Köppen 1987**)

Korte, Hermann: Ordnung und Tabu. Studien zum poetischen Realismus. Bonn 1989. (**Korte 1989**)

Köster, Udo: Die Überwindung des Naturalismus. Begriffe, Theorien und Interpretationen zur deutschen Literatur um 1900. Hollfeld 1979. (**Köster 1979**)

Krämer, Hans: Gerhart Hauptmann: Bahnwärter Thiel. Interpretation. München 1980 (**Krämer 1980**)

Krockow, Christian Graf von: Die Entscheidung. Eine Untersuchung über Ernst Jünger, Carl Schmitt, Martin Heidegger. Stuttgart 1958. (**Krockow 1958**)

Kroneberg, Lutz/Schloesser, Rolf: Weber-Revolte 1844. Der schlesische Weberaufstand im Spiegel der zeitgenössischen Publizistik und Literatur. Mit einem Geleitwort von Bernt Engelmann. Köln 1979. (**Kroneberg/Schloesser 1979**)

Krummel, Richard Frank: Nietzsche und der deutsche Geist. Ausbreitung und Wirkung des Nietzscheschen Werkes im deutschen Sprachraum bis zum Todesjahr des Philosophen. Ein Schrifttumsverzeichnis der Jahre 1867–1900. Berlin, New York 1974. (**Krummel 1974**)

Krumrey, Horst-Volker: Entwicklungsstrukturen von Verhaltensstandarden. Eine soziologische Prozessanalyse auf der Grundlage deutscher Anstands- u. Manierenbücher von 1870–1970. Frankfurt/M. 1984. (**Krumrey 1984**)

Kurisaki, Satoru: Shakespeare-Zitate im »Papa Hamlet« von Arno Holz und Johannes Schlaf. In: Kumamoto Journal of Culture and Humanities 7 (1982), S. 67–96. (**Kurisaki 1982**)

Lamprecht, Karl: Deutsche Geschichte. 1. Ergänzungsband: Zur jüngsten deutschen Vergangenheit, Bd. 1: Tonkunst – Bildende Kunst – Dichtung – Weltanschauung. 4., unveränd. Aufl. Berlin 1922. (**Lamprecht 1922**)

Lauer, Gerhard: Lyrik im Verein. Zur Mediengeschichte der Lyrik des 19. Jahrhunderts als Massenkunst. In: Lyrik im 19. Jahrhundert. Gattungspoetik als Reflexionsmedium der Kultur. Hrsg. v. Steffen Martus, Stefan Scherer u. Claudia Stockinger. Bern u. a. 2005, S. 183–203. (**Lauer 2005**)

Le Rider, Jacques: Das Ende der Illusion. Die Wiener Moderne und die Krisen der Identität. Wien 1990. (**Le Rider 1990**)

Ledrut, Raymond: Les images de la ville. Paris 1973. (**Ledrut 1973**)

Linduschka, Heinz: Die Auffassung vom Dichterberuf im deutschen Naturalismus. Frankfurt/M. u. a. 1978. (**Linduschka 1978**)

Link, Jürgen: Versuch über den Normalismus. Wie Normalität produziert wird. Opladen 1996. (**Link 1996**)

Linse, Ulrich: Zurück o Mensch zur Mutter Erde! Landkommunen in Deutschland 1890–1933. München 1983. (**Linse 1983**)

López-Beltrán, Carlos: Forging Heredity, from Metaphor to Cause. A Reification Story. In: Studies in the History and Philosophy of Science 25 (1994). Heft 3, S. 211–235. (**López-Beltrán 1994**)

Lorenz, Dagmar: Wiener Moderne. Stuttgart 1995. (**Lorenz 1995**)

Løvtrup, Søren: Darwinism. A Refutation of a Myth. London u. a. 1987. (**Løvtrup 1987**)

Lukas, Wolfgang: »Entsagung«. Konstanz und Wandel eines Motivs in der Erzählliteratur von der späten Goethezeit zum frühen Realismus. In: Zwischen Goethezeit und Realismus. Wandel und Spezifik in der Phase des Biedermeier. Hrsg. v. Michael Titzmann. Tübingen 2002, S. 113–149. (**Lukas 2002**)

Mahal, Günther: Wirklich eine Revolution der Lyrik? Überlegungen zur literaturgeschichtlichen Einordnung der Anthologie »Moderne Dichter-Charaktere«. In: Naturalismus. Bürgerliche Dichtung und soziales Engagement. Hrsg. v. Helmut Scheuer. Stuttgart 1974, S. 11–47. (**Mahal 1974**)

–: Experiment zwischen Gleisen. Gerhart Hauptmann: »Bahnwärter Thiel« (1888). In: Deutsche Novellen. Von der Klassik bis zur Gegenwart. Hrsg. v. Winfried Freund. München 1993, S. 199–219. (**Mahal 1993**)

–: Naturalismus. Unveränd. Nachdr. 3. Aufl. München 1996. (**Mahal 1996**)

Marten, Heinz-Georg: Sozialbiologismus. Biologische Grundpositionen der politischen Ideengeschichte. Frankfurt/M., New York 1983. (**Marten 1983**)

Martens, Wolfgang: Lyrik kommerziell. Das Kartell lyrischer Autoren 1902–1933. München 1975. (**Martens 1975**)

Martinez, Matias/Scheffel, Michael: Einführung in die Erzähltheorie. 5. Aufl. München 2003. (**Martinez/Scheffel 2003**)

Martini, Fritz: Das Wagnis der Sprache. Interpretation deutscher Prosa von Nietzsche bis Benn. 5. Aufl. Stuttgart 1964. (**Martini 1964a**)

–: Nachwort. In: Holz, Arno/Schlaf, Johannes: Papa Hamlet. Ein Tod. Im Anhang ›Ein Dachstubenidyll‹. Mit einem Nachwort v. Fritz Martini. Stuttgart 1991, S. 103–117. (**Martini 1991**)

–: Nachwort. In: Holz, Arno/Schlaf, Johannes: Die Familie Selicke. Drama in 3 Aufzügen. Mit einem Nachwort v. Fritz Martini. Stuttgart 2000, S. 67–85. (**Martini 2000**)

–: Nachwort. In: Gerhart Hauptmann: Bahnwärter Thiel. Novellistische Studie. Stuttgart 2001, S. 47–55. (**Martini 2001**)

Martino, Alberto: Die deutsche Leihbibliothek. Geschichte einer literarischen Institution (1756–1914). Mit einem zus. mit Georg Jäger erstellten Verzeichnis der erhaltenen Leihbibliothekskataloge. Wiesbaden 1990. (**Martino 1990**)

Martus, Steffen/Scherer, Stefan/Stockinger, Claudia: Einleitung. Lyrik im 19. Jahrhundert – Perspektiven der Forschung. In: Lyrik im 19. Jahrhundert. Gattungspoetik als Reflexionsmedium der Kultur. Hrsg. v. dens. Bern u. a. 2005, S. 9–30. (**Martus/Scherer/Stockinger 2005**)

Marx, Friedhelm: Gerhart Hauptmann. Stuttgart 1998. (**Marx 1998**)

Matala de Mazza, Ethel: Die Unsumme der Teile. Körperschaft, Recht und Unberechenbarkeit. In: Das Politische. Figurenlehren des sozialen Körpers nach der Romantik. Hrsg. v. Uwe Hebekus, Albrecht Koschorke u. Ethel Matala de Mazza. München 2003, S. 171–191. (**Matala de Mazza 2003**)

Mattenklott, Gert/Scherpe, Klaus R. (Hrsg.): Positionen der literarischen Intelligenz zwischen bürgerlicher Reaktion und Imperialismus. Kronberg 1973. (**Mattenklott/Scherpe 1973**)

May, Kurt: Hauptmann, »Die Weber«. In: Das Deutsche Drama. Vom Barock bis zur Gegenwart. Interpretationen. Hrsg. v. Benno von Wiese. Bd. II: Vom Realismus bis zur Gegenwart. Düsseldorf 1964, S. 158–166. (**May 1964**)

Mayer, Dieter: Max Kretzer: »Meister Timpe« (1888). Der Roman vom Untergang des Kleinhandwerks in der Gründerzeit. In: Romane und Erzählungen des Bürgerlichen Realismus. Neue Interpretationen. Hrsg. v. Horst Denkler. Stuttgart 1980, S. 347–361. (**Mayer 1980**)

Mennemaier, Franz Norbert: Literatur der Jahrhundertwende I: Europäisch-deutsche Literaturtendenzen 1890–1910. Bern u. a. 1985. (**Mennemaier 1985**)

Möbius, Hanno: Der Positivismus in der Literatur des Naturalismus. Wissenschaft, Kunst und soziale Frage bei Arno Holz. München 1980. (**Möbius 1980**)

–: Der Naturalismus. Epochendarstellung und Werkanalyse. Heidelberg 1982. (**Möbius 1982**)

Moe, Vera Ingunn: Deutscher Naturalismus und ausländische Literatur. Zur Rezeption der Werke von Zola, Ibsen und Dostojewski durch die deutsche naturalistische Bewegung (1880–1895). Frankfurt/M. u. a. 1983. (**Moe 1983**)

Motz, Sigrid-Jutta: Fabrikdarstellungen in der deutschen Malerei von 1800 bis 1850. Frankfurt/M. 1980. (**Motz 1980**)

Moulden, Ken: Naturalistische Novellistik. In: Hansers Sozialgeschichte der deutschen Literatur vom 16. Jahrhundert bis zur Gegenwart. Bd. 7: Naturalismus, Fin de siècle, Expressionismus (1890–1918). Hrsg. v. York-Gothart Mix. München 2000, S. 92–103. (**Moulden 2000**)

Mülder-Bach, Inka: Poetik des Unfalls. In: Poetica 34 (2002), S. 194–221. (**Mülder-Bach 2002**)

Müller, Hans Joachim: Der Roman des Realismus-Naturalismus in Frankreich. Eine erkenntnistheoretische Studie. Wiesbaden 1977. (**Müller 1977**)

–: Zola und die Epistemologie seiner Zeit. In: Romanistische Zeitschrift für Literaturgeschichte 5 (1981). Heft 1, S. 74–101. (**Müller 1981**)

Müller-Salget, Klaus: Autorität und Familie im naturalistischen Drama. In: Zeitschrift für deutsche Philologie 103 (1984), S. 502–519. (**Müller-Salget 1984**)

Müller-Wille, Staffan/Rheinberger, Hans-Jörg: Heredity – the formation of an epistemic space. In: Heredity produced. At the crossroads of biology, politics, and culture, 1500–1870. Hrsg. v. Staffan Müller-Wille u. Hans-Jörg Rheinberger. Cambridge/Mass. 2007, S. 3–34. (**Müller-Wille/Rheinberger 2007**)

Münchow, Ursula: Deutscher Naturalismus. Berlin/Ost 1968. (**Münchow 1968**)

Neswald, Elizabeth R.: Thermodynamik als kultureller Kampfplatz. Zur Faszinationsgeschichte der Entropie 1850–1915. Freiburg/Brsg., Berlin 2006. (**Neswald 2006**)

Neumann, Gerhard: Proverb in Versen oder Schöpfungsmysterium? Hofmannsthals Einakter zwischen Sprech-Spiel und Augen-Blick. In: Hofmannsthal-Jahrbuch 1 (1993), S. 183–234. (**Neumann 1993**)

Neurasthenie. Die moderne Krankheit und die Literatur der Moderne. Hrsg. v. Maximilian Bergengruen, Klaus Müller-Wille u. Caroline Pross. Freiburg/Brsg. 2010. (**Bergengruen/Müller-Wille/Pross 2010**)

Newhall, Beaumont: Geschichte der Fotographie. München 1989. (**Newhall 1989**)

Niefanger, Dirk: Geschichtsdrama der Frühen Neuzeit 1495–1773. Tübingen 2005. (**Niefanger 2005**)

Nipperdey, Thomas: Deutsche Geschichte 1866 – 1918. Bd. 1: Arbeitswelt und Bürgerstaat. 2. Aufl. München 1991. (**Nipperdey 1991**)

Nohl, Ingrid: Das dramatische Werk Hermann Sudermanns. Versuch einer Darstellung seiner Gesellschaftskritik auf dem Theater im 19. und 20. Jahrhundert und im Film. Köln 1973. (**Nohl 1973**)

Ort, Claus Michael: 2004: Zwischen Degeneration und eugenischer Utopie. Die Funktion der »Kunst« in Gerhart Hauptmanns Dramen. In: Norm – Grenze – Abweichung. Kultursemiotische Studien zu Literatur, Medien und Wirtschaft. Michael Titzmann zum 60. Geburtstag. Hrsg. v. Gustav Frank u. Wolfgang Lukas in Zusammenarb. mit Stefan Landshuter. Passau 2004, S. 147–178. (**Ort 2004**)

Pallowski, Katrin: Die dokumentarische Mode. In: Literaturwissenschaft und Sozialwissenschaften. Grundlagen und Modellanalysen. Stuttgart 1971, S. 235–314. (**Pallowski 1971**)

Parr, Rolf: »Zwei Seelen wohnen, ach! in meiner Brust!« Strukturen und Funktionen der Mythisierung Bismarcks. München 1992. (**Parr 1992**)

Pasche, Wolfgang: Skandinavische Dramatik in Deutschland: Bjørnstjerne Bjørnson, Henrik Ibsen, August Strindberg auf der deutschen Bühne 1867–1932. Basel, Stuttgart 1979. (**Pasche 1979**)

Paul Ernst: Außenseiter und Zeitgenosse. Hrsg. v. Horst Thomé. Würzburg 2002. (**Thomé 2002a**)

Pethes, Nicolas: Literatur und Wissenschaftsgeschichte. Ein Forschungsbericht. In: Internationales Archiv für Sozialgeschichte der deutschen Literatur 28 (2003). Heft 1, S. 181–231. (**Pethes 2003**)

–: Poetik/Wissen. Konzeptionen eines problematischen Transfers. In: Romantische Wissenspoetik. Die Künste und die Wissenschaften um 1800. Hrsg. v. Gabriele Brandstetter u. Gerhard Neumann, Würzburg 2004, S. 341–372. (**Pethes 2004**)

Pforte, Dietger: Die Anthologie als Kampfbuch. Vier Lyrikanthologien der frühen deutschen Sozialdemokratie. In: Die deutschsprachige Anthologie. Studien zu ihrer Geschichte und Wirkungsform. Hrsg. v. Joachim Bark u. Dietger Pforte. Bd. 2. Frankfurt/M. 1969, S. 199–221. (**Pforte 1969**)

–: Die deutsche Sozialdemokratie und die Naturalisten. In: Naturalismus. Bürgerliche Dichtung und soziales Engagement. Hrsg. v. Helmut Scheuer. Stuttgart 1974, S. 175–205. (**Pforte 1974**)

Pfotenhauer, Helmut: Die Kunst als Physiologie. Nietzsches ästhetische Theorie und literarische Produktion. Stuttgart 1985. (**Pfotenhauer 1985**)

Piechotta, Hans Joachim: Einleitung: Die Differenzfunktion der Metapher in der Literatur der Moderne. In: Die literarische Moderne in Europa. Bd. 1: Erscheinungsformen literarischer Prosa um die Jahrhundertwende. Hrsg. v. Hans Joachim Piechotta, Ralph-Rainer Wuthenow u. Sabine Rothemann. Opladen 1994, S. 9–67. (**Piechotta 1994**)

Plett, Bettina: Problematische Naturen? Held und Heroismus im realistischen Erzählen. Paderborn u. a. 2002. (**Plett 2002**)

Plumpe, Gerhard: Einleitung. In: Theorie des bürgerlichen Realismus. Eine Textsammlung. Hrsg. v. Gerhard Plumpe. Stuttgart 1985, S. 9–40. (**Plumpe 1985**)

–: Kunst und juristischer Diskurs. Mit einer Vorbemerkung zum Diskursbegriff. In: Diskurstheorien und Literaturwissenschaft. Hrsg. v. Jürgen Fohrmann u. Harro Müller. Frankfurt/M. 1988, S. 330–345. (**Plumpe 1988**)

–: Der tote Blick. Zum Diskurs der Photographie in der Zeit des Realismus. München 1990. (**Plumpe 1990**)

–: Ästhetische Kommunikation der Moderne. Bd. 1: Von Kant bis Hegel. Opladen 1993. (**Plumpe 1993**)

–: Epochen moderner Literatur. Ein systemtheoretischer Entwurf. Opladen 1995. (**Plumpe 1995**)

–: Roman. In: Hansers Sozialgeschichte der deutschen Literatur vom 16. Jahrhundert bis zur Gegenwart. Bd. 6: Bürgerlicher Realismus und Gründerzeit 1848–1890. Hrsg. v. Edward McInnes u. Gerhard Plumpe. München, Wien 1996, S. 529–689. (**Plumpe 1996**)

Poláček, Josef: Die soziale Prosa des deutschen Naturalismus der 80er Jahre. Max Kretzer, Karl Bleibtreu, Michael Georg Conrad [1955]. In: Der deutsche soziale Roman des 18. und 19. Jahrhunderts. Hrsg. v. Hans Adler. Darmstadt 1990, S. 393–425. (**Poláček 1955**)

–: Zum »hyperbolischen« Roman bei Conradi, Conrad und Hollaender. In: Naturalismus. Bürgerliche Dichtung und soziales Engagement. Hrsg. v. Helmut Scheuer. Stuttgart 1974, S. 68–92. (**Poláček 1974**)

Poppe, Reiner: Erläuterungen zu Gerhart Hauptmann: Bahnwärter Thiel. Hollfeld 1988. (**Poppe 1988**)

Post, Klaus Dieter: Das Urbild der Mutter in Hauptmanns naturalistischem Frühwerk. In: Mythos und Mythologie in der Literatur des 19. Jahrhunderts. Hrsg. v. Helmut Koopmann. Frankfurt/M. 1979, S. 341–366. (**Post 1979**)

Pross, Caroline: Dekadenz. Literaturgeschichte einer grossen Erzählung der frühen Moderne (1887–1924). St. Gallen, Univ. Habil.-Schr. 2009 (**Pross 2009**)

Pross, Helge/Buß, Eugen (Hrsg.): Soziologie der Masse. Heidelberg 1984. (**Pross/Buß 1984**)

Rabinbach, Anson: Motor Mensch. Kraft, Ermüdung und die Ursprünge der Moderne. Wien 2001. (**Rabinbach 2001**)

Radkau, Joachim: Das Zeitalter der Nervosität. Deutschland zwischen Bismarck und Hitler. München, Wien 1998. (**Radkau 1998**)

Rasch, Wolfdietrich: Aspekte der deutschen Literatur um 1900 [1967]. In: Deutsche Literatur der Jahrhundertwende. Hrsg. v. Viktor Žmegač. Königstein/Ts. 1981, S. 18–48. (**Rasch 1981**)

Rehm, Walter: Der Renaissancekult um 1900 und seine Überwindung [1929]. In: Ders.: Der Dichter und die neue Einsamkeit. Aufsätze zur Literatur um 1900. Hrsg. v. Reinhardt Habel. Göttingen 1969, S. 34–77. (**Rehm 1969**)

Requardt, Walter/Machatzke, Martin: Gerhart Hauptmann und Erkner. Studien zum Berliner Frühwerk. Berlin 1980. (**Requardt/Machatzke 1980**)

Riedel, Wolfgang: »Homo natura«. Literarische Anthropologie um 1900. Berlin, New York 1996. (**Riedel 1996**)

Riha, Karl: Naturalismus. In: Geschichte der deutschen Lyrik vom Mittelalter bis zur Gegenwart. Hrsg. v. Walter Hinderer. Stuttgart 1983, S. 371–386. (**Riha 1983**)

Roelcke, Volker: Krankheit und Kulturkritik. Psychiatrische Gesellschaftsdeutungen im bürgerlichen Zeitalter (1790–1914). New York, Frankfurt/M. 1999. (**Roelcke 1999**)

Root, Winthrop H.: German Criticism of Zola [1931]. Reprint. New York 1966. (**Root 1966**)

Roper, Kathrin Larson: Conrad Alberti's »Kampf ums Dasein«. The Writer in Imperial Berlin. In: German Studies Review 7 (1984), S. 65–88. (**Roper 1984**)

Rothe, Wolfgang: Tänzer und Täter. Gestalten des Expressionismus. Frankfurt/M. 1979. (**Rothe 1979**)

Salyámosy, Miklós: Wilhelm von Polenz. Prosawerke eines Naturalisten. Budapest 1985. (**Salyámosy 1985**)

Sander, Ernst: Johannes Schlaf und das naturalistische Drama. Rostock 1922. (**Sander 1922**)

Schanze, Helmut: Der Experimentalroman des deutschen Naturalismus. Zur Theorie der Prosa um 1890. In: Handbuch des deutschen Romans. Hrsg. v. Helmut Koopmann. Düsseldorf 1983, S. 460–467. (**Schanze 1983**)

Scherer, Herbert: Bürgerlich-oppositionelle Literaten und sozialdemokratische Arbeiterbewegung nach 1890. Die »Friedrichshagener« und ihr Einfluß auf die sozialdemokratische Literaturpolitik. Stuttgart 1974. (**Scherer 1974**)

Scherpe, Klaus R.: Der Fall Arno Holz. Zur sozialen und ideologischen Motivation der naturalistischen Literaturrevolution. In: Positionen der literarischen Intelligenz zwischen bürgerlicher Reaktion und Imperialismus. Hrsg. v. Gert Mattenklott u. Klaus R. Scherpe. Kronberg 1973, S. 121–178. (**Scherpe 1973**)

–: Von der erzählten Stadt zur Stadterzählung. Der Großstadtdiskurs in Alfred Döblins »Berlin Alexanderplatz«. In: Diskurstheorien und Literaturwissenschaft. Hrsg. v. Jürgen Fohrmann u. Harro Müller. Frankfurt/M. 1988, S. 418–437. (**Scherpe 1988**)

–: Ausdruck, Funktion, Medium. Transformationen der Großstadterzählung in der deutschen Literatur der Moderne. In: Literatur in einer industriellen Kultur. Hrsg. v. Götz Großklaus u. Eberhart Lämmert. Stuttgart 1989, S. 139–161. (**Scherpe 1989**)

Scheuer, Helmut: Arno Holz im literarischen Leben des ausgehenden 19. Jahrhunderts (1883–1896). Eine biographische Studie. München 1971. (**Scheuer 1971**)

–: Einführung des Herausgebers. In: Naturalismus. Bürgerliche Dichtung und soziales Engagement. Hrsg. v. Helmut Scheuer. Stuttgart 1974, S. 7–10. (**Scheuer 1974a**)

–: Zwischen Sozialismus und Individualismus – zwischen Marx und Nietzsche. In: Naturalismus. Bürgerliche Dichtung und soziales Engagement. Hrsg. v. Helmut Scheuer. Stuttgart 1974, S. 150–174. (**Scheuer 1974b**)

–: Gerhart Hauptmanns »Das Friedensfest«. Zum Familiendrama im deutschen Naturalismus. In: Deutsche Dichtung um 1890. Beiträge zu einer Literatur im Umbruch. Hrsg. v. Robert Leroy u. Eckart Pastor. Bern u. a. 1991, S. 399–416. (**Scheuer 1991**)

–: Arno Holz' »Wende einer Zeit in Dramen«. Vom Milieustück zum Seelendrama. In: Text + Kritik. Zeitschrift für Literatur. Heft 121 (1994): Arno Holz, S. 53–61. (**Scheuer 1994**)

–: Gerhart Hauptmann: »Bahnwärter Thiel«. Entstehung und Rezeption – Die ›Moderne‹ als ästhetischer Kompromiß. In: Erzählungen und Novellen des 19. Jahrhunderts. Stuttgart 1997, S. 371–426. (**Scheuer 1997**)

–: Generationskonflikte im naturalistischen Familiendrama. In: Hansers Sozialgeschichte der deutschen Literatur vom 16. Jahrhundert bis zur Gegenwart. Bd. 7: Naturalismus, Fin de siècle, Expressionismus (1890–1918). Hrsg. v. York-Gothart Mix. München 2000, S. 77–91. (**Scheuer 2000**)

Schikorski, Felix: Die Auseinandersetzung um den Körperschaftsbegriff in der Rechtslehre des 19. Jahrhunderts. Berlin 1978. (**Schikorski 1978**)

Schley, Gernot: Die Freie Bühne in Berlin. Der Vorläufer der Volksbühnenbewegung. Ein Beitrag zur Theatergeschichte in Deutschland. Berlin 1967. (**Schley 1967**)

Schnackertz, Hermann Josef: Darwinismus und literarischer Diskurs. Der Dialog mit der Evolutionsbiologie in der englischen und amerikanischen Literatur. München 1992. (**Schnackertz 1992**)

Schnädelbach, Herbert: Philosophie in Deutschland 1831–1933. Frankfurt/M. 1983. (**Schnädelbach 1983**)

Schneider, Lothar L.: Die alte und die neue Fremde. Zu Wilhelm Bölsches Roman »Die Mittagsgöttin«. In: Fremde und Fremdes in der Literatur. Hrsg. v. Johanna Jablkowska u. Erwin Leibfried. Frankfurt/M. u. a. 1996, S. 139–158. (**Schneider 1996**)

–: Die Konzeption der Moderne. Zu den literaturwissenschaftlichen Bedingungen naturalistischer Symbolizität. In: Konzepte der Moderne. Hrsg. v. Gerhart von Graevenitz. Stuttgart 1999, S. 234–250. (**Schneider 1999**)

–: Realistische Literaturpolitik und naturalistische Kritik. Über die Situierung der Literatur in der zweiten Hälfte des 19. Jahrhunderts und die Vorgeschichte der Moderne. Tübingen 2005. (**Schneider 2005**)

Schnell, Ralf: Von der Jahrhundertwende bis zum Ende des Zweiten Weltkriegs. In: Holznagel, Franz-Josef/Kemper, Hans-Georg/Korte, Hermann u. a.: Geschichte der deutschen Lyrik. Stuttgart 2004, S. 471–580. (**Schnell 2004**)

Schöning, Matthias: Zwischen Technokratie und Biopolitik. Zur Rekonstruktion des Begriffs »Sozialtechnologie«. In: Ethica 14 (2006). Heft 3, S. 303–323. (**Schöning 2006**)

Schulte, Christoph: Psychopathologie des Fin de siècle. Der Kulturkritiker, Arzt und Zionist Max Nordau. Frankfurt/M. 1997. (**Schulte 1997**)

Schultz, Uwe (Hrsg.): Das Duell. Der tödliche Kampf um die Ehre. Frankfurt/M., Leipzig 1996. (**Schultz 1996**)

Schulz, Georg-Michael: Gerhart Hauptmanns »Florian Geyer«. Historisches Drama im Naturalismus. In: Literatur und Theater im Wilhelminischen Zeitalter. Hrsg. v. Hans-Peter Bayerdörfer, Karl Otto Conrady u. Helmut Schanze. Tübingen 1978, S. 183–216. (**Schulz 1978**)

Schulz, Gerhard: Einleitung. In: Prosa des Naturalismus. Hrsg. v. Gerhard Schulz. Stuttgart 1973, S. 3–44. (**Schulz 1973**)

–: Arno Holz. Dilemma eines bürgerlichen Dichterlebens. München 1974. (**Schulz 1974a**)

–: Naturalismus und Zensur. In: Naturalismus. Bürgerliche Dichtung und soziales Engagement. Hrsg. v. Helmut Scheuer. Stuttgart 1974, S. 93–121. (**Schulz 1974b**)

Schutte, Jürgen: Lyrik des deutschen Naturalismus (1885–1893). Stuttgart 1976. (**Schutte 1976**)

–: »Modern sei der Poet« – Zur Lyrik des Naturalismus. In: Der Deutschunterricht 40 (1988). Heft 2: Naturalismus. Hrsg. v. Helmut Scheuer, S. 37–50. (**Schutte 1988**)

– /Sprengel, Peter: Einleitung. In: Die Berliner Moderne 1885–1914. Hrsg. v. dens. Stuttgart 1987, S. 13–94. (**Schutte/Sprengel 1987**)

Schütz, Erhard: Kritik der literarischen Reportage. Reportagen und Reiseberichte aus der Weimarer Republik über die USA und die Sowjetunion. München 1977. (**Schütz 1977**)

– /Uecker, Matthias: »Präzisionsästhetik«? Erik Regers »Union der festen Hand« –Publizistik als Roman. In: Neue Sachlichkeit im Roman. Neue Interpretationen zum Roman der Weimarer Republik. Hrsg. v. Sabina Becker u. Christoph Weiß. Stuttgart, Weimar 1995, S. 89–111. (**Schütz/Uecker 1995**)

Schwab-Felisch, Hans: Gerhart Hauptmann: Die Weber. Vollständiger Text des Schauspiels. Dokumentation. Frankfurt/M. u. a. 1959. (**Schwab-Felisch 1959**)

Sengle, Friedrich: Das historische Drama in Deutschland. Geschichte eines literarischen Mythos. 2. Aufl. Stuttgart 1969. (**Sengle 1969**)

Siegel, Christian: Die Reportage. Stuttgart 1978. (**Siegel 1978**)

Siegel, Eva-Maria: High fidelity. Konfigurationen der Treue um 1900. München 2004. (**Siegel 2004**)

Simonis, Annette: Literarischer Ästhetizismus. Theorie der arabesken und hermetischen Kommunikation der Moderne. Tübingen 2002. (**Simonis 2000**)

Sørensen, Bengt Algot: J. P. Jacobsen und der Jugendstil. Zur Jacobsen-Rezeption in Deutschland und Österreich. In: Orbis litterarum 33 (1978), S. 253–279. (**Sørensen 1978**)

–: Laura Marholm, Fr. Nietzsche und G. Hauptmanns »Einsame Menschen«. In: Orbis Litterarum 47 (1992), S. 52–62. (**Sørensen 1992**)

Sorg, Bernhard: Zwischen Romantik und Naturalismus. In: Holznagel, Franz-Josef/Kemper, Hans-Georg/Korte, Hermann u. a.: Geschichte der deutschen Lyrik. Stuttgart 2004, S. 375–469. (**Sorg 2004**)

Sprengel, Peter: Die Wirklichkeit der Mythen. Untersuchungen zum Werk Gerhart Hauptmanns aufgrund des handschriftlichen Nachlasses. Berlin 1982. (**Sprengel 1982**)
–: »Hamlet« in »Papa Hamlet«. Zur Funktion des Zitats im Naturalismus. In: literatur für leser 7 (1984) S. 25–43. (**Sprengel 1984**)
–: Literaturtheorie und Theaterpraxis des Naturalismus: Otto Brahm. In: Der Deutschunterricht 40 (1988). Heft 2: Naturalismus. Hrsg. v. Helmut Scheuer, S. 89–99. (**Sprengel 1988**)
–: Zwischen Literaturrevolution und Tradition. Weckrufe an die Nation. Zu einem Topos der patriotischen Lyrik im Frühnaturalismus. In: Ders.: Literatur im Kaiserreich. Studien zur Moderne. Berlin 1993, S. 79–90. (**Sprengel 1993**)
–: Gerhart Hauptmann: »Die Weber«. Ein prekärer Balanceakt. In: Dramen des Naturalismus. Interpretationen. Nachdr. Stuttgart 1997, S. 107–145. (**Sprengel 1997**)
– /Streim, Gregor: Berliner und Wiener Moderne. Vermittlungen und Abgrenzungen in Literatur, Theater, Publizistik. Wien, Köln, Weimar 1998. (**Sprengel/Streim 1998**)
Stöckmann, Ingo: Verhüllung und Repräsentanz. Gerhart Hauptmanns Autorschaft. In: Text + Kritik. Zeitschrift für Literatur. Heft 142 (1999): Gerhart Hauptmann, S. 25–40. (**Stöckmann 1999**)
–: Ausgemünztes Verhalten. Naturalismus und Moderne in Hermann Sudermanns »Die Ehre«. In: Zeitschrift für Germanistik. NF 3 (2004), S. 491–505. (**Stöckmann 2004**)
–: Im Allsein der Texte. Zur darwinistisch-monistischen Genese der literarischen Moderne um 1900. In: Scientia Poetica 9 (2005), S. 263–291. (**Stöckmann 2005**)
–: Ästhetischer Pantheismus, Wille zur Kunst, schwebende Gestalt. Georg Simmels Naturalismus-Rezeption zwischen Kultursoziologie und Lebensphilosophie. In: Internationales Archiv für Sozialgeschichte der deutschen Literatur 32 (2007). Heft 2, S. 93–115. (**Stöckmann 2007a**)
–: Das innere Jenseits des Dialogs. Zur Poetik der Willensschwäche im intimen Drama um 1900 (Gerhart Hauptmann, Johannes Schlaf). In: Deutsche Vierteljahrsschrift für Literaturwissenschaft und Geistesgeschichte 81 (2007), S. 584–617. (**Stöckmann 2007b**)
–: Der Wille zum Willen. Der Naturalismus und die Gründung der literarischen Moderne 1880–1900. Berlin, New York 2009. (**Stöckmann 2009**)
–: Psychophysisches Erzählen. Der Wille und die Schreibweise der Nerven bei Hermann Conradi. In: Neurasthenie. Die moderne Krankheit und die Literatur der Moderne. Hrsg. v. Maximilian Bergengruen, Klaus Müller-Wille u. Caroline Pross. Freiburg/Brsg. 2010, S. 289–312. (**Stöckmann 2010**)
–: Die Textur der Fülle. Wilhelm Bölsches Roman »Die Mittagsgöttin«. In: Metropolen-Pfade: Berlins 19. Jahrhundert. Hrsg. v. Ivan d'Aprile, Roland Berbig, Helmut Peitsch u. Erhard Schütz (ersch. Berlin 2011). (**Stöckmann 2011**)
Sträßner, Matthias: Flöte und Pistole. Anmerkungen zum Verhältnis von Nietzsche und Ibsen. Würzburg 2003. (**Sträßner 2003**)
Strohschneider-Kohrs, Ingrid: Sprache und Wirklichkeit bei Arno Holz. In: Poetica 1 (1967), S. 44–66. (**Strohschneider-Kohrs 1967**)
Stroszeck, Hauke: »Sie haben furchtbar, furchtbar gefehlt«. Verschweigung und Problemstruktur in Gerhart Hauptmanns »Das Friedensfest. Eine Familienkatastrophe«. In: Euphorion 84 (1990), S. 237–268. (**Stroszeck 1990**)
Struck, Wolfgang: Konfigurationen der Vergangenheit. Deutsches Geschichtsdrama im Zeitalter der Restauration. Tübingen 1997. (**Struck 1997**)
Stumpf, Gerhard: Michael Georg Conrad. Ideenwelt, Kunstprogrammatik, literarisches Werk. Frankfurt/M. u. a. 1986. (**Stumpf 1986**)
Szondi, Peter: Theorie des modernen Dramas 1880–1950 [1956]. Frankfurt/M. 1963. (**Szondi 1963**)
–: Das lyrische Drama des Fin de Siècle, Frankfurt/M. 1975. (**Szondi 1975**)
Tank, Kurt Lothar: Gerhart Hauptmann in Selbstzeugnissen und Bilddokumenten. Reinbek 1974. (**Tank 1974**)
Tenbruck, Friedrich H.: Bürgerliche Kultur. In: Kölner Zeitschrift für Soziologie und Sozialpsychologie. Sonderheft 27: Kultur und Gesellschaft. Hrsg. v. Friedhelm Neidhardt, M. Rainer Lepsius u. Johannes Weiß. Opladen 1986, S. 263–285. (**Tenbruck 1986**)
Thomé, Horst: Autonomes Ich und ›Inneres Ausland‹. Studien über Realismus, Tiefenpsychologie und Psychiatrie in deutschen Erzähltexten (1848–1918). Tübingen 1993. (**Thomé 1993**)
–: Das Ich und seine Tat. Überlegungen zum Verhältnis von Psychologie, Ästhetik und Gesellschaft im Drama der Jahrhundertwende. In: Die Literatur und die Wissenschaften 1770–1930. Hrsg. v. Karl Richter, Jörg Schönert u. Michael Titzmann. Stuttgart 1997, S. 323–353. (**Thomé 1997**)

–: Weltanschauungsliteratur. Vorüberlegungen zu Funktion und Texttyp. In: Wissen in Literatur im 19. Jahrhundert. Hrsg. v. Lutz Danneberg u. Friedrich Vollhardt in Zusammenarb. mit Hartmut Böhme u. Jörg Schönert. Tübingen 2002, S. 338–380. (**Thomé 2002**)

Trommler, Frank: Theatermoderne. In: Deutsche Literatur. Eine Sozialgeschichte. Bd. 8: Jahrhundertwende: Vom Naturalismus zum Expressionismus 1880–1918. Hrsg. v. Frank Trommler. Reinbek 1982, S. 205–223. (**Trommler 1982b**)

Uekermann, Gerd: Renaissancismus und Fin de Siècle. Die italienische Renaissance in der deutschen Dramatik der letzten Jahrhundertwende. Berlin, New York 1985. (**Uekermann 1985**)

Ullmann, Hans Peter: Das Deutsche Kaiserreich 1871–1918. Frankfurt/M. 1995. (**Ullmann 1995**)

Veith, Ilza: Hysteria. The History of a Disease. Chicago/Ill. 1965. (**Veith 1965**)

Vinçon, Hartmut: Einakter und kleine Dramen. In: Hansers Sozialgeschichte der deutschen Literatur vom 16. Jahrhundert bis zur Gegenwart. Bd. 7: Naturalismus, Fin de siècle, Expressionismus (1890–1918). Hrsg. v. York-Gothart Mix. München 2000, S. 367–380. (**Vinçon 2000**)

Vinken, Barbara: Zola – Alles Sehen, alles Wissen, Alles Heilen. Der Fetischismus im Naturalismus. In: Historische Anthropologie und Literatur. Romanistische Beiträge zu einem neuen Paradigma der Literaturwissenschaft. Hrsg. v. Rudolf Behrens u. Roland Galle. Würzburg 1995, S. 212–226. (**Vinken 1995**)

Vogt, Markus: Sozialdarwinismus. Wissenschaftstheorie, politische und theologisch-ethische Aspekte der Evolutionstheorie. Freiburg/Brsg. 1997. (**Vogt 1997**)

Voigt, Felix A.: Die Entstehung von Gerhart Hauptmanns »Florian Geyer«. In: Zeitschrift für deutsche Philologie 69 (1944/45), S. 149–213. (**Voigt 1944/45**)

Völker, Ludwig: »Alle Erinnerung geht von irgendeiner Prosa aus.« Die lyrische Moderne und der Naturalismus. In: Deutsche Dichtung um 1890. Beiträge zu einer Literatur im Umbruch. Hrsg. v. Robert Leroy u. Eckart Pastor. Frankfurt/M. u. a. 1991, S. 203–235. (**Völker 1991**)

Wagenknecht, Christian: Deutsche Metrik. Eine historische Einführung. München 1981. (**Wagenknecht 1981**)

Wagner, Karl: Eigensinn und Untergang. Zur Erfahrung der Moderne bei Kretzer, Rosegger und Polenz. In: Begegnung mit dem »Fremden«. Grenzen – Traditionen – Vergleiche. Akten des VIII. Internationalen Germanisten-Kongresses Tokyo. Hrsg. v. Eijiro Iwasaki. Bd. 2. München 1991, S. 177–183. (**Wagner 1991**)

Wais, Kurt: Das Vater-Sohn-Motiv in der Dichtung. Tl. 2: 1880–1930. Berlin 1931. (**Wais 1931**)

Warning, Rainer: Kompensatorische Bilder einer »wilden Ontologie«: Zolas »Rougon-Macquart«. In: Poetica 22 (1990), S. 355–383. (**Warning 1990**)

Wehler, Hans Ulrich: Krisenherde des Kaiserreichs 1871–1918. Studien zur deutschen Sozial- und Verfassungsgeschichte. Göttingen 1979. (**Wehler 1979**)

–: Das Deutsche Kaiserreich 1871–1918. 7. Aufl. Göttingen 1994. (**Wehler 1994**)

Werner, Renate: Das Wilhelminische Zeitalter als literarhistorische Epoche. Ein Forschungsbericht. In: Wege der Literaturwissenschaft. Hrsg. v. Jutta Kolkenbrock-Netz, Gerhard Plumpe u. Hans Joachim Schrimpf. Bonn 1985, S. 211–231. (**Werner 1985**)

Whitinger, Raleigh: Johannes Schlaf and German Naturalist Drama. Columbia/SC 1997. (**Whitinger 1997**)

Witkowski, Georg: Dramen in einem Akte. In: Bühne und Welt 4 (1902), S. 857–866. (**Witkowski 1902**)

Witte, Bernd: Nachwort. In: Sudermann, Hermann: Die Ehre. Schauspiel in vier Akten [1889]. Stuttgart 1997. S. 113–134. (**Witte 1997**)

Wittkau, Annette: Historismus. Zur Geschichte des Begriffs und des Problems. 2., durchges. Aufl. Göttingen 1994. (**Wittkau 1994**)

Wittmann, Reinhard: Buchmarkt und Lektüre im 18. und 19. Jahrhundert. Beiträge zum literarischen Leben 1750–1880. Tübingen 1982. (**Wittmann 1982**)

Wodtke, Friedrich Wilhelm: Lyrisches Drama. In: Reallexikon der deutschen Literaturgeschichte. 2. Aufl. Bd. 2. Hrsg. v. Werner Kohlschmidt u. Wolfgang Mohr. Berlin, New York 1965, S. 252–258. (**Wodtke 1965**)

Wöhrmann, Andreas: Das Programm der Neuklassik. Die Konzeption einer modernen Tragödie bei Paul Ernst, Wilhelm von Scholz und Samuel Lublinski. Frankfurt/M. u. a. 1979. (**Wöhrmann 1979**)

Wunberg, Gotthart: Samuel Lublinskis literatursoziologischer Ansatz. In: Naturalismus. Bürgerliche Dichtung und soziales Engagement. Hrsg. v. Helmut Scheuer. Stuttgart 1974, S. 206–234. (**Wunberg 1974**)

–: Hermann Bahr – ein Fall für die Kulturwissenschaften? In: Ders.: Jahrhundertwende. Studien zur Literatur der Moderne. Zum 70. Geburtstag des Autors. Hrsg. v. Stephan Dietrich. Tübingen 2001, S. 342–349. (**Wunberg 2001a**)

–: Vorschläge zum weiteren Procedere. Aus Anlass von Michael Georg Conrads ›Erinnerungen zur Geschichte der Moderne‹ von 1902. In: Ders.: Jahrhundertwende. Studien zur Literatur der Moderne. Zum 70. Geburtstag des Autors. Hrsg. v. Stephan Dietrich. Tübingen 2001, S. 350–361. (**Wunberg 2001b**)

Wünsch, Marianne: Vom späten »Realismus« zur »Frühen Moderne«. Versuch eines Modells des literarischen Strukturwandels. In: Modelle des literarischen Strukturwandels. Hrsg. v. Michael Titzmann. Tübingen 1991, S. 187–203. (**Wünsch 1991**)

Zimmermann, Clemens: Die Zeit der Metropolen. Urbanisierung und Großstadtentwicklung. 2. Aufl. Frankfurt/M. 2000. (**Zimmermann 2000**).

Žmegač, Viktor: Zum literarhistorischen Begriff der Jahrhundertwende (um 1900). In: Deutsche Literatur der Jahrhundertwende. Hrsg. v. Viktor Žmegač. Königstein/Ts. 1981, S. IX–LI. (**Žmegač 1981b**)

Zudrell, Petra: Der Kulturkritiker und Schriftsteller Max Nordau. Zwischen Zionismus, Deutschtum und Judentum. Würzburg 2003. (**Zudrell 2003**)

2. Personenregister

Das Personenregister erfasst alle im Fließtext genannten Personen; Erwähnungen in Zitaten, Werktiteln oder den in Klammern stehenden Zitatnachweisen sind nicht berücksichtigt.

Adler, Friedrich 66, 79 f.
Alberti, Conrad 8, 12, 14, 16, 21, 23, 25–28, 30–33, 39, 41, 50, 57, 62, 92, 139 f., 142–144, 164
Andersen, Hans Christian 49
Antoine, André 89
Andreas-Salomé, Lou 112
Anzengruber, Ludwig 93
Arent, Wilhelm 69
Auerbach, Felix 43

Bachofen, Johann Jakob 160
Baginski, Richard 93
Bahr, Hermann VIII, 5, 65, 92, 152 f., 170–173
Balzac, Honoré de 6
Baudelaire, Charles 5, 65, 72, 77
Beard, George M. 44, 148
Beauharnais, Josefine de 124
Beckett, Samuel 133
Bebel, August 107, 125
Benjamin, Walter 77, 143
Berg, Leo 8, 14, 53, 65
Berliner, Emil 60
Berliner, Joseph, 60
Bernard, Claude 33, 39, 53 f., 56
Bierbaum, Otto Julius 85
Birnbaum, Karl 355, 359
Bismarck, Otto von 13, 14, 122, 161
Bjørnson, Bjørnstjerne 89, 94
Bleibtreu, Karl 4, 8, 17, 23, 42, 50, 65 f., 92, 121–124, 139, 141, 147, 149 f., 169
Bölsche, Wilhelm 8–10, 26 f., 37, 51–53, 55 f., 73, 93 f., 121, 159, 169, 174
Boltzmann, Ludwig 43
Bonaparte, Napoleon 122–124
Borgia, Cesare 123
Bourget, Paul 171
Brahm, Otto 5, 89–93, 96
Brandes, Georg 112
Brecht, Bertolt 104
Brentano, Clemens 147
Büchner, Georg 8, 94, 102, 126

Buckle, Henry T. 33, 39
Bunge, Gustav 98
Burckhardt, Jacob 122
Bürger, Hugo 95
Busch, Wilhelm 68

Calderón de la Barca, Pedro 94
Carlyle, Thomas 122
Carrière, Moriz 48, 63
Charcot, Jean-Martin 51
Clausius, Rudolf 43
Comte, Auguste 33, 39 f., 46, 50, 97
Conrad, Michael Georg 1, 7 f., 17, 20, 22, 28, 35, 43 f., 47, 62, 77, 92, 118, 139, 144, 146, 151–156, 158, 169, 174
Conradi, Hermann 5, 7, 12, 14, 22, 41, 65–67, 69–71, 84, 142, 153 f., 158
Cowen, Roy C. 99

Daguerre, Louis 59
Dahn, Felix 100, 157
Darwin, Charles 36–39, 46, 56, 86, 112, 140, 163, 172
Dehmel, Richard 66, 163
Döblin, Alfred 27, 77
Dostojevski, Fjodor M. 22
Durkheim, Émile 147

Eastman, George 59
Edison, Thomas Alva 60
Emerson, Ralph Waldo 122
Engels, Friedrich 37
Ernst, Paul 8–10, 29, 129, 135, 159, 162, 169

Fähnders, Walter 29
Fechner, Gustav Theodor 153
Fischer, Samuel 89
Fontane, Theodor 6, 29, 47, 109, 111, 115, 147, 161, 173
Forel, Auguste 98
Foucault, Michel 2
Freiligrath, Ferdinand 69, 102

IX.2 Personenregister

Frenzel, Karl 105
Freud, Sigmund 51, 132
Friedrich, Hugo 65
Friedrich, Wilhelm 157
Freytag, Gustav 143, 157
Fulda, Ludwig 90, 93

Garborg, Arne 42
Geibel, Emanuel 66, 85
Genet, Jean 133
George, Stefan 70, 173
Gierke, Otto von 32
Goethe, Johann Wolfgang von 70, 83, 94, 100, 110, 125, 128
Gogol, Nikolai W. 93
Grabbe, Christian Dietrich 126
Grimm, Jacob 146
Grottewitz, Kurt 42, 140
Gryphius, Andreas 125
Gutzkow, Karl 147

Haeckel, Ernst 36–38, 112, 163
Halbe, Max 19, 35, 93, 117–119, 120, 129 f.
Hansson, Ola 9
Hanstein, Adalbert von 5 f., 8, 66, 152, 155, 164, 170
Hart, Heinrich 7–10, 14–16, 20, 22–24, 47 f., 50 f., 55, 62 f., 65, 84, 89, 105, 120, 141, 164, 169, 174
Hart, Julius 7–9, 12, 14–16, 20, 23–25, 29, 43, 47, 50 f., 55, 62 f., 65, 72, 74 f., 77–79, 81, 84, 89, 92 f., 120, 174
Hartleben, Otto Erich 4, 8, 133 f.
Hartmann, Eduard von 150
Hasenclever, Walter 129
Hasubek, Peter 147
Hauptmann, Gerhart VII–IX, 1 f., 4, 8 f., 12, 19, 22–24, 35, 41, 45, 47, 57, 62, 89, 91–99, 101–106, 108, 111–118, 121, 125–129, 132, 136, 143, 148, 158–162, 169, 172
Hegel, Georg Wilhelm Friedrich 6, 26, 33, 40, 48 f., 61 f., 122 f.
Hegeler, Wilhelm 94
Heine, Heinrich 69, 102
Hellpach, Willy 31
Helmholtz, Hermann von 42 f.
Henckell, Karl 7, 66 f., 69–73, 76 f., 82–84
Hermand, Jost VII
Herwegh, Georg 69
Heyse, Paul 133, 157, 173
Hillebrand, Julius 17, 36, 38, 50
Hirschfeld, Georg 19, 136

Hobbes, Thomas 152
Hofmannsthal, Hugo von 124, 130, 133, 166, 171, 173
Hollaender, Felix 146–149
Holz, Arno VIII, 1, 4, 7–9, 14, 23 f., 28 f., 34 f., 40 f., 45, 47, 55, 57–61, 64–66, 68–70, 72 f., 80, 84–87, 89, 91 f., 94, 96 f., 109 f., 128 f., 136, 156, 158, 162–166, 168 f.
Hübner, Carl Wilhelm 102
Hugenberg, Alfred 65
Huxley, Thomas Henry 38

Ibsen, Henrik 17–21, 88–94, 98–100, 114, 118, 135, 137
Ionesco, Eugène 133
Jacobsen, Jens Peter 18

Jerschke, Oskar 65, 81 f.
Joyce, James 105

Kafitz, Dieter 3
Kampffmeyer, Paul 9
Kant, Immanuel 59, 61
Kästner, Erich 85
Kessler, Harry Graf 105
Kielland, Alexander Lange 135
Kirchmann, Julius Hermann von 48 f.
Kleist, Heinrich von 94, 125
Kluge, Gerhard 110
Kolkenbrock-Netz, Jutta 119
Krafft-Ebing, Richard von 45
Kraus, Karl 166
Kretzer, Max 21, 25, 27, 29–31, 42, 80, 138–146, 162
Kruse, Heinrich 15, 120
Küster, Konrad 4, 8, 14

Lamarck, Jean Baptiste 114
Lamprecht, Karl 154
Landauer, Gustav 9
Landsberg, Hans 152, 170
Langmann, Philipp 159, 161 f.
Le Bon, Gustave 30 f., 104
Leclercq, Michel-Théodore 134
Lenin, Wladimir I. 145
Lenz, Jakob Michael Reinhold 69
Leonardo da Vinci 123
Lessing, Gotthold Ephraim 108
Liebknecht, Wilhelm 93
Liliencron, Detlev von 66, 92, 120
Lindau, Paul 15 f., 20, 67, 95
Liszt, Franz 143
Lombroso, Cesare 46, 51, 114

Lublinski, Samuel 23, 152, 170, 172
Ludwig, Otto 6, 47, 93
Lyell, Charles 38

Mach, Ernst 171
Machiavelli, Niccolò 123
Mackay, John Henry 8, 10, 66, 70, 77, 84, 129, 150–152, 158, 169
Maeterlinck, Maurice 130, 133f.
Magnan, Valentin 46
Mahal, Günther 66, 160, 167
Mainländer, Philipp 150
Mallarmé, Stéphane 65
Malthus, Thomas 39
Mann, Heinrich 105
Mann, Thomas 114, 150
Marholm, Laura 10, 19
Martini, Fritz 159
Marx, Karl 94, 102
Mayer, Robert Julius 43
Mehring, Franz 85, 94f. 101
Meyer, Conrad Ferdinand 173
Michelangelo Buonarroti 123
Mill, John Stuart 33, 39f., 58, 164
Molière 94
Morel, Bénédict Augustin 21, 46, 51, 114, 151
Moscherosch, Hans Michael 125
Mühsam, Erich 9
Müller-Guttenbrunn, Adam 92
Murger, Henri 142
Musset, Alfred de 134

Neumann, Gerhard 134
Neumann-Hofer, Otto 105
Niépce, Joseph Nicéphore 59
Nietzsche, Friedrich 16, 20, 28, 41, 61, 94, 112, 116, 122f., 135, 137, 148–150, 152, 169
Nordau, Max 46, 50, 55, 114, 150f.

Ploetz, Alfred 99
Polenz, Wilhelm von 94, 144–147
Prel, Carl du 131
Prutz, Robert 47
Przybyszewski, Stanislav 10

Raabe, Wilhelm 119, 173
Raffael 123
Reuter, Fritz 68
Reuter, Gabriele 149
Rieger, Conrad 131
Rilke, Rainer Maria 19, 87, 130, 134, 136f., 158

Rimbaud, Arthur 65
Rochau, Ludwig August von 49
Röhr, Julius 34
Rosegger, Peter 146
Ruppius, Otto 102

Sachs, Hans 125
Schasler, Max 48, 150
Scherer, Wilhelm 33, 58
Schelling, Friedrich Wilhelm Joseph von 40, 62
Scheuer, Helmut 27, 108
Schiller, Friedrich von 4, 6, 68, 93f., 108, 125
Schlaf, Johannes VIII, 4, 8f., 21, 23f., 29, 34, 45, 47, 57, 60, 89, 91f., 96, 109f., 129–132, 136, 156, 158f., 162f., 166, 169
Schlegel, August Wilhelm 62
Schlegel, Friedrich 4
Schmidt, Julian 6, 8, 47
Schnitzler, Arthur 90, 133–135, 165, 171f.
Schopenhauer, Arthur 107, 148–150
Shakespeare, William 122, 166
Shaw, George Bernard 105
Sighele, Scipio 30, 104
Simmel, Georg 108, 146f., 172
Solger, Karl Wilhelm Ferdinand 62
Sorge, Reinhard Johannes 129
Spencer, Herbert 37f., 46
Spielhagen, Friedrich 20, 118, 147
Sprengel, Peter 101, 126
Stern, Maurice Reinhold von 66, 70
Stirner, Max 28, 151, 169
Storm, Theodor 119, 158
Strindberg, August 10, 59, 88f., 129f., 133
Sudermann, Hermann 19, 35, 90, 93, 105–107, 109, 133, 157
Sue, Eugène 142
Szondi, Peter 19, 99, 115, 127, 134

Taine, Hippolyte 6, 23, 33, 39, 97, 164
Tarde, Gabriel de 32
Thomson, William (Lord Kelvin) 42
Tolstoi, Leo N. 17, 21f., 88f., 98, 145
Tönnies, Ferdinand 10, 146
Tovote, Heinz 35
Träger, Albert 15, 63, 67f.
Türk, Julius 29, 93

Virchow, Rudolf 36
Vischer, Friedrich Theodor 15, 158
Voß, Richard 113

Wagner, Richard 116, 125, 143
Walloth, Wilhelm 92, 142
Weber, Max 146 f.
Wedekind, Frank 85, 163
Weerth, Georg 102
Wehler, Hans Ulrich 13
Weigand, Wilhelm 136
Werner, Wilhelm 93
Wernicke, Karl 156
Wienbarg, Ludolf 15
Wildberger, Carl 93
Wildenbruch, Ernst von 65, 120, 145
Wilder, Thornton 133
Wilhelm I. 12

Wilhelm II. 16, 102
Wille, Bruno 9 f., 29, 66, 70, 84, 93 f., 129, 169
Wolff, Eugen 4 f., 8, 14, 21, 51, 55, 62, 75
Wolff, Julius 67
Wundt, Wilhelm 41, 153

Zimmermann, Alfred 101
Zimmermann, Wilhelm 125
Zola, Émile 7 f., 17 f., 20 f., 23, 30–32, 40, 46 f., 50 f., 53–57, 59, 61, 89, 92 f., 97, 100, 108, 118, 138, 141, 143, 150, 154, 159, 174

MIX
Papier aus verantwortungsvollen Quellen
Paper from responsible sources
FSC® C105338

If you have any concerns about our products,
you can contact us on
ProductSafety@springernature.com

In case Publisher is established outside the EU,
the EU authorized representative is:
**Springer Nature Customer Service Center GmbH
Europaplatz 3, 69115 Heidelberg, Germany**

Printed by Libri Plureos GmbH
in Hamburg, Germany